발해 강역 연구

정석배

예지안

일러두기

이 저서는 「2023년도 한국전통문화대학교 교원 학술연구 지원사업」의 지원을 받아 수행된 연구임.

This work was supported by 2023 Academic Research Support Program of Korea National University of Heritage.

목차

I. 머리말 5

II. 발해 강역 연구사 14

III. 발해의 강역 85

  1. 발해의 남쪽 경계 91
    1) 남쪽 경계 동쪽 부분 91
    2) 남쪽 경계 서쪽 부분 107

  2. 발해의 서남쪽 경계 129
    1) 요동을 발해의 영역에 포함하지 않는 의견들 129
    2) 요동을 발해의 영역에 포함하는 의견들 154

  3. 발해의 서쪽 경계 212
    1) 발해 부여부의 위치와 서쪽 경계 214
    2) 막힐부의 상대적 위치 문제 232

  4. 발해의 서북쪽 경계 243
    1) 거란과 실위 및 실위와 말갈·발해의 경계 243
    2) 실위와 흑수말갈의 경계 264

  5. 발해의 북쪽 경계 270
    1) 발해의 흑수말갈 복속 문제 270
    2) 흑수말갈 흑수부의 거주지와 발해와의 경계 282
    3) 흑수 사모제부의 위치와 발해의 북쪽 경계 320

IV. 맺음말 357

참고 문헌 371

I. 머리말

해동성국 발해(698~926년)는 우리 북방 역사를 대표하는 나라 중 하나였다. 발해는 전성기 강역의 크기가 사방 5,000리로서 우리 역사에서 가장 큰 영토를 영위하였다. 하지만 지금까지 중국, 일본, 러시아, 한국에서 지도에 표시한 발해 강역의 크기는 대부분 이에 한참 미치지 못하며, 또 연구자들 사이에도 발해 강역의 범위와 경계선에 대해 크고 작은 이견이 있다.

국내 중고등학교 교재에서 발해 관련 부분을 보면, 대부분 요동반도 남단과 흑룡강 지역을 제외한 발해 강역도가 제시되어 있다. 중국의 박물관이나 관련 학술서 등에는 요동반도는 물론이고 요하 하류 지역과 압록강 하류-대동강 하류 지역 및 흑룡강 지역을 제외한 발해 강역도가 이용되고 있다. 러시아의 박물관이나 관련 학술서 등에는 발해 강역이 그보다도 더 작게 그려져 있다.

이렇듯 나라마다 발해 강역도가 차이가 나는 것은 문헌자료와 고고학 자료에 대한 종합적인 분석이 아직 충분히 이루어지지 못하였기 때문이다. 또한 문헌자료에 대한 편견적 취사선택도 한 원인이다. 예를 들어, 흑수말갈과 관련하여 『태평환우기(太平寰宇記)』에서는 "발해가 침강하자 흑수 역시 그에 역속되었다(及渤海浸强 黑水亦爲其役至)"라고 하였고, 『당회요(唐會要)』에서는 "발해가 침강하자 흑수 역시 그에 속하게 되었다(及渤海浸强 黑水亦爲其所屬)"라고 하였으며, 또 『금사(金史)』에서도 "발해가 강성해지자 흑수는 [그에] 속하게 되었고 조공이 마침내 끊어졌다(渤海盛强 黑水役屬之 朝貢遂絶)"라고 하였다. 이 사실은 흑수말갈이 오랜 기간 발해에 복속되었고, 따라서 발해의 최대 강역 범위에 흑수말갈 지역도 포함되어야 함을 말해준다. 하지만 북한의 연구자와 필자 및 일부를 제외한 대부분의 연구자는 흑수말갈을 발해의 최대 강역에서 제외하고 있다.

최근 30여 년 동안에 행해진 고고학 발굴 및 연구 성과도 발해 강역 연구에 도움을 주고 있다. 예를 들어, 발해의 북쪽 경계 설정에 있어 중요한 역할을 하는 흑수부(黑水部)의 공간적 범위가 고고학 자료를 통해 구체적으로 파악되었다. 동류 송화강 하류 지역에서는 발해 덕리진(德理鎭)으로 볼 수 있는 유적이 확인되었다. 눈강 하류 지역에서는 말갈유적이 발견되어 말갈의 분포 범위가 서쪽으로 더 넓었음을 알게 되었다. 지금까지 '말갈문화' 지역으로 여겨져 온 아무르강(흑룡강) 북쪽에서 고구려 계통의 발해 석축 고분과 유물이 발견되기도 하였다. 이러한 사실들은 발해의 강역 문제와 관련하여 사료(史料)에 대한 지금까지의 소극적인 해석을 벗어날 수 있게 한다.

  발해의 강역을 밝히는 것은 발해의 역사와 문화 연구뿐만 아니라 한국사의 공간적 범위 설정에도 매우 중요하다고 생각된다.

  발해는 『신당서』 「발해전」에 의하면 5경(京) 15부(府) 62주(州)가 있었다. 62개 주에서 3개 주는 독주주(獨奏州)였다. 주 아래에는 군(郡) 혹은 현(縣)이 설치되었는데, 『요사』 「지리지」에 발해와 관련된 113개소의 군·현 명칭이 소개되어 있다(유득공 지음 / 송기호 옮김, 2000, 111쪽).

  지금까지 발해의 강역 문제를 논한 연구자들은 대부분 발해 경·부·주의 위치 문제를 함께 검토하였다. 그것은 발해 강역 문제가 각 행정구역, 특히 부의 위치 및 범위 문제와 밀접한 관련이 있기 때문이다. 하지만 발해 15부의 위치가 반드시 발해 강역 범위와 일치한 것은 아니었다. 그것은 일찍이 김육불(金毓黻)이 지적하였듯이 발해 행정구역을 소개하고 있는 『신당서』 「발해전」의 내용이 당 문종 대화 연간(827~835년) 발해에 파견된 장건장(張建章)이 보고 들은 것을 기록한 『발해국기(渤海國記)』를 기초로 하기 때문이다.

  김육불은 1941년에 발간된 『동북통사(東北通史)』에서 "『신당서』에서 기록한 모든 연호, 시법, 주군, 관제, 물산 등은 장건장(張建章)의 기록에서 나온 것이 분명하다"라고 하였고, 장건장이 발해에 파견된 것은 제11대 대이진(재위 830~858년) 때였을 것으로 추정하였다. 그 근거 중 하나는 대이진 이전의 발해 왕들은 고왕 대조영을 제외하면 모두 시호와 연호가 있지만, 대이진은 아직 살아있었기에 연호는 있지만 시호가 없다는 사실이었고, 또 대이진 이후의 발해 왕들은 시호는 물론이고 연호도 알려지지 않았다는 점이다(김육불 지음 / 동북아역사재단 옮김 2007, 576~580쪽). 이 문제는 이후 와다 키요시(和田淸)에 의해서도 자세히 논의된 바 있다(和田淸 1955, 57~58쪽). 김육불의 이 의견은 정설로 받아들여지고 있다. 오늘날 발해의 5경 15부 62주의 행정구역은 제10대 선왕 대인수(재위 818~830년) 시기에 완성된 것으로 보고 있다(송기호 1995, 151쪽). 이 사실은 제10대 선왕 대인수 어느 시기 이후에 획득한 영토와 새로운 지방통치 체계는 『신당서』에 반영되지 않았음을 보여주는 것이다.

발해의 강역 설정과 관련하여 또 하나 지적되어야 할 부분은 가탐(賈耽)(730~805년)의 『고금군국지(古今郡國志)』 혹은 『도리기(道里記)』이다. 『신당서』와 『삼국사기』 등에 반영된 『도리기』 내용은 발해의 서남쪽과 남쪽 경계를 설정할 때 큰 영향을 끼치고 있다. 예를 들어, "(안동)도호부에서 동북으로 옛 개모 신성을 지나고 다시 발해 장령부를 지나 1,500리를 가면 발해 왕성에 이른다(自都護府東北經古蓋牟新城 又經渤海長領府 千五百里至渤海王城)"와 "압록강 하구에서 배로 100여 리를 가서 다시 작은 배로 물을 거슬러 동북쪽으로 30리를 가면 박작구에 이르러 발해의 경계에 들어선다(自鴨淥江口舟行百餘里 乃小船泝流東北三十里 至泊汋口 得渤海之境)"는 기록에 근거하여 다수 연구자가 발해의 서남쪽 경계를 장령부 서변과 박작구를 잇는 선으로 본다.

하지만 『도리기』는 가탐이 말년에 작성한 지리서로서 가탐 이후의 발해 지리를 반영하지 못한다. 더욱이 가탐은 발해 지역을 직접 여행한 적이 없다. 니즈마 토시히사(新妻利久)는 가탐의 관련 기록 내용은 당 중종(中宗)(재위 683~684년, 705~710년) 때 발해에 파견된 장행급(張行岌) 혹은 713년에 발해를 방문한 최흔(崔忻)의 보고 내용을 참고한 것으로 추정한 적이 있다(新妻利久 1969, 151쪽). 아카바메 마사요시(赤羽目匡由)는 『도리기』의 관련 내용이 762~764년에 당에서 출발하여 발해와 신라를 거쳐 다시 당으로 귀국한 한조채(韓朝彩)가 수집한 정보를 기초로 한 것으로 판단하였는데, 한조채가 정원(貞元) 11년(795)에 사망하였기에, 가탐이 중앙관리로 있을 때 얼마든지 만날 수 있었다는 것이다(아카바메 마사요시 저 / 김선숙 역 2008, 300~301쪽). 한편 김진광은 『도리기』의 관련 내용이 안동도호부를 기점으로 하고 또 안동도호부가 요동군고성에 있을 때의 상황을 나타내기 때문에 676년부터 705년 안동도호부가 요서지역으로 이주하기 이전의 상황을 나타내고 있다고 하였다(김진광 2002, 175~176쪽).

『도리기』에 발해 왕성이 언급된 것만 보면 아카바메 마사요시(赤羽目匡由)의 주장이 더 설득력이 있다고 생각할 수도 있다. 하지만 안동도호부는 677년에 요양에서 무순으로 옮겼다가 698년에 폐지되었고, 나중에 705년에 다시 설치되었을 때는 이미 그 소재지가 유주(지금의 북경)였다. 발해는 중경에서 상경으로 755년에 천도하였기에 한조채가 762~764년 무렵에 마치 안동도호부가 있는 요양에서 옛 개모 신성과 발해 장령부를 지나 발해 왕성으로 갔다는 것은 여러 시점(時點)이 현재에 적용된 것으로서 "발해 장령부를 지나"의 발해 장령부가 구체적으로 어느 시기인지를 보여주지 못한다. 김진광이 지적하였듯이 676년부터 705년 안동도호부가 요서지역으로 이주하기 이전의 상황일 수도 있고, 713년에 발해를 방문한 최흔(崔忻) 때의 상황을 반영할 수도 있고, 또 한조채 당시의 상황일 수도 있다. 따라서 "발해 장령부를 지나"의 시점을 한조채 시기로 단정할 수는 없다고 생각된다. 다시 말해서 "발해 장령부를 지나"의 시점에 대해서는 여러 다른 기록을 참조하여 판단할 수밖에 없을 것이다. 이것은 "박작구에 이르러 발해의 경계에 들어선다"라는 기록도 마찬가지이다.

예를 들어, 『책부원구』 권975 외신부 포이(褒異)2 개원 15년(727) 4월조의 "대창발가를 양평현개국남에 봉하고 비단 50필을 주었다(封大昌勃價 襄平縣開國男 賜帛五十疋)"라는 기록은 727년에 무왕 대무예의 동생 대창발가가 양평, 즉 지금 요양의 개국남(開國男)에 봉해졌다는 것으로서 이때 이미 발해가 요양까지의 요동을 차지하였음을 말해준다.

설령 "발해 장령부를 지나" 등의 시점을 한조채 당시의 상황으로 인정한다고 하더라도 가탐의 『도리기』의 기록에 근거하여 발해 강역이 최대였던 선왕 대인수 시기의 서남쪽 경계를 설정하는 것은 잘못이라고 말할 수 있다. 또 하나 지적할 것은 안동도호부는 지덕(至德, 756~758년) 후에 완전히 폐지되었기에 훨씬 나중에 완성된 가탐의 『도리기』에 안동도호부가 마치 요양에 존재한 것처럼 버젓이 기록된 것은 시점 혼동의 좋은 예라고 하겠다.

발해 강역의 범위를 설정하는 연구는 이제 오랜 역사를 가진다. 발해 강역 설정에서 가장 논쟁적인 부분은 서남쪽 요동·요동 반도 지역이라고 말할 수 있다. 『요사』에 근거한 연구자들은 모두 이 지역을 발해 강역에 포함하였고, 『신당서』에 소개된 가탐 『도리기』에 근거한 연구자들은 대체로 개원 북쪽 - 장령자 분수령 - 포석하 하구 일대를 잇는 선 서쪽 지역을 발해의 강역에서 제외하였다. 여기에서 개원은 발해 부여부, 장령자 분수령은 장령부, 포석하 하구는 박작구의 위치와 각각 관련된 것이지만, 오늘날 그 각각의 위치도 잘못되었음이 밝혀져 『도리기』에 기초한 이 선도 수정이 불가피해졌다.

요동·요동 반도와 평안남·북도 지역을 당과의 완충지대로 보는 의견도 있다(김종복 2007). 이 지역에는 발해가 설치한 행정단위가 보이지 않는다고도 말한다. 하지만 니즈마 토시히사(新妻利久)(1969)와 같이 요동 반도 북쪽 부분에 발해 독주주인 동주(銅州)가, 평안도 지역에 서경압록부의 초주(椒州)가 설치되었다고 주장하는 연구자도 있음에 주목할 필요가 있다. 북한의 연구자들은 이 문제를 '고려후국(高麗侯國)'이라는 관점에서 해결하고자 하였다(장국종 1997).

발해의 남쪽 경계에 대해서도 이견이 있다. 평안도 지역에 해당하는 청천강과 대동강 수계 지역을 모두 제외하는 의견도 있고, 청천강과 대동강 중류 지역을 따라 경계선을 긋기도 한다. 또한 신라와 경계한 니하(泥河)가 지금의 연곡천인 강릉 북쪽의 이천수(泥川水), 대동강, 안변의 남대천(南大川), 금진강, 오늘날의 금야강인 덕원 북쪽의 용흥강 등이라는 의견이 제시되어 그중 용흥

I. 머리말

강설이 거의 정설로 자리 잡고 있다. 하지만 필자가 볼 때 신라와 경계한 니하는 용흥강이 아니라 그 남쪽의 덕지강(德池江)이다. 따라서 발해의 남쪽 경계에 대해서도 새로운 설정이 필요하다.

발해가 서쪽은 요하를 경계로 한다는 데에 의견의 일치를 보이고 있지만, 실상은 연구자들에 따라 많은 차이를 보인다. 가탐의 『도리기』에 근거한 연구자들은 대부분 개원(開源) 서쪽 가까이 요하 상류를 염두에 둔다. 이곳에서 눈강과 송화강 합류 지점에 이르는 선이 발해의 서쪽 경계라는 점에 대해서는 거의 의견이 일치한다. 또 요하 전체와 눈강·송화강 합류 지점까지를 발해의 서쪽 경계로 보는 의견도 있다.

발해의 북쪽 경계에 대해서도 여러 의견이 제시되었다. 발해의 북쪽 경계 설정은 기본적으로 두 가지 관점에서 접근이 이루어졌다고 생각된다. 첫 번째는 흑수부(黑水部)와 사모제부(思慕諸部)를 발해 영역에서 제외하는 것인데 『중국역사지도집』에 제시된 발해 강역도가 대표적이다. 이 강역도에는 발해의 북쪽 경계가 눈강과 송화강 합수 지점에서 동류 (제1) 송화강을 따라 목란(木蘭) 일대까지, 다시 이곳에서 의란 서북쪽의 파란하(巴蘭河) 수원지를 지나고 또 탕왕하 하류와 오동하(梧桐河) 수원지를 지나 가음하(嘉蔭河) 하구 일대의 흑룡강까지, 다시 이곳에서 흑룡강을 따라 비라강(река Бира) 하구 일대까지, 다시 이곳에서 동남쪽으로 우쑤리강(река Уссури)의 지류인 요력하(撓力河) 하구까지, 다시 이곳에서 비낀강(река Бикин)과 호르강(река Хор)의 분수령을 따라 동해안의 사마르가강(река Самарга) 하구 부근으로 이어져 있다(도면 18). 다만 송기호는 북쪽 경계 서쪽은 동류 (제1) 송화강을 넘어 호란하(呼蘭河)까지, 가운데 흑룡강 부분을 가음하(嘉蔭河) 하구 일대에서 비라강 하구를 지나 우쑤리강 하구가 있는 하바롭스크까지 표시하여(도면 38) 약간의 차이를 보인다.

두 번째는 흑수제부(黑水諸部)를 모두 발해의 영역에 포함한 의견이다. 일찍이 러시아 E.V.샤브꾸노프(1968)는 눈강·송화강 합수지부터 동류 (제1) 송화강을 따라 동강(同江)까지 다시 이곳에서 흑룡강을 따라 흑룡강 하구까지를 발해의 북쪽 경계로 생각한 적이 있다. 방학봉(1994)도 흑수제부의 거주지를 모두 발해 강역에 포함하였고, 위국충(1984)도 흑수말갈이 발해에 복속된 것으로 판단하였다. 비교적 최근에 북한에서 제시한 발해 강역도에는 발해의 서쪽 경계를 요하보다 더 서쪽으로 긋고 또 북쪽으로는 눈강(嫩江) 일대를 지나 흑룡강 상류 지역에 있는 호마(呼瑪)까지 다시 이곳에서 제야강(река Зея) 중류를 지나 셀렘자강(река Селемджа)보다 더 북쪽을 따라 동쪽으로 오호츠크해까지 이른 것으로 보았다(도면 34). 필자는 고고학 자료를 참고하여 발해의 북쪽 경계를 제야강-셀렘자강 합수 지역 일대에서 동쪽으로 흑룡강 하류이 아무르스크 일대를 지나 연해주 사마르가강을 잇는 선으로 제시한 적이 있다(정석배 2020).

최근의 고고학적 연구 성과와 문헌자료에 대한 새로운 고찰은 흑수부 및 사모제부와 이들을 통합하기 전 이들과 발해의 경계를 밝힐 수 있게 하였는데, 흑룡강 구간의 경우 동쪽·동북쪽으로 하바롭스크를 지나 아뉴이강(река Анюй) 하구까지 이어졌다고 생각된다.

발해는 영토가 위축된 적도 있었지만 대체로 꾸준히 영토를 확장하였다. 제2대 무왕 대무예는 "척대토우(斥大土宇)"하여 "동북의 여러 오랑캐가 두려워하여 신하가 되었고(東北諸夷畏臣之)", 제10대 선왕 대인수는 "자못 해북의 여러 부를 토벌하여 크게 경계를 넓혔다(頗能討伐海北諸部 開大境宇)"라고 하였다. 이와 관련하여 발해의 영역을 몇 개의 단계로 구분하여 연구하기도 한다. 예를 들어, 위국충(魏國忠)(1984)은 진국 시기, 발해 전기, 발해 후기로, 진현창(陳顯昌)(1985)은 대조영 시기, 대무예 시기, 대인수 시기로, 손진기·풍영겸(孫進己·馮永謙)(1989)은 조기 진국 시기, 중기 선왕 시기까지, 후기 제11대 대이진 이후 시기로, 송기호(1996)는 영토 확장기(擴張期), 영토 위축기(萎縮期), 영토 재확장기(再擴張期), 영토 상실기(喪失期)로, 장국종(1997)은 698년 대조영이 황제로 즉위한 해로부터 713년까지의 시기(대조영 시기), 713년부터 829년 선왕 대인수의 집권 이전까지의 시기(제2대 무왕과 제3대 문왕 시기), 제10대 선왕 대인수 통치 시기(818~830년)부터 발해 멸망까지의 시기로, 정영진(2002)은 대조영 시기, 대무예·대흠무 시기, 대인수 이후 시기로, 김종복(2007)은 발해 건국 직후, 무왕대, 문왕대, 9세기로 각각 구분하였다.

발해 역사 지리 및 강역 연구에 대한 연구자들의 관심은 이미 오랜 역사를 가진다. 연구사는 별도의 장에서 다룰 것이나, 발해 강역의 범위를 보여주는 지도들이 이미 조선시대 안정복의 『동사강목(東史綱目)』이나 한치윤의 『해동역사속(海東繹史續)』에서 제시되었고, 이후 일본과 러시아, 중국, 북한, 남한의 연구자들에 의해서도 각자의 의견을 반영하는 발해 강역도들이 제시되어 발해 강역에 대한 각국의 혹은 각 연구자의 표상이 어떻게 바뀌어 갔는지를 지도로도 확인할 수 있다.

이 연구의 목적은 문헌자료와 고고학 자료를 통해 발해 강역의 범위를 체계적으로 구명(究明)하는 것이다. 지금까지는 거의 모든 연구자가 먼저 15부의 위치 문제를 논하고 그에 따라 발해 영역의 범위를 설정하였다. 하지만 발해 15부의 구체적인 위치와 범위는 어떤 자료에 근거하느냐에 따라 연구자 간에 심한 이견이 있다. 예를 들어, 중국학계의 의견을 대변하는 『중국역사지도집』에 제시된 발해 강역도(도면 18)와 한국의 대표적 발해 연구자 중의 한 명인 송기호가 제시한 발해 강역도(도면 38)에는 부여부와 막힐부의 위치, 동평부와 안원부의 위치가 서로 반대되는 곳에 각각 표시되어 있고, 그 범위도 차이를 보인다. 다른 연구자들이 제시한 발해 강역도 사이에도 여러 가지 차이점을 발견할 수 있다.

따라서 필자는 발해의 사방 경계가 어디에 있었는지에 주목할 것이고, 경계 설정에 필요한 경우에만 행정구역 문제를 논의할 것이며, 15부의 구체적인 위치 비정 문제는 차후의 과제로 남겨 둘 것이다. 이 연구를 위해 발해의 강역 문제와 관련된 문헌자료, 조선시대 실학자들의 연구성과를 비롯하여 한국어, 중국어, 일본어, 러시아어 자료를 최대한 수집하고 분석하였다.

이 책을 집필하는데 여러 연구자의 도움이 있었다. 자료 수집에 도움을 준 한국전통문화대학교 김은옥 강사, 대학원 김영길 박사과정, 대학원 강나루 박사과정, 대학원 졸업생 정해봉 석사, 대학원 성시우 석사과정, 대학원 전기쁨 석사과정, 대학원 전수현 석사과정, 대학원 허재영 석사과정, 국립경주박물관 최슬기 연구원, 한국학중앙연구원 이빈빈 박사과정, 한성백제박물관 이동규 학예연구사, 동북아역사재단 배현준 연구위원, 전(前) 동북아역사재단 김은국 연구위원, 그리고 인하대학교 복기대 교수에게 감사의 마음을 전한다. 또한 원고를 읽고 지적과 조언을 해준 김은옥 박사와 한국학중앙연구원 김진광 선생님에게도 깊은 감사의 마음을 전한다.

2024년 12월 정석배

II. 발해 강역 연구사

발해의 강역은 처음에는 그 경계보다는 5경(京) 15부(府) 62주(州)의 위치를 파악함으로써 그 대강의 범위를 밝히려 하였다. 따라서 발해 강역 연구사에는 발해 역사 지리 연구가 포함된다고 하겠다. 이 장에서는 연구의 추이를 살필 수 있게 주로 시간 순서로 연구 경향이나 중요 의견을 소개하고, 강역에 대한 연구자들의 자세한 의견 내용은 발해의 경계 설정과 직접 관련된 〈Ⅲ. 발해의 강역〉에서 구체적으로 살펴보기로 한다.

발해의 경(京)과 부(府) 그리고 부에 속한 주(州)의 구체적인 위치에 대한 의견은 1736년(청 건륭 1)에 완성된 『성경통지(盛京通志)』와 1743년(청 건륭 8)에 완성된 『대청일통지(大淸一統志)』에서도 보인다. 한국의 조선에서는 안정복이 1759년(조선 영조 35)에 완성한 『동사강목(東史綱目)』에서도 확인되고 있다. 하지만 본격적으로 그 위치를 논(論)한 것은 1778년(청 건륭 43)에 완성된 『흠정만주원류고(欽定滿洲源流考)』라고 생각된다. 그 후 얼마 지나지 않은 1784년(조선 정조 8년) 유득공에 의해 『발해고(渤海考)』가 완성되었다. 1811년(조선 순조 11)에는 정약용의 『아방강역고(我邦疆域考)』, 1814년 즈음에는 한치윤의 『해동역사(海東繹史)』, 1823년경에는 한진서의 『해동역사속(海東繹史續)』이 각각 집필 혹은 완성되었다.

정약용과 한진서가 발해 역사 지리 연구에서 이룬 성과는 코페르니쿠스적 발상의 전환을 이룬 것인데 국내의 저명한 발해 연구자 송기호(1991)는 이들이 "조선 후기 발해 지리 고증의 극치"를 보여주었으며, "『요사』「지리지」의 기록이 착란된 원인을 밝힌 것은 중국과 조선을 통틀어 처음"이었다고 평가하였다.

『성경통지』까지의 발해 역사 지리에 대한 인식은 『요사』「지리지」를 기본 바탕으로 하였다. 안정복의 『동사강목』은 발해 경·부·주의 위치 비정에서 『성경통지』의 의견을 그대로 정리하여 소개한 것으로 평가되고 있는데(동북아역사재단 한국고중세사연구소 편 2021a, 254쪽, 309~316쪽), 동모산을 심양 동쪽의 천주산(天柱山), 상경용천부는 혼동강(북류 송화강) 서쪽(混同江西), 중경현덕부는 요하 서쪽의 광령(廣嶺)-의주(義州) 지역(廣嶺義州界), 동경용원부는 단동 북서쪽의 봉황성(鳳凰城), 남경남해부는 태자하 하구 동남쪽의 해성현(海城縣), 서경압록부는 압록강 상류 갑산과 삼수 이하 강 바깥 등지(鴨綠上流 我甲山三水以下江外等地)로 각각 파악하여(고구려연구재단 편, 2004, 155~156쪽),『신당서』「지리지」등을 기본 바탕으로 한 발해 역사 지리 인식과는 큰 차이를 보인다. 당시의 발해 역사 지리에 대한 표상은 그가 제시한 〈신라통일도(新羅統一圖)〉에 잘 반영되어 있다(도면 1).

이러한 견해는 중경과 동경이 서경보다 더 서쪽에 위치하여 방위에 모순이 있었고, 가탐이『도리기』에서 말하고 있는 영주부터의 거리와도 모순되는 것이었지만, "『요사』「지리지」의 오류를 답습"(송기호 1991, 67~68쪽)한 결과였다. 정약용은 이러한 모순과 오류를 정확하게 파악하여『아방강역고』에서 "요나라가 망하고 나서『요사』를 지은 사람이 거칠고 먼 자취를 살피지 않고

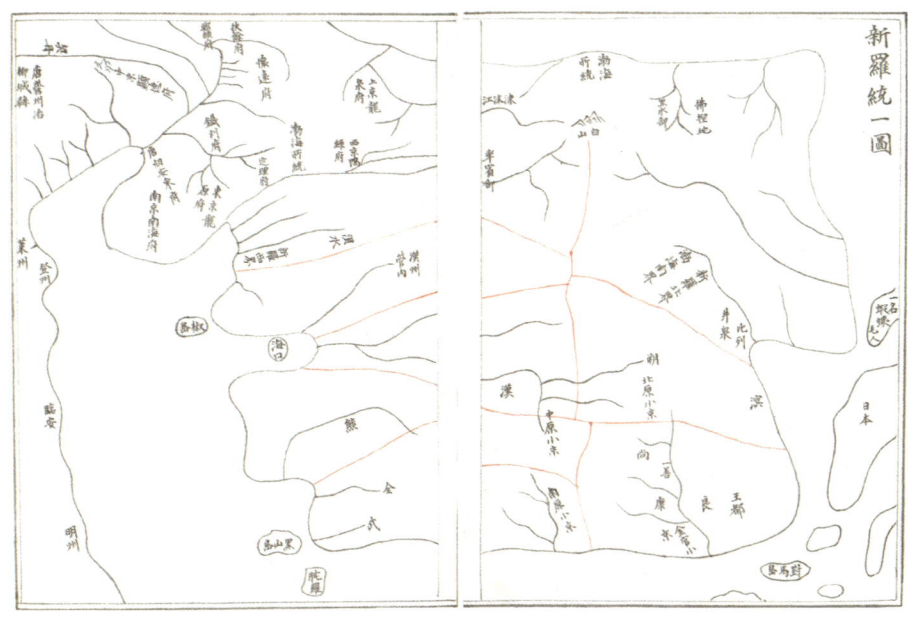

도면 1.『동사강목(東史綱目)』의 〈신라통일도(新羅統一圖)〉(안정복 1778; 송기호 2004)

멋대로 우매한 붓을 놀려 마침내 이처럼 희미하게 되었다. 『일통지』 이래로 『요사』 「지지」를 맹신하고 옛 책을 살피지 않아 같은 책 안에도 서로 모순되는 것이 헤아릴 수 없을 정도니, 어찌 애석한 일이 아니겠는가"라고 지적하였다(동북아역사재단 한국고중세사연구소 편 2021b. 59쪽).

정약용은 중국과 조선을 통틀어 처음으로 『신당서』 「발해전」과 「지리지」, 『삼국사기』, 또 이 사서들에 반영된 가탐의 『도리기』 등 내용을 참고하여 발해 동모산과 5경 15부의 위치 및 발해의 사방 경계를 실증적인 관점에서 규명하고자 하였다. 예로서, 동모산을 영주, 즉 지금의 조양에서 동쪽으로 2천 리 거리의 백두산 동북쪽 액돈산(額敦山)에서 찾았고, 구국과 중경을 같은 곳으로 보면서 상경용천부는 그곳에서 북쪽으로 300리 거리의 홀한하 동쪽에 있었다는 기록에 근거하여 영고탑(寧古塔)과 호아하(虎兒河), 즉 목단강 사이의 옛 대성(古大城)으로 파악하였으며, 동경용원부는 덕원 북쪽 1,200리 거리의 함경도 종성으로, 서경압록부는 환도성에서 물을 거슬러 동북 200리 거리의 신주로 판단하고 우예·자성의 북쪽 물 건너편의 땅에 있을 것으로 보았다. 오늘날의 시각에서 본다면 상경용천부를 제외하면 모두 그 위치가 조금씩 차이가 나는 것은 사실이지만, 실증적인 연구를 통해 후대의 연구자들이 사실에 접근할 수 있는 토대를 마련하였다고 평가할 수 있다. 따라서 정약용의 『아방강역고』는 발해 역사 지리 및 강역 연구에서 하나의 획기(劃期)를 이루었다고 평가할 수 있다.

한진서의 『해동역사속』에 제시된 〈발해경부도(渤海京府圖)〉는 그의 발해 역사 지리에 대한 새로운 관점이 잘 드러나 있는데 철리부와 동평부를 흑룡강 북쪽에 표시한 점이 주목된다(도면 2). 이 지도는 안정복의 〈신라통일도〉에 반영된 『성경통지』 등의 발해 역사 지리에 대한 인식과는 크게 차이가 난다. 다시 말해서 이 두 지도는 발해 15부의 위치에 대한 『요사』 「지리지」를 기본으로 한 인식과 『신당서』 「지리지」 등을 기본으로 한 인식의 차이가 무엇인지 극명하게 보여준다. 그런데 이 두 지도는 발해의 역사 지리와 강역의 범위를 보여주는 최초

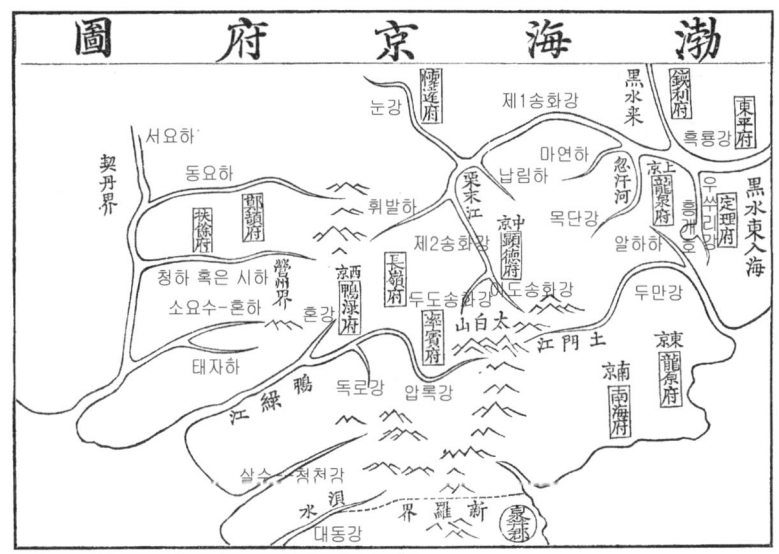

도면 2. 『해동역사속(海東繹史續)』의 〈발해경부도(渤海京府圖)〉(한진서 1823년경, 송기호 2004, 필자 재편집)

의 지도라는 점에서 큰 의미가 있다.

다만 『성경통지』 이후 정약용의 『아방강역고』 사이에 과도기가 있었던 것도 부정할 수는 없다. 예를 들어, 『아방강역고』보다 먼저 발간된 『(흠정)만주원류고』에서는 발해 상경의 위치를 영고탑성 부근 호이합하(=목단강)의 동쪽에 있는 옛 대성(古大城)으로, 동경을 조선 함흥부(咸興府) 서북쪽의 조선 개주(開州)로 보았는데, 발해 동경용원부를 처음으로 동해 연안으로 보았다고 평가할 수 있다. 하지만 중경은 요양에, 남경은 해성현(海城縣)에, 서경은 막연하게 압록강 변에 있었다고 인식하는 등(장진근 역주 2008, 306~315쪽) 그 이전의 의견을 완전히 벗어나지는 못하였다.

1864년 무렵 혹은 1866년에 완성된 김정호의 『대동지지(大東地志)』도 발해 강역 연구에 중요하다. 『대동지지』 중의 〈구주총도(九州總圖)〉와 〈삭주전도(朔州全圖)〉 및 〈한주전도(漢州全圖)〉에 통일신라의 행정단위와 함께 '발해국계(渤海國界)'가 표시되어 있다. 발해국의 남쪽 경계가 대동강 하류 - 남강(능성강) - 용흥강 혹은 덕지강으로 추정되는 강을 잇는 선으로 이루어져 있어

II. 발해 강역 연구사   17

주목된다(도면 3).

1885년 이후에 완성된 조정걸(曹廷杰)의 『동삼성여지도설(東三省與地圖說)』, 1891년에 발간된 이계림(李桂林)의 『길림통지(吉林通志)』도 발해 역사 지리 및 강역 연구에 중요하다. 조정걸은 『동삼성여지도설』에서 발해의 건국지를 길림성 돈화의 악다리성(鄂多哩城)으로, 상경용천부는 동경성(東京城)으로, 중경현덕부 현주는 나단불륵성(那丹佛勒城) 지방으로, 솔빈부는 쌍성자(雙城子)로 보았는데, 후대 연구자들에게 심대한 영향을 끼쳤다. 악다리성은 곧 오동성을 말하는 것이며, 동경성은 지금의 상경용천부 유적이고, 쌍성자는 우

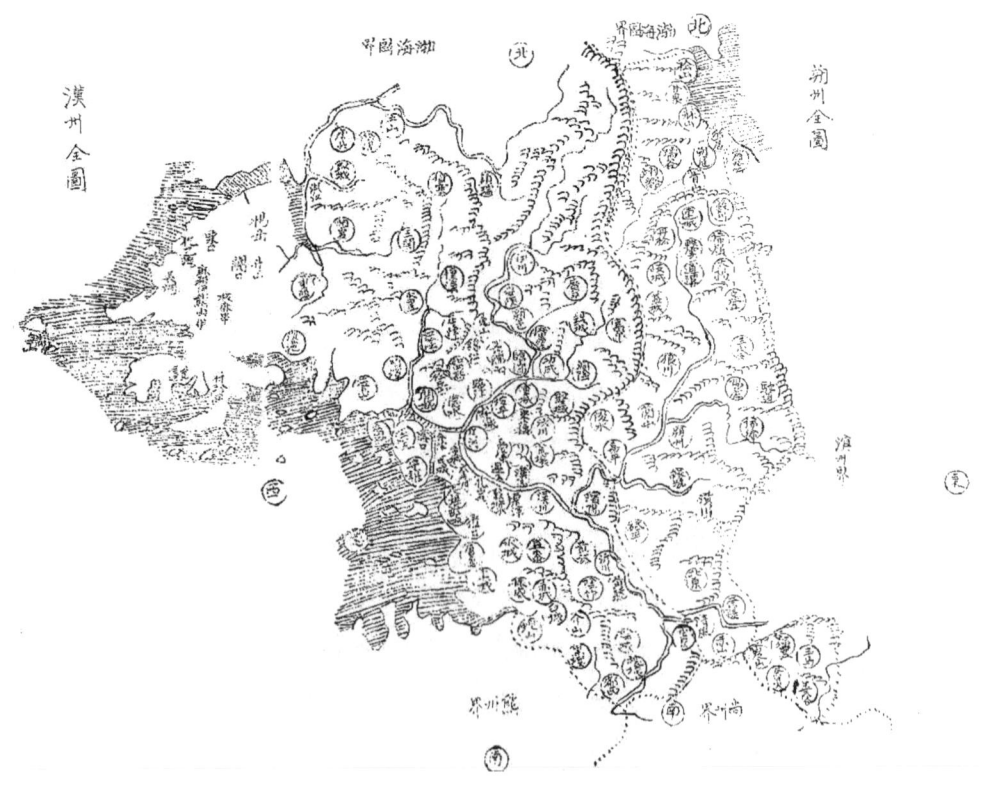

도면 3. 『대동지지(大東地志)』의 〈구주총도(九州總圖)〉와 〈삭주전도(朔州全圖)〉 및 〈한주전도(漢州全圖)〉를 합친 모습(김정호 1864년 혹은 1866년, 송기호 2004, 필자 재편집)

쑤리스크(Уссурийск)로서 이후 오랫동안 솔빈부의 치소로 여겨졌던 곳이다. 『동삼성여지도설』과 『길림통지』는 발해의 구성원이 된 말갈 7부의 위치도 함께 고증하였는데, 몇몇 부의 위치를 제외하면 최근까지도 여러 연구자의 지지를 받고 있다.

1903년에 발간된 장지연의 『대한강역고(大韓疆域考)』는 정약용의 『아방강역고』를 세상에 널리 알렸다는 점에서도 중요하다.

1910년대는 일본 연구자들의 연구가 두드러졌다. 1913년에는 마쓰이 히토시(松井等)가 『만주역사지리(滿洲歷史地理)』 제1권 중의 「발해국의 강역(渤海國の疆域)」에서, 1915년에는 쓰다 소키치(津田左右吉)가 『만선지리역사연구보고(滿鮮地理歷史研究報告)』 중의 「발해고(渤海考)」에서, 같은 1915년에는 도리야마 기이치(鳥山喜一)가 『발해사고(渤海史考)』라는 책에서 각각 발해의 역사 지리와 강역 문제를 논하였다. 특히 마쓰이 히토시(松井等)는 니하(泥河)를 용흥강으로 추정하여 이후 많은 지지를 받았다.

당시 일본 연구자들의 발해 강역에 대한 인식은 세부적인 차이는 있어도 현대 지도를 바탕으로 한 마쓰이 히토시(松井等)의 〈발해시대 만주도(渤海時代滿洲圖)〉에 잘 반영되어 있다(도면 4). 이 강역도에는 발해의 남쪽 경계가 원산만 북쪽의 용흥강 하구에서 시작하여 용흥강 상류 방향 서북쪽으로 곧장 대동강 수계 분수령까지, 이곳에서는 다시 처음에는 동북쪽으로 다음에는 서북쪽과 서쪽으로 대동강 수계 및 청천강 수계 분수령을 따라 박작구가 있다고 주장하는 포석하 하구 일대까지를 선으로 표시하였다. 서남쪽 경계는 포석하 일대에서 북쪽으로 혼하 상류를 지나고 다시 개원을 조금 지나 요하와 이어지게 선으로 표시하였다. 서쪽 경계는 개원 일대에서 그 북쪽으로는 요하를 따라가다 동요하와 서요하 사이를 지나 북류(제2) 송화강과 눈강과의 합수 지점 가까이에서 만나며, 이곳부터는 눈강·송화강 합수 지점까지로 표시하였다. 북쪽 경계는 눈강·송화강 합수 지점에서 동류(제1) 송화강을 따라 하류 방향으로 의란까지 표시하였고, 이곳부터는 동류 송화강 수계와 요력하 수계 사이를 따라 흑

도면 4. 『만주역사지리(滿洲歷史地理)』의 〈발해시대 만주도(渤海時代 滿洲圖)〉(松井 등 1913, 필자 재편집)

룡강 남쪽을 지나게 하바롭스크까지 선으로 표시하였다. 동북쪽 경계는 하바롭스크에서 동쪽 및 동남쪽으로 대체로 사마르가강(река Самарга)을 잇는 선으로 표시하였다.

이 지도는 필자가 아는 한 경계선이 그어진 최초의 발해 강역도라고 말할 수 있다. 이 발해 강역도는 지금까지 중국, 일본, 한국의 많은 연구자가 제시하는 발해 강역도와는 세부적인 차이를 보이기는 하나, 크게 본다면 초안 역할을 한 것으로 평가할 수 있다.

1916년에는 러시아의 그레벤쉬꼬프(А.В.Гребенщков)도 발해 강역을 소개하였다. 1919년에는 당안(唐晏)이 『발해국지(渤海國志)』에서 〈발해국지도(渤海國地圖)〉를 제시하였는데(도면 5), 남경남해부를 요동반도에 표시하는 등 발해 경·부·주의 위치 비정에서 『만주원류고』의 벽을 넘어서지 못한 것으로 생각된다.

1920년대에도 일본, 중국, 러시아, 일제강점기 한국에서 발해 역사 지리 및 강역과 관련된 논저들이 발간되었다. 1924년에는 야나이 와다루(箭內亘)가 『동양독사지도(東洋讀史地圖)』에서 새로운 발해 강역도를 제시하였는데, 마쓰이 히토시(松井等)가 제시한 발해 강역도와 비교하면 발해의 서남변과 남변의 경계선을 조금 수정하였다(도면 6).

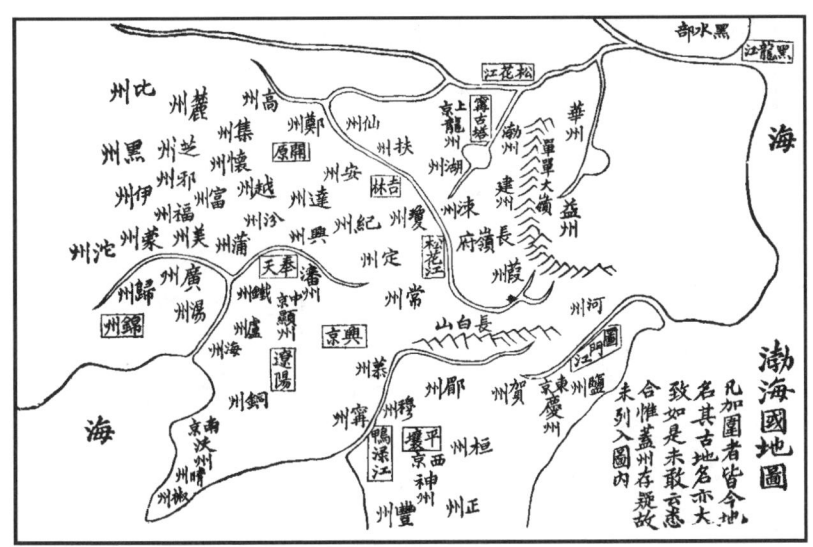

도면 5. 『발해국지(渤海國志)』의 〈발해국지도(渤海國地圖)〉(唐晏 1919)

1925년에는 한국의 서상우가 『발해강역고(渤海疆域考)』에서 발해의 경·부·주에 대해 논하였는데, 따로 언급은 하지 않았으나, 한진서의 의견을 많이 참고한 것으로 생각된다.
　1929년에 중국의 황유한(黃維翰)은 『발해국기(渤海國記)』 중편 지리(地理)

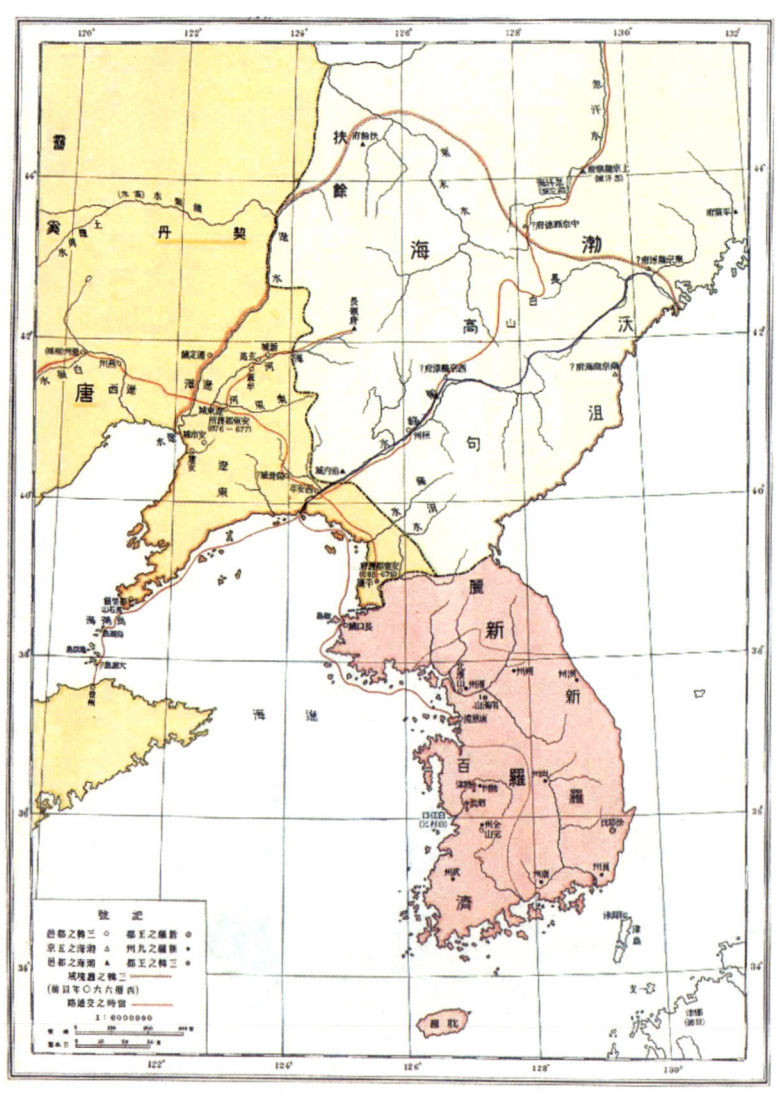

도면 6. 『동양독사지도(東洋讀史地圖)』의 발해 강역도(箭內瓦 1924, 필자 재편집)

22　　II. 발해 강역 연구사

부분에서 발해의 5경 15부와 주 및 독주주의 위치를 논하였고, 『요사』「지리지」의 위치 비정을 대부분 오류라고 지적하였다. 그는 부(府)의 경도와 위도 좌표를 주기도 하였고, 대부분은 경(京)·부(府)의 전체 범위를 설정하고자 하였다(黃維翰 1929). 마뜨베예프(З.Н. Матвеев)는 러시아에서는 처음으로 발해 강역도를 제시하였는데, 요동·요동반도와 평안도 지역은 모두 발해 영역에 포함되었으나, 북쪽은 흑룡강에 이르지 못한 것으로 표시되었다(Матвеев З.Н. 1929)(도면 7). 이케우치 히로시(池內宏)는 발해와 신라의 경계 문제와 관련하여 니하를 금진천(金津川)이라 주장하는 의견을 제시하였다(池內宏 1929).

1933~1934년에 상경성(原田淑人 1939; 하라타 토시토 저 / 김진광 역 2014), 1937년에 팔련성 궁전지와 그 주변 사지(吉林省文物考古硏究所 外 2014) 및 서고성 궁전지(吉林省文物考古硏究所 外 2007)가 각각 '발굴'되었다. 논란이 있기는 하였지만, 발굴조사를 통해 발해 상경용천부는 동경성, 즉 지금의 상경용천부 유적에, 동경용원부는 혼춘의 팔련성(반랍성자)에, 중경현덕부는 화룡의 서고성(서고성자)에 있었음

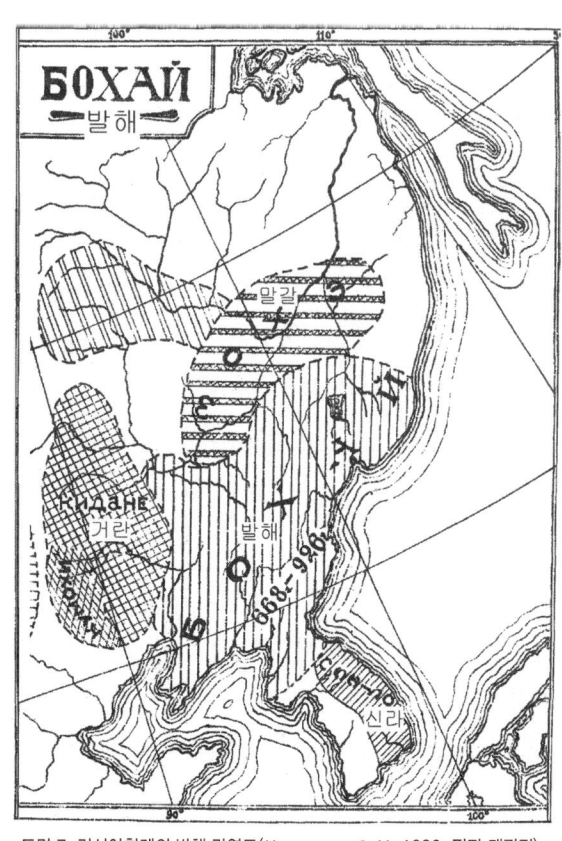

도면 7. 러시아학계의 발해 강역도(Матвеев З.Н. 1929, 필자 재편집)

이 밝혀진 것이다. 하지만 여전히 다른 경(京)과 부(府)의 위치 비정은 문헌자료의 해석에 따른 추정이 주를 이루었다.

1930년대인 1934년에는 김육불(金毓黻)이 『발해국지장편(渤海國志長編)』을 출판하였다. 이 책은 "중국과 우리나라, 일본의 발해사 관련 기록을 수록하고, 체계적으로 분류하고 고증하였다. 이에 발해사 연구의 최고권위를 가지게 되었으며, 발해사 연구자들에게는 주요한 참고서적이 되었다"라는 평가를 받고 있으며(김육불 편저 / 발해사연구회 옮김 2008a, 5쪽), 〈권14 발해국지 12 지리고〉에서 발해의 역사 지리 및 강역 문제를 상세하게 논하였다. 당시 그의 발해 강역에 관한 생각은 그가 제시한 〈발해강역총도(渤海疆域總圖)〉를 통해서도 파악할 수 있다(도면 8). 이 강역도에는 남쪽은 용흥강과 압록강 하류 포석하 하구 일대를 잇는 선으로 표시하였는데 대동강 상류와 중상류 지역 및 청천강 상류 지역을 발해 영역에 포함하였다. 서남쪽은 포석하 하구 일대에서 곧장 북쪽으로 개원을 지나 동요하와 서요하 합수지 북쪽에서 동요하를 넘어 내몽골 과이심좌익후기(科尔沁左翼后旗) 일대까지 선을 그었다. 서쪽은 이곳에서 눈강과 송화강 합수 지점까지 선을 그었다. 북쪽 경계는 눈강·송화강 합수 지점에서 줄곧 동류 (제1) 송화강을 따라 흑룡강(아무르강)까지의 합수 지점까지, 다시 이곳에서 줄곧 흑룡강을 따라 동북쪽으로 하바롭스크를 지나 무헨강(река Мухен)하구까지 선을 연결하였다. 동북쪽은 무헨강 하구에서 동북쪽으로 아뉴이강(река Анюй) 하류를 지나서 다시 동쪽으로 대체로 아뉴이강과 후투강(река Хуту) 사이를 지나고 또 투또강(река Тутто) 하류를 지나 동쪽 바다로 이어진다.

김육불은 1941년에 발간한 『동북통사』에서도 『발해국지장편』의 관련 내용을 보완하면서 발해 역사 지리와 강역 문제를 논하였는데, 그의 발해 강역에 대한 인식은 이후 발해 연구자들에게 큰 영향을 끼쳤다. 『동북통사』에서는 〈당대발해국약도(唐代渤海國略圖)〉를 제시하였다(도면 9). 이 발해 강역도에서 그는 발해의 남쪽 경계를 원산만 일대에서 압록강 하류 포석하 하구 일대

도면 8. 『발해국지장편(渤海國志長編)』의 〈발해강역총도(渤海疆域總圖)〉(金毓黻 1934, 고구려연구회 1998 재인용 및 필자 재편집)

를 잇는 선으로, 서남쪽 경계를 포석하 하구 일대에서 개원 일대를 잇는 선으로, 서쪽 경계를 개원 일대에서 요하 서쪽을 따라 서요하 하류 지역을 지나 눈강·송화강 합수 지점 조금 못 미쳐 북류 (제2) 송화강 하류 하단을 잇는 선으로 그렸다. 북쪽 경계는 동류 (제1) 송화강 상류 상단에서 동류 송화강을 따라 송화강-흑룡강 합수 지점인 동강을 지나 흑룡강을 따라 하바롭스크까지 그리고 이곳에서 동남쪽으로 선을 그었다. 동북쪽의 경계를 『발해국지장편』에서

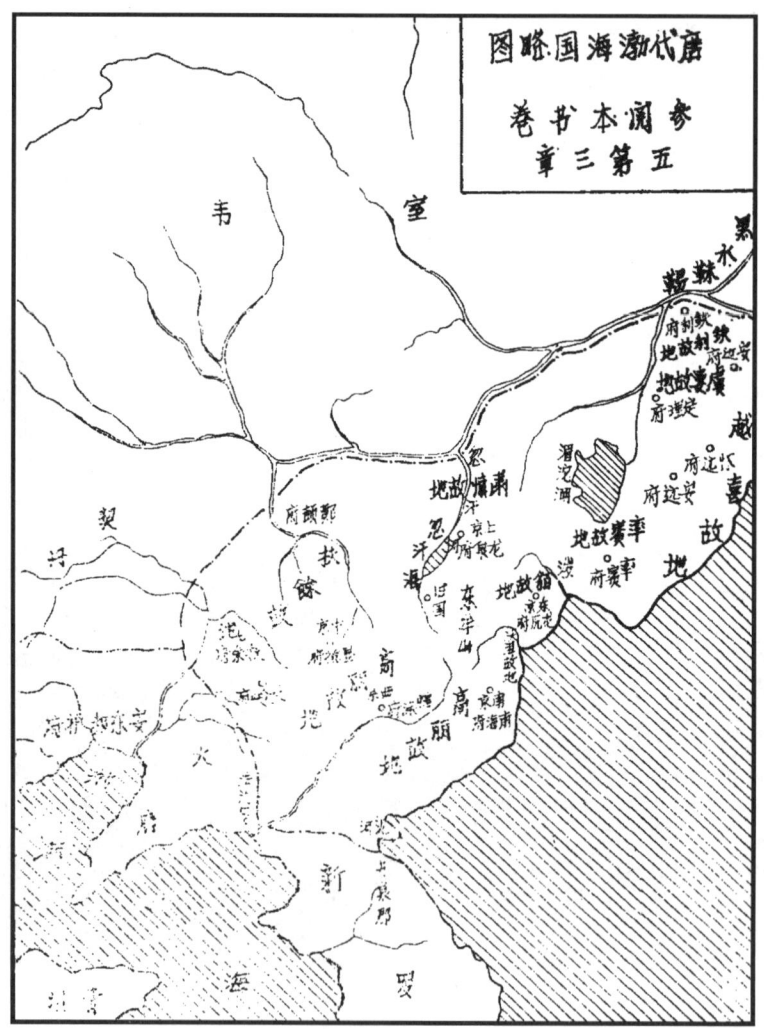

도면 9. 『동북통사』의 〈당대발해국약도(唐代渤海國略圖)〉(金毓黻 1941)

제시한 것보다 더 축소하여 그렸다. 이 강역도는 세부적인 차이가 있는 것은 사실이지만, 마쓰이 히토시(松井等)나 야나이 와다루(箭內瓦)가 제시한 발해 강역도와 큰 차이는 없는 것으로 평가할 수 있다. 원산만 일대 – 포석하 하구 일대를 잇는 선 남쪽을 신라의 영역으로, 포석하 하구 일대 – 개원 북쪽 일대를 잇는 선 서쪽은 당나라 영역으로 표시하였다.

1950년대에는 발해 역사 지리와 관련하여 와다 키요시(和田淸)의 논저가 주목된다. 그는 당시까지의 고고학 조사 성과를 반영하여 1954년에 「발해국지리고(渤海國地理考)」라는 논문을 발표하였고(和田淸 1954), 1955년에 이를 보완하여 『동아사연구(만주편)(東亞史硏究(滿洲篇))』에 동일 제목의 장으로 다시 발표하였다(和田淸 1955).

1957년에는 히노 가이자부로(日野開三郞)가 고구려 멸망 이후 고려 건국 이전의 고려 관련 문헌자료들을 근거로 요동에 '소고구려(小高句麗)'가 있었다고 주장하였다(日野開三郞 1957). 그의 이 의견은 1984년에 발간된 그의 「소고구려국의 연구(小高句麗國の硏究)」에 자세하게 소개되어 있다(日野開三郞 1984).

1960년대는 일본과 러시아 연구자들의 활동이 돋보인다. 1968년에는 도리야마 기이치(鳥山喜一)가 『발해사상의 제문제(渤海史上の諸問題)』라는 책에서 발해 5경 15부의 위치 문제를 다시 한번 논하였고, 또 발해 강역도도 제시하였다(도면 10).

1968년에는 러시아의 E.V.샤브꾸노프도 『발해국과 연해주의 발해 문화 유적들』이라는 책에서 발해 5경 15부의 위치 문제를 논하고 또 발해 강역도를 제시하였다(Шавкунов Э.В. 1968). 그는 발해 5경의 위치는 대체로 김육불의 『발해국지장편』을 따랐지만, 그가 제시한 강역도는 아무르강 하류 지역을 포함하는 등 김육불과는 완전히 다르다(도면 11). 그것은 그가 자신이 생각하는 흑수부(黑水部)와 사모제부(思慕諸部)의 영역까지 발해 강역에 포함하였기 때문이다.

1969년에는 니즈마 토시히사(新妻利久)가 『발해국 역사 및 일본과의 국교사의 연구(渤海國史及び日本との國交史の硏究)』라는 책을 출간하였는데, 발해의 5경 15부 62주의 위치 문제와 발해의 남쪽 및 서쪽 경계 문제를 논하였고, 또 그전까지 일본 연구자들의 인식과는 완전히 구분되는 새로운 발해 강역도를 제시하였다(도면 12). 그는 요동·요동반도와 평안도 지역은 물론이고, 아

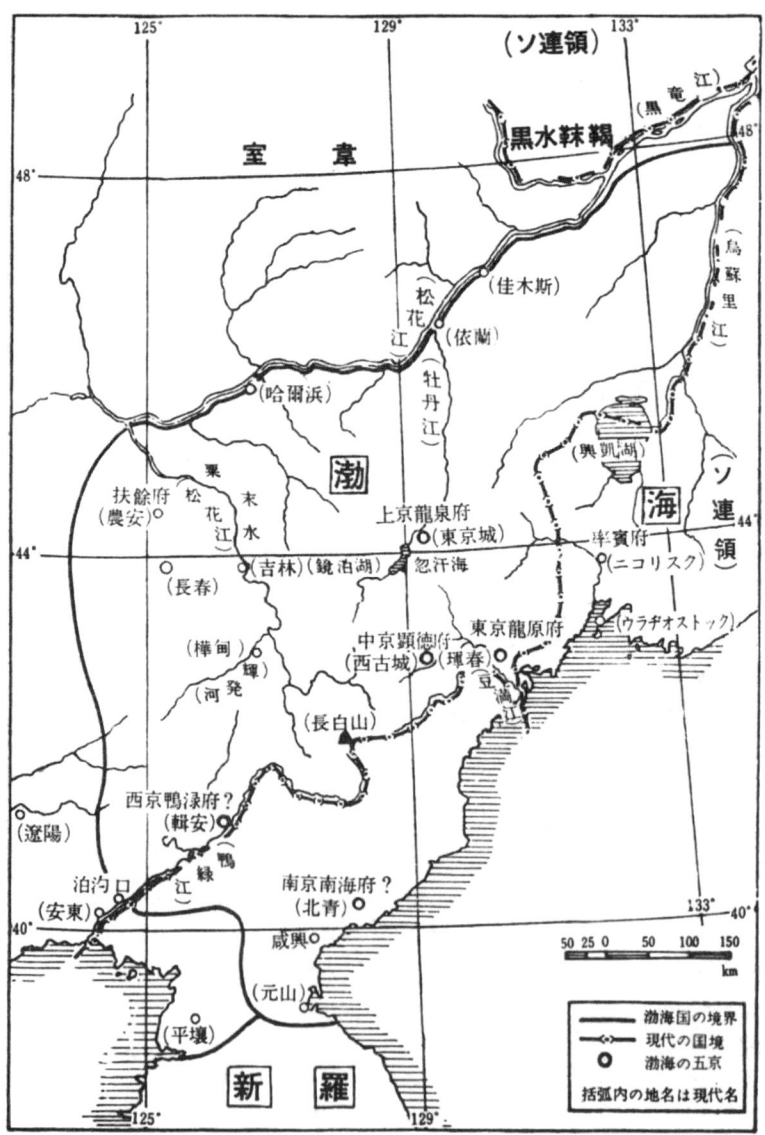

도면 10.『발해사상의 제문제(渤海史上の諸問題)』의 발해 강역도(鳥山喜一- 1968)

무르강 하류 우안 (동쪽) 지역까지도 발해의 영역에 포함된 것으로 판단하였다.

1976년에는 한국에서 이용범의 『고대의 만주관계』와 이기백의 『한국사신론 개정판』이 출간되었다. 그런데 이용범은 스스로 밝혔듯이 발해의 강역과 5경의 위치를 마쓰이 히토시(松井等)의 『만주역사

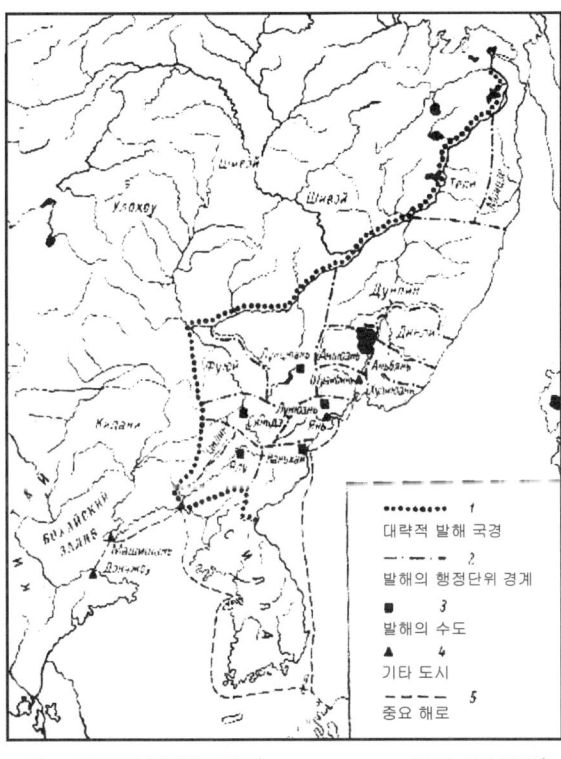

도면 11. 러시아학계의 발해 강역도(Шавкунов Э.В. 1968, 필자 재편집)

지리』 제1권의 고증을 따랐다. 다만 마쓰이 히토시(松井等)는 대동강 이북이 당의 영토라 하였는데, 이용범은 청천강 이북이라 하였고, 또 마쓰이 히토시(松井等)는 발해의 서남쪽 경계를 박작구와 개원을 잇는 선으로 보았지만, 이용범은 그보다 동쪽으로 훨씬 축소되는 박작구와 농안을 잇는 선으로 보았다(이용범 1976).

이기백은 『한국사신론 개정판』에서 〈신라와 발해〉 지도를 제시하였다(이기백 1976). 발해의 서쪽 경계가 압록강 하구에서 북쪽으로 개원 일대를 지나게 선이 그어져 있고, 그 서쪽에는 소고구려국을 표시하였다(도면 13). 이 선의 형태가 『동양독사지도』에 제시된 발해 강역도의 서쪽 부분과 비슷하다. 다만 압록강 하구를 지나는 선의 위치는 서로 차이가 난다. 또 이기백은 평안남

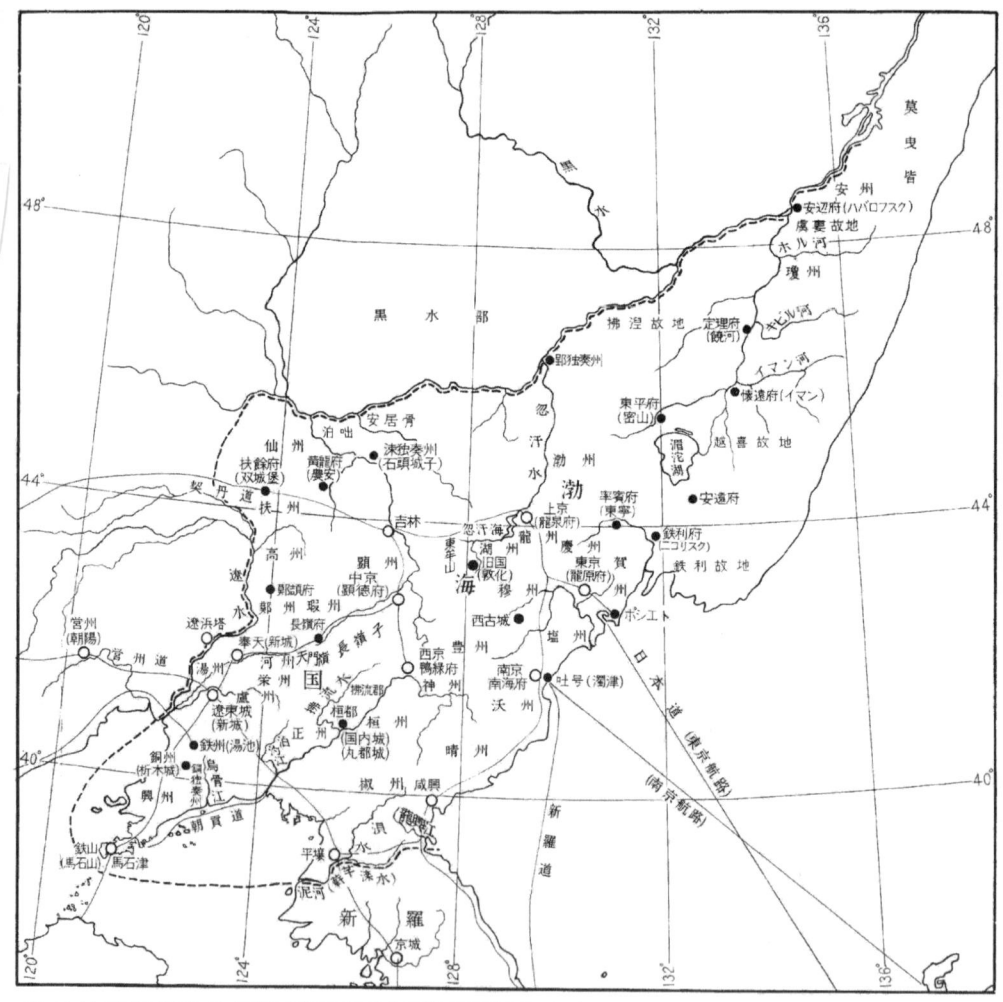

도면 12. 니즈마 토시히사(新妻利久)의 〈발해국지도(渤海國地圖)〉(新妻利久 1969)

북도를 『동양독사지도』와는 달리 발해의 영토로 보았다.

    1982년에 이기백과 이기동은 『한국사강좌 I 고대편』에서 발해 강역도를 제시하였다(李基白·李基東 1982). 이 강역도는 도리야마 기이치(鳥山喜一)의 『발해사상의 제문제(渤海史上の諸問題)』와 이용범의 『고대의 만주관계』를 참고하여 작성한 것으로 밝혔지만, 서변을 압록강 하구와 개원 일대를 잇는 선,

북변을 동류 (제1) 송화강 선으로 본 부분은 도리야마 기이치(鳥山喜一)가 제시한 발해 강역도와 비슷하며, 우쑤리강과 흑룡강이 합류하는 지점 하바롭스크에서 동쪽으로 연해주에 그은 선은 마쓰이 히토시(松井等)가 제시한 발해 강역도 부분과 비슷하다. 다만 압록강 하구 - 개원 서쪽의 요동을 소고구려국(小高句麗國)으로 보고, 또 대동강 - 원산만을 잇는 선 북쪽으로 압록강 하구까지를 모두 발해 영토로 본 점은

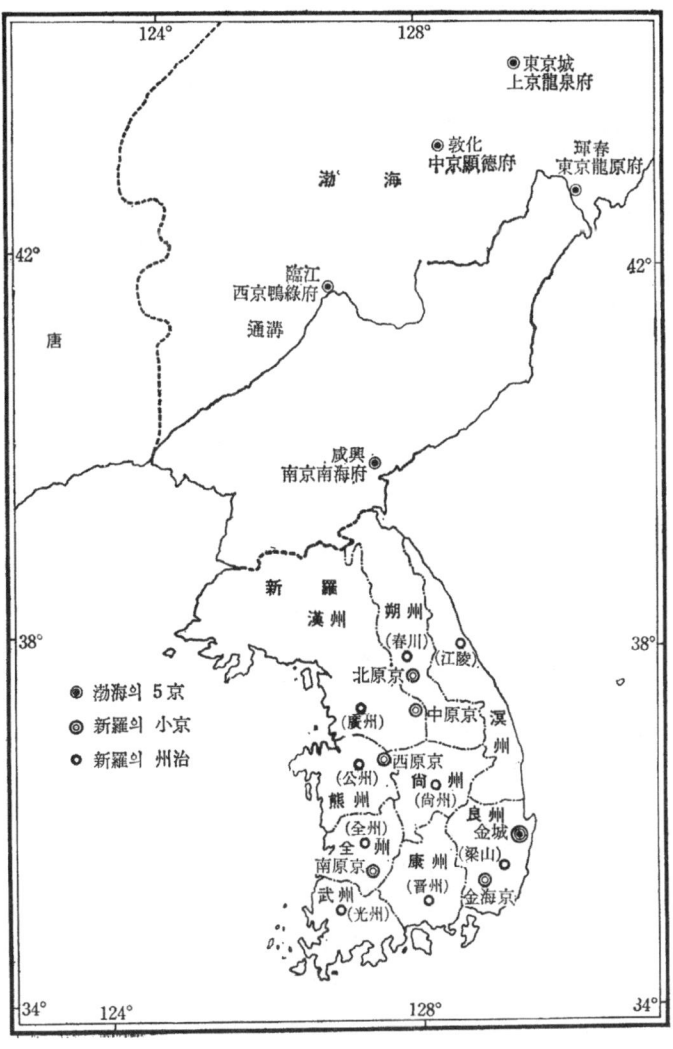

도면 13. 『한국사신론 개정판』의 〈신라와 발해〉(李基白 1976)

II. 발해 강역 연구사

도리야마 기이치(鳥山喜一)나 마쓰이 히토시(松井等)와 다른 점이다(도면 14).

이기백은 1998년에 발간한 『한국사신론 신수판』에 내용이 수정된 새로운 발해 강역도를 제시하였다(李基白 1998). 이 강역도는 외곽은 『한국사강좌 I 고대편』에 제시된 것과 동일하나, 남경남해부를 함흥에 표시한 것을 북청으로 수정하였고, 장령부는 산성자에 표시하였다가 삭제하였으며, 중경현덕부는 서고성자에 표시하였다가 돈화로 표시하는 등 변화가 보인다(도면 15). 두 곳 모두 동경용원부는 혼춘, 서경압록부는 임강, 부여부는 농안, 안원부는 테튜헤, 철리부는 하바롭스크에 각각 표시하였다. 따라서 주요 경·부의 위치에는 변화가 있어도 발해 강역의 범위에 대해서는 새로운 의견이 없었던 것으로 볼 수 있다.

1981년에 노태돈은 히노 가이자부로(日野開三郎)가 제기한 소고구려국(小高句麗國)과 관련하여 8세기 후반 9세기 초에 요동 지역에 독자적 국가체로서 소고구려국이 성립되었고, 이후 선왕 대인수 시기에 발해에 병합된 것으로 판단하였다(盧泰敦 1981).

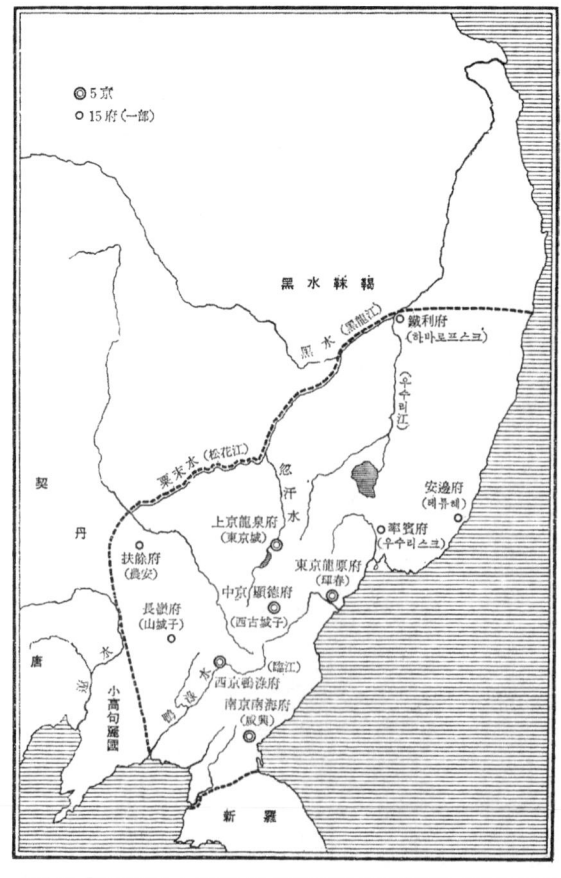

도면 14. 『한국사강좌 I 고대편』의 〈발해의 5경 15부〉(李基白·李基東 1982)

1970년대 말부터 1990년대 중반까지는 북한과 중국 연구자들의 활동이 특히 활발하였다. 북한에서는 '고려후국'의 개념이 제시되었고, 중국에서는 발해 강역의 최대 범위뿐만 아니라 단계별 변화의 양상을 밝히려는 시도가 함

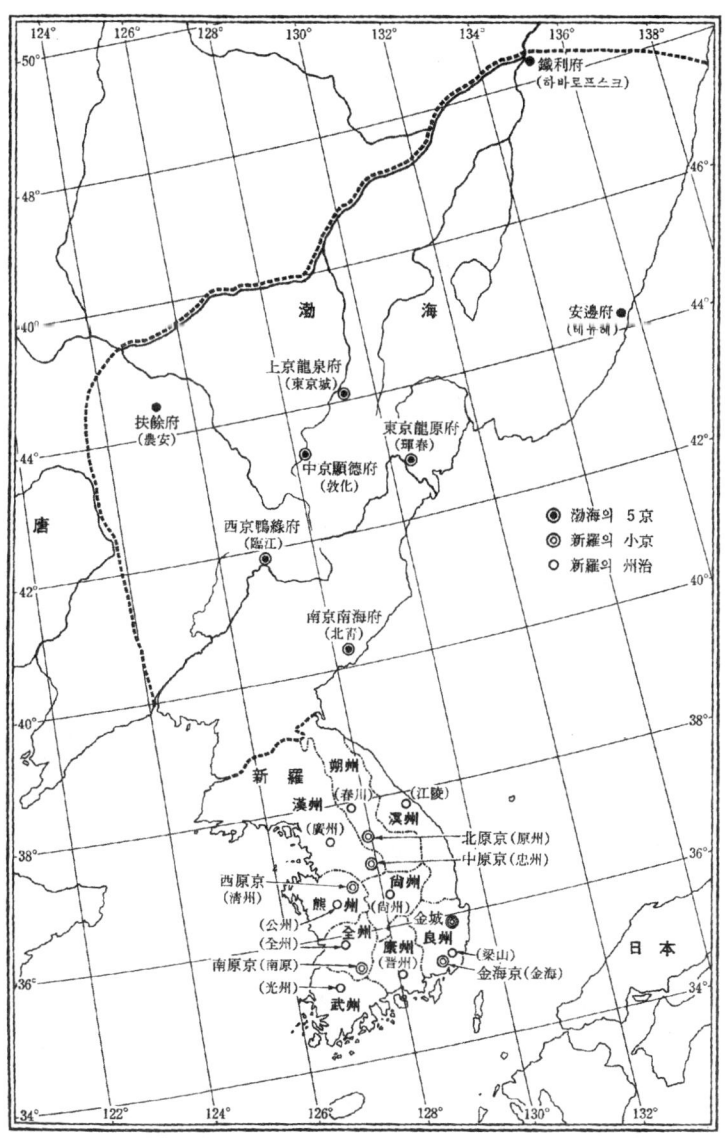

도면 15. 『한국사신론 신수판』의 〈신라와 발해〉(李基白 1998)

II. 발해 강역 연구사 33

께 이루어졌다. 따라서 1970년대 말은 발해 역사 지리 및 강역 연구에 있어 다시금 하나의 획기를 이루었다고 말할 수 있을 것이다.

1979년에 북한에서 『발해사』와 『조선전사 5 중세편 발해 및 후기 신라사』가 출간되었다. 박시형은 『발해사』에서 발해국의 영역과 5경 15부 62주의 위치 문제도 논하였다. 그는 발해의 5경 15부 중 그 어느 것도 요동과 요동반도에서 확인되지 않기에 요동이나 요동반도는 발해가 계승하지 못한 것으로 판단하였고, 또 북쪽 경계는 송화강과 흑룡강 일대로 보았다(박시형 1979).

하지만 『조선전사』에서는 박시형과는 달리 요동·요동반도를 발해의 강역에 포함되는 것으로 인식하였고, 발해 영역은 "남쪽은 서부의 대동강 류역에서 동부의 금야(영흥) 룡흥강 부근에 이르는 계선을 경계로 하여 신라와 접하였고 동쪽은 멀리 연해주, 하바롭쓰크주에 이르는 동해안의 전 지역을 차지하였으며, 서쪽은 그 북부에의 회덕, 장춘, 농안 등지를 포함한 일대, 남부에서는 료하 하류지방을 포함한 지대들을 소유하고 북쪽은 흑룡강 일대와 송화강의 중, 하류 전체 지역을 다 포괄하였다"라고 하였다(과학백과사전출판사 1979, 50~57쪽). 또한 이 의견을 보여주는 〈발해의 5경 15부 략도〉를 제시하였는데 경계를 선으로 표시하지는 않았다(도면 16). 이 발해 강역도에는 흑수부와 사모제부가 발해의 강역에 포함되지 않았다.

1980년에는 손영종이 「발해의 서변에 대하여」라는 논문에서 요동·요동반도와 평안남북도의 발해 귀속 문제를 본격적으로 논하였다. 그는 "일제어용학자들은 료동반도가 8~9세기에도 당나라의 령토였던 것처럼 력사를 외곡날조하였으며 지어는 대동강 이북지역의 평안남북도까지 당나라 땅인 것처럼 지도에 그려넣기까지 하였다"라고 하였다(손영종 1980a; 1980b). 이 글은 『요사』의 잘못된 부분을 비판적인 시각으로 바라보면서도 요동·요동반도가 발해의 영역에 속하였음을 증명하고자 한 중요한 의미를 가진다.

중국에서는 1979년에 《중국역사지도집》편집조동북소조(《中國歷史地圖集》編輯組東北小組)의 『중국역사지도집 동북지구 자료회편(中國歷史地圖集

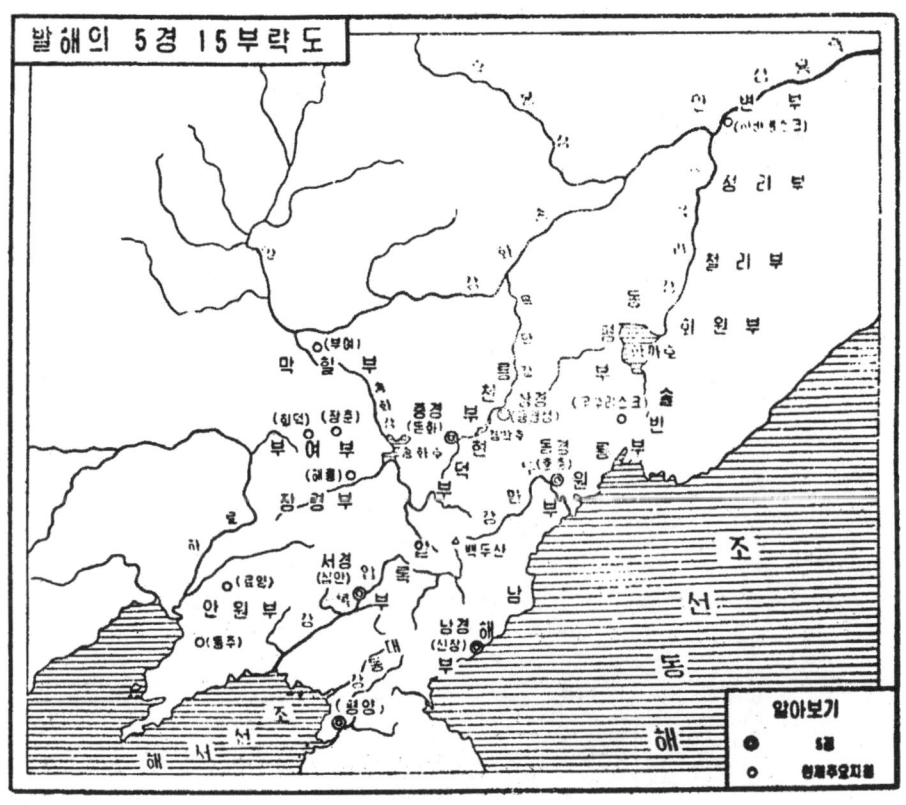

도면 16. 『조선전사』의 〈발해의 5경 15부 략도〉(과학백과사전출판사 1979)

東北地區 資料匯篇)』이 발간되고 또 이 책의 의견을 토대로 하는 담기양(譚其驤) 주편의 『중국역사지도집(中國歷史地圖集)』이 1982년에 발간되었다. 『중국역사지도집』에 제시된 발해 강역도는 부(府)와 독주주(獨奏州)의 경계선을 표시하지 않은 것(도면 17)과 표시한 것(도면 18)이 있는데, 후자는 지금도 중국에서 거의 유일무이하게 사용되고 있다. 이 강역도에서 발해의 남쪽 경계는 용흥강과 포석하 하구 일대를 잇는 선으로, 서남쪽 경계는 포석하 하구 일대에서 북쪽으로 무순과 청원 사이의 혼하를 지나 개원 북쪽을 잇는 선으로, 서쪽은 개원 서쪽의 요하에서 북쪽으로 눈강·송화강 합수 지역을 잇는 선으로 각각 표시되어 있다. 북쪽 경계는 머리말에서 언급한 바와 같다. 『중국역

사지도집』의 발해 강역도는 발해의 외곽 경계선뿐만 아니라 15부와 독주주 3개소의 경계선까지 표시하였는데, 15부와 독주주의 경계선을 어떤 근거로 설정하였는지 분명치 않다.

이후 1980년대에는 중국 연구자들 사이에 발해 역사 지리와 강역 연구에

도면 17. 『중국역사지도집(中國歷史地圖集)』의 〈당시기전도(唐時期全圖) 3〉의 세부 모습(譚其驤 主編, 1996a, 필자 재편집)

도면 18. 『중국역사지도집(中國歷史地圖集)』의 발해 강역도(譚其驤 主編, 1996b, 필자 재편집)

관한 논문이 갑자기 쏟아져 나왔다. 1982년에 손진기(孫進己)의 「발해강역고(渤海疆域考)」, 1983년에 왕승례(王承禮)의 「발해의 강역과 지리(渤海的疆域和地理)」, 1984년에 위국충(魏國忠)의 「발해강역변천고략(渤海疆域變遷考略)」, 1985년에 진현창(陳顯昌)의 「논발해국의 강역(論渤海國的疆域)」이 차례로 발표되었다. 또 1989년에 발간된 손진기(孫進己)의 『동북역사지리(東北歷史地理)』 제5장에서도 발해의 강역 문제를 다루었다.

 손진기는 1982년에 발해 5경 15부 및 독주주의 위치 문제 및 발해 강역 문제를 함께 논하였다. 주목되는 것은 발해의 서쪽 지역에 장령부, 부여부, 막힐부뿐만 아니라 월희의 옛땅에 설치한 회원부와 안원부도 있었다고 본 점이다.

II. 발해 강역 연구사 37

발해의 북부와 동부에는 동평부, 철리부, 정리부, 안변부, 솔빈부가 있었다고 생각하였다. 그런데 회원부에 속하였던 9개 주(州) 중에서 요나라 때 수주(遂州)를 설치한 미주(美州)가 요하 서쪽의 강평(康平)에 있었다고 생각하여 발해 회원부의 범위가 요하 서쪽까지 미친 것으로 인식하였다. 손진기는 발해의 북쪽 영역에는 동류 (제1) 송화강 북쪽의 호란하 유역까지 포함된 것으로 보았고, 지금의 북한지역에서는 오직 함경도 지역만 발해가 차지하였다고 생각하였다(孫進己 1982). 이것은 『중국역사지도집』의 발해 강역도와는 상당한 차이가 있는 의견으로 평가할 수 있다.

왕승례는 발해 강역의 형성과 발전을 2기로 구분하였다. 전기는 대조영이 발해를 건국하면서부터 대흠무가 상경으로 천도한 때까지(698~755년), 후기는 상경 천도부터 발해 멸망까지(756~926년)로 보았다(王承禮 1983). 전기에는 대무예 때에 비록 『신당서』「발해전」에 "무예가 왕위에 올라 영토를 크게 개척하니 동북의 제이가 두려워 신하가 되었다(武藝立 斥大土宇 東北諸夷 畏臣之)"라고 하였지만, 철리, 월희, 불열, 흑수가 당나라에 조공하였기에 대흠무 초기까지는 아직 발해의 영역에 포함되지 않은 것으로 보았다. 따라서 전기에는 구국을 중심으로 동쪽은 목단강으로 불열과 접하였고, 북쪽은 철리 및 월희와 맞닿았고, 서쪽은 박작구에 이르렀고, 남쪽은 신라와 경계한 것으로 판단하였다. 또한 그는 『구당서』「발해말갈전」의 "그 땅은 영주 동쪽 2천 리에 있다. 남쪽은 신라와 서로 접하며, 월희말갈, 동북쪽은 흑수말갈에 이른다. 땅은 사방 2천 리이다(其地在營州之東二千里 南與新羅相接 越憙靺鞨 東北至黑水靺鞨 地方二千里)"라는 기록은 이 시기에 해당하는 것으로 판단하였다.

후기에는 문왕 대흠무가 불열부, 철리부, 월희부를 병탄하여 동평부, 철리부, 회원부, 안원부를 설치하였고, 선왕 대인수가 우루부와 솔빈부를 병합하여 정리부, 안변부, 솔빈부를 설치한 것으로 판단하였다. 하지만 흑수말갈은 비록 발해의 통제를 받은 것은 사실이지만 병합되지는 않았다고 여겼다. 이 시기 발해의 남쪽 경계 동부는 니하-용흥강으로 보았다. 남쪽 경계 서부와 관련해서는 대동강 유역과 그 이북에서의 당 왕조의 세력이 쇠약해짐에 따라 발해가 이곳에 세력을 뻗치게 되었다고 하였지만, 뒤에서 평안북도 일부분까지를 차지한 것으로 보았기에 발해 영역으로 인정하지는 않았다고 생각된다. 서남쪽은 압록강 하류 박작구와 장령부의 남쪽 경계를 잇는 선, 다시 말해서 그가 박작구로 본 포석하 하구 – 관전(寬甸) – 신빈(新賓) – 청원(淸源)을 잇는 선으로 당나라와 경계한 것으로 판단하였다. 거란과 접한 서쪽 경계는 창도(昌圖) – 이수(梨樹) – 농안(農安) – 건안(乾安)을 잇는 선으로 판단하였고, 부여부와 막힐부가 거란과 접하였다고 생각하였다. 동북쪽 경계는 동류 (제1) 송화강 유역의 학강(鶴崗), 나북(蘿北), 동강(同江) 및 그 일대로 보았다. 『신당서』 「발해전」의 "땅은 영주 동쪽 2천 리에 있다. 남쪽은 니하로서 신라와 경계하고 동쪽은 바다에 닿았고 서쪽은 거란에 이르렀다… 땅은 사방 5천 리이다(地直營州東二千里 南比新羅 以泥河爲境 東窮海 西契丹… 地方五千里)"라는 기록이 이 시기에 해당한다고 판단하였다.

1984년에 왕승례가 쓴 『발해간사(渤海簡史)』에도 제3장에서 발해의 강역과 지리 문제를 논하였는데, 위 논문과 내용이 거의 같다. 이 책은 한국어로 번역 출간되었다(왕승례 저 / 송기호 역 1987). 이 번역서의 부록에는 『중국역사지도집』의 유색 발해 강역도를 단색(單色)으로 바꾸어 제시한 것이 있다(도면 19).

위국충은 1984년에 발표한 논문에서 발해의 강역을 진국 시기, 발해 전기, 발해 후기라는 3단계로 나누어 고찰하였다(魏國忠 1984). 그는 진국 시기 발해의 강역은 남쪽은 니하(泥河)-용흥강으로서 신라와 서로 이웃하였고, 동쪽은 흥개호 지구에 이르렀으며, 동북쪽은 임구(林口), 계동(鷄東) 일선, 서북쪽은 나하 – 동류 송화강, 서쪽은 거란, 서남쪽은 안동도호부와 서로 접하였다고 판단하였다.

발해 전기는 대조영이 당 조정의 책봉을 받은 713년부터로 인식하였다. 대무예 때에는 "동북제이(東北諸夷)"인 흑수말갈 소속의 불열, 월희, 우루, 철리를 복속시켰고, 노야령을 넘어 지금의 수분하 유역과 연해주 남부지역을 점령

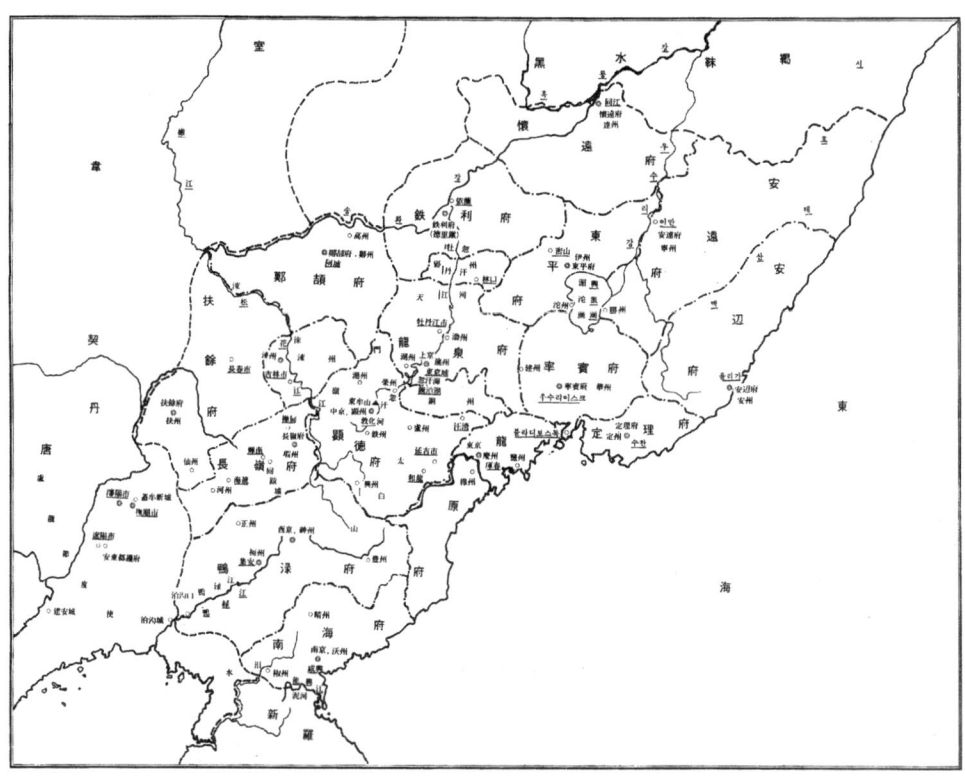

도면 19. 발해 강역도(왕승례 저 / 송기호 역 1987)

하였고, 또 남쪽 신라로도 진격하여 청천강 유역을 장악하였다고 생각하였다. 발해가 대동강까지 이른 것은 문왕대로 판단하였다. 가장 주목되는 것은 서남쪽으로 요동을 발해가 점유하였다고 주장한 사실이다. 위국충 이전까지 『요사』의 기록을 수용한 연구자들을 제외하면 중국 연구자 중 처음으로 발해가 요동을 차지하였다고 주장한 것으로 생각된다. 따라서 이 의견은 발해의 강역 문제와 관련하여 중요한 의미를 가진다. 하지만 이 주장이 요동·요동반도를 모두 포함하는 것이 아님에 주목할 필요가 있다. 위국충은 발해의 서남쪽 경계를 대체로 요양 남쪽 일대와 박작구를 잇는 선으로 파악한 것으로 보이는데, 이것은 그 이전 대부분 연구자가 개원 북쪽 - 장령자 분수령 일대 - 포석하 하구 일대를 잇는 선을 발해의 서남쪽 경계로 본 것에 비하면 상당히 진전

된 의견임이 분명하다.

위국충은 또한 북쪽으로 흑수말갈도 발해에 복속된 것으로 보았는데, 흑수말갈이 안사의 난 이후 반세기 이상 "왕과 더불어 다시 만나지 못하였다(不復與王會)"라고 하는 등 발해에 어쩔 수 없이 굴복하였다고, 이리하여 발해의 강역은 삼강평원에 도달하였다고 하였다. 위국충은 흑수말갈이 삼강평원에 있었다고 생각하여 발해 강역이 삼강평원에 도달하였다고 하였지만, 여기에서 중요한 사실은 흑수말갈의 영역을 발해 영역으로 인정하였다는 사실이다. 중국이나 일본의 많은 연구자가 흑수말갈을 발해 영역에서 제외하는 것과는 구분되는 의견이다.

발해 후기에는 혼란기를 거치면서 북방 흑수말갈 제부에 대한 공제가 전차 미약해져 가고 영역이 축소되었으나, 선왕 대인수 시기(재위 818~830년)에는 발해의 세력이 다시 강화되어 "자못 바다 북쪽의 여러 부를 토벌하여 국토를 크게 개척(頗能討伐海北諸部 開大境宇)"하였는데, 여기서 해북제부(海北諸部)는 흥개호 북쪽의 흑수말갈 제부를 말하며, 토벌(討伐)하였다는 것은 앞서 발해에 역속되었다가 나중에 독립한 부락들로서 우루, 월희 및 흑수말갈 본부를 말함에 의심의 여지가 없다고 하였다. 남쪽으로는 발해의 실제 공제 선이 패강-대동강 일대에 도달한 것으로 인식하였다. 따라서 대인수 시기의 발해 강역은 남으로 패수와 니하 일선에, 동으로 바다에 이르고, 서로 거란, 북으로 송화강 일선 및 흑룡강 중류 이안(二岸)의 삼강평원, 서남으로 요하 일대에 이르러 해동성국의 전성기를 맞이하였을 것으로 보았다.

하지만 대인수 이후 대이진과 대건황 시기는 정치가 안정되고 국력이 성하여 강역에 변동이 없었지만, 대현석, 대위해 시기에는 내부 모순이 발전하고 흑수말갈 제부의 반항이 있었고, 점차 쇠락 단계에 진입한 것으로 파악하였다. 이때 흑수말갈이 발해의 역속을 벗어나 독립의 기회를 얻어 흑수말갈이 있던 삼강평원은 발해의 공제를 이탈하였을 것으로 보았다. 또 898년 궁예의 정치 세력이 패서도(浿西道)를 공격하여 점유한 사건과 관련하여 신라가 그 전에 패강 일선을 넘어 발해가 일찍이 공제하였던 패수 서북의 큰 지역을 병합하고 지방행정 관리체계를 건립하였음을 알 수 있고, 당시 발해는 청천강 이북으로 후퇴하였을 것이라고 보았다.

위국충은 1985년에 발표한 「발해왕국거유요동고(渤海王國据有遼東考)」라는 논문에서 발해의 요동 점유 문제를 본격적으로 논하였다(魏國忠 1985).

1985년에 진현창도 발해의 강역 문제를 3단계로 나누어 논하였는데, 대조영 시기, 대무예 시기, 대인수 시기로 구분하였다(陳顯昌 1985). 그는 먼저 고려고지(高麗故地)가 고구려 멸망 다음 처음에는 안동도호부의 관할이었으나 대조영이 건국하기 전에 당의 고려고지에 대한 통치는 이미 크게 약화되어 있었고, 또 진국 건립 후에는 토번 및 돌궐의 확장과 내지의 습요 그리고 당 통치 집단의 권력투쟁으로 고려고지·말갈고지에 무력을 사용할 겨를이 없어 동북 지역 대부분에 대한 공제를 상실하였다고 지적하였다. 그리고 『통전』 권172 "고종이 고려·백제를 평정하고 해동의 수천여 리를 얻었으나 신라·말갈의 침략으로 [그것을] 상실하였다(高宗平高麗百濟 得海東數千餘里 旋爲新羅靺鞨所侵 失之)"는 기록과 『통전』 권186 "그후에 [고구려의] 남은 무리가 스스로 지키지 못하고 신라·말갈로 흩어져 들어갔고 옛 국토는 모두 말갈로 들어갔다(其後 餘衆不能自保 散投新羅靺鞨 舊國土盡入於靺鞨)"라는 기록은 고구려 옛땅이 신라가 점유한 곳을 제외하고 모두 발해 땅이 되었음을 입증한다고 하였다.

진현창은 대조영 시기의 북쪽 경계는 홀한하-목단강 중류 지역, 동북쪽 경계는 미타호-흥개호 일대로 보았다. 서쪽으로는 개원 2년(714)에 당이 안동도호부를 평주로 옮긴 것과 관련하여 발해가 건국한 다음에 요하 동안에 이르렀을 것이라는 김육불의 의견에 동조하였다. 남쪽은 신라와 경계하였다고 보았으나 구체적인 위치는 언급하지 않았다.

대무예 시기에는 동쪽은 바다에 이르고 서쪽은 거란과 남쪽은 신라와 접하였으며, 서남쪽은 안동도호부와 연하였고, 북쪽과 동북쪽은 흑수말갈과 접하여, 대략 북쪽은 지금의 목단강 하류와 흥개호 일대, 서쪽은 길림 부여,

서남쪽은 포석하구, 동쪽은 바다까지의 영역을 영위한 것으로 판단하였다. 북쪽 경계가 대조영 시기와 비교하여 큰 차이가 없는 것은 726년 흑수말갈에 대한 공격이 동생 대문예의 반발 등으로 부득불 중지하였고, 대무예가 737년에 사망한 후인 739년에 불열이, 740년에는 월희와 철리가, 741년에는 월희, 흑수, 불열이, 802년에는 우루, 월희가 각각 당나라에 조공한 사실은 대무예가 북쪽과 동북쪽으로 전진하지 못하였음을 보여준다고 하였다. 『신당서』 「발해전」의 "무예가 왕위에 올라 영토를 크게 개척하니 동북의 제이가 두려워 신하가 되었다(武藝立 斥大土宇 東北諸夷畏臣之)"는 기록을 대무예가 서쪽으로 부여고지를, 동쪽으로 솔빈고지를, 동남쪽으로 예맥고지를, 남쪽으로 옥저고지를 각각 공제하여, 부여, 예맥, 옥저 등의 제이가 두려워 신하가 된 것으로 판단하였다.

대인수 시기에는 『신당서』 「발해전」의 "인수는 자못 바다 북쪽의 여러 부를 토벌하여 국토를 크게 개척하였다(仁秀頗能討伐海北諸部 開大境宇)"라는 기록과 『요사』 「지리지」의 "당나라 원화 연간(806~820년)에 발해왕 대인수가 남쪽으로 신라를 평정하고 북쪽으로 여러 부(部)를 공략하여 군읍(郡邑)을 설치하였다(唐元和中 渤海王大仁秀南定新羅 北略諸部 開置郡邑)"라는 기록과 관련하여 발해가 북쪽으로 소흥안령 남록과 삼강평원, 동쪽으로 바닷가, 서쪽으로 동북평원의 일부분, 남쪽으로 용흥강까지 이르렀고, 또 중국의 동북 지역 대부분과 조선반도의 북부 그리고 소련의 연해주 등 광대지구를 차지하였다고 보았다.

1989년에 중국의 손진기는 『동북역사지리(東北歷史地理)』에서 다시 한번 발해 강역 문제를 논하였다. 그는 발해의 강역 변화를 조기, 중기, 만기 3단계로 나누어 고찰하였다(孫進己·馮永謙 1989, 351~356쪽). 조기는 진국 시기로서 『구당서』 「발해말갈전」의 "그 땅은 영주 동쪽 2천 리에 있다. 남쪽은 신라와 서로 접하며, 월희말갈, 동북쪽은 흑수말갈에 이른다. 땅은 사방 2천 리이다(其地在營州之東二千里 南與新羅相接 越憙靺鞨 東北至黑水靺鞨 地方二千里)" 등과 같은 기록이 이 시기의 발해 강역을 반영한다고 보았다. 중기에 해당하는 대인수 시기에는 월희, 불열, 철리, 우루 등의 부를 복속시킨 것으로 판단하였는데, 그 근거 중 하나는 이들 부의 조공기사이다. 후기에는 『태평환우기』의 "발해가 침강하자 흑수 역시 그에 역속되었다(及渤海浸强 黑水亦爲其役至)" 등의 기록을 근거로 발해가 흑수말갈을 역속시켰다고 보았고, 또 『요동행부지』의 "요동의 땅이 발해 대씨의 소유가 되었고 나라를 전하기를 10여 대가 지났다(遼東之地 爲渤海大氏所有 傳國十餘世)" 등의 기록을 통해 발해가 요농도 자지하였다고 생각하였다.

1990년대 초에 북한 학계는 다시 한번 발해가 요동을 차지하였다는 논문을 발표하였다. 1992년에 손영종이 『발해사 연구론문집』 1에 「발해의 서변에 대하여」라는 글을 발표하였는데(손영종 1992), 이것은 1980년에 『력사과학』 1과 2에 발표한 「발해의 서변에 대하여(1)」와 「발해의 서변에 대하여(2)」를 합친 내용이다.

1992년에는 그 외에 채태형이 「료동반도는 발해국의 영토」라는 논문을 발표하였다(채태형 1992). 채태형은 요동반도는 발해의 5경 15부 관내 지역이 아니었던 것 같다고 하면서 "발해의 령역을 5경 15부에 국한시킬 수 있겠는가"라고, 또 "5경 15부는 대발해국이 직접 통치하는 관할구역이지 그것이 곧 발해의 전령역을 의미하는 것은 결코 아니었다"라고 하였다. 다시 말해서 발해 영역은 5경 15부 이외에도 더 있을 수 있다고 판단한 것이다. 요동반도의 경우에는 발해가 고려 혹은 고구려라고 하는 후국(侯國)의 왕을 통해 통치한 것으로 이해하였는데, 이를 '고려후국'으로 부른다고 하였다. 이와 관련하여 채태형은 먼저 요동지역이 발해의 영토였음을 이야기하는 『요사』, 『구오대사』, 『거란국지』, 『금사』 등의 관련 기록을 제시하였다. 다음에는 요동지역을 왜 고려후국으로 주장할 수 있는지 『책부원구』, 『신당서』, 『당회요』, 『삼국사기』 등의 관련 기록을 근거로 제시하였다.

채태형은 발해가 존재한 전 기간 요동반도는 발해의 후국(侯國)으로 있었다고 판단하였고, 그 근거로 다음을 제시하였다. 금나라 왕적의 『요동행부지』 "당나라 말기에 먼 곳을 지배할 힘이 없어서 요동 땅은 발해 대씨의 소유로 되었으며, 나라를 전수하기 시작하여 10여 대에 이르렀다." 그 외에 발해국이 망할 때까지 요동이 발해의 영토였다는 것은 고려후국이 요나라의 침략자들에 의해 망한 사실을 통해서도 알 수 있다고 하였다. 그 근거 중 하나로 제시한 것은 『거란국지』의 "동경은 발해의 옛땅이다. 아보기가 20여 년 힘껏 싸워서야 비로소 얻을 수 있었다"라는 기록이다.

1992년에는 김명성이 「발해의 남변에 대하여」라는 논문을 발표하였다(김명성 1992). 그는 이 논문에서 발해 남쪽 경계를 서부, 중부, 동부로 구분하여 각각 고찰하였는데, 발해 남변의 서부와 관련하여 "발해는 대동강을 기본 계선으로 하여 그 북쪽 지역을 모두 차지하고 있었으며 후기신리기 차지하지 못한 지역(재령, 해주를 제외한 황해도 서쪽 지역)은 발해의 후국인 후고구려국의 강한 영향하에 있던 지역이였다"라고 하였다. 중부는 "수안, 곡산 등지를 경계로 하여 후기신라와 접경하고 있었으며 강동, 양덕, 성천 이북을 차지하고 있었다"라고 하였다. 동부와 관련해서는 "발해는 동남쪽으로 니하를 경계선으로 하여 후기신라와 병립하고 있었다"라고 하면서, 니하에 대한 금야강설, 안변 남대천설, 강릉 연곡천설을 모두 검토하였고, 결과적으로 "니하를 명주의 련곡천으로 보는 설은 일정한 타당성이 있다"라고 하여, 정약용이 제기한 강릉 이천수, 즉 연곡천설을 지지하였다.

1991년에 출간된 『조선전사』에는 새로운 발해 강역도를 제시하였는데, 발해가 서쪽 경계가 요하 하구에서 서요하를 지나 눈강 서쪽으로 표시되어 있다(도면 20).

1994년에 방학봉은 발해의 강역 변천을 진국시기, 대무예·대흠무시기, 극성시기로 구분하여 고찰하였다(방학봉 1994). 진국시기는 건국부터 최흔(崔忻)이 책봉사(冊封使)로 파견된 713년까지로 보았으며, 이때의 발해 강역은 『구당서』「발해말갈전」의 "그 땅은 영주 동쪽 2천 리에 있다. 남쪽은 신라와 서로 접하며, 월희말갈, 동북쪽은 흑수말갈에 이른다. 땅은 사방 2천 리이다"

라는 기록에 상응한다고 생각하였다. 이 시기 남쪽 경계의 동쪽은 니하가 있는 덕원 일대일 것이고, 서쪽은 패강, 즉 대동강일 것으로 보았다. 동북쪽으로 흑수말갈에 이르렀다는 기록과 관련하여 불열, 우루, 월희, 철리가 남흑수말갈에 속한 것으로 보고, 이들 부는 아직 발해에 복속되지 않았기에 발해의 북쪽 경계는 이들의 경계선까지 이른 것으로 판단하였다. 그는 이 4개 부가 삼강평원 남부와 우쑤리강 유역, 홍개호 부근과 그 이동 지역에 분포하였다고 보았다. 그리고 서쪽은 거란, 서남쪽은 안동도호부와 접하였다고 하였다.

대무예·대흠무시기에는 무왕 대무예가 왕이 되었을 때 "동북의 제이가 두려워 신하가 되었다"고 한 기록에서 동북제이는 불열, 우루, 월희, 철리인 것

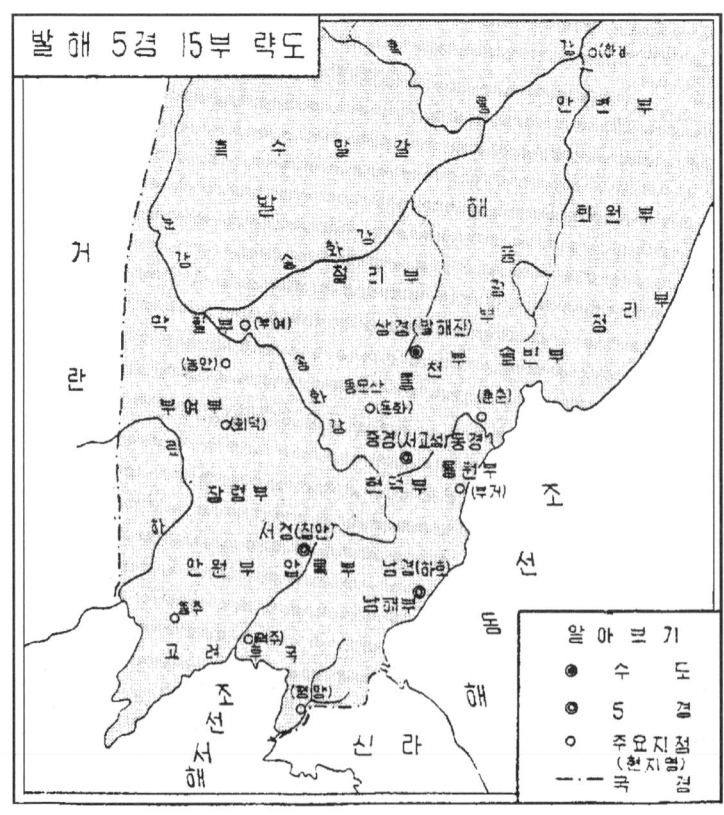

도면 20. 『조선전사』의 〈발해의 5경 15부 략도〉(과학백과사전출판사 1991, 고구려연구회 1998 재인용 및 필자 재편집)

46   Ⅱ. 발해 강역 연구사

으로 판단하였다. 하지만 불열, 월희, 철리는 조공기사를 통해 문왕 대흠무 때에 발해에 완전히 복속된 것으로 보았고, 이때 발해는 북쪽 및 동북쪽으로 송화강 하류 및 우쑤리강 중하류 지역까지 진출한 것으로 판단하였다. 또한 대흠무는 안사의 난 이후 안동도호부가 완전히 '철소'된 기회를 이용하여 서남쪽으로는 요양 일대를 중심으로 한 요동지구를 차지한 것으로 보았고, 남쪽으로는 패강-대동강 유역을 향해 더욱 세력을 뻗쳤다고 하였다. 또 815년 이후에는 흑수말갈도 발해의 통치에 복속된 것으로 판단하였다.

극성시기에 해당하는 "인수는 자못 바다 북쪽의 여러 부를 토벌하여 국토를 크게 개척하였다(仁秀頗能討伐海北諸部 開大境宇)"라는 기록과 관련하여 방학봉은 여기에서의 '해(海)'는 흥개호를 가리키고, 해북제부는 흥개호 북쪽의 불열, 우루, 월희, 철리, 흑수 등을 말한다고 하면서 '토벌(討伐)'은 이전에 복속시켰는데 독립한 불열, 우루, 월희, 철리, 흑수 등의 부를 다시 복속시켰음을 말하는 것이라고, 또 '개대경우(開大境宇)'는 영토를 단순히 넓힌 것이 아니라 크게 넓혔기에 해북의 말갈제부는 모두 발해에 복속되었음을 말한다고 하였다. 전체적으로 극성기에는 발해 강역의 범위가 남쪽은 대동강에서 니하-용흥강에 이르는 계선을 경계로 신라와 접하였고, 동쪽은 니하 하구에서 달단해협(타타르 해협)에 이르는 동해안 전 지역을 차지하였고, 서쪽은 부여부의 서쪽 변계를 경계로 거란과 접하였고, 서북쪽은 막힐부가 실위와 접하였고, 서남쪽은 요하 유역과 압록강 하구에 이르렀으며, 북쪽은 흑룡강 중하류 일대, 우쑤리강 중하류 지역, 송화강 중하류 지역을 모두 차지하였다고 생각하였다.

방학봉의 이 의견은 2012년에 발간된 『발해의 강역과 지리』에서도 찾아볼 수 있다(방학봉 2012, 13~39쪽).

1994년에는 한규철이 『발해의 대외관계사』라는 학술 연구서에서 1969년에 일본의 니즈마 토시히사(新妻利久)가 작성한 발해 강역도, 왕승례가 집필하고 송기호가 번역하여 1987년에 국내에 발간한 『발해의 역사』, 1980년에 북한의 손영종이 발표한 「발해의 서변에 대하여」 등의 글을 참고하여 작성한 발해의 강역도를 제시하였으나, 따로 발해의 강역 문제를 논하지는 않았다(한규철 1994). 이 강역도에는 평안남북도는 물론이고 요동반도도 모두 발해의 영역에 속하는 것으로 표시하였으며, 남쪽 경계는 대동강과 대동강의 지류인 남강(능성강) 최상류와 금야강 아래의 원산만으로 선을 그었다. 나머지 부분의 선은 담기양의 『중국역사지도집』에 제시된 발해 강역도와 비슷하다. 5경 15부도 지도에 표시하였는데 안원부를 요동과 연해주 북부에 물음표와 함께 표시한 것이 눈에 띈다(도면 21).

1994년에는 러시아에서도 『러시아 극동의 발해국(698~926년)과 부족들』이라는 책이 출간되었다(Шавкунов Э.В. (ред.) 1994). E.V.샤브꾸노프가 책임 편찬자인 이 책은 1996년에 『러시아 연해주와 발해 역사』라는 제목으로 한국에 번역 출판되었다(에.붸.샤브꾸노프 엮음 / 송기호·정석배 옮김 1996). 이 책의 제1장 3절의 '행정-지방 조직'에는 발해 강역의 범위에 대한 언급이 있는데 E.V.샤브꾸노프와 A.L.이블리예프가 공동으로 작성한 것으로 되어 있다. 하지만 강역에 관한 내용은 논지로 보아 A.L.이블리예프가 작성하였다고 생각된다. 여기에서는 1968년에 『발해국과 연해주의 발해 문화 유적들』에서 이야기한 것과는 완전히 다른 의견을 제시하였다.

1968년의 책에서는 흑수부와 사모제부를 발해의 일원으로 파악하여 그들이 거주하였다고 생각한 아무르강 하류 지역과 불열부와 철리부 등이 거주하였다고 생각한 연해주 북부지역을 발해의 강역에 포함하였다면, 1994년의 책에서는 고고학적인 자료에 근거하여 그 범위를 연해주 남부지역으로 축소한 것이다. 구체적으로 연해주에서 발견된 발해 유적들에 근거하여 이 지역에서의 발해 경계가 빠르띠잔스크강을 따라 북쪽으로 우쑤리강 상류를 지나 비낀강 하구까지 이어졌고, 이곳에서 남서쪽으로는 목릉하를 따라 발리현에 다다랐을 것이라고 하였다(에.붸.샤브꾸노프 엮음 / 송기호·정석배 옮김 1996, 62쪽).

그런데 이 책에 제시된 발해 강역도에는 발해의 동북쪽 경계가 비낀강을 따라 그어져 있어 비낀강 하구까지의 우쑤리강 동쪽 지역이 모두 발해의 영역에

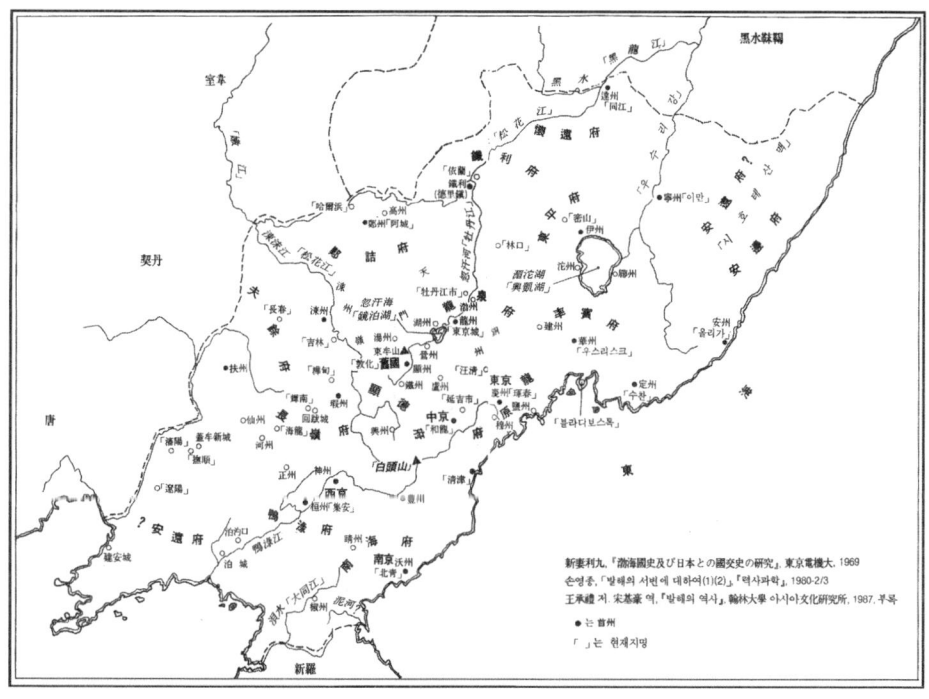

도면 21. 한규철의 발해 강역도(한규철 1994)

포함된 것으로 표시되었다. 또 그 서쪽은 목릉하가 아니라 그 북쪽의 요력하를 따라 그어져 있다(도면 22).

1995년에는 북한의 승성호가 「발해국 초기의 령역」이라는 논문을 발표하였다. 그는 초기의 시기를 건국부터 8세기 10년대까지라고 하였는데, 바로 진국 시기를 말한다. 그는 『구당서』의 "방 2천 리"와 『신당서』의 "방 5천 리"의 기록에서 "방 2천 리" 기사는 틀린 것이고, 대조영 시기에 이미 "방 5천 리"의 영역을 소유하였다고 주장하였다(승성호 1995).

남한에서는 송기호가 1995년에 발표한 『발해정치사연구』와 1996년에 발표한 「발해의 성쇠와 강역」이라는 논문에서 마침내 발해의 강역 문제를 다루었다.

먼저 주목되는 것은 송기호는 『발해정치사연구』 제4장에서 발해가 요동을 점유하였음을 보여주는 『구오대사』, 『자치통감』, 『요사』, 『거란국지』, 『만주금

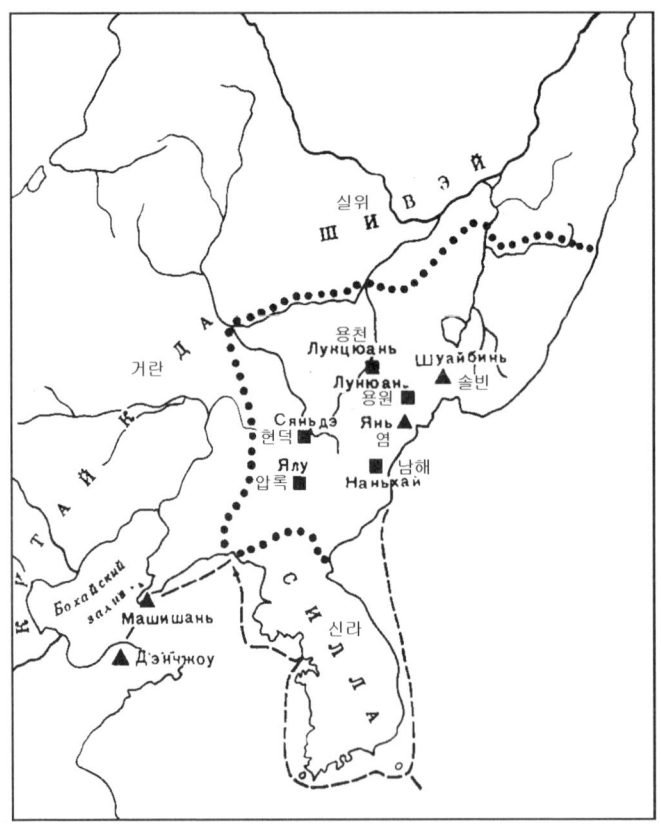

도면 22. 러시아학계의 발해 강역도(Шавкунов Э.В. (ред.) 1994, 필자 재편집; 에.붸.샤브꾸노프 엮음 / 송기호·정석배 옮김 1996)

석지』, 『요동행부지』, 『구당서』 등의 관련 기록을 제시하면서 그 사료들은 "한결같이 요동이 발해의 땅이었음을 증언해주고 있다"라고 하였다. 다만 송기호는 "요동(遼東)이란 말은 요양(遼陽) 지역을 염두에 둔 것으로 보인다"라고 하여 발해가 요동반도까지 점유하였는지의 문제는 따로 논하지 않았다(송기호 1995, 219~220쪽).

송기호는 「발해의 성쇠와 강역」이라는 논문의 제3장에서 발해의 강역 문제를 본격적으로 논하였다(송기호 1996). 그는 발해의 강역 변화 과정을 건국 및 발전기의 영토 확장기(擴張期), 내분기의 영토 위축기(萎縮期), 융성기의 영토 재확장기(再擴張期), 멸망기의 영토 상실기(喪失期)로 구분하였다.

그는 무왕 시기에 발해 영토의 기본 틀이 마련되었다고 판단하였다. 『속일본기』 권10 성무천황(聖武天皇) 조의 "신구 5년(727) ... 무예가 욕되게 여러 나라 사이에 끼어들고 외람되게 여러 번국을 결속시켜 고구려의 옛 땅을 회복하고 부여의 풍속을 계승하게 되었다((神龜)五年... 武藝忝當列國 濫惣諸蕃 復高麗之舊居 有夫餘之遺俗)"는 기록을 통해 무왕이 정복 활동을 활발히 벌였고, 특히 고구려와 부여의 땅을 상당수 차지하게 되었음을 알 수 있다고 하였다. 따라서 무왕 시기에는 고구려의 땅이었던 서남쪽과 남쪽 방면, 부여의 땅이었던 서쪽 방면으로 진출하였던 듯하다고 하였다.

732년에는 무왕이 장문휴를 보내 해로로 등주를 공격하였고, 또 거란과 제휴하여 육로로 당나라를 공격하였는데, 이는 서남쪽으로 압록강 수로를 이미 확보하였고, 또 서쪽으로 거란 부근까지 진출하였을 가능성을 보여준다고 하였다. 『신당서』 「발해전」의 "영토를 크게 넓히자 동북쪽의 오랑캐들이 두려워 신하가 되었다"라는 기록과 관련하여 말갈지역으로도 이미 진출하였다고 판단하였고, 또 726년에 흑수말갈을 공격한 것은 당시 발해가 그들과 접경하고 있었음을 보여준다고 하였다. 735년에 당나라가 신라에 보낸 칙서에 신라가 발해에 대비하여 패강에 방어기지를 설치하고자 요청하고 당이 이를 승인한 것은 발해가 한반도 서북쪽 대동강 방면으로 진출하였음을 추정할 수 있다고 하였다. 그는 732년에 발해가 당나라를 공격하였을 때 당이 신라에게 발해의 남쪽을 공격하게 한 것은 발해와 신라의 국경이 서로 붙어있었거나 혹은 서로 가까운 곳에서 마주 보고 있었음을 의미한다고 하였다. 동해안에서 신라와 니하를 경계로 한 것이 시기를 정확히 알 수는 없으나 721년 7월에 신라가 하슬라도(何瑟羅道)의 장정을 동원하여 북쪽 경계에 장성을 쌓은 사실은 이 무렵에 발해가 이곳으로 진출하였음을 암시한다고 하였다.

737년에 문왕이 즉위하고 난 다음에는 철리부, 불열부, 월희부, 우루부를 모두 발해에 편입시켜, 문왕 전반기에 오늘날의 연해주 일대도 발해에 편입되었다고 판단하였다.

하지만 8세기 말 내분기에는 영토 일부가 떨어져 나갔다고 하였다. 강왕 대 숭린이 즉위한 뒤의 국서에 "영토가 처음과 같이 되었다"라고 하여 즉위 이전에 일부 영토가 상실되었음을 암시하였고, 우루말갈과 월희말갈이 802년에 다시 당에 독자적으로 조공한 사실에서 이를 확인할 수 있다고 하였다.

이후 선왕이 즉위하면서 다시 월희말갈을 복속시키고, 흑수말갈을 통제하였고, 남쪽으로 요동 지방과 한반도 서북부 쪽으로도 재차 진출한 것으로 파악하였다. 관련 내용은 『발해정치사연구』에 비교적 자세하게 소개되어 있다(송기호 1995, 148~150쪽). 먼저 월희말갈이 714년부터 802년까지 당에 조공하다가 그 이후 조공 기록이 없는 것으로 보아 발해에 복속되었을 것으로, 따라서 월희말갈 지역의 회원부와 안원부는 선왕 시대에 설치된 것으로 판단하였다. 흑수말갈은 발해의 행정구역이 설치되지 않았기에 완전히 복속시키지는 못한 것으로, 하지만 흑수말갈이 815년 이후 924년에야 조공한 것으로 기록되어 있어 선왕 이후 지속적으로 통제는 한 것으로 판단하였다.

요동 방면의 진출은 『요사』 권38 지리지2 동경도의 "장령현(長寧縣)"을 원화 연간(806~820년)에, 즉 선왕의 재위 기간(818~830년)인 818~820년 사이에 공략한 것으로 이해하였다. 송기호는 8세기 중반 문왕 시대에도 요동 방면으로 진출하여 목저주와 현토주 등을 차지한 적이 있는 것으로 파악하였다. 따라서 선왕 때에 재차 요동지역으로 진출하여 요양 일대를 차지하였다고 하였다.

신라 방면과 관련하여 발해가 대동강 이북으로 진출한 것은 이미 문왕 때 시작되었으나, 신라가 826년 7월에 대동강에 300리 길이의 장성을 쌓았다는 기록을 예시하면서 선왕 때에 다시 진출한 듯하다고 하였다. 『신당서』 「발해전」에 발해의 특산물로 낙유(樂遊)의 배(梨)를 들었는데, 『만주원류고』에서 낙유(樂遊)를 낙랑(樂浪)의 와전으로 지적한 바를 소개하면서, 이를 받아들인다면 발해가 평양 부근에도 행정구역을 설치한 것으로 볼 수 있다고 하였다.

따라서 송기호는 "마침내 선왕 시대에 발해의 대외 정복 활동이 마무리되었고, 9세기 전반에 최대 판도를 이루기에 이르렀다"라고 하였다. 이후 10세기 초에 "거란이 요동을 빼앗고, 내부적으로 지배하던 보로국(寶露國)이나 달고(達姑)와 같은 집단들이 이탈하는 현상이 나타나면서, 마지막 왕에 이르러 영토를 점차 상실하였을 것이다"라고 하였다.

송기호는 발해의 최대 강역이 어느 정도였는지도 고찰하였다(송기호 1996, 274~275쪽).『신당서』「발해전」의 "남쪽은 니하로서 신라와 경계하였고 동쪽은 바다에 닿았고 서쪽은 거란에 이르렀다(南比新羅 以泥河爲境 東窮海 西契丹)"의 기록을 제시하면서 남쪽으로 신라와 경계를 접한 니하를 지금의 금야강(용흥강)이라는 설에 동의하였다. 이 기록에 서남쪽 경계에 대한 언급은 없지만, 735년에 당나라가 패강 이남의 땅을 신라에 양여한 사실과 그때 보낸 칙서의 내용으로 보아 발해 세력이 패강 이북에 이미 뻗치고 있었고, 평안도 일대는 발해 영토에 편입된 것으로 보는 것이 옳다고 하였다. 동쪽으로는 함경도는 물론이고 연해주 대부분을 차지한 것으로 판단하였다. 북쪽으로는 흑수말갈과 경계를 이루었기에 대체로 흑룡강과 송화강이 만나는 지점까지 미쳤을 것으로, 여기서 서쪽으로는 송화강을 따라 북쪽 국경이 그어졌을 것으로 보았다. 서쪽은 눈강과 송화강이 합류하는 지점부터 요하로 이어지는 선을 경계로 거란과 접하였다고 생각하였다. 서남쪽으로는 신성이 있던 무순의 동쪽에서 압록강의 박작구를 잇는 선을 경계로 하였으나, 이것은 8세기 말까지의 사정이고, 9세기 들어와 발해가 요양을 포함하여 요동반도 쪽으로 확장하였음이 분명하다고 하였다. 다만 요동반도의 끝까지 미쳤는지는 단언하기 어렵다고 하였다.

송기호가 1995년에 발표한 발해강역도는 그의 이러한 생각을 잘 반영하고 있다고 생각된다(도면 23). 송기호의 1995년 발해 강역도와『중국역사지도집』의 발해 강역도를 비교해 보면, 평안남북도 지역과 요동 지역은 크게 차이가 나고, 나머지 부분은 대체로 서로 비슷하다. 남쪽 경계선은 강이 생략되어

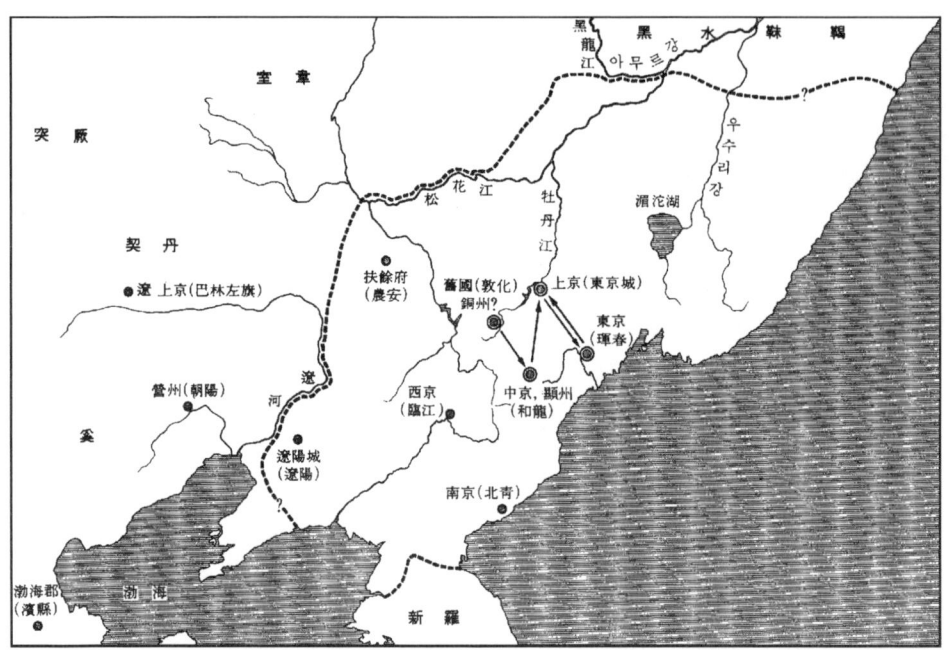

도면 23. 송기호의 발해 강역도(송기호 1995)

있어 자세하지는 않으나 대동강 중류 일대와 원산을 잇는 선으로 표시한 것으로 생각된다. 발해의 남쪽 경계 동쪽 부분을 금야강(용흥강)으로 보면서 경계선을 더 남쪽에 그린 것은 의아한 부분이다.

1997년에는 북한의 장국종이 발해 강역 문제를 본격적으로 논하였다. 그는 발해 영역 확대 과정을 세 시기로 구분하였는데, 첫째 시기는 "698년 대조영이 황제로 즉위한 해로부터 713년까지의 시기"(대조영 시기), 둘째 시기는 713년부터 829년 선왕 대인수의 집권 이전까지의 시기(제2대 무왕과 제3대 문왕 시기), 셋째 시기에는 제10대 선왕 대인수 통치 시기(재위 818~830년)부터 발해 멸망까지의 시기이다(장국종 1997).

첫째 시기, 즉 제1기의 발해 강역의 크기는 사방 2천 리가 아니라 사방 5천 리라고 하였다. 『신당서』 「발해전」의 "땅은 사방 5천 리로서... 부여, 옥저, 변한, 조선, 해북제국의 땅을 거의 다 차지하였다(地方五千里... 盡得扶餘沃沮弁

韓朝鮮海北諸國)"라는 기록을 진국 시기에 해당한다고 본 것이다. 부여는 부여지역, 옥저는 함경도 지역, 조선은 "단군조선의 수도 평양을 중심으로 한곳이며 그 지역을 차지한 고려후국을 가리킨 것"으로 보았다. 해북제국과 관련하여 북쪽은 하바롭스크의 남흑수말갈까지 병합한 것으로 판단하였다. 하지만 이 시기에는 아직 불녈, 철리, 월희, 우루의 일부 지역과 "조선반도" 중부의 일부 지역은 차지하지 못한 것으로 인식하였다. 전체적으로 제1기의 발해 강역에 대한 인식과 그 근거들은 1995년에는 승성호가 「발해국 초기의 령역」이라는 논문에서 제시한 것과 비슷하다.

둘째 시기, 즉 제2기에는 대무예 시기(재위 719~737년)에 서부와 북부지역에 대한 대규모 영토확장이 이루어진 것으로 보았다. 장국종은 『신당서』「발해전」의 "무예가 왕위에 올라 영토를 크게 개척하니 동북의 제이가 두려워 신하가 되었다(武藝立 斥大土宇 東北諸夷畏臣之)"의 기사에 보이는 '동북'을 발해의 동북쪽 지역이 아니라 당나라의 동북, 즉 아시아대륙의 동북쪽 지역을 가리키는 것으로 파악하였다. 장국종은 불열, 월희, 철리는 다 같이 8세기 40년대에 당나라에 조공을 그만두었기에 이때 발해국에 완전히 복속된 것으로, 따라서 회원부, 동평부, 철리부, 안원부의 4개 부는 이때 와서야 비로소 설치되어 마침내 15개 부와 완성된 것으로 판단하였다. 이 시기에는 북흑수말갈도 발해에 통합된 것으로 판단하였다. 『당회요』 권96 말갈조의 "발해가 침강하자 흑수 또한 그 소속으로 되었다(及渤海浸强 黑水亦爲其所屬)"와 "지금의 흑수말갈 경계는 남쪽으로 발해국 현덕부와 경계하며, 북쪽은 소해에 이르고, 동쪽은 대해에 이르며, 서쪽은 실위에 이른다. 남북 약 2천 리이고, 동서 약 1천 리이다(今黑水靺鞨界 南與渤海國顯德府 北至小海 東至大海 西至室韋 南北約二千里 東西約一千里)"라는 기록에 근거하였는데, 여기서 북쪽 작은 바다는 오호츠크해, 동쪽 큰 바다는 동해로 보았다. 따라서 이 시기에 발해는 흑수말갈과 그에 속하였던 막예개, 굴설, 군리 등도 모두 통합하여, 발해의 북변이 오호츠크해 연안에 이른 것으로 판단하였다.

셋째 시기, 즉 제3기에는 발해의 영역이 최대한도로 확대되었다고 하였다. 이 시기에 "발해의 령역에 완전통합된 것은 흑수말갈의 영향하에 있던 북방 여러 족속들의 거주지역들이었다"라고 하였다. 근거로 제시한 자료는 다음과 같다. 『신당서』 「발해전」의 "인수가 바다 북쪽의 여러 부를 징벌하여 령토를 크게 넓혔다(仁秀頗能討伐海北諸部 開大境宇)". 『요사』 「지리지」 동경도 요양부 흥료현조의 "당나라 원화년간(806~820년)에 발해와 대인수가 남쪽으로 신라를 완정(평정)하고 북쪽으로 여러 부를 점령하여 군읍을 새로 설치하였다(唐元和中 渤海王大仁秀南定新羅 北略諸部 開置郡邑)". 『당회요』 권96 말갈조의 "불녈, 철리 등 여러 부락은 국초부터 천보말년에 이르기까지 조공하였으며 혹은 발해 사신을 따라왔다. 오직 군리, 막예개 등 2~3부는 오지 않았다. 발해가 강성하게 되자 흑수 또한 그 소속으로 되었다(拂涅鐵利等諸部落 自國初至 天寶末 亦嘗朝貢 或隨渤海使而來 唯郡利莫曳皆三兩部未至 及渤海浸强 黑水亦爲其所屬)".

그런데 둘째 시기와 셋째 시기 강역의 크기가 큰 차이가 없어 보이는데, 장국종은 그 차이점을 다음과 같이 설명하였다. "사실 선왕 이전 시기 발해국의 흑수말갈에 대한 지배통제는 어디까지나 두목들을 통한 간접적인 것이었지 일반 군, 현에서처럼 직접 통치한 것은 아니었다. 그렇지만 선왕 시기의 흑수말갈 정복은 그에 대한 완전 종속과 지배와 통제를 의미하는 것이었다". 즉, 지배의 강도가 달랐다고 이야기한 것이다.

장국종은 발해의 영역이 5경 15부 62주를 설치한 본토, '고려후국', 그리고 이족이 사는 북방 이족 관할구역으로 이루어진 것으로 생각하였다. '고려후국'의 영역은 평안도와 요동지방인데, 남쪽은 대동강을 계선으로 후기신라와 경계하고, 동쪽은 낭림산맥과 북대봉산맥을 계선으로 남경남해부와 경계로 하며, 북쪽은 요동반도의 천산산맥을 계선으로 안원부와 경계한다고 하였다. 서변은 서해로 보면서 압록강 이북 지역에서도 해안선을 끼고 있다고 하였다. 북방 이족 관할구역은 흑수말갈과 그의 영향하에 있던 여러 부족으로서 그들이 정착 주민이 아니었으므로 주현제를 실시하여 통치할 수는 없었다고 하였고, 북쪽으로는 영역이 오호츠크해 연안에까지 미쳤다고 하였다.

장국종은 특히 요동반도가 발해의 영토임을 논증하였는데, 그 주장의 근거는 1992년에 채태형이 「료동반도는 발해국의 영토」라는 논문에서 제시한 것과 거의 같다. 그가 제기한 발해 강역도에는 발해 강역의 범위와 5경 15부, '고려후국', 북방 이족 관할구역이 어디인지 보여준다(도면 24).

1997년에 V.I.볼딘과 A.L.이블리예프는 발해의 동북쪽 경계를 빠르띠잔스크강 – 송아찰하(松阿察河)까지의 우쑤리강을 잇는 선으로 표시한 발해 강역도를 제시하였다(Болдин В.И., Ивлиев А.Л. 1997). 우쑤리강과 송아찰하 합류지부터는 송아찰하를 따라 서남쪽으로, 다음에는 흥개호 북안을 따라, 다음에는 흥개호 북서쪽 모서리 가까이에서 목단강 하구의 의란을 잇는 선으로 표시하였다. 의란부터 서쪽 눈강·송화강 합수 지역까지는 동류 (제1) 송화강을 따라, 그 남쪽으로는 요하를 따라 요하 하구까지 선을 그었다(도면 25).

이 논문에서는 발해 강역에 대해 논하지 않았다. 1996년에 A.L.이블리예프가 흑수말갈이 아무르강 유역뿐만 아니라 송화강 하류와 우쑤리강 유역에도 거주하였다고 주

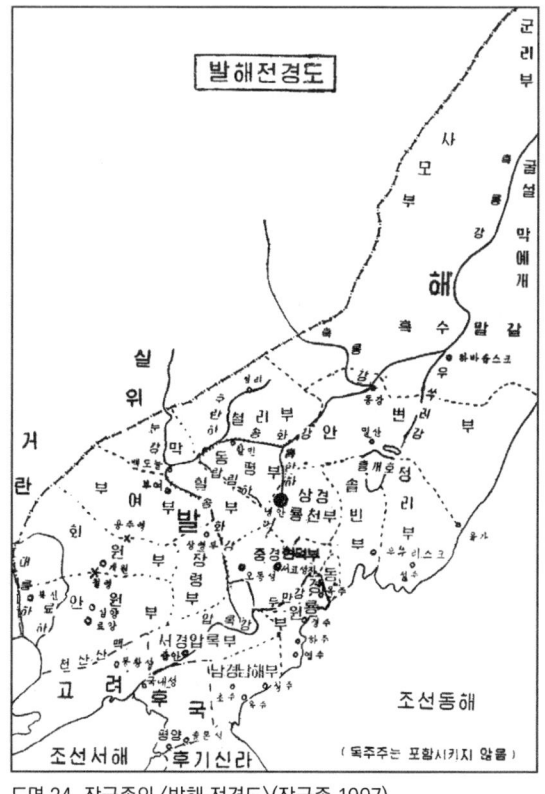

도면 24. 장국종의 〈발해 전경도〉(장국종 1997)

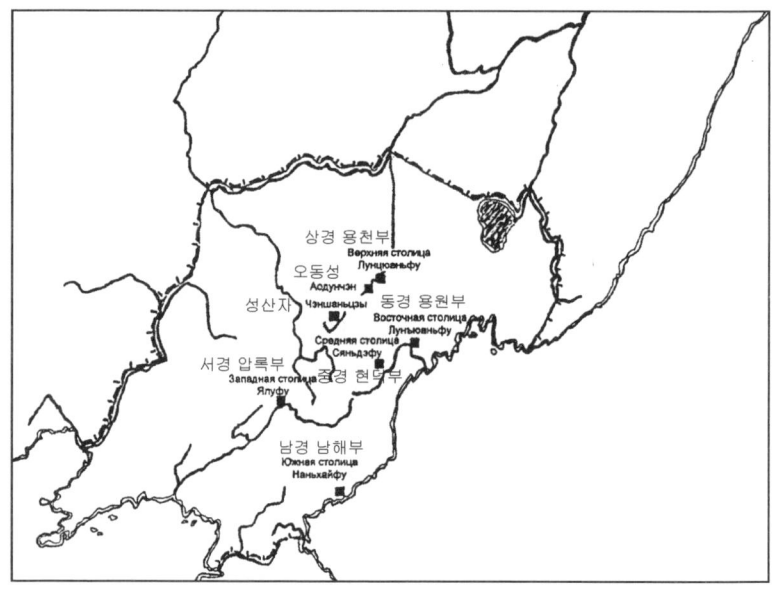

도면 25. 러시아학계의 발해 강역도(Болдин В.И., Ивлиев А.Л. 1997, 필자 재편집)

장하는 논문을 발표하였는데(Ивлиев А.Л. 1996), 아마도 그의 의견이 이 발해 강역도에 반영되었을 것이다. 그리고 자신들이 인정하는 '발해 유적'의 분포 범위까지만 발해의 영역으로 인정하는 러시아 학계의 의견도 반영된 것으로 볼 수 있다. A.L.이블리예프는 이후 2005년에 이 강역도를 설명할 수 있는 의견을 제시하였는데, "9세기 발해의 영역은 동쪽으로는 연해주 남부지역과 한반도 북쪽의 동해(원본에는 일본해) 해안으로 나갔고, 북동쪽으로는 우쑤리강 상류 지역을 포함했는데, 이곳의 가장 북쪽 발해 유적은 끼로프 구역의 마리야노브까성이다. 북쪽으로는 그 경계가 송화강을 넘어 흑룡강성 의란현으로 갔다"라고 하였다(Ивлиев А.Л. 2005, 466쪽). 마리야노브까성은 이블리예프 등이 생각하는 가장 북쪽의 발해 유적이다.

2002년에는 정영진이 「渤海의 강역과 五京의 위치」라는 논문에서 발해 강역의 변천을 대조영 시기, 대무예·대흠무 시기, 대인수 이후 시기로 구분하여 검토하였다(정영진 2002). 정영진은 발해 강역도도 제시하였는데, 1995년에 송기호가 『발해 정치사 연구』에 제시한 발해 강역도와 비슷하다(도면 26).

2003년에는 한규철이 「발해국의 서쪽 변경에 대한 연구」라는 논문을 발표하였다(한규철 2003). 한규철은 지금까지의 관련 연구 성과를 모두 검토한 다음에 자신의 의견을 개진하였다. 발해의 서변과 관련하여 "발해 서쪽 경계를 박작구-신성으로 보는 견해의 근거"가 되는 것(사료 A군)과 "요동도 발해 지역이었음을 입증하는 근거"가 되는 것(사료 B군)을 모두 제시하였다. 여기에서 사료 A군은 가탐의 『도리기』에 나온 기사들이고, 사료 B군은 요동이 발해 땅이었음을 말해주는 『거란국지』, 『요사』, 『구오대사』, 『요동행부지』, 『금사』, 『자치통감』 등의 기사들이다. 한규철은 요동이 발해 지역이었음을 입증하는 사료 B군을 신뢰할 수 있다고 생각하였으며, 가탐의 『도리기』에 적힌 "박작구에 이르러 발해의 경계에 도착하였다(至泊汋口 得渤海之境)"를 박작구가 "양국의 경계가 아니라 발해의 왕성에 이르는 루트 상에 발해 영역 내의 첫 번째 항구라는 의미로 볼 수 있을 것이다"라고 하여 『도리기』의 내용은 발해 서쪽 경계선에 대한 사료로는 부적합하다고 하였다.

2003년에는 이미자가 발해의 요동지역 영유 문제

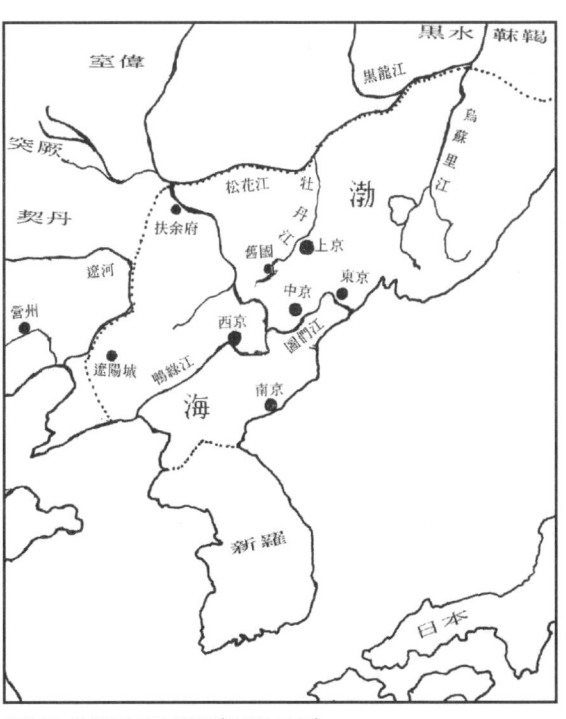

도면 26. 정영진의 발해 강역도(정영진 2002)

II. 발해 강역 연구사 59

를 불열부, 월희부, 철리부 등의 옛땅과 연계하여 고찰한 논문을 발표하였는데, 월희고지는 요하 중류 지역의 강평(康平)·신민(新民) 일대, 불열고지는 동요하 유역, 철리고지는 요양(遼陽)·안산(鞍山)을 중심으로 한 혼하·태자하 유역으로 파악하였다. 다시 말해서, 이미자는 불열의 옛땅에 설치한 동평부, 월희의 옛땅에 설치한 회원부와 안원부, 철리의 옛땅에 설치한 철리부가 모두 발해의 서쪽 지역에 있었다고 주장하였다(李美子 2003).

김진광은 2002년과 2004년에 발표한 논문 및 2012년에 발표한 책에서 발해가 요동 지역을 차지하였음을 꾸준히 주장하였다(김진광 2002a; 2002b; 2004; 2012). 2004년에 발표한 「발해 건국 초기의 강역-영주도를 중심으로」라는 논문에서 특히 가탐의 『도리기』에 소개된 영주 - 연군성 - 여라수착 - 요수 - 안동도호부 - 개모성 - 신성 - 장령부 - 발해왕성 교통로와 관련하여 "발해의 왕성으로 가는 출발지는 영주이지만, 그 서술의 중심지는 안동도호부라는 점과 수착이라는 최전방 군사시설이 존재하고 있다"는 점에 주목하였다. 김진광은 안동도호부가 요서 지역으로 옮겨진 다음에는 요동지역이 이미 발해의 강역권으로 편입되었다고 생각하였으며, 변방군사조직인 수착(守捉)이 영주의 계선을 벗어나지 못한 것은 이곳이 당의 최전방임을 말하는 것이라고 하였다. 그는 또한 개원 15년에 무왕 대무예의 동생 대창발가를 양평현개국남에 봉한 것은 발해의 영역이 양평, 즉 요양까지 다다랐음을 반영하는 것이라고 하였다. 그 외에도 『구당서』「지리지」의 "고종 때에... 고려와 백제를 평정하여 요수 동쪽은 모두 주로 삼았으나, 얼마 지나지 않아 다시 반란을 일으켰으므로 강역에 포함시키지 않았다(高宗時... 平高麗百濟遼海已東皆爲州 俄而復叛 不入提封.)"라는 기록은 이 지역이 당의 영역에 포함되지 않음을 분명히 한 것이라고 하였다. 발해가 당의 마도산을 공격할 때는 해로보다는 육로인 영주도를 선택하였을 것으로 판단하였다.

김진광은 이후 2012년에 발표한 『발해 문왕대의 지배체제 연구』에서 고왕 대조영, 무왕 대무예, 문왕 대문예 시기의 발해 강역 문제를 요동과 서쪽 지역을 중심으로 논하였다. 다시 한번 안동도호부 문제를 검토하였는데, 대조영이 동쪽 동모산으로 이동할 때 안동도호부의 군대가 아니라 당나라 본토에서 온 군대가 대조영을 추격한 사실에 주목하여, 안동도호부의 주요 목적이 옛 고구려지역에 대한 통제였음을 감안한다면, 당시 당나라가 요동 지역을 전혀 통제하지 못한 상태였음을 의미한다고 지적하였다. 732년 9월에 시작된 등주 공격과 이후의 마도산 전투와 관련해서는 당나라가 안동도호부나 평로군의 병력을 동원하지 않고, 등주에는 좌령군장군(左領軍將軍) 개복순(蓋福順)을 보내어 대응하고, 마도산에는 당에 망명한 대문예를 유주에 보내어 10만의 병사를 이끌고 대응하게 한 사실과 신라에게 발해의 남쪽 변경을 공격하게 함으로써 대응한 점에 주목하였다. 평로군절도사의 주된 임무는 실위와 말갈의 방어이고, 당시 그 산하에 평로, 노룡 2군과 유관수착, 안동도호부가 소속되어 있어 마도산 전투에 평로군의 동원은 필수적이었는데, 그렇게 하지 못한 것은 발해가 이미 요동을 확보하고 있었기 때문으로 판단하였다. 발해의 마도산 공격은 육로와 해로 양방향에서 이루어진 것으로 의견을 수정하였다. 발해가 요동을 이미 장악한 사실에 대해서는 수착과 기미주 문제를 통해서도 고찰하였다(김진광 2012, 48~102쪽).

2005년에는 Yu.G.니끼띤이 러시아 연해주에서의 발해 강역 문제를 논하였다. 그는 발해 강역의 변천을 전기, 중기, 후기 3개 시기로 구분하여 검토하였다(Никитин Ю.Г. 2005, 522~533쪽). 전기는 8세기 중엽 이전까지 국가 형성과 관련된 시기라고 하였고, 중기는 8세기 중엽부터 9세기 30년대까지 국가 구성원으로 '발해 말갈들'을 포함한 시기라고 하였으며, 후기는 9세기 중엽부터 발해 멸망까지 동북쪽으로의 발해 확장 시기라고 하였다. 발해 강역의 전반적인 부분에 대해서는 대체로 손진기 등의 『동북역사지리』의 의견을 따랐다. 주목되는 것은 연해주인데, 전기에는 발해의 경계가 라즈돌나야강(река Раздольная, 수분하)까지였을 것으로 보았다. 중기에는 일리스따야강(река Илистая)과 아르쩨모브까강(река Артемовка)을 잇는 선으로 보면서 일리스따강 유역의 브이소꼬예성, 고르바뜨까성, 니꼴라예브까-1성 등이 경계를 이룰 수 있다고 생각하였다. 후기에는 동쪽과 동북쪽으로 우쑤리강 상류 지역까지 영역이 확대되었다고 판단하였고, 이 지역의 마리야노브까성, 꼭샤로브까-1성, 노보고르데예브까성이 이 시기에 해당할 것이라고 하였다. 다만 후기에는 동쪽으로 올가까지 영역이 확장되었을 가능성도 있는 것으로 파악하였다. 그의 의견은 그가 제시한 지도를 통해서도 확인할 수 있다(도면 27).

2006년에는 한국의 서병국이 발해 역사 지리에 관한 연구사 내용을 담은 『발해사 4: 발해의 역사지리 Ⅰ』, 발해의 5경·부와 관할 주 및 '고려후국'에 관한 내용을 담은 『발해사 5: 발해의 역사지리 Ⅱ』, 발해의 나머지 부와 관할 주 및 주요 강, 산, 바다, 호수에 관한 내용을 담은 『발해사 6: 발해의 역사지리 Ⅲ』을 발표하였다(서병국 2006a; 2006b; 2006c). 서병국은 발해의 영역이 5경 15부의 행정구역, '고려후국', 그리고 동북부 이족(異族) 거주지로 구성되어 있다고 하였는데, 아마도 장국종의 의견을 따랐을 것이다. 따라서 '고려후국'의 영역인 요동·요동반도와 평안남·북도 지역, 동북부 이족으로 간주한 흑수부, 사모부, 굴설부(굴열부), 군리부, 막예개부의 분포지역, 다시 말해서 자신이 그 부족들의 거주지라고 생각한 서북쪽의 제야강에서 동북쪽의 오호츠크해까지 모두 발해의 영역에 포함되는 것으로 판단하였다. 다만 서병국은 대부분 출처를 밝히지 않고 논지를 전개하고 있어 제시된 근거의 진위를 파악하기 힘든 경우가 적지 않다.

2007년에는 김종복이 「발해사의 전개와 영역 변천」이라는 논문을 발표하였다. 그는 "안동도호부의 철폐는 당이 요하 이동의 고구려 고지를 공식적으로 포기하였음을 의미하는 것이었다"라고 하였다. 하지만 요동 일대는 당과 발해 사이의, 평양 일대는 당과 신라 사이의 완충지대로 남아있었던 것으로 이해하였고, 이 두 지역은 발해의 영역에 단 한 번도 포함된 적이 없는 것으로 여겼다. 발해 강역의 변화는 건국 직후, 무왕 시기, 문왕 시기, 선왕 시기로 구분하여 살펴보았다(김종복 2007).

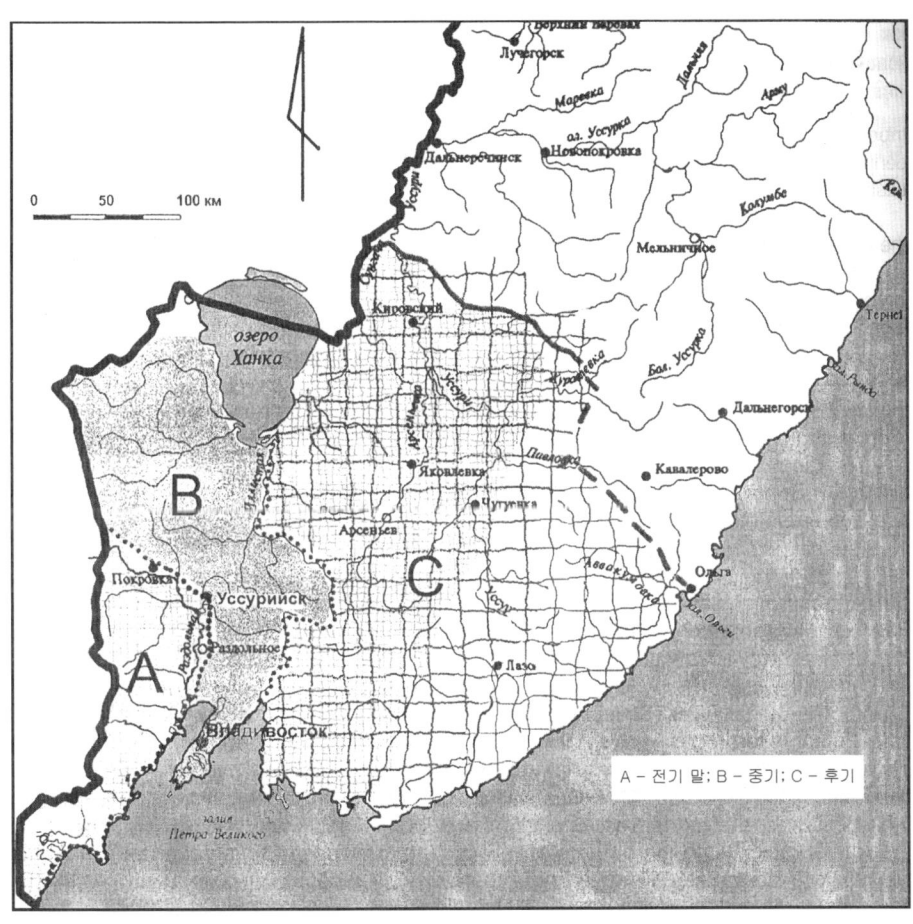

도면 27. 러시아학계의 연해주 지역 발해 영역도(Никитин Ю.Г. 2005, 필자 재편집)

　건국 직후의 영역은 히노 가이자부로(日野開三郎)의 의견을 따라 발해의 지배층이 고구려 유민과 속말 및 백산말갈 중심으로 구성되었다는 전제하에 고구려의 발상지인 압록강 유역과 혼강 유역, 속말말갈의 거주지인 이통하 부근에서 북류 (제2) 송화강 상류 유역, 백산말갈의 거주지인 함경도에서 연변을 포함하여 돈화 지구까지의 지역일 것으로 보았다(도면 28).

　무왕 대무예 시기에는 말갈 7부 중 속말과 백산말갈에 더해 백돌, 안거골, 호실말갈도 발해의 영역에 포함된 것으로 보았다. 하지만 당시 불열, 월희, 철

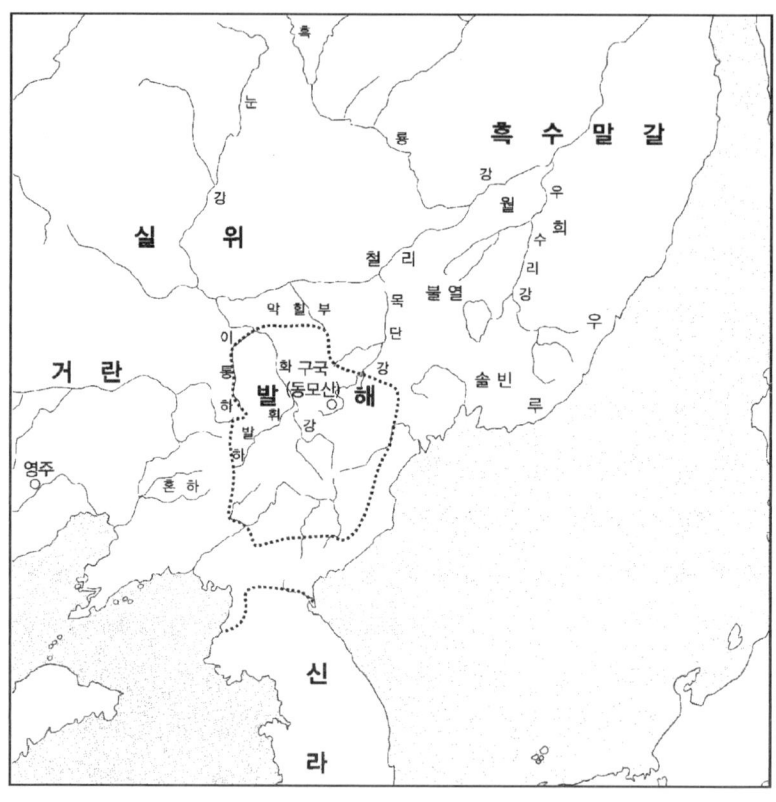

도면 28. 김종복의 〈발해 건국 직후의 세력 범위〉 세부(김종복 2007)

리, 흑수말갈은 당과 독자적으로 교섭하고 있었기에 이들과 솔빈 및 우루는 아직 발해의 영역에 포함되지 않은 것으로 보았고, 이들의 분포 범위는 왕승례의 의견에 따라 불열은 흥개호 일대, 흑수부는 송화강과 흑룡강 합류 지점에서 흑룡강 중·하류에 이르는 지역, 철리는 흑룡강성 의란 일대, 월희는 송화강 하류와 우쑤리강 동쪽 지역으로 각각 판단하였다. 따라서 발해 동북쪽 경계는 이들과 접한 것으로 보았다. 남쪽으로는 신라가 721년에 하슬라도 지역의 장정 2,000명을 동원하여 북쪽 국경에 장성을 쌓은 것은, 발해가 남쪽으로 세력을 뻗치고 있었기 때문으로 보고 신라의 북쪽 경계 동쪽 부분과 국경을 접한 것으로 판단하였다.

그런데 그가 제시한 〈발해 무왕대의 세력 범위〉 지도(도면 29)는 『중국역사지도집』에서 제시한 발해 강역도(도면 18)에서 철리부, 독주주 영주, 동평부, 솔빈부 및 그 동쪽의 부들을 제외한 것으로써, 남쪽, 서남쪽, 서쪽, 북쪽은 『중국역사지도집』의 발해 강역도와 일치하고, 동북쪽은 그 강역도의 막힐부, 상경용천부, 동경용원부의 동쪽·동북쪽 경계와 일치한다.

문왕 대흠무 시기에는 철리, 불열, 솔빈을 땅까지 영역을 확장한 것으로 이해하였는데, 〈발해 문왕대의 영역〉 지도(도면 30)는 『중국역사지도집』의 발해 강역도와 남쪽, 서남쪽, 서쪽, 북쪽은 일치하고, 동북쪽은 그 강역도의 철리부, 동평부, 솔빈부의 동쪽 경계와 일치한다.

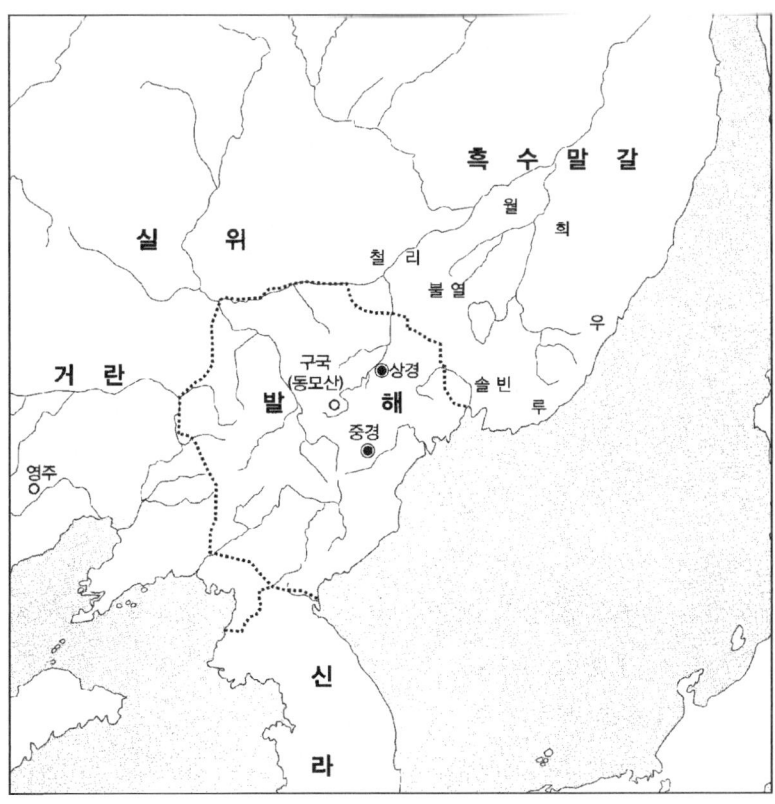

도면 29. 김종복의 〈발해 무왕대의 세력 범위〉 세부(김종복 2007)

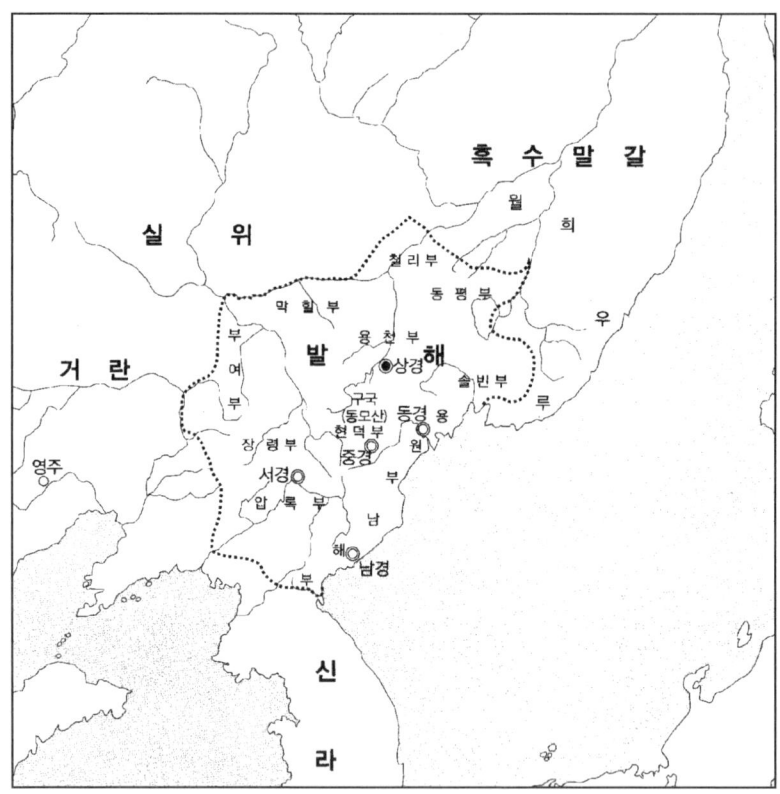

도면 30. 김종복의 〈발해 문왕대의 영역〉 세부(김종복 2007)

　선왕 대인수 시기에는 5경 15부 62주의 지방 통치제도가 완성되어 9세기 발해의 영역은 이 행정구역들을 포함하는 것으로 보았다. 그가 제기한 〈9세기 발해의 영역〉 지도(도면 31)에는 발해 강역의 범위가 『중국역사지도집』의 발해 강역도에 표시된 발해 강역의 범위와 동일하다. 주목되는 것은 9세기 발해 강역의 범위를 반영하는 사료 중의 하나로 가탐의 『도리기』 내용을 전하는 『신당서』「지리지」의 "압록강 하구에서 배를 타고 100리 정도 가다가, 다시 작은 배를 타고 동북쪽으로 30리를 거슬러 올라가 박작구에 이르면 발해의 국경에 도달할 수 있다(自鴨淥江口舟行百餘里 乃小船泝流東北三十里至泊汋口得渤海之境)"(번역 김종복 2007)라는 기록을 제시한 점이다.

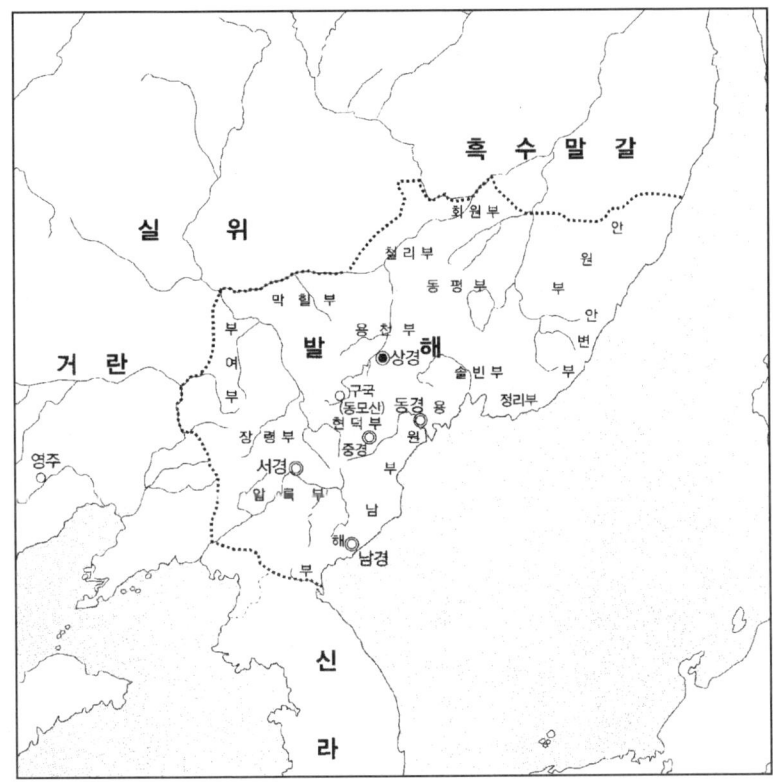

도면 31. 김종복의 〈9세기 발해의 영역〉 세부(김종복 2007)

김종복은 2008년에 발표한 논문에서도 요동지역은 발해의 영역도 아니었고 또 당의 영역도 아니었던 완충지대였다고 하였으며, 발해의 영역으로 볼 수 없는 주요 근거 중의 하나는 발해가 서경압록부 서쪽에 부를 설치하였다는 기록이 없다는 점이라고 하였다(김종복 2008).

김종복은 2010년에 발표한 「발해의 서남쪽 경계에 대한 재고찰」에서는 '소고구려'와 '고려후국' 문제를 집중적으로 고찰하였고, 모두 사료적 근거가 부족한 것으로 판단하였다(김종복 2010). 서남쪽 경계선 자체에 대해서는 따로 논하지 않았지만, 제시된 발해 강역도는 외곽선이 2007년에 그가 제시한 것과 동일하다.

김종복은 2011년에 발표한 「남북국의 경계와 상호 교섭에 대한 재검토」라는 논문에서 신라와 발해의 경계는 신라 동북쪽은 8세기 중반까지는 정천군(덕원)이었다가 9세기 후반에 삭정군(안변)으로 후퇴한 것으로 판단하였다. 신라 서북쪽은 나당전쟁 후에는 임진강까지였다가, 얼마 후 예성강까지 진출하고, 735년에 신라가 발해 공격의 대가로 당으로부터 패강 이남 지역의 땅을 하사받아 패강진을 설치하는 등 대동강을 경계로 하였다고 보았다. 신라가 처음에 임진강 이북으로 진출하지 않은 것은 나당전쟁 이후 임진강 이북의 한반도 서북부는 신라와 당의 완충지대로 기능하였으나 명목상으로는 당의 영역이었기 때문이라는 것이다. 또 당이 신라에게 패강 이남의 땅을 하사하고 신라가 감사의 표문을 올리는 형식을 취한 것은 그 반증이라고 하였다. 한편 발해는 713년에 대조영이 발해군왕에 책봉되어 당과 국교를 수립하였기에 요동으로 진출하지 않고 대신 동북쪽으로 영역을 확장한 것으로 판단하였다. 또한 9세기 단계의 발해 영역을 보여주는 5경 15부 중 서남쪽에 위치한 것이 서경 압록부이므로 이때도 발해는 여전히 요동 및 평양 지역으로 진출하지 않았다고 하였다. 결과적으로 757년 안동도호부의 폐지 이후 발해도 서쪽으로 진출하지 않고, 신라도 대동강 이북으로 진출하지 않아 이 지역은 모두 방치되어 당과 발해, 신라 사이의 완충지대로 기능하였다고 판단하였다(김종복 2011).

요동과 평안남·북도 지역이 당과 발해, 신라 사이의 완충지대였다는 의견은 그의 이후 논문에서도 확인된다(김종복 2017).

2008년에는 중국의 위존성이 『발해고고(渤海考古)』라는 일종의 발해 고고학 개론서를 발간하였는데, 발해 5경 15부 및 독주주의 위치를 제시하였고 또 발해 강역의 범위를 "중국 길림성의 대부분, 흑룡강성의 동반부, 요녕성의 동북부와 북한의 동북부, 러시아 연해주 지역"으로 판단하였다. 남쪽 신라와의 경계인 니하는 용흥강으로, 서남쪽은 박작구와 장령부 남쪽 경계를 잇는 선으로 당과 경계한 것으로, 서쪽은 요하 중류로서 거란과 경계한 것으로, 서북쪽은 눈강과 송화강 합류 지점에서 실위와 인접한 것으로, 동북쪽은 삼강평원을 지나 흑수말갈과 경계한 것으로 보았다(魏存成 2008, 37~38쪽). 그런데 위존성이 생각하는 발해 강역의 범위는 『중국역사지도집』에 제시된 것과 거의 차이가 없다.

2008년에는 중국의 강옥가·조영군이 발해 유적의 분포를 통해 흑룡강성 내 발해의 북쪽 경계를 서쪽 의란과 동쪽 이만(비낀) 일대를 잇는 선으로 파악한 바 있다(姜玉珂·趙永軍 2008).

2010년에는 러시아 연구자가 국내 학계에 소개한 논문 중 한 곳에 새로운 발해 강역도가 소개되었다(E.I.겔만 / 정석배 옮김, 2010). 사실 이 논문은 발해 강역 문제와는 관련이 없고 다만 그 강역도 안에 끄라스끼노성의 위치를 표시하였을 뿐이다(도면 3?) 필자는 이 강역도가 언제 처음 발표되었는지 확인하지 못하였다. 다만 이 강역도는 오늘날 러시아에서 발해 관련 서적이나 블라디보스톡의 아르세니예프 역사박물관 등 공식적인 장소에 발해의 영역을 소개하는 지도로 널리 사용되고 있다. 러시아 학계에서 1997년에 제시한 강역도에서는 요동반도와 평안남·북도를 발해의 영역에 모두 포함하였지만, 이 강역도는 요동반도와 압록강 하구 가까이 남쪽 일부 지역을 발해의 영역에서 제외하였다.

2010년에는 북한에서 『조선단대사(발해사1)』가 출간되었다. 이 책에서 림호성·김혁철은 발해 지방통치의 기본 단위는 5경 15부 62주이지만, 그 외 후국과 속령이 있었다고 하였다(림호성·김혁철 2010, 71~80쪽). '고려후국'은 평안남·북도와 요동반도 일대의 옛 고구려지역에서 고구려 유민들이 세운 나라라고 하였고, 속령 혹은 번은 말갈족 우두머리들이 행정 및 기타 문제를 일정한 한도에서 자체로 처리하게 권한을 부여한 지역이라고 하였다. 속령의 예로서 『책부원구』에 기록된 우후루번장 도독 여부구를 제시하였고, 또 발해의 중앙 정부에서 속령들을 감독하기 위하여 파견되었던 관리로 『당회요』에 기록된 압말갈사 양길복을 예로 들었다.

또 한 가지 주목되는 것은 '고려후국'의 중심지가 의주였고, 녕원고성, 동

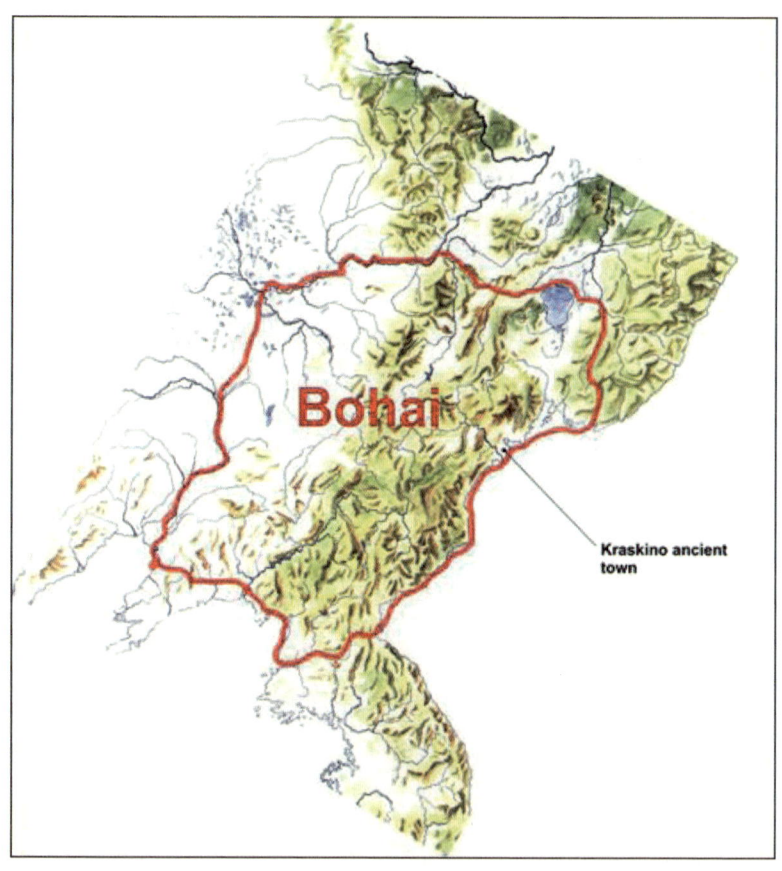

도면 32. 러시아학계의 발해 강역도(E.I.겔만 / 정석배 옮김, 2010)

림성, 성동고성, 고사산성 등이 그 지방 행정중심지였을 것으로 추정하여 '고려후국'과 관련된 유적들을 구체적으로 지목하였다는 사실이다. '고려후국'의 영역의 범위도 구체적으로 지도상에 표시하였다(도면 33).

2011년에는 『조선단대사(발해사2)』가 출간되었다. 림호성은 이 책에서 9세기 전반기에 발해의 영역이 크게 확장되었는데, 그 결과 15부 내에서 주와 현의 수가 더 늘어나고, 북쪽 이족 거주지역에 속령들이 설치되었다고 하였다(림호성 2011, 23~31쪽). 선왕 대인수 시기에 북쪽으로 흑수부뿐만 아니라 흑수의 영향 아래에 있던 사모부, 굴설부, 군리부, 막예개부도 모두 완전히 복

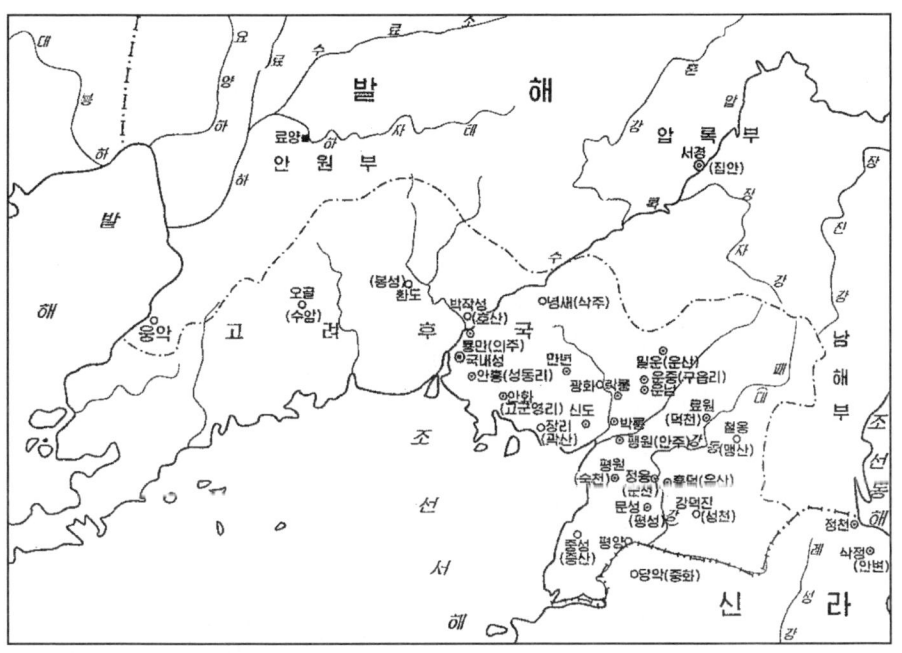

도면 33. 『조선단대사(발해사1)』의 〈고려후국 령역〉(림호성·김혁철 2010)

속시킨 것으로 이해하였다. 따라서 이들이 거주하였다고 생각되는 제야강과 부레야강부터 오호츠크해까지의 지역이 모두 발해의 영역이 되었다고 하였다. 제시된 발해 강역도에는 그러한 의견이 잘 반영되어 있다(도면 34). 그런데 이 강역도에는 사모부 등의 분포 범위가 『중국역사지도집』에서 제시한 것보다 북쪽으로 더 넓게 표시되었고, 또 발해의 서쪽 경계도 눈강 및 요하를 넘어 서쪽으로 더 넓게 표시되었다.

 2011년에는 정석배가 「연해주 발해시기의 유적 분포와 발해의 동북지역 영역 문제」라는 논문에서 러시아 학계의 발해 강역에 대한 의견들을 소개하고, 처음 E.V.샤브꾸노프 등은 문헌자료를 중심으로 연구를 진행하였으나, 이후에는 A.L.이블리예프가 문헌자료도 검토하지만, 그를 포함하여 V.I.볼딘, E.I.곌만, Yu.G.니끼띤 등이 주로 고고학 자료에 근거하여 연해주 지역에서의 발해의 경계를 연해주 남부지역으로 많이 축소하여 보고 있음을, 하지만

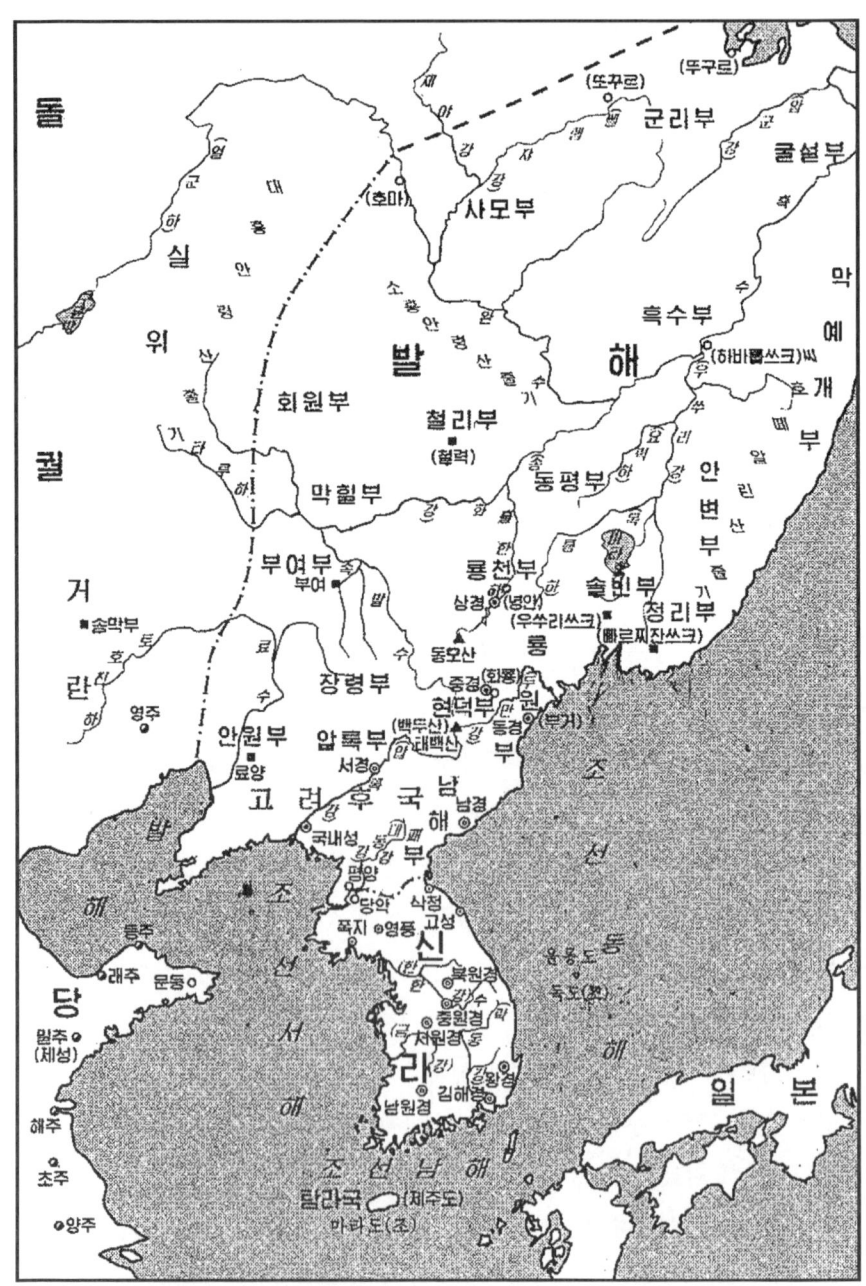

도면 34. 『조선단대사(발해사2)』의 발해 강역도(림호성 2011)

O.V.디야꼬바 등은 그보다 훨씬 더 북쪽인 연해주 동북 해안지역에서도 발해의 유적이 있다고 주장하는 등 이견도 있음을 지적하였다. 이와 관련하여 정석배는 연해주 지역의 발해시기 유적 분포 양상을 살펴본 다음에 연해주에서의 발해 경계는 한까호(흥개호) 북단 - 마리야노브까(Марьяновка) - 오끄라인까(Окраинка) - 올가(Ольга)를 잇는 선 혹은 비낀(Бикин) - 오호뜨니치(Охотничий) - 꾸즈네쪼보(Кузнецово)를 잇는 선일 가능성이 있다는 의견을 제시하였다(정석배 2011). 다만 이 의견은 고구려 계통의 본원적인 발해 유적만을 염두에 둔 것이기 때문에 발해가 말갈 제부를 모두 복속시켰다는 문헌자료의 내용과는 일치하지 않는다.

2016년에는 정석배가 「발해의 북방경계에 대한 일고찰」이라는 논문을 발표하였다(정석배 2016). 먼저 발해의 영역 크기를 말해주는 사방 2천 리와 사방 5천 리의 절대적 크기가 얼마나 되는지 당의 1리 443.87m, 영주(조양)에서 동모산(성산자산성)까지 2천 리, 현주(서고성)에서 발해 왕성(상경성)까지 600리 등의 수치를 참고하여 사방 2천 리는 당의 리를 적용하면 사방 약 888㎞, 서고성과 상경성 사이 거리를 적용하면 사방 514㎞, 조양과 성산자산성 사이 거리를 적용하면 사방 약 660㎞, 사방 5천 리는 각각 사방 2,219㎞, 사방 1,285㎞, 사방 1,650㎞임을 지적하였다. 다음에는 말갈제부의 위치 문제에 대한 기왕의 연구 성과를 소개하면서 실위와 흑수말갈의 경계가 소흥안령이었을 것으로 추정하였고, 또 문헌자료에 근거하여 발해가 흑수말갈을 포함한 말갈제부를 모두 복속시켰다고 생각하였다.

다음에는 러시아 학계에서 연해주 지역에서의 발해 경계를 자신들이 인정하는 발해 유적의 분포 범위를 통해 설정하고 있음을 지적하면서, '발해 유적'은 발해 시기 발해 사람들이 남긴 유적으로 정의할 수 있기에, 정치적으로 발해에 포함된 말갈 사람들이 남긴 발해 시기의 '말갈유적'도 사실은 발해 유적으로 볼 수 있다고 하였다. 따라서 이 둘을 구분하여 고구려계 문화 요소를 가진 발해 유적, 다시 말해서 지금까지 러시아학계와 중국학계에서 일반적으로 발해 유적이라고 칭한 발해 유적들은 '본원적인 발해 유적'으로 부를 것을 제안하였다.

다음에는 아무르강 유역의 말갈 및 실위 관련 유적 현황을 살펴보았다. 7~13세기로 편년되는 뽀끄로브까 문화와 관련해서는 10세기 이전의 이 문화는 한편으로는 서아무르지역의 뜨로이쯔꼬예 문화와 다른 한편으로는 본원적인 발해 유적 분포 범위 내의 문화양상들과 서로 매우 흡사함을 지적하였고, 또 S.P.네스떼로프가 10세기 이전의 이 문화는 '발해말갈'이 남긴 것이라는 의견에 동의하면서 뽀끄로브까 문화의 10세기 이전 유적은 발해의 유적으로 보아야 할 것이라고 하였다. 다음에는 말갈유적의 분포 현황과 나이펠드-동인문화에 대해 살펴보았다. 결론적으로 말갈유적을 포함한 발해의 경계는 심양 일대의 석대자산성 주변 고분군에서 북쪽으로 농안고성과 하얼빈 서북쪽의 통강유적을 지나 소흥안령을 따라 북쪽의 나이펠드 유적까지 이곳에서 다시 북동쪽으로 빠또예 오제로(Пятое Озеро)유적을 지나 인노껜찌예브까 부근의 나자이쳅스끼 유적까지, 이곳에서 다시 남동쪽으로 연해주 동북해안의 사마르가강 일대를 잇는 선이 될 것으로 판단하였다(도면 35). 다만 서아무르 지역은 비록 흑수말갈과 '발해속말말갈'이 남긴 뜨로이쯔꼬예 문화 유적들이 분포함에도 불구하고 북실위가 남긴 것으로 여겨지는 미하일로브까 문화 유적들이 다수 분포하고 있어 발해의 영역에서 제외하였다. 하지만 "뜨로이쯔꼬예 문화 유적들은 추후 충분한 조사와 연구를 통해 발해 영역에의 포함 여부를 결정해야 할 것이다"라고 발해 영역에 포함될 수도 있다는 여지를 남겨 두었다.

2017년에는 진비(秦菲)가 발해 5경 15부 62주의 위치 비정과 관련된 그동안 각국의 연구자들이 제시한 모든 연구 성과를 분석 정리하여 발해 역사 지리 연구에 많은 도움을 준다(秦菲 2017).

2019년에는 동미(佟薇)와 한빈나(韓賓娜)가 발해국이 요동을 장기간 점유하였다고 주장하였다(佟薇·韓賓娜 2019). 발해가 요동을 점거하였음을 보여

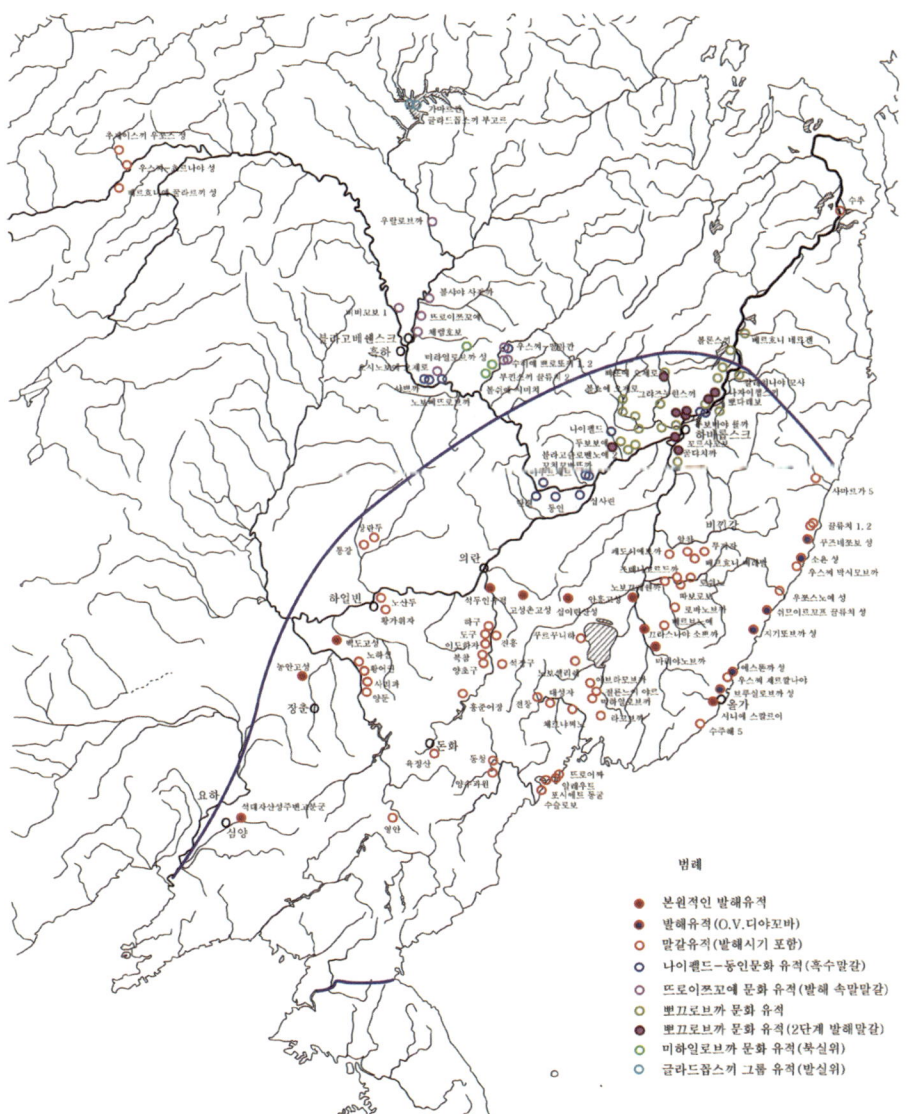

도면 35. 정석배의 발해 강역도(정석배 2016)

주는 『통전』 권180, 『구당서』 권36, 권38, 『자치통감』 권273, 『구오대사』 권 137, 『거란국지』, 『요동행부지』, 『요사』 「지리지」(권 38), 『금사』 「지리지」(권 24) 등의 자료를 제시하였고, 또 『속일본후기』의 "해 뜨는 곳은 동쪽으로 멀고 요양은 서쪽이 막혀 있어 두 나라가 서로 만여 리 떨어져 있다(日域東遙 遼陽 西阻 兩邦相去萬里有餘)"는 기록을 당시 발해가 이미 요동 지구의 핵심 지구인 요양에 도달하였음을 말하는 것으로 판단하였다. 다만 이 두 연구자는 안동도호부 폐지 시기를 『신당서』 「지리지」에 말하는 지덕(至德, 756~758년) 후가 아니라 그보다 약 100년 후인 대중(大中) 4년(850)일 것으로 보고 발해가 요동을 차지한 것은 대이진 통치 전기 혹은 장건장이 발해를 방문(833~835년)한 다음인 것으로 생각하였다. 두 연구자는 '요동'이 포함된 발해 강역도를 제시하였는데, 서남쪽 경계는 대략 요양의 남쪽 안산과 압록강 애하 일대를 잇는 선으로 표시하였다(도면 36).

정석배는 2020년에 다시 한번 발해의 북쪽 경계 문제에 대해 논하였다(정석배 2020). 먼저 흑수말갈이 발해에 독립적인 상태로 있었던 것도 사실이지

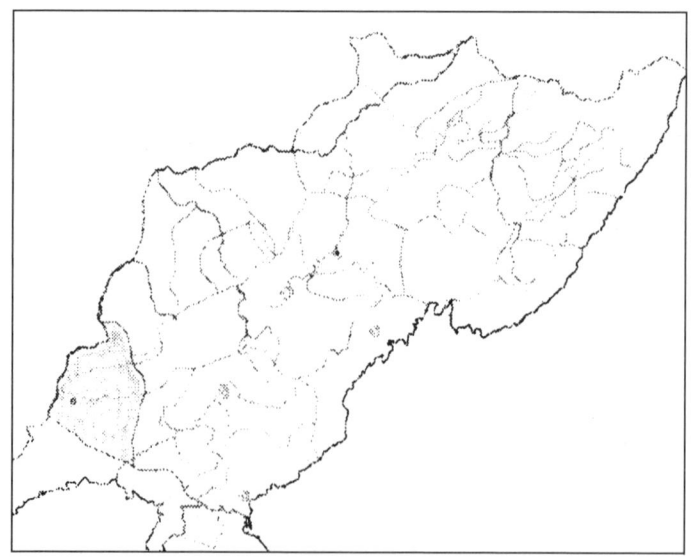

도면 36. 동미·한빈나의 발해 강역도(佟薇·韓賓娜 2019)

만, 오랫동안 복속되어 있었을 때는 발해의 최대 강역에 흑수말갈의 영역도 포함되어야만 한다고 강조하였다. 또한 중국과 러시아학계에서 발해의 건국 주체와 주요 구성원 중의 하나가 말갈이었다고 주장하면서도 고구려적 요소가 있는 유적들만을 발해 유적으로 부르고, 고구려적 요소가 없이 말갈 요소만 있는 유적들은 발해 유적이 아니라 '말갈유적'으로 구분하는 현실을 지적하였다. 말갈 부족이 시간적인 차이는 있지만 모두 발해의 구성원이 되었기에 발해 시기의 '말갈유적'은 사실은 발해 유적으로 판단할 수 있다고 하였다. 발해의 유적과 유물에 보이는 고구려적 요소로 도성을 제외하고 구들 주거지, 석실 혹은 석곽 무덤, 토심석축성벽, 윤제 토기, 모골 기와, 연화문 와당 등이 있음을, 이와는 반대로 말갈직 요소로 사주식 수혈 주거지, 도굉묘, 수제 심발형(협타) 토기가 있음을 지적하였다.

이와 관련하여 새로이 확인한 유적들을 포함하여 다시 한번 본원적인 발해 유적의 분포 한계선을 살펴보았는데, 2016년에 지적한 것보다 훨씬 더 북쪽으로 동류 (제1) 송화강의 하류 지역에 위치하는 희이합성(希爾哈城)에서 발해에 특징적인 광택무늬 장식의 대상파수 등이 발견되었음을, 또 연해주 동북해안 지역에서는 연해주 북부에 해당하는 세셀레브까성이 발해 유적으로 주장되고 있다는 사실을 지적하였다. 다음에는 말갈유적의 분포 현황과 관련하여 아무르강(흑룡강) 유역과 그 주변의 발해 이전, 발해 시기, 발해 이후의 유적 현황도 함께 검토하였다. 그 외에도 아무르강 북쪽 제야강-부레야강 지역에서 본원적인 발해 유적으로 볼 수 있는 석축 무덤이 발굴된 빠지 쁘리브레즈나야 고분군과 광택무늬로 장식된 윤제토기가 발견되는 뜨로이쯔꼬예 주거 유적의 존재, 그리고 말갈의 주거지에서 발견되는 고구려계 문화 요소인 회색 윤제 토기의 존재 등을 확인하였다.

정석배는 이러한 새로이 확인된 사실들에 근거하여 발해 시기 말갈유적의 분포 범위까지는 발해의 강역으로 볼 수 있다고 판단하였고, 따라서 소흥안령을 넘어 서쪽으로 제야강(река Зея) 일대까지 발해의 영역으로 판단하였다. 구체적으로는 발해의 서북쪽 경계는 눈강과 송화강 합수 지점 – 호란하 – 제야강 하류 지역을 잇는 선으로, 북쪽 경계는 제야강 하류 지역 – 꾸르강(река Кур) 중하류 지역 – 아무르강 하상류 지역 – 연해주 북동쪽의 사마르가강(река Самарга)을 잇는 선으로 파악하였다(도면 37). 다만 아무르강 북쪽과 동북쪽으로 유적조사가 더 이루어진다면 발해의 강역이 그보다 더 확대될 수 있다고 생각하였다.

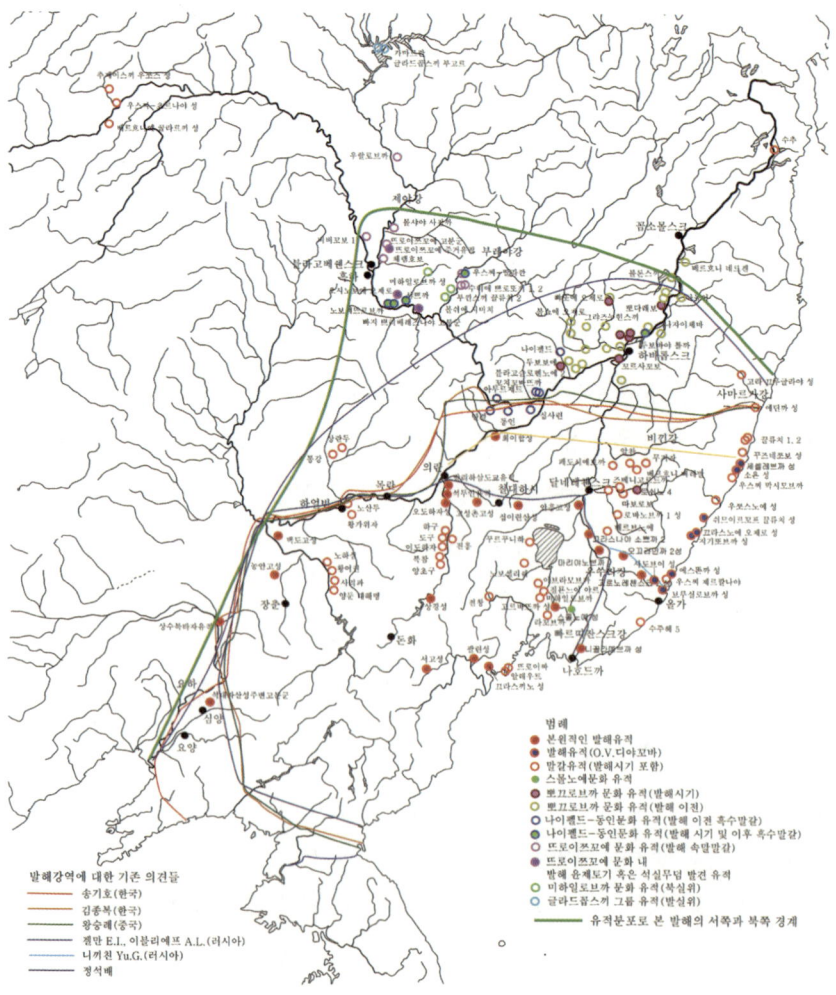

도면 37. 정석배의 발해 강역도(정석배 2022)

2021년에 송기호는 새로운 발해 강역도를 제시하였는데(중앙문화재연구원 엮음 2021), 발해의 영역이 서남쪽은 요하 하구까지, 북쪽은 동류 (제1) 송화강 북쪽 너머까지, 동북쪽은 하바롭스크까지 표시되어 있어 그가 1995년에 발표한 것보다는 더 넓다(도면 38).

2023년에는 정석배가 흑수말갈 나이펠드 - 동인문화 1단계의 유적 분포를 통해 흑수부(黑水部)와 흑수주(黑水州)의 치소 문제를 검토하였다(정석배 2023). 이 글에서 연구자는 흑수말갈이 남긴 고고학 문화로 여겨지고 있는 나이펠드 - 동인문화가 1단계(5~7세기), 2단계(8~9세기), 3단계(10~12세기)로 구분된다는 S.P.네스떼로프의 의견을 소개하였고, 1단계에 특징적인 반구(盤口) 화병형 토기가 발견된 유적 분포를 통해 흑수말갈의 초기 분포지를 추정하였다. 또한 흑수주도독부의 소재지에 대한 지금까지의 백력(伯力, 하바롭스크)설, 아뉴이강 하구설, 동강설, 봉림고성설, 목단강 시하진설, 강안고성설 등을 소개하면서 유적의 위치와 입지, 규모, 유물 양상 등을 볼 때 강안고성이

도면 38. 송기호의 발해 강역도(중앙문화재연구원 엮음 2021)

흑수말갈 흑수부(黑水部)의 통치 중심이자 나중에 흑수주도독부의 치소였다는 설이 가장 타당하다는 의견을 제시하였다.

정석배 등은 2023년에 발간된 『발해유적총람』에 발해 유적분포도에 발해의 경계선을 그은 지도를 발표하였다(정석배 외 2023a; 2023b; 2023c; 2023d). 이 강역도는 2020년에 정석배가 제시한 발해 강역도와 경계선은 거의 같으나 발해 시기 유적이 훨씬 많이 반영되어 있다(도면 39).

＊　　　＊　　　＊

이상 발해 강역에 관한 연구의 역사를 시간 순서로 개관해 보았는데, 발해 강역 연구사를 몇 개의 단계로 구분할 수 있다고 생각된다.

제1단계는 정약용 이전 시기에 해당한다. 이때는 송기호(1995)의 표현을 따르면 "『요사』「지리지」의 오류를 답습"한 시기였다.

제2단계는 1811년에 정약용이 『아방강역고(我邦疆域考)』를 발표한 때부터 1910년대 일본 연구자들의 활동 이전까지로 볼 수 있다. 이 기간에는 조선시대 실학자들이 실증적인 연구를 통해 발해의 5경 15부와 강역 문제를 논하였고, 중국에서는 조정걸(曹廷杰)이 『동삼성여지도설(東三省與地圖說)』에서 또 이계림(李桂林)이 『길림통지(吉林通志)』에서 발해 강역 관련 문제들을 실증적인 관점에서 논하였다.

제3단계는 1910년대부터 1950년대까지라고 말할 수 있다. 1910년대에는 마쓰이 히토시(松井等)가 『만주역사지리(滿洲歷史地理)』에서, 1915년에는 쓰다 소키치(津田左右吉)가 『만선지리역사연구보고(滿鮮地理歷史研究報告)』에서 또 도리야마 기이치(鳥山喜一)가 『발해사고(渤海史考)』에서, 1950년대에는 와다 키요시(和田清)가 『발해국지리고(渤海國地理考)』에서 각각 발해의 역사 지리와 강역 문제를 논하였다. 이 연구자들은 모두 발해의 중요 유적을 다수 답사하였고, 발해의 경과 부의 위치 및 경계 문제를 구체적으로 논하였다. 특히 현대 지도를 바탕으로 한 마쓰이 히토시(松井等)의 〈발해시대 만주도(渤海時代 滿洲圖)〉는 이후 여러 연구자가 발해 강역도를 작성할 때 큰 영향을 끼

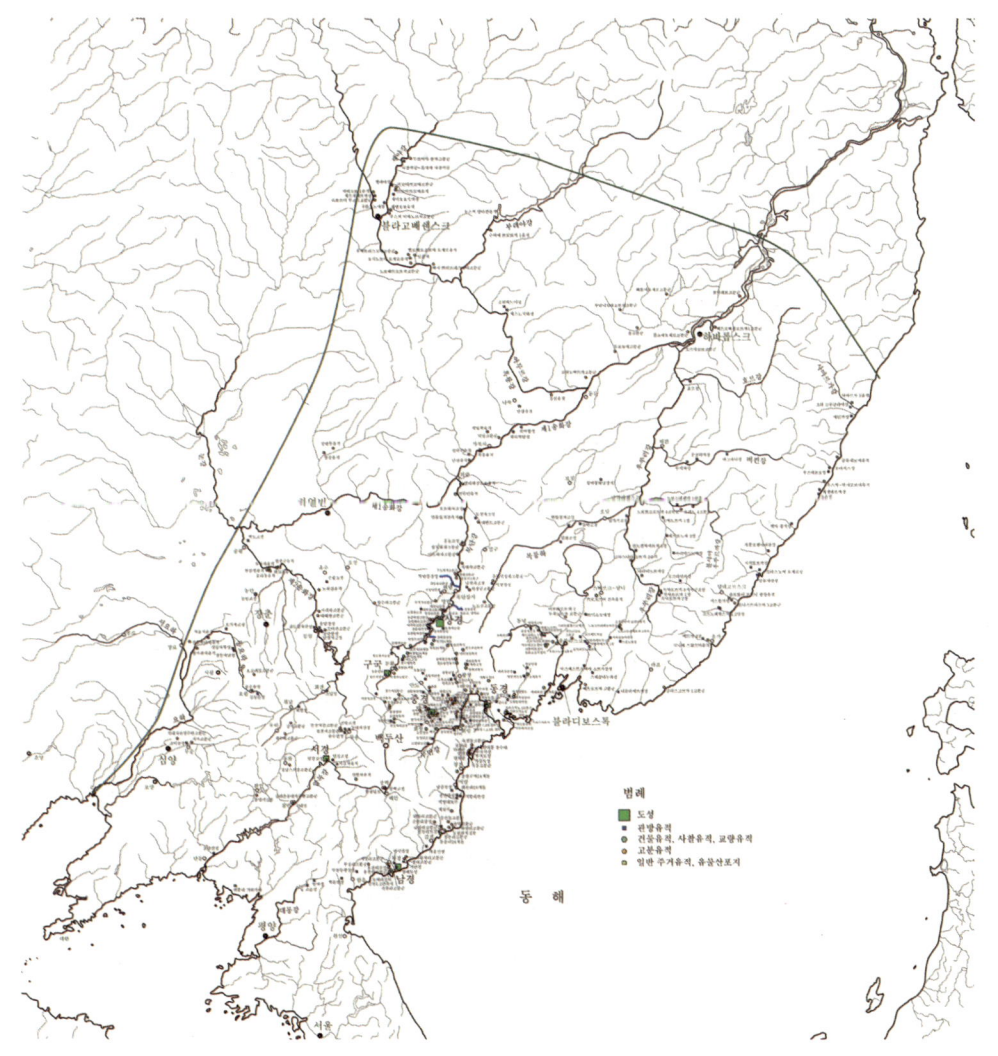

도면 39. 『발해유적총람』의 발해 강역도(정석배 외 2023a; 2023b; 2023c; 2023d)

친 것으로 생각된다. 제3단계에는 중국의 김육불도 『발해국지장편(渤海國志長編)』과 『동북통사(東北通史)』라는 중요 업적을 남겼다. 이 단계의 1933~34년에는 상경성, 서고성, 팔련성이 발굴되어 발해 역사 지리 연구에 기준점이 분명하게 확인되었고, 또 러시아에서도 발해 강역도가 제시되었다.

이 단계 일본 연구자들과 김육불은 모두 요동·요동반도 전체와 평안남·북도의 전체 혹은 대부분을 발해의 강역에서 제외하였고, 발해의 북쪽 경계를 동류(제1) 송화강 남쪽으로 제한하였으며, 동북쪽으로는 발해의 경계가 하바롭스크까지 혹은 김육불의 경우는 한때 그 이상까지 이른 것으로 생각하였다.

제4단계는 1960년대부터 1970년대 중엽까지로 볼 수 있다. 이때는 일본 연구자와 러시아 연구자의 활동이 두드러진다. 1968년에는 도리야마 기이치(鳥山喜一)의 『발해사상의 제문제(渤海史上の諸問題)』와 E.V.샤브꾸노프의 『발해국과 연해주의 발해 문화 유적들』, 1969년에는 니즈마 토시히사(新妻利久)의 『발해국 역사 및 일본과의 국교사의 연구(渤海國史及び日本との國交史の硏究)』가 각각 출간되었다. 발해 강역의 범위와 관련하여 도리야마 기이치(鳥山喜一)는 제3단계 일본 연구자들과 비슷한 의견을 제시하였다. 반면에 E.V.샤브꾸노프는 발해가 흑수제부도 복속시킨 것으로 간주하여 발해의 강역이 동북쪽으로 아무르강 하구까지 이른 것으로 생각하였고, 니즈마 토시히사(新妻利久)는 발해가 요동·요동반도도 차지한 것으로 여겼다. 따라서 제4단계에 활동한 3인의 연구자는 각기 서로 다른 의견을 제시하였음을 알 수 있다.

제5단계는 1970년대 중엽부터 1990년대 중후반까지로 볼 수 있다. 이 단계에는 북한의 연구자들이 본격적으로 발해 강역 문제를 논하기 시작하였다. 처음 박시형은 발해가 요동·요동반도를 차지하지 못한 것으로 여겼으나, 이후 손영종과 채태형은 요동반도가 발해의 영토에 속하였음을 주장하였고, 또 김명성은 발해의 남쪽 경계 문제를 검토하여 발해가 대동강 이북 지역을 모두 차지하였다고 하였다. 이후 북한 학계는 요동·요동반도와 평안남·북도 지역을 발해의 후국(侯國)인 '고려후국(高麗侯國)'이라는 관점에서 발해의 영역임을 주장하였다. 특히 장국종은 1997년에 발표한 글에서 발해의 영역이 5경 15부, 요동·요동반도와 평안남·북도 지역의 '고려후국', 흑수제부의 땅인 북방 이족 관할구역으로 이루어져 있었다고 하여 5경 15부 지방통치 체제 이외의 지역이 어떤 식으로 발해의 영역에 포함되었는지에 대한 논리를 분명하게 하였다.

이 단계 중국에서는 1979년에 『중국역사지도집 동북지구 자료회편(中國歷史地圖集 東北地區 資料匯篇)』이, 1982년에 『중국역사지도집(中國歷史地圖集)』이 각각 발간되었는데, 이후 1982년에 손진기(孫進己)의 「발해강역고(渤海疆域考)」, 1983년에 왕승례(王承禮)의 「발해의 강역과 지리(渤海的疆域和地理)」, 1984년에 위국충(魏國忠)의 「발해강역변천고략(渤海疆域變遷考略)」, 1985년에 진현창(陳顯昌)의 「논발해국의 강역(論渤海國的疆域)」, 1989년에 손진기(孫進己)의 『동북역사지리(東北歷史地理)』 등 발해의 역사 지리 및 강역에 대한 논저가 갑자기 쏟아져 나왔다. 주목되는 것은 위국충과 손진기가 발해가 요동을 차지하였다는 사실에 동의한다는 점이다. 다만 이 연구자들이 말하는 요동은 요양 일대까지만을 염두에 둔 것으로서 그 남쪽과 요동반도는 여전히 발해의 강역에서 제외하였다.

1990년대에는 남한에서도 마침내 송기호가 발해의 강역 문제를 논하였지만, 기존 중국이나 일본 학계의 의견에서 크게 벗어나지는 못하였다. 다만 발해 강역도에서 서남쪽 경계선을 요양 남쪽을 지나게 그린 것은 그 이전의 강역도와는 다른 점이라 하겠다. 그 외에 이기백은 1976년부터 『한국사신론』 등에 발해 강역도를 제시하였지만, 이후 1998년도 판 『한국사신론』의 발해 강역도까지 모두 요동·요동반도를 제외하였고, 또 발해 강역에 대해 따로 논한 것은 아니었다.

제6단계는 1990년대 중후반부터 현재까지라고 할 수 있다. 이 단계의 가장 큰 특징은 러시아 학계에서 고고학 자료에 기초하여 발해의 강역을 설정하려는 시도이다. 1994년에 이미 이러한 시도가 확인되었고, 현재 러시아의 발해 역사 및 고고학 연구를 대표하는 A.L.이블리예프, V.I.볼딘, E.I.겔만, Yu.G.니끼띤 등이 모두 이 관점을 고수하고 있다. 이제 발해 역사 지리와 강역 문제는 문헌자료뿐만 아니라 고고학 자료도 필수적으로 검토해야만 하는 단계에 이른 것이다. 2008년에는 중국의 강옥가·조영군이 발해 유적의 분포를 통해 흑룡강성 내 발해의 북쪽 경계 문제를 고찰하였고, 2011년, 2016년,

2020년에는 한국의 정석배가 문헌자료와 함께 본원적인 발해 유적 및 '말갈 유적'의 분포 양상을 검토하여 발해 강역 문제를 논하였다.

발해 강역 연구에 조선시대 실학자들의 연구가 돋보이며, 또 일제강점기와 그 이후 일본 연구자들의 활동도 상당하였다는 것을 알 수 있다. 중국에서는 조정걸과 김육불을 제외하면 1980년을 전후하여 발해 강역에 본격적으로 관심을 가졌음을 알 수 있다. 북한도 1980년 전후하여 발해 강역에 관심을 보였고, 남한에서는 1990년대 들어와서 연구가 시작되었다고 볼 수 있다. 러시아에서 이미 1960년대에 발해 강역 문제를 논한 것은 놀라운 일이다. 발해 강역 설정에서 요동·요동반도와 흑수말갈의 영역을 발해의 강역에 포함할 수 있는가의 문제는 연구자들 사이에 많은 이견이 있음도 알 수 있다. 니하는 명확한 근거도 없이 용흥강으로 추정되었고 별다른 의심이 없이 통용되어 왔다. 연구사는 발해 강역 연구가 어떻게 진행되어 왔는지를 보여 줄뿐만 아니라 앞으로의 과제가 무엇인지도 보여주고 있다고 생각된다. 발해 강역 연구는 문헌자료에 대한 해석에서 시작하여 이제 고고학적 증거가 중요한 근거로 제시되고 있는 단계로 넘어가고 있다. 고고학 자료는 문헌자료의 한계를 극복하는 데에 도움을 줄 수 있을 것이다.

Ⅲ. 발해의 강역

발해 강역의 크기에 대해서는 사방 2천 리와 사방 5천 리라는 다음 기록이 있다.

『구당서』「발해말갈전」: 조영은 마침내 그 무리를 거느리고 동쪽으로 가서 계루의 옛땅을 차지하고 동모산에 의지하여 성을 쌓고 살았다... 그 땅은 영주 동쪽 2천 리에 있다. 남쪽은 신라와 서로 접한다. 월희말갈. 동북쪽으로는 흑수말갈에 이른다. 땅은 사방 2천 리이다(祚榮遂率其衆東保桂婁之故地 據東牟山 築城以居之... 其地在營州之東二千里 南與新羅相接 越憙靺鞨 東北至黑水靺鞨 地方二千里). (국사편찬위원회 1990b, 382쪽, 399쪽, 번역 일부 수정).

『신당서』「말해선」: 발해... 성이 대씨이다. 고려가 멸망하자 무리를 이끌고 읍루의 동모산을 차지하였다. 땅이 영주 동쪽 2천 리에 있다. 남쪽은 신라와 맞닿아 니하(泥河)로서 신라와 경계하고 동쪽은 바다에 닿고 서쪽은 거란에 닿는다... 땅은 사방 5천 리이다(渤海... 姓大氏 高麗滅 率衆保挹婁之東牟山 地直營州東二千里 南比新羅 以泥河爲境 東窮海 西契丹... 地方五千里). (국사편찬위원회 1990b, 440쪽, 459쪽, 번역 일부 수정).

이 두 기록에서 주목되는 것은 땅이 사방 2천 리일 때에는 월희말갈과 흑수말갈이 발해에 아직 포함되지 않았다는 사실이고, 땅이 사방 5천 리일 때에는 월희말갈과 흑수말갈에 대한 언급이 없다는 점이다. 이 사실은 발해의 영역이 사방 5천 리였을 때에는 월희말갈과 흑수말갈이 모두 발해에 포함되었음을 말할 것이다. 이와 관련하여 『당회요』의 다음 기록이 주목된다.

『당회요』(권96)「말갈전」: 지금의 흑수말갈 경계는 남쪽으로 발해국 현덕부와 경계하며, 북쪽은 소해에 이르고, 동쪽은 대해에 이르며, 서쪽은 실위에 이른다. 남북 약 2천 리이고, 동서 약 1천 리이다... 발해가 침강하자 흑수 역시 그에 속하게 되었다(今黑水靺鞨界南 與渤海國顯德府北至小海 東至大海 西至室韋 南北約二千里 東西約一千里... 及渤海浸强 黑水亦爲其所屬). (고구려연구재단 편 2004b, 561~152쪽).

이 기록은 흑수말갈이 처음에는 남쪽으로 발해국 '현덕부'와 경계하였지만, 나중에는 발해에 복속되었음을 말해주고 있다. 그런데 『신당서』「지리지」에는 발해 왕성이 북쪽으로 덕리진을 지나 남흑수말갈까지 천 리라고 하여 아직 흑수말갈을 복속시키지 못한 것처럼 기록되어 있다. 관련 기록은 다음과 같다.

> 『신당서』「지리지」: 발해 왕성... 그 북쪽으로 덕리진을 지나 남흑수말갈에 이르기까지 천 리이다(渤海王城... 其北經德里鎭 至南黑水靺鞨千里). (고구려연구재단 편 2004b, 412쪽).

같은 『신당서』에서 「발해전」에는 사방 5천 리를 말하면서 흑수말갈을 언급하지 않아 마치 흑수말갈이 발해에 복속된 듯이 서술하였고, 「지리지」에는 흑수말갈이 아직 복속되지 않았음을 보여주고 있다. 이것은 『신당서』「지리지」의 기록이 가탐(賈耽)(730~805년)의 『도리기』를 인용하였기 때문에 일어난 현상이다. 머리말에서 언급한 바와 같이 가탐 『도리기』의 관련 내용은 당 중종(中宗)(재위 683~684년, 705~710년) 때 발해에 파견된 장행급(張行岌) 혹은 713년에 발해를 방문한 최흔(崔忻)의 보고 내용을 참고하였을 수도 있고(新妻利久 1969, 151쪽), 762~764년에 당에서 출발하여 발해와 신라를 거쳐 다시 당으로 귀국한 한조채(韓朝彩)가 수집한 정보를 기초로 하였을 가능성도 있으며(아카바메 마사요시 2008, 300~301쪽), 적어도 가탐 이후의 상황을 반영하지는 못한다.

『당회요』도 북송의 왕부(王溥)에 의해 태조(太祖) 건륭(建隆) 2년(961)에 완성한 책임을 감안한다면, 이때는 발해가 이미 멸망한 다음이기에 '지금(今)'이라는 표현은 적합하지 않다. 『당회요』가 당 정원 연간(785~804년)에 완성한 『회요(會要)』와 대중 7년(853)에 편찬된 『속회요(續會要)』를 기본 근간으로 하였기에(고구려연구재단 2004, 558쪽), '지금'은 785~853년 사이일 것이다.

따라서 사방 5천 리는 전성기 발해 강역의 크기일 것이며, 이에 대해서는 발해의 땅이 처음부터 사방 5천 리라는 북한 학계의 일부 의견을 제외하면 이견이 없다. 그렇다면 사방 2천 리와 사방 5천 리는 어느 정도의 크기였을까? 당나라에는 대척(大尺)과 소척(小尺)이 있었다. 1 대리(大里)는 1,800척 531.486m, 1 소리(小里)는 1,500척 442.905m이다(聞人軍 1989, 132쪽). 1천 리는 대리로 약 531.5㎞, 소리로 약 443㎞이다. 필자는 당의 1리가 443.87m라는 『한국민족문화대백과』에 근거하여 사방 2천 리와 사방 5천 리의 크기를 사방 약 888㎞와 사방 약 2,219㎞임을 지적한 바 있다(정석배 2016, 90쪽). 1리가 약 443m라면, 다시 말해서 1천 리가 약 443㎞라면 사방 2천 리는 사방 886㎞, 사방 5천 리는 사방 2,165㎞이다.

영주, 즉 지금의 조양에서 동모산까지 2천 리라고 하였는데, 조양 북탑 기준 동모산으로 여겨지는 돈화 성산자산성까지 약 660㎞, 최근 새로이 동모산으로 주상되고 있는 연변 마반촌산성까지 약 769㎞이다. 이를 기준으로 하면 사방 2천 리는 사방 약 660㎞ 혹은 사방 약 769㎞, 사방 5천 리는 사방 약 1,650㎞ 혹은 사방 약 1,923㎞가 될 것이다. 필자는 과거 현주(서고성)와 발해 왕성(상경성) 사이의 600리라는 거리도 고려한 적이 있으나, 이 두 지점과의 직선거리가 약 154㎞에 불과하여 고려 대상에서 제외하는 것이 옳다고 생각된다.

동모산에 대해 최근 중국 학계에서 마반촌산성설을 주장하고 있지만(王培新 2018; 馮恩學·安文榮, 2023), 필자는 돈화 성산자산성설이 더 설득력이 있다고 생각한다(정석배 2022). 그리고 사방 2천리와 사방 5천 리는 실제 자로서 잰 것이 아닌 대략적인 크기였다고 볼 수 있고, 그렇다면 역시 대략적인 거리로 여겨지는 영주에서 동모산까지의 거리 2천 리를 기준으로 사방 2천 리와 사방 5천 리의 크기를 추정하는 것이 합리적일 것이다. 이 경우 사방 2천 리는 사방 약 660㎞, 사방 5천 리는 사방 약 1,650㎞가 타당할 것이다.

사방 약 1,650㎞에서 사방의 기준은 발해 상경성일 수도 있고, 혹은 기준이 없이 발해 강역의 사방 크기를 말할 수도 있다. 상경성을 기준으로 할 경우 동서남북 방향으로 각각 825㎞ 거리에 해당하는데 서쪽으로는 영주-조양을 넘어서는 거리이고, 남쪽으로도 대동강을 넘어서는 거리이다. 따라서 사방 5천 리는 상경성 기준이 아니라 강역 전체의 크기를 염두에 둔 것으로 생각할 수 있다. 그렇다면 발해의 남쪽 경계인 대동강 혹은 니하(泥河) 하구가 있는 원산만 일대를 기준으로 할 때 북쪽으로 1,650km는 제야강 중상류 지역에 이른다. 제야강 중상류 지역에서 위도 방향으로 선을 그으면 셀렘자강 상류 지역을 지나 아무르강 하구 지역으로 연결된다.

그런데 발해 15부(府)의 분포 범위는 이 제야강 중상류 - 셀렘자강 - 아무르강 하구를 잇는 선까지 이르지 못하였다. 잘 알려져 있듯이, 발해 15부의 북쪽에는 흑수부와 사모제부(思慕諸部), 즉 사모부(思慕部), 굴설부(窟說部), 군리부(郡利部), 막예개부(莫曳皆部)가 거주하였다. 아무르강 하구에서 제야강 중상류 지역까지는 약 950km이지만, 서남쪽으로 비스듬하게 눈강과 송화강 합수 지점까지는 약 1,500km로서 거의 5천 리에 해당한다. 따라서 사방 5천 리는 흑수제부(黑水諸部)를 모두 포함하는 발해 강역의 크기였음을 알 수 있다.

발해가 흑수를 포함한 모든 말갈 부족을 복속시켰다는 문헌자료의 기록을 신뢰한다면, 발해의 영역에는 5경 15부의 분포 범위뿐만 아니라 흑수부와 사모제부의 거주지역도 포함되었음이 분명하다. 따라서 발해에는 흑수부 및 사모제부 관할구역이 따로 있었을 것이다. 이와 관련해 북한학계에서는 북방 이족 관할구역(장국종 1997) 혹은 속령-번(림호성·김혁철 2010, 71~80쪽)이라는 용어를 사용하고 있으며, 서병국도 "발해에 속한 동북부 이족 거주지"라는 용어를 사용한 바 있다(서병국 2006b, 73쪽).

발해 5경 16부 62주의 명칭 및 상대적 위치에 대해서는 『신당서』 「발해전」의 다음 기록을 통해 알 수 있다.

『신당서』 「발해전」(권219 열전 제144 북적 발해) : (발해의) 땅에는 5경(京) 15부(府) 62주(州)가 있었다. 숙신(肅愼)의 옛땅으로 상경(上京)을 삼아 용천부(龍泉府)라 불렀는데 용(龍)·호(湖)·발(渤) 3주를 다스렸다. 그 남쪽을 중경(中京)으로 삼아 현덕부(顯德府)라 불렀는데 노(盧)·현(顯)·철(鐵)·탕(湯)·영(榮)·흥(興) 6주를 다스렸다. 예맥(濊貊)의 옛땅으로 동경(東京)을 삼아 용원부(龍原府)라 불렀고 또 책성부(柵城府)라 불렀으며 경(慶)·염

(鹽)·목(穆)·하(賀) 4주를 다스렸다. 옥저(沃沮)의 옛땅으로 남경(南京)을 삼아 남해부(南海府)라 불렀는데 옥(沃)·청(晴)·초(椒) 3주를 다스렸다. 고려(高麗)의 옛땅으로 서경(西京)을 삼아 압록부(鴨淥府)라 불렀는데 신(神)·환(桓)·풍(豊)·정(正) 4주를 다스렸고, 장령부(長嶺府)라 불렀는데 하(瑕)·하(河) 2주를 다스렸다. 부여(扶餘)의 옛땅으로 부여부(扶餘府)를 삼아 늘 강한 군대를 주둔시켜 거란(契丹)을 막았으며 부(扶)·선(仙) 2주를 다스리게 하였고, 막힐부(鄚頡府)는 막(鄚)·고(高) 2주를 다스리게 하였다. 읍루(挹婁)의 옛땅으로 정리부(定理府)를 삼아 정(定)·반(潘) 2주를 다스리게 하였고, 안변부(安邊府)는 안(安)·경(瓊) 2주를 다스리게 하였다. 솔빈(率賓)의 옛땅으로 솔빈부(率賓府)를 삼아 화(華)·익(益)·건(建) 3주를 다스리게 하였다. 불열(拂涅)의 옛땅으로 동평부(東平府)를 삼아 이(伊)·몽(蒙)·타(沱)·흑(黑)·비(比) 5주를 다스리게 하였다. 철리(鐵利)의 옛땅으로 철리부(鐵利府)를 삼아 광(廣)·분(汾)·포(蒲)·해(海)·의(義)·귀(歸) 6주를 다스리게 하였다. 월희(越喜)의 옛땅으로 회원부(懷遠府)를 삼아 달(達)·월(越)·회(懷)·기(紀)·부(富)·미(美)·복(福)·사(邪)·지(芝) 9주를 다스리게 히였고, 안원부(安遠府)는 영(寧)·미(郿)·모(慕)·상(常) 4주를 다스리게 하였다. 또 영(郢)·동(銅)·속(涑) 3주로 독주주(獨奏州)를 삼았다. 속주는 속말강(速沫江)과 가까운데 소위 속말수(粟末水)이다. 용원의 동남쪽은 바닷가로서 일본도이다. 남해는 신라도이고, 압록은 조공도이며, 장령은 영주도이고, 부여는 거란도이다.(地有五京十五府六十二州 以肅慎故地爲上京 曰龍泉府 領龍湖渤三州 其南爲 中京 曰 顯德府 領盧顯鐵湯榮興六州 濊貊故地爲東京 曰龍原府 亦曰柵城府 領慶鹽穆賀四州 沃沮故地 爲南京 曰南海府 領沃晴椒三州 高麗故地爲西京 曰鴨淥府 領神桓豊正四州 曰長嶺府 領瑕河 二州 扶餘故地爲扶餘府 常屯勁兵扞契丹 領扶仙二州 鄚頡府 領鄚高二州 挹婁故地爲定理府 領定潘二州 安邊府 領安瓊二州 率賓故地爲率賓府 領華益建三州 拂涅故地爲東平府 領伊蒙沱 黑比五州 鐵利故地爲鐵利府 領廣汾蒲海義歸六州 越喜故地爲懷遠府 領達越懷紀富美福邪芝 九州 安遠府 領寧郿慕常四州 又郢銅涑三州爲獨奏州 涑州以其近速沫江 蓋所謂粟末水也 龍原 東南瀕海 日本道也 南海 新羅道也 鴨淥 朝貢道也 長嶺 營州道也 扶餘 契丹道也). (국사편찬위원회 1990b, 442~443쪽, 463~464쪽, 번역 일부 수정)

발해는 위의 기록에 따르면 숙신의 옛땅에 상경용천부 그 남쪽에 중경현덕부, 예맥의 옛땅에 동경용원부, 옥저의 옛땅에 남경남해부, 고[구]려의 옛땅에 서경압록부와 장령부, 부여의 옛땅에 부여부와 막힐부, 읍루의 옛땅에 정리부와 안변부, 솔빈의 옛땅에 솔빈부, 불열의 옛땅에 동평부, 철리의 옛땅에 철리부, 월희의 옛땅에 회원부와 안원부를 각각 설치하였다. 이 사실은 발해가 숙신, 예맥, 고구려, 부여, 읍루, 솔빈, 불열, 철리, 월희의 옛땅을 모두 자국의 영토로 삼았음을 말해준다. 그 외에 발해는 특정 부에 속하지 않는 영주·동주·속주 3개의 독주주도 설치하였다.

따라서 숙신, 예맥, 옥저, 고구려, 부여, 읍루, 솔빈, 불열, 철리, 월희의 옛땅과 3개 독주주의 위치는 발해 강역의 대강을 말해줄 것임이 틀림없다. 이와 관련하여 다수 연구자가 이 옛땅들에 설치된 부의 위치를 찾기 위해 노력하였다. 여기에서 경부(京府)의 위치는 상경의 남쪽에 중경이 있다고 하였고, 또 동경·남경·서경은 방위가 표시되어 있기에 상호 간의 상대적인 위치를 미루어 짐작할 수 있다. 더욱이 (동경)용원부는 바다에 가깝고 일본도(日本道)라 하였고, (남경)남해부는 신라도(新羅道)라 하였으니 그 상대적 위치가 더욱 분명해진다. 교통로와 관련된 기록 중 압록부 조공도(朝貢道)는 당나라 장안, 장령부 영주도(營州道)는 당나라 영주, 부여부 거란도(契丹道)는 거란으로 각각 통하는 길이었으니 또한 그 상대적 위치를 짐작할 수 있다.

불열, 철리, 월희 및 우루의 오기로 여겨지는 읍루는 모두 흑수제부에 속하였던 것으로 여겨지기도 한다. 따라서 이 부들에 설치한 동평부, 철리부, 회원부, 안원부, 정리부, 안변부는 발해의 북쪽과 동북쪽 가장자리를 따라 설치되었을 것이다. 그리고 이 부들의 외곽 경계는 동쪽 바다를 제외하면 모두 흑수부 및 사모제부와 맞닿았을 것이다.

이 책에서는 사방 5천 리의 영역 크기와 관련하여 발해의 강역 범위를 남쪽 경계, 서남쪽 경계, 서쪽 경계, 서북쪽 경계, 북쪽 경계를 살펴볼 것이다. 동쪽 경계는 동쪽 바다였다.

1. 발해의 남쪽 경계

1) 남쪽 경계 동쪽 부분

발해는 남쪽으로 신라와 경계하였다. 이 사실은 다음의 기록을 통해 알 수 있다.

『구당서』「발해말갈전」: 발해말갈... 그 땅은 영주 동쪽 2천 리에 있다. 남쪽은 신라와 서로 접한다. 월희말갈. 동북쪽으로는 흑수말갈에 이른다. 땅은 사방 2천 리이다(渤海靺鞨... 其地在營州之東二千里 南與新羅相接 越憙靺鞨 東北至黑水靺鞨 地方二千里). (국사편찬위원회 1990b, 382쪽, 459쪽, 번역 일부 수정).

『신당서』「발해전」: 발해... 땅이 영주 동쪽 2천 리에 있다. 남쪽은 신라와 맞닿아 니하(泥河)로서 신라와 경계하고 동쪽은 바다에 닿고 서쪽은 거란에 닿는다(渤海... 地直營州東二千里. 南比新羅 以泥河爲境 東窮海 西契丹). (국사편찬위원회 1990b, 440쪽, 459쪽, 번역 일부 수정).

하지만 발해와 신라의 구체적인 경계에 대해서는 여러 의견이 제기되었다. 가장 큰 논점은 니하(泥河)를 어느 강으로 볼 것인가 하는 문제이다.

일찍이 안정복은 1759년에 완성된 『동사강목(東史綱目)』에서 니하를 덕원 부근의 강으로 추정한 바 있다. 그는 "신라 자비왕 11년에 하슬라(何瑟羅) 사람을 징발하여 니하(泥河)에 성을 쌓았는데 하슬라는 지금의 강릉(江陵)이다. 소지왕 3년에는 고구려가 미질(彌秩)에 진군했다가 적이 패하자 쫓아가 니하의 서쪽에서 격파하였다. 미질은 지금의 흥해(興海)이다. 또 18년에 고구려가 신라의 우산성(牛山城)을 공격할 적에 장군 실죽(實竹)이 나가 쳐서 니하에서 격파하였다. 우산성은 우두(牛頭)인 듯한데 지금의 춘천(春川)이다, 신라의 북쪽 경계는 정천군(井泉郡)에 그쳤는데 지금의 덕원(德源)이다. 덕원 근처의 물인 듯하다"라고 하였다(동북아역사재단 한국고중세사연구소 편 2021a, 259~260쪽). 또한 안정복은 『문헌통고(文獻通考)』에서 발해가 "남쪽은 신라와 접하여 니하로서 경계하였는데 지금의 덕원으로 의심된다(南接新羅 以泥

河爲界 疑今德源)"라고 한 사실도 소개하였다(동북아역사재단 한국고중세사연구소 편 2021a, 309~311쪽, 번역 일부 수정).

안정복이 이야기한 자비왕 및 소지왕 때의 니하와 관련된 기록은 다음과 같다.

『삼국사기』「신라본기」제3 자비마립간(慈悲麻立干) : 11년(468) 봄에 고구려와 말갈이 북쪽 변경의 실직성(悉直城)을 습격하였다. 가을 9월에 하슬라 사람 15세 이상을 징발하여 니하에 성을 쌓았다(十一年 春 高句麗與靺鞨襲北邊悉直城. 秋九月 徵何瑟羅人年十五已上 築城於泥河). (김부식 지음 외 2000a, 82~83쪽, 번역 일부 수정).

『삼국사기』「신라본기」제3 소지마립간(炤知麻立干) : 3년(481) 봄… 3월 고구려와 말갈이 북쪽 변경에 들어와 호명(狐鳴) 등 7개 성을 취하고 또 미질부(彌秩夫)로 진군하였다. 아군은 백제 및 가야의 원병과 함께 길을 나누어 막으니 적이 패하여 물러갔다. 추격하여 니하(泥河)의 서쪽에서 격파하였고, 참수한 것이 천 여급이다(三年 春… 三月 高句麗與靺鞨入北邊 取狐鳴等七城 又進軍於彌秩夫 我軍與百濟加耶援兵 分道禦之 賊敗退 追擊破之泥河西 斬首千餘級). (김부식 지음 외 2000a, 84~85쪽, 번역 일부 수정).

『삼국사기』「신라본기」제3 소지마립간(炤知麻立干) : 18년(496)… 가을 7월에 고구려가 와서 우산성(牛山城)을 공격하자 장군 실죽(實竹)이 나가 니하(泥河) 위에서 격파하였다(十八年… 秋七月 高句麗來攻牛山城 將軍實竹出擊泥河上破之). (김부식 지음 외 2000a, 88~89쪽, 번역 일부 수정).

가탐의 『고금군국지』 혹은 『도리기』에 의하면 신라 정천군은 신라의 동북 변경에 있었음이 분명하다. 이 사실은 천정군, 즉 정천군에서 책성까지 39개 역이라는 기록을 통해 추정할 수 있다. 이와 관련된 『삼국사기』와 『삼국유사』에 인용된 가탐 『도리기』의 내용을 소개하면 다음과 같다.

『삼국사기』 권37 잡지6 지리4 고구려 : 가탐 『고금군국지』에서 말하였다. 발해국의 남해, 압록, 부여, 책성 4부는 모두 고구려의 옛땅이다. 신라 천정군에서 책성부까지 무릇 39개 역이다(賈耽古今郡國志云 渤海國南海 鴨淥 扶餘 柵城 四府 並是高句麗舊地也. 自新羅泉井郡至柵城府 凡三十九驛). (고구려연구재단 편 2004a, 18쪽).

『삼국유사』 권1 기이1 말갈1[一作勿吉] 발해 : 가탐 『군국지』에서 말하였다. 발해국의 압록, 남해, 부여, 책성 4부는 모두 고려의 옛땅이다. 신라 천정군[지리지 삭주 아래 현에 천정군이 있는데 지금의 용주이다]에서 책성부까지 무릇 39개 역이다(賈耽郡國志云 渤海國之鴨淥 南海 扶餘 柵城 四府 幷是高麗舊地也. 自新羅泉井郡[地理志 朔州領縣 有泉井郡 今湧州]至柵城府 凡三十九驛). (고구려연구재단 편 2004a, 22쪽).

천정군(泉井郡)은 곧 정천군(井泉郡)인데 이 사실은 『삼국사기』의 다음 기록을 통해 알 수 있다.

『삼국사기』 잡지 제4 지리2 정천군 : 정천군(井泉郡)은 본래 고구려의 천정군(泉井郡)으로 문무왕 21년에 취하였다. 경덕왕이 이름을 고치고 탄항관문(炭項關門)을 쌓았는데 지금의 용주(湧州)이다. 3개 현을 거느린다(井泉郡 本高句麗泉井郡 文武工二十一年取之. 景德王改名 築炭項關門 今湧州. 領縣三). (김부식 지음 / 고전연구실 옮김 2000b, 186~187쪽, 번역 일부 수정).

고구려의 천정군(泉井郡)이 신라의 정천군(井泉郡)이었고, 조선시대에 덕원으로 이름을 고쳤다는 사실은 1530년(조선 중종 25)에 완성된 『신증동국여지승람』의 다음 기록을 통해 알 수 있다.

『신증동국여지승람(新增東國輿地勝覽)』 권49 덕원도호부(德原都護府) 건치연혁(建置沿革) : 본래 고구려의 천정군(泉井郡)이었으며 어을매(於乙買)라고도 한다. 신라가 정천군(井泉郡)으로 고쳤고, 고려 때에는 용주(湧州)라 불렀다. 성종 14년(995)에 방어사(防禦使)를 두었고, 나중에 의주(宜州)로 고쳤다. 예종 3년(1108)에 성을 쌓았다. 본조 태종 13년(1413)에 례(例)에 따라 의천(宜川)으로 고쳤다. 세종 19년(1437)에 지금의 이름으로 고치고 군으로 삼았으며, 27년(1445)에 목조(穆祖)·익조(翼祖)·도조(度祖)·환조(桓祖) 4대의 어향(御鄕)이기에 도호부(都護府)로 승격시켰다(本高句麗泉井郡 一云於乙買 新羅改井泉郡 高麗時稱湧州 成宗十四年置防禦使 後改宜州 睿宗三年築城 本朝太宗十三年例改宜川 世宗十九年改今名爲郡 二十七年以 穆翼度桓四代御鄕陞都護府).

안정복은 또한 "신라 천정군에서 책성부까지 모두 39개 역"이 있다는 기록과 관련하여 그 시발점인 천정군을 덕원으로 보고 "신라의 정천군인 지금의 덕원부터 책성부까지 모두 39개 역"이라고 하였다. 안정복은 또한 "당의 제도를 살피니 30리마다 하나의 역을 두었는데, 그것은 1,170리가 된다"라고 하였다(동북아역사재단 한국고중세사연구소 편 2021a, 131~132쪽).

안정복은 『동사강목』에서 제시한 〈신라통일도〉에 발해의 남쪽 경계를 서쪽은 대동강으로, 동쪽은 원산만(영흥만)-함흥만 일대의 덕원 부근으로 표시하였다(도면 1).

니하가 덕원에 있다는 의견은 이후 조선 실학자들의 지지를 받았다. 예를 들어, 1770년(영조 46)에 홍봉한(洪鳳漢) 등이 찬한 『동국문헌비고(東國文獻備考)』에서는 "신라가 통합한 후에 동북쪽은 천정군(泉井郡)의 탄항관(炭項關)으로서 경계를 삼았는데 지금의 덕원(德源)이다. 서북쪽은 당악현(唐嶽縣)으로 경계를 삼았는데 지금의 중화(中和)이다. 중화에서 동쪽으로 지금의 상원(祥原) 수안(遂安) 곡산(谷山)을 거쳐 덕원에 이르기까지가 모두 변새(邊塞)였고, 그 밖에 지금의 함경도와 평안도는 모두 발해가 차지하였다"라고 하였다(동북아역사재단 한국고중세사연구소 편 2021b, 271쪽, 한진서『해동역사속』재인용).

이만운(李萬運)이 영조(재위 1724~1776년) 말년에 편찬한 『기년아람(紀年兒覽)』에서도 "니하는 덕원 땅에 있다(泥河在德源壤)"라고 하였다(동북아역사재단 한국고중세사연구소 편 2021b, 353쪽).

이긍익(李肯翊)이 영조 52년(1776) 이전에 완성한 것으로 여겨지는 『연려실기술(燃藜室記述)』에서도 "니하는 덕원 경계에 있다(泥河在德源境)"라고 하였다(동북아역사재단 한국고중세사연구소 편 2021b, 403쪽).

따라서 이긍익까지는 니하를 덕원 어딘가에 있는 강으로 추정은 하였어도 구체적으로 어느 강인지를 지목하지 못하였음을 알 수 있다. 하지만 이후 유득공은 니하(泥河)가 곧 패수(浿水)이고, 패수는 곧 대동강(大同江)이라고 하였고, 뒤이어 정약용은 니하가 강릉 북쪽의 이천수(泥川水)라고 주장하였다. 이제 마침내 니하가 구체적으로 어느 강인지에 대한 논의가 시작된 것이다.

유득공은 1784년에 완성된 『발해고』에서 "신라가 삼국을 통합한 뒤에 동북쪽은 천정군(泉井郡)으로 경계를 삼았으니 지금의 덕원군(德源郡)이요. 서북쪽은 당악현(唐岳縣)으로 경계를 삼았으니 지금의 중화부(中和府)이다. 중화로부터 동쪽으로 상원(祥原), 수안(遂安), 곡산(谷山)을 지나 덕원에 이르는 곳이 모두 변방의 요새가 있던 곳이다. 그 밖으로 함경도와 평안도 땅은 모두 발해 소유가 되었다"라고 하였다. 또한 니하(泥河)와 관련하여 "이 책에 언급된 일명 니하라고도 불리는 패수(浿水)는 바로 우리나라의 평양에 있는 패수로서 지금의 대동강이니 신라와 발해의 국경도 바로 대동강 일대에 있었다"라고 하였다(유득공 지음 / 송기호 옮김 2000, 117쪽).

정약용은 1811년에 완성한 『아방강역고』에서 니하가 강릉 북쪽의 이천수(泥川水)라는 의견을 제시하였다. 그는 "니하는 우리 강릉 북쪽의 이천수다. 신라 자비왕 때 하슬라[지금의 강릉] 사람들을 징발하여 니하성을 쌓았다. 또 소지왕 때에 고구려와 말갈 군사를 니하 서쪽[또 지마왕 때에 말갈이 북쪽 경계로 들어와 니하를 넘었다]에 쫓아가서 쳤다고 한 것도 바로 이 땅이다. 발해와 신라가 니하를 경계로 삼았으니, 양양 북쪽은 모두 발해가 차지하였다. 우리나라의 양양 북쪽은 모두 무후(624~705년) 말년부터 발해로 들어갔는데, 현종 천보(742~756년) 이후에 철관 남쪽이 다시 신라의 소유가 되었다. 경덕왕 16년(757)[천보 16년]에 삭정군[지금의 안변]·천정군[지금의 덕원]과 거기에 소속된 현[경곡 등]을 합해 그 이름을 고쳤다"라고 하였다(동북아역사재단 한국고중세사연구소 편 2021b, 29~30쪽).

이천수(泥川水)는 지금의 연곡천으로서 강릉 북쪽의 영진항 바로 남쪽에 하구가 있다. 간혹 명주의 니천으로 불리기도 하는데(박시형 1979, 129쪽), 명주(溟州)는 강릉의 통일신라 때 이름으로서, 이 니천은 이천수, 즉 연곡천을 말한다.

이후 한진서는 1823년에 완성한 『해동역사속』에서 니하는 덕원에 있고, 패강(浿江)은 지금의 대동강이라는, 다시 말해서 니하는 패강·패수가 아니라는 의견을 제시하였고, 발해의 남쪽 경계는 대동강과 덕원을 잇는 선으로 이해하였다. 한진서는 "니하는 마땅히 덕원군에 있고, 패강은 지금의 대동강이다. 현종의 칙서에 의하면 패강 이북은 분명히 발해의 땅이다. 당 고종 때에 [고]구려를 깨트리고 안동도호부를 그 땅에 설치하였다. 개원 이후에 안동부를 서쪽 요서로 옮겼다. 따라서 패강 이북은 발해에 들어가고 이남은 신라에 속하게 되었다(泥河當在德源郡 浿江今大同江 據玄宗勅書 浿江以北 明是渤海之地 蓋唐高宗時 破句麗 置安東都護府於其地 開元以後 安東府西徙遼西 故浿江以北 入於渤海 以南屬之新羅)"라고 하였다(동북아역사재단 한국고중세사연구소 편 2021b, 271쪽).

한진서가 "현종의 칙서에 의하면 패강 이북은 분명히 발해의 땅이다"라고 한 근거는 735년에 당 현종이 신라 성덕왕에게 보낸 다음의 '칙신라왕김흥광서(勅新羅王金興光書) 2수(首)'이다.

『전당문(全唐文)』 권285 칙신라왕김흥광서 (2수) : 근래에 또 사란(思蘭)의 표문을 보고 경이 패강(浿江)에 군사 보루를 설치(寘戍)하고자 하는 것을 알았다. 그곳은 이미 발해의 요충지에 해당되고, 또 녹산(祿山)과도 서로 마주 보고 있는 곳이다. 그러니 이는 원대한 계책이 있는 것이고, 참으로 장구한 계책이다. 또한 저 하찮은 발해가 이미 주벌을 피해 달아났는데, 거듭 군사들을 수고롭게 하고서도 능히 박멸하지 못하였다. 경이 매번 악을 미워하는 마음을 지니고 있으니 몹시 가상하게 여기며, 도적들을 경계하고 변방을 안정시키는 것이니, 무엇이 안되겠는가 (近又得思蘭表稱 知卿欲於浿江寘戍 旣當渤海衝要 又與祿山相望 仍有遠圖 固是長策. 且蕞爾渤海 久已逋誅 重勞師徒 未能撲滅 卿每疾惡 深用嘉之 警寇安邊 有何不可)(임상선 2019, 184~185쪽, 재인용).

당의 황제가 패강 이북을 "그곳은 이미 발해 요충지"라고 하였고, 또 신라가 패강에 군사시설을 설치하는 것을 "도적들을 경계하고 변방을 안정시키는 것"이라고 한 사실은 패강, 즉 대동강 이북이 발해의 영역임을 분명히 말해주는 것이다.

김정호도 1866년 무렵 완성한 『대동지지(大東地志)』에서 니하와 관련된 의견을 남겼다. 그런데 니하를 한편으로는 정천군에 있다고 하였고, 또 다른 한편으로는 니하는 대동강이라고 하였으니 혼란스럽다.『대동지지』 권30 방여총지2 〈신라통합후강역〉에서는 "신라의 강역은 북쪽으로 정천군(井泉郡)의 니하(泥河)에 이르렀고, 서북으로는 당악현(唐岳縣)의 패강(浿江)에 이른다. 살피건대 정청은 지금 덕원으로 북쪽 30리 바닷가의 송산현(松山縣)에 있다"라고 하였다(동북아역사재단 한국고중세사연구소 편 2021b, 353쪽).

그런데 권31 방여총지3 〈발해국강역〉에서는 "『당서』에서 발해의 남쪽은 신라와 접하고 니하를 경계로 삼는다고 하였다.『문헌비고』에서 니하는 마땅히 덕원의 경내에 있다고 하였는데 잘못된 것이다.『요사』를 살펴볼 때 패수의 다른 이름이 니하였고, 한우초가 자라서 또한 한우낙수라 칭했는데, 모두 요의 동경을 가리킨다. 요 동경은 곧 지금의 요양현이다.『요사』에서 동경은 곧 발해의 중경현덕부로 본래 기자가 봉해졌던 평양성이라고 하였다.『대청일통지』가 논변한 것이 아주 상세한데, 대개『요사』에서는 동경을 평양으로 삼았기 때문에 또한 패수를 기록한 것이다. 이른바 일명 니하의 패수는 곧 우리나라 평양의 패수를 말하며, 지금의 대동강이다. 신라와 발해의 분계 지점은 바로 대동강 일대일 것이다"라고 하였다(동북아역사재단 한국고중세사연구소 편 2021b, 372~373쪽).

어쨌든 김정호는 발해와 통일신라의 경계를 동북쪽의 덕원부(德源府)와 서북쪽의 중화부(中和府)를 잇는 선으로 보았다(동북아역사재단 한국고중세사연구소 편 2021b, 372~374쪽).

발해와 통일신라의 경계에 대한 김정호의 의견은『대동지지』에 제시된 〈구주총도(九州總圖)〉, 〈한주전도(漢州全圖)〉, 〈삭주전도(朔州全圖)〉에 잘 반영되어 있다. 그 지도를 보면 평양에서 대동강 하구까지의 대동강 하류는 지금의 대동강을 경계로 하였고, 평양 동쪽부터는 대동강의 가장 큰 지류인 남강(능성강)을 경계로 하였다(도면 3). 동쪽은 지금의 동해 원산만-영흥만 북쪽의 송전만(松田灣)으로 흘러드는 강으로 표시하였다. 이 강은 위치로 보아 지금의 덕지강(德池江) 혹은 금야강(金野江)으로 보인다. 대동강 지류 남강의 가장 상류에서 고개를 하나 넘으면 바로 금야강이나 덕지강 상류로 갈 수 있다. 금야강의 이전 이름은 용흥강(龍興江)이다. 다시 말해서 김정호는 발해와 통일신라의 경계를 대동강 하류 - 남강(능성강) - 덕지강 혹은 금야강(용흥강)을 잇는 선으로 판단하였음을 알 수 있다.

이후 1913년에는 일본의 쓰다 소키치(津田左右吉)와 마쓰이 히토시(松井等)가 각각 니하에 대한 의견을 제시하였다.

쓰다 소키치(津田左右吉)는 『조선역사지리(朝鮮歷史地理)』에서 니하를 안변의 남대천(南大川)으로 추정하였다. 그는 "니하는 두 나라의 경계로 일컬어졌으므로 그리 작은 강은 아닐 것으로 추정할 수 있다. 동해안에서 비교적 길고 큰 하천을 찾아보면, 우선 안변부 아래를 흐르는 남대천을 꼽을 수 있다. 북쪽에서는 고원 및 영흥 부근을 흐르는 덕지탄 및 용흥강, 함흥에 있는 성천강 등을 들 수 있을 것이다. 이 가운데 고원 이북은 신라의 북쪽 경계로 보기에는 너무 먼 북쪽이므로 니하로 비정할 수 있는 곳은 남대천 외에는 없을 것 같다. 남대천이 니하라면 신라의 북쪽 경계는 안변이지 덕원은 아닐 것이다"라고 하였다(쓰다 소키치 지음 / 한세진·박지영·복기대 옮김 2022, 374쪽).

마쓰이 히토시(松井等)는 『만주역사지리(滿洲歷史地理)』에서 니하를 용흥강으로 추정하였다. 그는 "오늘날 덕원에서 북쪽으로 영흥에 이르는 사이에는 2~3개의 강이 있는데, 옛 니하는 그중 어느 것에 해당하는지 정할 수는 없다. 다만 그중에 가장 큰 것은 영흥 옆을 흐르는 용흥강(龍興江)이다. 이 강은 덕원에서 조금 멀리 북쪽에 위치하지만, 신라와 발해의 경계는 엄밀하게 지금의 덕원 지역으로 한정되었던 것은 아니라고 생각되므로, 어쩌면 이 강이 옛 니하인 것일까라고 상상할 수 있는 것이다. 이 부분은 여전히 연구가 필요한 문제이다"라고 하였다.[1] 마쓰이 히토시(松井等)는 또한 니하가 강릉 부근에 있었다는 정약용의 의견과 관련하여 신라 지마이사금(祇摩尼師今)과 자비마

---

1. 마쓰이 히토시(松井等)의 『만주역사지리 1』 번역본 초고를 제공해 준 인하대 복기대 교수에게 감사의 마음을 전한다.

립간(慈悲麻立干)과 관련된 니하는 강릉 부근에 있었던 것이 맞지만, 당시의 니하와 발해와 통일신라가 경계한 니하는 이름은 서로 같아도 완전히 다른 강이라고 하였다. 그 근거는 지마이사금과 자비마립간 때에는 신라가 아직 북쪽으로 강릉 이상으로 진출하지 못하였다는 것이다(松井等 1913, 422~425쪽).

자비마립간 시기의 관련 기록은 위에서 소개한 바와 같다. 지마이사금 시기의 관련 기록은 다음과 같다.

> 『삼국사기』「신라본기」 제1 지마이사금(祇摩尼師今): 14년(125) 봄 정월에 말갈이 북쪽 변경으로 크게 몰려와 관리와 백성들을 죽이고 약탈하였다. 가을 7월에 또 대령책(大嶺柵)을 습격하고 니하(泥河)를 넘었다(十四年 春正月 靺鞨大入北境 殺掠吏民 秋七月又襲大嶺柵過於泥河). (김부식 지음 외 2000a, 42~43쪽, 번역 일부 수정)

보는 바와 같이, 용흥강은 마쓰이 히토시(松井等)가 덕원 북쪽으로 가장 큰 강을 니하로 지목한 것인데 오늘날 거의 정설로 굳어졌다. 마쓰이 히토시(松井等)가 김정호의 『대동지지』에 제시된 〈구주총도〉, 〈한주전도〉, 〈삭주전도〉를 참고하지 않았는지 의문이다. 덕원은 『신증동국여지승람』의 함경도 지도에 원산만 서쪽 문천과 안변 사이에 표시되어 있고(도면 40), 1894년에 일본 육군 참모본부가 발행한 〈만주전도(滿洲全圖)〉에도 마찬가지이다(도면 41). 용흥강, 즉 지금의 금야강은 금야(영흥)의 북쪽을 지나 동해안의 영흥만 북단에 있는 송전만(松田灣)으로 흘러드는 강이다.

그런데 1929년에 이케우치 히로시(池內宏)는 니하가 금진천(金津川)이라고, 즉 지금의 금진강(金津江)이라고 주장하였다(池內宏 1929, 54~73쪽). 그 기본 근거는 1913년에 함흥 헌병대와 함경남도 경무부가 공동으로 작성한 『함남지자료(咸南誌資料)』에 기록된 정평과 영흥 사이 분수산맥에 축조된 장성(長城)이었다. 『함남지자료』의 영흥군(永興郡) 부분에 기록된 이 장성은 평안남도 맹산(孟山)에서 시작하여 중간에 단절되는 부분이 있지만 영흥과 정평(定平) 2개 군의 경계를 지나 영흥군의 호도(虎島) 해안까지 이어진

1. 발해의 남쪽 경계

도면 40. 『신증동국여지승람』 함경도 지도에 표시된 덕원(규장각원문검색서비스 『신증동국여지승람』 함경도 지도 세부)

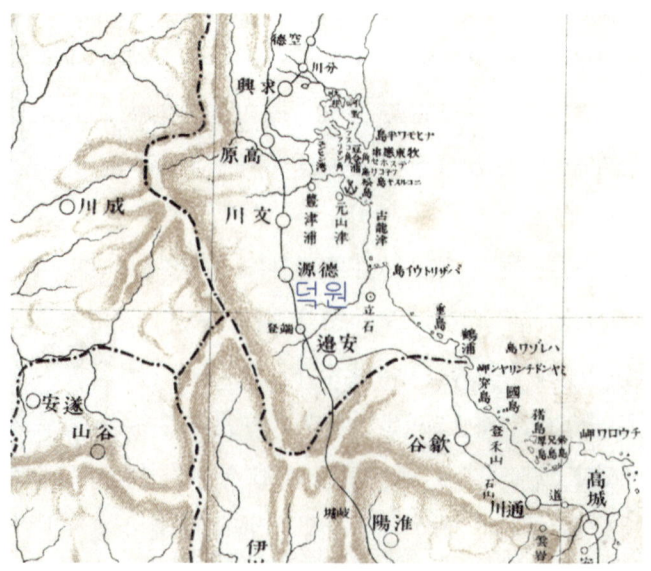

도면 41. 1894년 발간 〈만주전도(滿洲全圖)〉에 표시된 덕원(http://www.ditu114.com/ditu/656.html, 필자 재편집)

다고 하였으며, 석축한 부분도 있고 작은 돌과 진흙이 함께 들어간 토석혼축 부분도 있다고 하였다(咸興憲兵隊·咸鏡南道警務部 1913). 또 제시된〈함경남도 고적도(咸鏡南道 古蹟圖)〉에는 이 장성이 일부 표시되어 있어 그 위치를 대략적으로 짐작할 수 있다(도면 42). 이케우치 히로시(池內宏)는 이 장성이 맹산군 경계에서 시작되어 용흥강과 금진천 사이의 분수산맥을 따라 축조된 것으로 보았다.

한편 이케우치 히로시(池內宏)는 이 장성을 신라 성덕왕 때에 쌓은 장성이라고, 다시 말해서 성덕왕 20년(721)에 하슬라도(何瑟羅道) 장정 2천을 징발

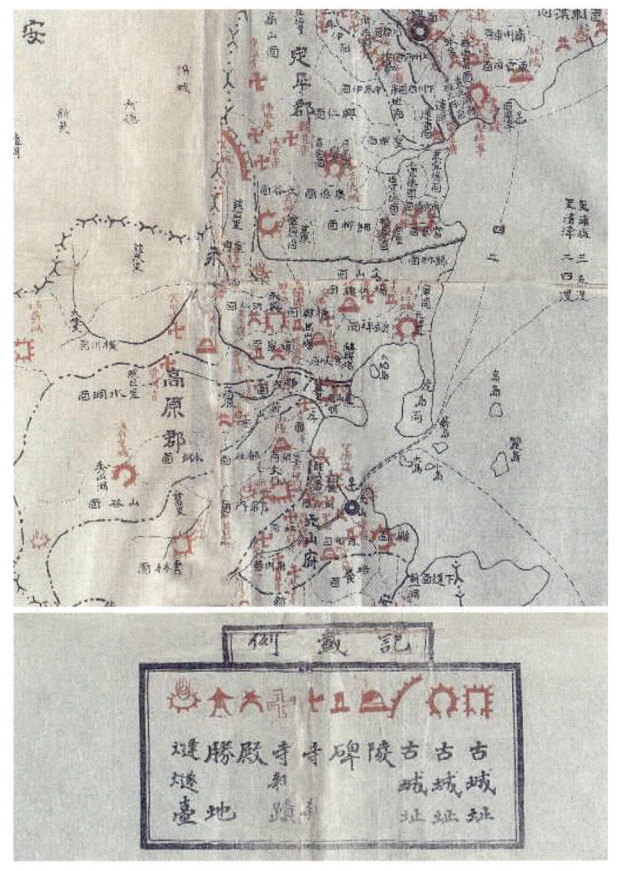

도면 42. 『함남지자료(咸南誌資料)』〈함경남도 고적도(咸鏡南道 古蹟圖)〉세부(咸興憲兵隊·咸鏡南道警務部 1913, 필자 재편집).

하여 북쪽 국경에 쌓은 장성이라고 간주하였고, 따라서 니하는 이 장성의 북쪽에 있는 금진천(金津川)이고, 신라의 정천군은 그 장성의 남쪽에 있는 용흥강변의 영흥으로 보아야 한다고 생각하였다.

이후 니하(泥河) 용흥강설은 도리야마 기이치(鳥山喜一)(1915), 김육불(金毓黻)(1934), 이용범(1976), 박시형(1979, 128쪽), 『조선전사』(1979), 위국충(魏國忠)(1984), 손진기(孫進己)·풍영겸(馮永謙)(1989), 방학봉(1994), 송기호(1996), 정영진(2002), 위존성(魏存成)(2008), 김종복(2010; 2011) 등 다수의 연구자에 의해 수용되었다.

반면에 쓰다 소키치(津田左右吉)의 니하 남대천설은 이후 손진기의 지지를 잠시 받기도 하였으나(孫進己 1982), 손진기는 곧 니하 용흥강설로 돌아섰다(孫進己·馮永謙 1989).

니하 금진강설은 오랫동안 연구자들 사이에 언급이 되지 않았다. 다만 이후에 아카바메 마사요시(赤羽目匡由)는 이케우치 히로시(池內宏)의 의견을 참고하여 신라 정천군이 영흥이고, 발해와 신라의 경계는 용흥강과 금진천 사이의 분수산맥으로 보인다고 하였다(赤羽目匡由 2004; 아카바메 마사요시 저 / 김선숙 역 2008, 286쪽, 304쪽). 김종복도 신라가 721년에 쌓은 장성을 영흥과 정천의 경계에 있는 장성으로 본다(김종복 2011, 32쪽; 2017, 275쪽).

하지만 다른 의견을 제기한 연구자도 있다. 예를 들어, 니즈마 토시히사(新妻利久)는 니하가 대동강 패수의 하류 및 그 지류인 패수 남강 하류의 속명이었다고 하였다. 그는 『신당서』「발해전」에서 신라와 경계를 이룬다고 한 니하는 『요사』「지리지」의 "패수(浿水)는 또한 니하(泥河)라고 부르며, 또한 한천락수(軒芉灤水)라고 부른다(浿水 亦曰泥河 又曰軒芉灤水)"에 언급된 니하와 같은 강으로 보았다(新妻利久 1969).

김명성과 서병국은 발해와 신라의 경계였던 니하를 정약용과 마찬가지로 이천수, 즉 지금의 연곡천으로 보았다.

김명성은 먼저 발해와 신라의 경계 니하와 관련하여 용흥강(금야강)설, 남대천설, 이천수(연곡천)설이 있음을 지적하면서, 용흥강은 신라의 동북 경계선이 있던 덕원 일대에서 북쪽으로 멀리 떨어져 있고, 남대천 곁의 안변은 발해와 '후기신라'의 경계선이 된 적이 없기에 두 의견은 타당하지 않다고 하였다. 그는 발해 남변의 동부지역은 고정되었던 것이 아니라 오늘의 덕원 지방이었던 때도 있었고 강릉 지방이었던 때도 있었음을 지적하면서 이러한 의미에서 정약용의 견해는 일정한 타당성이 있다고 하였다. 이와 관련하여 정약용이 『아방강역고』에서 "양양 북쪽은 모두 무후(624~705년) 말년부터 발해로 들어갔는데, 현종 천보(742~756년) 이후에 철관 남쪽이 다시 신라의 소유가 되었다"라고 언급한 내용을 인용 소개하였다(김명성 1992, 85~86쪽).

서병국도 발해와 신라의 경계였던 니하를 정약용과 마찬가지로 이천수, 즉 지금의 연곡천으로 보았다. 그 근거는 정천군에서 책성까지 39개 역이라는 기록과 관련하여 책성을 동경용원부로 보고, 동경용원부가 부거에 있었던 것으로 밝혀졌다고 하면서 부거에서 덕원까지는 역이 21개에 불과하고, 따라서 책성으로 가는 역의 시발점은 더 남쪽에 있었을 것인데 바로 강릉이었다는 것이다(서병국 2006c, 124~125쪽).

따라서 발해와 신라의 경계였던 니하에 대해 대동강, 대동강 하류+남강 하류, 강릉 북쪽의 이천수(지금의 연곡천), 덕원 북쪽의 용흥강(지금의 금야강), 안변 서쪽의 남대천, 영흥과 정평 사이의 금진강 등으로 보는 의견이 있음을 알 수 있다(도면 43).

이천수, 즉 지금의 연곡천은 발해와 신라의 서쪽 경계로 알려진 대동강에서 남쪽으로 너무 멀리 떨어져 있다. 대동강을 기준으로 연곡천을 보면 남쪽으로 길게 뿔의 모양을 하게 된다. 이 경우 대동강과 연곡천 사이의 발해와 신라의 경계가 어디인지에 대한 논의도 필요할 것이다. 또한 동경용원부 소재지가 부거에 있는 것이 아니라 북한에서 동경용원부 소재지로 주장하는 부거 석성에서 북쪽(정확하게는 동동북쪽)으로 약 95㎞ 거리의 혼춘 팔련성이 분명하기에 부거와 강릉 사이 39개 역이 아니라, 혼춘과 덕원 사이 39개 역이

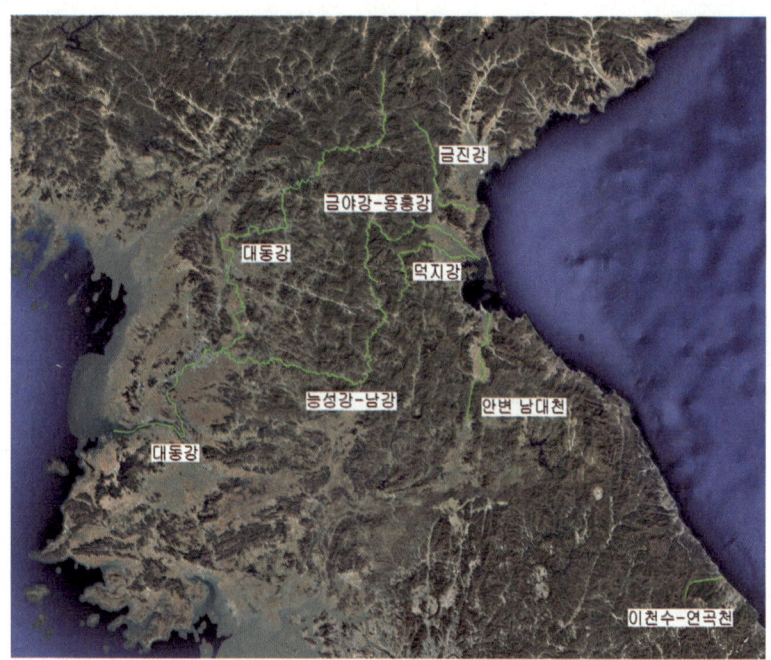

도면 43. 발해와 남국 신라의 경계 니하 관련 강들(구글어스, 필자 재편집)

더 설득력이 있다. 그 외에도 발해가 오랫동안 점유하였던 덕원 북쪽이 발해와 신라의 경계로 사료에 기재되었다고 보는 것이 더 합리적이라고 생각된다.

안변 남대천은 연곡천보다는 북쪽에 있지만 덕원보다는 남쪽에 있어 마찬가지로 수긍하기 힘들다.

용흥강설은 상기한 바와 같이 마쓰이 히토시(松井等)가 덕원 북쪽으로 영흥 사이에서 가장 큰 강을 니하로 추정한 것에 불과하며, 또한 스스로 여전히 연구가 필요한 문제라고 하였다. 그런데 721년에 신라가 하슬라도(何瑟羅道)의 장정 2,000명을 동원하여 축조한 장성이 함경남도 영흥(永興)과 정평(定平)의 경계에 있는 옛 장성이라는 이케우치 히로시(池內宏)의 의견을 따라 이것도 니하 용흥강설을 뒷받침하는 것으로 판단하기도 한다(김종복 2011, 32쪽).

영흥과 정평의 경계 분수산맥을 지나는 맹산 - 호도 해안을 잇는다는 이 장성은 제시된 지도에는 영흥과 정평의 경계 서쪽 부분에 남북 방향으로만 표시되어 있고, 동남쪽으로 호도까지는 표시되어 있지 않다(도면 42). 중간에 단절된 부분이 있다는 보고 내용이 있어 이를 수긍하더라도 이후 북한학계에서 이 장성에 대해 보고한 내용이 확인되지 않은 것으로 보아 정말로 호도 해안까지 연결되는지는 의문이다.

만약에 이 장성이 721년에 신라가 발해의 남진을 막기 위해 쌓은 성이라면, 이케우치 히로시(池內宏)가 주장한 바와 같이 니하는 이 장성의 남쪽이 아니라 북쪽에 있는 금진강이 맞을 것이고 또 신라의 정천군은 덕원이 아니라 영흥이 맞을 것이다. 하지만 『신증동국여지승람』에서는 정천군이 덕원이라고 분명하게 밝히고 있고, 이에 대해서는 조선시대 실학자를 비롯하여 절대다수 연구자가 동의한다. 그리고 그 장성은 니히 용흥강설을 뒷받침하지는 못한다. 왜냐하면 그 장성을 신라가 발해의 남진을 막기 위해 쌓았다면, 신라와 발해의 경계는 그 장성이 되거나 혹은 그보다 더 북쪽에 있었다고 보아야지, 그보다 더 남쪽에 있었다고는 볼 수 없기 때문이다.

그리고 이 장성 혹은 금진강이 신라와 발해의 경계였다면, 뒤에서 살펴보게 될 통일신라의 북쪽 경계 지역에 위치하였던 황주(지금의 황주), 토산현(지금의 상원), 당악현과 송현(지금의 중화 일대), 곡주(지금의 곡산), 수안군(지금의 수안) 등을 잇는 선에서 동북쪽으로 동떨어져 있다는 문제가 발생한다. 또한 장성의 방향이 적어도 함흥 헌병대 등이 제시한 〈함경남도 고적도〉에 남북 방향으로 표시되어 있고, 금진강도 상류와 중류가 남북 방향이어서 발해와 신라의 경계선 방향으로 적합한지 의문이 간다.

더욱이 721년에 신라가 쌓은 장성이 하슬라주(何瑟羅州), 즉 지금의 강릉 일대에 있었다는 의견도 있다(徐炳國 1981, 455쪽; 趙二玉 2001, 100~102쪽).

그리고 장성의 길이에 대해서도 고민이 필요하다. 다음의 기록을 통해 알 수 있듯이, 신라는 헌덕왕 18년(826)에 한산 북쪽의 주와 군에서 1만 명을 징발하여 패강에 300리 길이의 장성을 쌓았다.

『삼국사기』「신라본기」제10 헌덕왕 18년 : 18년(826) 가을 7월에 우잠태수(牛岑太守) 백영(白永)에게 명하여 한산(漢山) 북쪽의 여러 주와 군의 사람 1만 명을 징발하여 패강(浿江)에 장성(長城) 3백 리를 쌓았다(十八年 秋七月 命牛岑太守白永 徵漢山北諸州郡人一萬 築浿江長城 三百里). (김부식 지음 외 2000a, 264~266쪽, 번역 일부 수정).

그렇다면 성덕왕 20년(721)에 하슬라도 장정 2천을 징발하여 쌓은 장성의 길이는 공사 기간을 알 수 없어 정확하지는 않지만, 단순하게 계산한다면 그 5분의 1에 해당하는 60리에 불과하였다고 추정할 수 있다. 맹산의 경계에서 분수산맥을 따라 호도 해안까지는 100㎞, 다시 말해서 250리 정도가 되는데 250리 길이의 장성은 장정 2천 명이 쌓기에는 규모가 크다.

따라서 덕원이 정천군이었다는 전제하에서 이 문제를 놓고 본다면, 필자가 볼 때 용흥강(금야강)보다는 그 남쪽에 있는 덕지강(德池江)이 더 진실에 가깝지 않을까 생각된다. 사실 용흥강은 덕원과 영흥의 사이에 있는 것이 아니라 영흥(금야)의 북쪽을 지나 흐르며, 덕원 일대에서 영흥까지는 약 43㎞ 떨어져 있다(도면 44). 덕지강과 용흥강은 둘 다 상류가 대동강의 지류인 남강(능성강) 상류와 고개 하나를 사이에 두고 있으며, 하구도 똑같이 원산만 북쪽 가장자리 송전만에 있지만, 용흥강은 덕지강보다 더 멀리 있다. 덕원 일대에서 용흥강의 가장 먼 곳까지는 약 66㎞, 덕지강의 가장 먼 곳까지는 약 44㎞ 떨어져 있다. 두 강의 중상류 북쪽으로 굽이진 부분을 기준으로 하면 용흥강이 약 23㎞ 더 북쪽에 있고, 중하류를 기준으로 한다면 용흥강이 덕지강보다 7~9㎞ 더 북쪽에 있다. 두 강의 길이는 덕지강은 101.5㎞, 금야강(용흥강)은 134.8㎞로서 서로 크게 차이가 나지 않는다.

뒤에서 검토한 대로 신라가 북쪽 경계 지역에 설치한 황주(지금의 황주), 토산현(지금의 상원), 당악현과 송현(지금의 중화 일대), 곡주(지금의 곡산), 수안군(지금의 수안) 등의 소재지는 대동강 혹은 그 지류인 남강에서 약 7~24㎞ 거리 내에 위치하며, 주로 약 13~15㎞의 거리를 두고 있다. 이 거리와 덕원에서 용흥강 및 덕지강까지의 거리를 고려한다면 덕원에서 북쪽으로 멀리 떨

도면 44. 덕원과 덕지강 위치(구글어스, 필자 재편집)

어진 용흥강(금야강)보다는 더 가까운 덕지강이 니하(泥河)에 적합하다고 말할 수 있을 것이다. 필자는 용흥강이 아니라 덕지강이 발해와 신라의 경계 니하였을 것으로 생각한다.

2) 남쪽 경계 서쪽 부분

발해의 남쪽 경계 서쪽 부분은 대동강이었다. 발해가 대동강 이북 지역을 차지하였다는 사실은 735년에 당 현종이 신라 성덕왕에게 보낸 '칙신라왕김흥광서(勅新羅王金興光書) 2수(首)'와 『삼국사기』의 다음 기록을 통해 알 수 있다.

『전당문(全唐文)』 권285 칙신라왕김흥광서 (2수) : 근래에 또 사란(思蘭)의 표문을 보고 경이 패강(浿江)에 군사 보루를 설치(寘戍)하고자 하는 것을 알았다. 그곳은 이미 발해의 요충지에 해당되고, 또 녹산(祿山)과도 서로 마주 보고 있는 곳이다. 그러니 이는 원대한 계책이 있는 것이고, 참으로 장구한 계책이다. 또한 저 하찮은 발해가 이미 주벌을 피해 달아났는데, 거듭 군사들을 수고롭게 하고서도 능히 박멸하지 못하였다. 경이 매번 악을 미워하는 마음을 지니고 있으니 몹시 가상하게 여기며, 도적들을 경계하고 변방을 안정시키는 것이니, 무엇이 안되겠는가 (近又得思蘭表稱 知卿欲於浿江實戍 旣當渤海衝要 又與祿山相望 仍有遠圖 固是長策. 且蕞爾渤海 久已逋誅 重勞師徒 未能撲滅 卿每疾惡 深用嘉之 警寇安邊 有何不可). (임상선 2019, 184~185쪽, 재인용).

『삼국사기』 권제37 지리4 고구려 : 고구려... 대당(大唐)이 2번 출사하고 신라가 원조하여 그를 쳐서 평정하였다. 그 땅은 대부분 발해말갈(渤海靺鞨)에 들어가고 신라 또한 그 남쪽 지경을 차지해 한주(漢州) 삭주(朔州) 명주(溟州) 3주와 그 군현을 설치하여 이로써 9주를 갖추었다(高句麗... 大唐再出師 新羅援助 討平之. 其地多入渤海靺鞨 新羅亦得其南境 以置漢朔溟三州及其郡縣 以備九州焉). (김부식 지음 외 2000b, 210~212쪽, 번역 일부 수정).

　　장구령(張九齡)이 작성한 '칙신라왕김흥광서 2수'에는 당 현종이 신라가 패강에 수(戍)를 설치한다고 하자, 그곳은 이미 발해의 요충지라고 말하고 있고, 또 패강에 수를 설치하는 일은 도적들을 경계하고 변방을 안정시키는 것이라고 하였는데, 여기에서 도적들은 발해를 지칭함이 분명하다. 다시 말해서 735년 이전에 대동강 이북이 이미 발해에 점유되었음을 알 수 있다. 또한 『삼국사기』에서는 당나라가 고구려를 멸망시키고 난 다음에 고구려의 옛땅이 대부분 발해말갈에 들어가고, 신라는 그 남쪽 지역을 차지하였음을 전하고 있는데, 그 남쪽 지역은 '칙신라왕김흥광서 2수'의 내용을 통해 볼 때 패강 이남을 말함이 분명하다. 이 기록 역시 발해가 패강 이북 지역을 차지하였음을 말해주는 것이다.

　　하지만 발해가 패강, 즉 대동강 이북의 땅을 차지하였는지에 대해서는 이견이 존재한다. 상기한 바와 같이, 1770년(영조 46)에 홍봉한(洪鳳漢) 등이 찬한 『동국문헌비고(東國文獻備考)』에서는 "지금의 함경도와 평안도는 모두 발해가 차지하였다"라고 하였다(동북아역사재단 한국고중세사연구소 편 2021b, 271쪽, 한진서 『해동역사속』 재인용).

　　한진서도 1823년에 완성한 『해동역사속』에서 "패강은 지금의 대동강이다.

현종의 칙서에 의하면 패강 이북은 분명히 발해의 땅이다"라고 하였다(동북아역사재단 한국고중세사연구소 편 2021b, 271쪽). 여기에서 현종의 칙서란 '칙신라왕김흥광서 2수'를 말한다.

홍석주(洪奭周, 1774~1842)도 『동사세가(東史世家)』「발해세가(渤海世家)」에서 "조영이 이에 고구려 패수 이북의 옛땅을 모두 얻었다(祚榮 於是 盡得高句麗浿水以北故地)"라고 하였다(동북아역사재단 한국고중세사연구소 편 2021b, 116~117쪽, 정약용 『아방강역고』 재인용).

김정호도 1866년(혹은 1864년경)에 완성된 『대동지지(大東地志)』에서 "평안도는... 중종 때에 발해국의 소유가 되었고, 패강[대동강]을 경계로 삼았다. 현종 개원 23년(735)[신라 성덕 34년]에 칙서를 내려 패강 이남의 땅을 신라에 주었다"라고 하였고, 또한 "성덕왕 34년(735) 당나라[현종 개원 23년]가 칙서를 내려 패강[지금의 대동강이다] 이남의 땅을 주었다. 패강 이북은 당나라에 속했는데, 뒤에 발해 대씨가 차지하게 되었다"라고 하였다(동북아역사재단 한국고중세사연구소 편 2021b, 345~346쪽, 353쪽).

하지만 정약용은 발해가 대동강까지는 진출하지 못하였다고 생각하였다. 그는 『아방강역고』(권3 팔도연혁총서 상)에서 "살수(薩水) 이남도 역시 발해가 관리하지 못하였다. 이 때문에 도적의 소굴이 되었고 기강이 없이 혼란하였다. 신라가 패수(浿水) 이남을 통할하고 장성 3백 리를 쌓아서 패서(浿西)의 도적들을 방비하였으니, 그 난잡함을 알만하다. 당 소종(昭宗) 광화(光化) 원년(898)에 이르러 궁예가 패서의 여러 성을 취하였고, 그 뒤에 나누어 패서 13진(鎭)을 정하자 평양 성주 검용(黔用)과 증성(甑城) 도적의 우두머리 명귀(明貴) 등이 궁예에게 투항하여 마침내 고려에 귀속되었다"라고 하였다(동북아역사재단 한국고중세사연구소 편 2021b, 72~73쪽). 또한 『아방강역고』(권제6 발해고)에서는 "총장(摠章) 2년(669)에 고구려 백성 3만 명을 강회(江淮)로 옮겼다는 것을 보면 평양과 안주(安州)에 남은 사람이 없었을 것이다. 이 이후부터 패강 북쪽은 쓸쓸해져서 도적의 소굴이 되었다가 궁예 때에 이르러 비로소 점차 평정되었다. 오직 압록강 일대의 연안 땅은 발해의 주와 현이 되어 여전히 주인이 있는 땅이었다"라고 하였다(동북아역사재단 한국고중세사연구소 편 2021b, 46쪽).

정약용이 예로 든 관련 기록을 보면 다음과 같다.

『삼국사기』「신라본기」제10 헌덕왕 18년 : 18년(826) 가을 7월에 우잠태수(牛岑太守) 백영(白永)에게 명하여 한산(漢山) 북쪽의 여러 주와 군의 사람 1만 명을 징발하여 패강(浿江)에 장성(長城) 3백 리를 쌓았다(十八年 秋七月 命牛岑太守白永 徵漢山北諸州郡人一萬 築浿江長城三百里). (김부식 지음 외 2000a, 264~266쪽, 번역 일부 수정).

『삼국사기』「열전」제10 궁예 : 천우(天祐) 2년(905)... 패서(浿西)를 13진으로 나누어 정하였다. 평양성주(平壤城主) 장군 검용(黔用)이 항복하였고, 증성(甑城)의 적의(赤衣)와 황의(黃衣) 도적 명귀(明貴) 등이 귀부하였다(天祐二年... 分定浿西十三鎭. 平壤城主將軍黔用降 甑城赤衣黃衣賊明貴等歸服). (김부식 지음 외 2000b, 452~453쪽, 번역 일부 수정).

조선시대 실학자들이 정약용을 제외하면 대부분 발해가 대동강까지 점유한 것으로 인식한 것과는 달리 이후 마쓰이 히토시(松井等)를 비롯한 일본 연구자와 중국 연구자 대부분은 박작구에서 대동강 사이의 평안도 지역을 당의 영토였다고 생각하였다. 다만 당안(唐晏)과 황유한(黃維翰)은 대동강 이북 지역을 발해의 영역으로 인정하였다.

당안(唐晏)은 1919년에 발간된 『발해국지(渤海國志)』의 〈발해국 지도〉에 평안도 지역을 서경압록부로 표시하였다(唐晏 纂 / 劉承幹 交 1919)(도면 5). 황유한(黃維翰)은 1929년에 발간된 『발해국기(渤海國記)』에서 서경압록부가 동경 124~126° 북위 40~41° 사이의 압록강 이북 봉천 소속의 각 현과 압록강 이남으로 패강까지의 평안남북도 지역이라고 하여 대동강까지를 발해의 영토로 보았다(黃維翰 1929).

마쓰이 히토시(松井等)는 1913년에 발간된 『만주역사지리(滿洲歷史地理)』에서 박작성(泊汋城)을 기준으로 북은 혼하(渾河)의 상류에 이르고, 동은 대동강의 상류에 이르는 선 이남의 지방은 당의 영토에 속하였다고 판단하였다. 대동강 이북은 당이 736년(당 현종 개원 24년)에 패강, 즉 대동강 이남의 땅을 신라에 주었기에 당의 관할이었다는 것이다. 이후 그의 이 의견은 일본과 중국 연구자들에게 지대한 영향을 끼친 것으로 생각된다. 따라서 그가 어떤 근거로 그런 주장을 하였는지 분명히 하기 위해 관련 문장 전체를 인용하기로 한다.

"가탐(賈耽)의 도리기(道里記)에 의하면 압록강(鴨淥江) 하구에서 약 130리 상류에 있는 박작성(泊汋城)은 발해의 경계상에 있었다. 이 성은 지금의 구련성(九連城)에서 동북쪽으로 2방리(邦里) 정도의 주변에 있었으며, 압록강(鴨綠江)으로 흘러드는 포석하(浦石河) 하구에 있었다. 가탐의 기사는 당나라 중세에 저술된 것이므로 그 무렵에 박작성을 중심으로 하여, 북쪽은 혼하(渾河)의 상류에 이르렀으며, 동쪽은 대동강 상류에 이르는 선상이 이남 지방은 당나라 영토에 속해 있었다. 당나라는 고구려를 멸하고, 조선의 북반구를 병합했는데, 현종(玄宗)의 개원(開元) 24년(736)에 이르러 패강(浿江) 즉 지금의 대동강 이남 지역을 신라에게 주었다(삼국사기 권8 참조). 압록강 동쪽으로 튀어나온 당나라 영유의 이 부분과 발해국의 경계는 아마 압록강과 청천강(淸川江)을 나누는 곳에 있는 산맥이었을 것이다.

다만 당나라 영유인 이 부분은 당나라가 쇠멸함에 따라 북쪽은 발해로부터, 남쪽은 신라로부터 침략당했다고 추측할 수 있지만, 명의상으로는 당나라 소속으로 존재하고 있었던 것이다. 그러므로 대동강 서쪽에서 발해는 남쪽의 신라와 직접적으로 경계를 접한 일은 없었을 것으로 생각된다. 그렇지만 이 강의 동쪽에서는 당서(唐書) 발해전(渤海傳)에 의하면, 이 두 나라는 니하(泥河)라고 하는 강으로 직접적으로 서로 경계를 이루고 있었다. 삼국사기 권37 지리지에 인용된 가탐(賈耽)의 고금군국지(古今郡國志)에 의하면, 신라와 발해의 경계는 신라의 천정군(泉井郡) 즉 오늘날의 덕원(德源)이었다"(松井 等 1913, 422~425쪽).[2]

---

[2] 마쓰이 히토시(松井等)의 『만주역사지리 1』 번역본 초고를 제공해 준 인하대 복기대 교수에게 감사의 마음을 전한다.

이곳 당과 발해의 경계는 압록강과 청천강을 나누는 산맥일 것으로 보았는데, 그가 제시한 발해 강역도 〈발해시대 만주국〉 지도를 보면 포석하 하구에서 동쪽으로 압록강 수계와 청천강 수계의 분수령을 따라 동쪽으로 경계선을 긋고, 청천강 상류 수원지에서 남쪽으로, 다시 대동강 상류 수계의 분수령을 따라 서쪽으로 선을 그어 용흥강(금야강)의 북쪽 돌출 부분과 만나게 하였고 그곳에서는 다시 동남쪽으로 용흥강을 따라 선을 그었다(도면 4). 당과 신라의 경계는 대동강 하구에서 대동강-남강 합류지까지는 대동강을 따라, 대동강-남강 합류지부터는 대동강과 남강 중간 정도를 따라 동쪽으로 용흥강이 북쪽으로 돌출하는 부분까지 굴곡지게 선을 그었다. 이 지도에는 평안도뿐만 아니라 자강도도 일부 발해 영역에서 제외되었음을 알 수 있다. 마쓰이 히토시(松井等)는 한진서가 "현종의 칙서에 의하면 패강 이북은 분명히 발해의 땅이다(據玄宗勅書 浿江以北 明是渤海之地)"라고 하였음에도 불구하고, 이에 전혀 주목하지 않은 것이다.

도리야마 기이치(鳥山喜一)도 대동강 이북 지역을 당의 영토로 본 것은 마찬가지이다. 그는 이곳에서 발해의 영역은 구련성 대안의 의주에서 동쪽으로 안원부의 치하로 추정되는 청천강 유역의 대부분과 대동강 상류 지역의 일부를 포함하여 더 동쪽으로 니하로 추정되는 용흥강과 연결되는 선으로 당의 일부 및 신라의 영역과 경계를 이루었다고 추정하였다(鳥山喜一 1919, 305쪽).

이후 1968년에 도리야마 기이치(鳥山喜一)가 발해 강역도를 제시한 것이 있다. 이 강역도에는 청천강, 대동강, 용흥강 등 강이 그려져 있지 않아 분명하지는 않지만, 마쓰이 히토시(松井等)에 비하면 포석하 하구로 보이는 곳에 표시한 박작구에서 청천강과 대동강 상류 지역을 포함하게 그렸고, 또 동남쪽은 용흥강보다 남쪽의 원산 아래로 선을 그었다(도면 10). 그가 용흥강을 발해와 신라의 경계로 보면서 정작 지도에는 그보다 남쪽에 선을 그은 것은 그 경계선이 대충 성의 없이 작성된 것임을 말해줄 것이다.

김육불(金毓黻)은 『발해국지장편』에서 니하를 용흥강으로 본 일본 연구자의 의견에 동의하면서, 이를 발해의 남쪽 경계로 보아야 할 것이라고 하였다(김육불 편저 / 발해사연구회 옮김 2008b, 351쪽). 또 『동북통사』에서도 "남쪽은 신라의 니하로 경계로 삼고"라고 하였다(金毓黻 지음 / 동북아역사재단 옮김 2007, 622쪽). 그의 발해 남쪽 경계에 관한 생각은 그가 『발해국지장편』과 『동북통사』에 제시한 발해 강역도를 통해 추정해 볼 수 있는데, 서쪽의 박작구가 있다고 추정한 포석하 하구에서 동쪽의 원산만 동쪽까지 그대로 조금 굴곡을 두면서 선을 그었다(도면 8; 도면 9).

그런데 주목되는 것은 압록강 남쪽은 신라의 영토로 표시하고, 압록강 북쪽은 당의 영토로 표시하였다는 사실이다. 그가 발해의 남쪽 경계와 관련하여 당 현종의 '칙신라왕김흥광서 (2수)'에 적힌 "경이 패강(浿江)에 군사 보루를 설치(寘戍)하고자 하는 것을 알았다. 그곳은 이미 발해의 요충지에 해당된다(知卿欲於浿江寘戍 旣當渤海衝要)"는 문구를 전혀 지적하지 않았다는 사실은 자못 의아스럽다고 하겠다.

이후 손진기도 대동강 이북의 평안도 지역을 모두 발해의 영역에서 제외하였는데, 그 근거는 발해 남경남해부를 제외하고 동경용원부나 서경압록부는 북한지역에 주(州)를 설치한 것이 없다는 것이었다. 그는 발해가 북한지역에서는 오직 함경도 지역만 점유하였다고 하였다(孫進己 1982, 84~85쪽).

진창현도 발해 전성기의 강역이 "남으로 용흥강에 이른다(南至龍興江)"라고만 하고 따로 발해의 남쪽 경계와 관련한 패강 문제를 논하지 않았다(陳顯昌 1985, 133쪽).

왕승례는 발해의 남쪽 서부 경계와 관련하여 안동도호부가 평양에서 물러나고 대동강 유역과 그 이북에서 당나라 세력이 쇠약해짐에 따라 발해가 이곳에 세력을 뻗치게 되었고, 이리하여 발해는 남쪽으로 신라와 영토를 맞대는 국면을 맞게 되었다고 하였다. 하지만 발해가 강성할 때 함경북도, 함경남도, 평안북도 일부분을 포괄하고 있었다고 하여, 대동강이 발해와 신라의 경계였다고는 생각하지 않았음을 알 수 있다(왕승례 저 / 송기호 역, 1987, 102~103쪽).

중국 연구자들의 이러한 인식은 『중국역사지도집』의 발해 강역도에도 반영되어 있다. 박작구로 여기는 포석하 하구 조금 남쪽에서 시작하여 동남쪽으로 용흥강의 북쪽 돌출한 부분 조금 남쪽으로 경계선을 그었고, 그 서쪽은 당나라 영토로 표시하였다(도면 18).

중국 학계의 이러한 인식은 비교적 최근의 논저에서도 확인할 수 있다. 예를 들어, 동미(佟薇)·한빈나(韓賓娜)는 2019년에 발표한 논문에서 발해가 요동을 차지하였다고 주장하였으면서도(佟薇·韓賓娜 2019), 발해 강역도에는 요녕 일대 남쪽과 포석하 하구를 잇는 선 남쪽의 요동·요동 반도는 여전히 당나라의 영역인 것으로 선을 그었고, 또 포석하 하구에서 동남쪽으로 용흥강을 잇는 선은 『중국역사지도집』의 발해 강역도와 비교할 때 바뀐 것이 없다(도면 36).

그런데 중국학계에서는 당안과 황유한 이후 위국충(魏國忠)이 발해가 대동강까지의 영역을 차지한 것으로 이해하였다.

위국충은 1984년에 발표한 논문에서 발해 강역을 진국 시기, 발해 전기, 발해 후기라는 3단계로 나누어 고찰하였다(魏國忠 1984). 발해의 남쪽 경계와 관련해서 그의 의견을 소개하면, 진국 시기에는 『구당서』「발해말갈전」의 "그 땅은 영주 동쪽 2천 리에 있다. 남쪽은 신라와 서로 접한다. 월희말갈. 동북쪽으로는 흑수말갈에 이른다. 땅은 사방 2천 리이다(其地在榮州之東二千里 南與新羅相接 越喜靺鞨 東北至黑水靺鞨 地方二千里)"라는 기록과 관련하여 남쪽으로 신라와의 경계가 동쪽은 니하, 즉 용흥강에 이르렀으나, 서쪽은 아직 패강에 이르지 못하고 압록강 중류, 독로강, 낭림산맥 북쪽 지역 일대일 것으로 보았다. 대무예 때에는 발해가 남쪽 신라로 진격하였을 것으로 보았다. 그것은 다음의 기록에 근거한다.

『삼국사기』「신라본기」제8 성덕왕 20년 : 20년(721) 가을 7월에 하슬라도(何瑟羅道) 장정 2천을 징발하여 북쪽 국경에 장성을 쌓았다(二十年 秋七月 徵何瑟羅道丁夫二千 築長城于北境). (김부식 지음 외 2000a, 214쪽).

위국충은 721년, 즉 대무예가 즉위하고 3년에 신라가 북쪽 국경에 장성을 쌓은 것은 발해의 공격을 방어하기 위한 것으로 판단하였다. 또한 731년(성덕왕 30년)에 일본국 병선 3백 척이 바다를 건너 신라를 공격한 것은 발해가 수차 일본을 방문한 후 얼마 지나지 않아서의 일이기에 발해와 일본의 공동 협력에 의한 행동이었다고 보았다. 그리고 발해가 등주를 공격한 다음에 신라가 당의 요청으로 733년(성덕왕 32년)에 발해의 남쪽 경계(南境)를 공격하였지만, 실패하였고, 결과적으로 이때 패수 상류 동북 일대는 완전히 발해의 공제하에 들어갔을 것이라고 하였다. 이와 관련된 기록은 다음과 같다.

『삼국사기』「신라본기」 제8 성덕왕 30년 : 30년(731)... 일본국 병선 3백 척이 바다를 건너 우리 농쪽 변경을 습격하였다(三十年... 日本國兵船三百艘 越海襲我東辺). (김부식 지음 외 2000a, 214쪽).

『삼국사기』「신라본기」 제8 성덕왕 32년 : 32년(733)... 때마침 큰 눈이 한길 넘게 와서 산길이 막히고 죽은 군졸이 절반이 넘어 아무런 전공이 없이 돌아왔다(三十二年... 會大雪丈餘 山路阻隘 士卒死者過半 無功而還). (김부식 지음 외 2000a, 218~219쪽)

위국충은 당나라가 735년에 패강 이남의 땅을 신라에 사여하고, 또 신라가 패강에 수(戍)를 설치하려 하자 그곳은 발해의 요충지라는 '칙신라왕김흥광서'의 내용은 발해가 청천강 유역 대부분을 병합하였기 때문으로 판단하였다. 이와 관련된 기록은 위에서 제시한 바와 같다. 다만 '발해의 요충지'와 관련하여 그곳을 대동강이 아니라 청천강으로 이해한 것은 납득하기 힘들다.

위국충은 문왕 중기 이후에 발해의 강역이 청천강을 넘어 패강 일선으로 진일보하는 추이를 보인다고 하였지만, 실제 발해의 공제선이 패강 일대에 도달한 것은 선왕 대인수 시기인 것으로 판단하였다. 바로 『요사』「지리지」에 원화 연간(805~820년)에 대인수가 남쪽으로 신라를 평정하였는데, 그즈음 826년에 신라가 패강에 3백 리 길이의 장성을 쌓았다는 『삼국사기』「신라본기」의 기록은 대인수의 남정(南定)이 상당한 성공을 거두었기 때문으로 보았다. 관련 기록은 다음과 같다.

『요사』 권38 지 제8 지리지2 동경도 흥료현(興遼縣) : 당나라 원화 연간(806~820년)에 발해왕 대인수가 남쪽으로 신라를 평정하고 북쪽으로 여러 부(部)를 공략하여 군읍(郡邑)을 설치하였다(唐元和中 渤海王大仁秀南定新羅 北略諸部 開置郡邑). (김위현 외 2012b, 43쪽, 63쪽, 번역 일부 수정).

『삼국사기』「신라본기」 제10 헌덕왕 18년 : 18년(826) 가을 7월에 우잠태수(牛岑太守) 백영(白永)에게 명하여 한산(漢山) 북쪽의 여러 주와 군의 사람 1만 명을 징발하여 패강(浿江)에 장성(長城) 3백 리를 쌓았다(十八年 秋七月 命牛岑太守白永 徵漢山北諸州郡人一萬 築浿江長城三百里). (김부식 지음 외 2000a, 264~266쪽, 번역 일부 수정).

위국충은 또한 898년 궁예의 정치 세력이 패서도(浿西道)를 공격하여 점유한 사건과 관련하여 신라가 그 전에 패강 일선을 넘어 발해가 일찍이 공제하였던 패수 서북의 큰 지역을 병합하고 지방행정 관리체계를 건립하였음을 알 수 있고, 발해는 청천강 이북으로 후퇴하였을 것이라고 하였다. 관련 자료는 다음과 같다.

『삼국사기』「신라본기」 제12 효공왕 2년 : 2년(898)... 가을 7월에 궁예가 패서도(浿西道)와 한산주(漢山州) 관내의 30여 성을 취하고 드디어 송악군(松岳郡)에 도읍하였다(二年... 秋七月 弓裔取浿西道及漢山州官內三十餘城 遂都於松岳郡). (김부식 지음 외 2000a, 298~299쪽, 번역 일부 수정).

일본 연구자 니즈마 토시히사(新妻利久)도 발해가 패강 이북을 차지한 것으로 인식하였다. 그는 압록강 하구 지역은 대조영이 건국한 무렵에는 가탐의 『도리기』에 기록된 대로 당의 영역에 속하였겠지만, 이후 패강 이북은 발해령이 되고, 패강 이남은 신라령이 되었을 것인데, 이는 『삼국사기』의 다음 기록이 증명한다고 하였다(新妻利久 1969, 134쪽).

『삼국사기』 권제37 지리4 고구려 : 고구려... 대당(大唐)이 2번 출사하고 신라가 원조하여 그를 쳐서 평정하였다. 그 땅은 대부분 발해말갈(渤海靺鞨)에 들어가고 신라 또한 그 남쪽 지경을 차지해 한주(漢州) 삭주(朔州) 명주(溟州) 3주와 그 군현을 설치하여 이로써 9주를 갖추었다(高句麗... 大唐再出師 新羅援助 討平之. 其地多入渤海靺鞨 新羅亦得其南境 以置漢朔溟三州及其郡縣 以備九州焉). (김부식 지음 외 2000b, 210~212쪽, 번역 일부 수정).

니즈마 토시히사(新妻利久)의 연구와 관련하여 주목되는 것은 남경 남해부의 초주(椒州)를 함경남도 함흥지구에서 평안남도에 이르는 지역으로 판단하여, 평안남도에도 발해의 행정단위가 설치된 것으로 보았다는 점이다. 이 의견은 『요사』의 다음 기록에 근거한다.

『요사』 권38 지 제8 지리지2 : 요주(耀州) 자사. 본래 발해 초주(椒州)이다. 옛 현이 5개였는데 초산, 초령, 시천, 첨산, 암연이며 모두 폐지하였다... 암연현(巖淵縣)은 동쪽으로 신라와 경계하며, 옛 평양성이 현의 서남쪽에 있고, 동북으로는 120리를 가면 해주에 이른다(耀州 刺史. 本渤海椒州 故縣五 椒山貂嶺澌泉尖山巖淵皆廢.,,, 巖淵縣東界新羅 故平壤城在縣西南 東北至海州). (김위현 외 2012b, 48쪽, 65쪽, 번역 일부 수정).

암연현의 동쪽 경계가 신라의 정천군, 즉 덕원 지방이고, 평양이 현의 서남에 있기에 암연현은 대동강 이북 청천강 이남의 평안남도 지역으로 볼 수 있다는 것이다(新妻利久 1969, 89~90쪽).

남한의 연구자들은 대부분은 발해가 대동강 이북 지역을 모두 차지한 것으로 인식한다. 예를 들어, 이기백이 1976년에 제시한 발해 강역도(도면 13), 한규철이 1994년에 제시한 발해 강역도(도면 21), 송기호가 1995년에 제시한 발해 강역도(도면 23) 등을 보면 이 사실을 알 수 있다.

특히 송기호는 732년에 발해가 당나라를 공격하였을 때 당이 신라에게 발해 남쪽을 공격하게 한 것은 발해와 신라의 국경이 서로 붙어있었거나 혹은 서로 가까운 곳에서 마주 보고 있었음을 의미한다고 하였다. 735년에 당나라가 패강 이남의 땅을 신라에 양여한 사실과 그때 보낸 칙서의 내용으로 보아 발해 세력이 패강 이북에 이미 뻗치고 있었고, 평안도 일대는 발해 영토에 편입된 것으로 보는 것으로 옳다고 하였다(송기호 1996). 그 외에도 발해의 특산물 중 하나인 '낙유(樂遊)의 배(梨)'와 관련하여 『만주원류고』에서 낙유가 낙랑(樂浪)을 잘못 쓴 것일 수도 있다고 지적하였음을 언급하면서 낙유가 발해 낙유현(樂遊縣)일 수도 있다고 하였다. 다시 말해서 지금의 평양 부근에 발해의 행정구역이 설치되었을 수도 있다고 본 것이다(송기호 1995, 151쪽).

하지만 김종복은 발해가 평양 일대까지 진출한 것에는 동의하였지만, 그것은 어디까지나 발해의 영역이 아니라 당과 신라 그리고 발해 사이의 완충지대였다고 하였다. 그는 698년에 안동도호부가 안동도독부로 격하된 것과 관련하여 "안동도호부의 철폐는 당이 요하 이동의 고구려 고지를 공식적으로 포기하였음을 의미하는 것이었다"라고 하였다. 또한 "옛 고구려 영역 가운데 평양에서 요동에 이르는 지역은 안동도호부의 통제력 상실과 신라의 방치 속에 놓여 있었다. 신라와 발해 역시 당과의 대립을 지속할 수 없는 상황은 상호 간에 충돌을 피하는 완충지대를 필요로 하였다"라고 하였다(김종복 2007, 78~79쪽).

김종복은 이러한 관점에서 선왕 대인수가 "남쪽으로 신라를 평정하였다(南定新羅)"는 기록도 신라측에 아무런 기록이 없기에 양국 간에 실제 군사적 충돌이 있었다고 보기는 힘들며, 발해가 평양 일대의 완충지대까지 진출한 데 대한 신라의 위기감 및 장성 축조 등을 과장하여 표현한 것으로 보았다. 군읍을 설치한 것도 북쪽의 말갈제부에 해당되는 것이며 남쪽의 신라와는 무관하다고 하였는데, 그것은 발해가 평양 일대의 완충지대에 부·주 등을 설치하여 적극적으로 경영한 증거가 보이지 않기 때문이라고 하였다(김종복 2007, 111쪽). 그의 '완충지대'에 대한 의견은 이후에도 계속 유지되었다(김종복 2010; 2011; 2017).

북한의 연구자들은 발해 혹은 발해의 후국인 '고려후국(高麗侯國)'이 대동강 이북 땅을 차지하였다고 생각한다(박시형 1979, 127~128쪽; 과학백과사전출판사 1979, 51~52쪽; 장국종 1997, 70쪽; 림호성·김혁철 2010, 103쪽).

한 가지 주목되는 사실은 북한학계는 발해와 신라의 경계를 먼저 신라의 북쪽 경계를 검토한 다음에 설정한다는 것이다. 이것은 『신당서』 「발해전」에 발해가 남쪽으로 신라와 경계하였다고 하였고, 또 『삼국사기』에 고구려가 멸망한 다음에 그 땅 대부분을 발해가 차지하였지만, 남쪽 일부는 신라가 차지하였다는 기록을 염두에 둔 것이다. 관련 사서의 내용은 위에서 소개하였다.

대동강은 사실 북쪽 낭림산(狼林山)에서 발원하고, 또 남쪽에 남강(南江) 혹은 능성강(能成江)이라고 불리는 큰 지류가 있다. 따라서 대동강의 어느 부분과 경계하였는지를 알기 위해서는 신라의 북쪽 경계가 어디였는지를 아는 것이 중요하다.

박시형(1979)의 『발해사』를 비롯하여 다수 논저에서 신라의 북쪽 경계 문제를 논하였지만, 그중 김명성이 가장 자세하게 논하였기에 그 연구 성과를 소개하기로 한다.

김명성은 발해와 신라의 경계를 서부, 중부, 동부로 구분하여 검토하였다(김명성 1992). 서부와 관련해서는 먼저 『삼국사기』의 다음 기록에 주목하였다.

『삼국사기』 권35 잡지4 지리2 취성군 : 취성군(取城郡)은 본래 고구려의 동홀(冬忽)로서 헌덕왕이 이름을 바꾸었고 지금의 황주(黃州)이다. 3개 현을 거느린다. 토산현(土山縣)은 본래 고구려의 식달(息達)로서 헌덕왕이 이름을 바꾸었고 지금 그대로 부른다. 당악현(唐嶽縣)은 본래 고구려의 가화압(加火押)으로서 헌덕왕이 현을 두고 이름을 바꾼 것인데 지금의 중화현(中和縣)이다. 송현현(松峴縣)은 본래 고구려의 부사파의현(夫斯波衣縣)으로서 헌덕왕이 이름을 바꾸었고 지금은 중화현에 속한다(取城郡 本高句麗冬忽 憲德王改名 今黃州 領縣三. 土山縣 本高句麗息達 憲德王改名 今因之. 唐嶽縣 本高句麗加火押 憲德王置縣改名 今中和縣. 松峴縣 本高句麗夫斯波衣縣 憲德王改名 今屬中和縣). (김부식 지음 외 2000b, 182~183쪽, 번역 일부 수정).

김명성은 황주는 지금도 황주이고, 토산현은 지금의 상원군이며, 당악현과 송현현은 지금의 중화군 관내에 있음을 지적하였다. 사실 신라 북쪽 경계와 관련된 지명의 위치 비정은 홍봉한의 『동국문헌비고(東國文獻備考)』(동북아역사재단 한국고중세사연구소 편 2021b, 271쪽, 한진서 『해동역사속』 재인용)나 유득공의 『발해고』(유득공 지음 / 송기호 옮김 2000, 117쪽) 등에서 이미 이루어졌고, 박시형(1979, 127~128쪽), 장국종(1992) 등도 마찬가지의 의견을 제시하였다.

주목되는 것은 김명성이 지명 연혁을 통해서도 신라의 북쪽 경계 문제를 논하였다는 점이다. 예를 들어, 대동강 북쪽에 있는 용강현과 관련된 『동국여지승람』(권52 용강현 건치연혁조) 기록에는 "옛 황룡국으로서 고구려에 통합되었으며 고려 시기에는 황룡성이라고 칭하였다"라고 하여, 고구려와 고려 시기의 명칭은 밝혔지만, '후기신라' 시기의 소속 관계는 밝히지 않았는데, 이는 용강현이 후기신라의 영역이 된 적이 없기 때문이라고 하였다. 다만 그는 옹진, 풍천, 안악 등 황해도의 대동강 남쪽 및 재령 - 해주 서쪽 지역은 그와 같은 이유로 '고려후국'의 영향하에 있었을 것으로 보았다. 재령과 해주를 신라 영역으로 본 것은 다음의 기록에 근거한다.

『삼국사기』 권35 잡지4 지리2 폭지군 : 폭지군(瀑池郡)은 본래 고구려의 내미홀군(內米忽郡)으로 경덕왕이 이름을 바꾸었고 지금은 해주이다(瀑池郡 本高句麗內米忽郡 景德王改名 今海州). (김부식 지음 외 2000b, 182쪽, 번역 일부 수정).

『삼국사기』 권35 잡지4 지리2 중반군 : 중반군(重盤郡)은 본래 고구려의 식성군(息城郡)으로 경덕왕이 이름을 바꾸었고 지금은 안주(安州)이다(重盤郡 本高句麗息城郡 景德王改名 今安州). (김부식 지음 외 2000b, 182쪽, 번역 일부 수정).

그는 해주는 지금의 해주이고, 안주는 지금의 재령군 일대라고 하였다. 따라서 김명성은 '후기신라'가 북쪽 경계의 서부에서는 재령, 해주 일대까지 차지하였고, 서북쪽으로는 황주, 중화, 상원 등지까지 차지한 것으로 판단하였다.

김명성은 발해와 신라의 경계 중부와 관련해서는 다음의 기록에 주목하였다.

『삼국사기』 권35 잡지4 지리2 영풍군 : 영풍군(永豐郡)은 본래 고구려의 대곡군(大谷郡)으로 경덕왕이 이름을 바꾸었고 지금은 평주(平州)이다. 2개의 현을 거느린다. 단계현(檀溪縣)은 본래 고구려의 수곡성현(水谷城縣)으로 경덕왕이 이름을 바꾸었고 지금은 협계현(俠溪縣)이다. 진단현(鎭瑞縣)은 본래 고구려의 십곡성현(十谷城縣)으로 경덕왕이 이름을 바꾸었고 지금은 곡주(谷州)이다(永豐郡 本高句麗大谷郡 景德王改名 今平州 領縣二. 檀溪縣 本高句麗水谷城縣 景

德王改名 今俠溪縣. 鎭瑞縣 本高句麗十谷城縣 景德王改名 今谷州). (김부식 지음 외 2000b, 180~182쪽, 번역 일부 수정).

『삼국사기』 권35 잡지4 지리2 오관군 : 오관군(五關郡)은 본래 고구려의 오곡군(五谷郡)으로 경덕왕이 이름을 바꾸었고 지금의 동주(洞州)이다. 1개의 현을 거느린다. 장새현(獐塞縣)은 본래 고구려의 현으로 경덕왕이 그대로 두었고 지금은 수안군(遂安郡)이다(五關郡 本高句麗五谷郡 景德王改名 今洞州. 領縣一. 獐塞縣 本高句麗縣 景德王因之 今遂安郡). (김부식 지음 외 2000b, 182~183쪽, 번역 일부 수정).

김명성은 평주는 지금의 평산이며, 단계현은 지금의 신계 일대, 곡주는 지금의 곡산, 수안군은 지금의 수안군에 해당한다고 하였다. 그는 또한 『동국여지승람』에 군·현 기사에 수안, 곡산 이남 지역의 군현들은 모누 '후기신라 시대' 소속 관계가 모두 밝혀져 있지만, 그 북쪽 지역은 사정이 다르다고 하면서 다음을 예로 들었다.

『동국여지승람』, 권54 성천 : 본래 비류왕 송양이 옛날 도읍을 정했던 곳이다. 고구려 시조 동명왕이 북부여로부터 와서 졸본천에 도읍을 정하니 송양이 그 나라를 가지고 투항하여 드디어 다물도를 두었다. 송양을 봉하여 다물후로 삼았다. 고려 태조 14년에 강덕진을 두었다. ...(김명성 1992, 재인용).

다시 말해서 이 기사에 고구려와 고려의 소속 관계는 있어도 '후기신라'의 소속 관계가 없기에 성천은 '후기신라'의 영토에는 속하지 않았음을 알 수 있다고 하였다. 따라서 "발해는 남쪽으로 중부지역에서 수안, 곡산 등지를 경계로 하여 후기신라와 접경하고 있었으며 강동, 양덕, 성천 이북 지역을 차지하고 있었다"라고 하였다.

발해와 신라의 경계에서 동부와 관련해서는 다음의 기록에 주목하였다.

『신당서』 「발해전」 : 남쪽은 신라에 미치며 니하로 경계를 삼는다(南比新羅 以泥河爲境 東窮海 西契丹)(국사편찬위원회 1990b, 440쪽, 번역 김명성).

『삼국사기』 잡지 제4 지리2 정천군 : 정천군(井泉郡)은 본래 고구려의 천정군(泉井郡)으로 문무왕 21년에 취하였다. 경덕왕이 이름을 고치고 탄항관문(炭項關門)을 쌓았는데 지금의 용주(湧州)이다. 3개 현을 거느린다. 산산현(蒜山縣)은 본래 고구려의 매시달현(買尸達縣)으로 경덕왕이 이름을 바꾸었고 지금은 알 수 없다. 송산현(松山縣)은 본래 고구려의 부사달현(夫斯達縣)으로 경덕왕이 이름을 바꾸었고 지금은 알 수 없다. 유거현(幽居縣)은 본래 고구려의 동허현(東墟縣)으로 경덕왕이 이름을 바꾸었고 지금은 알 수 없다(井泉郡 本高句麗泉井郡 文武王二十一年取之. 景德王改名 築炭項關門 今湧州. 領縣三. 蒜山縣 本高句麗買尸達縣 景德王改名 今未詳. 松山縣 本高句麗夫斯達縣 景德王改名 今未詳. 幽居縣 本高句麗東墟縣 景德王改名 今未詳). (김부식 지음 / 고전연구실 옮김 2000b, 186~187쪽, 번역 일부 수정).

김명성은, 상기한 바와 같이, 발해와 신라의 경계 니하를 정약용이 주장한 강릉의 이천수, 즉 지금의 연곡천으로 판단하였다. 하지만 신라 정천군이 지금의 덕원·원산이라 하였고, 또 발해가 대부분 시기를 지금의 덕원 일대에서 신라와 경계하였다는 사실을 부정하지는 않았다.

따라서 김명성은 신라가 북쪽으로 황주, 중화, 상원, 수안, 곡산, 덕원까지 진출하였다고 하였다. 그런데 이러한 위치 비정은 사실 김명성에 의해 이루어진 것은 아니다. 상기한 바와 같이, 홍봉한(洪鳳漢)은 1770년에 찬한『동국문헌비고(東國文獻備考)』에서 "신라가 통합한 후에 동북쪽은 천정군(泉井郡)의 탄항관(炭項關)으로서 경계를 삼았는데 지금의 덕원(德源)이다. 서북쪽은 당악현(唐嶽縣)으로 경계를 삼았는데 지금의 중화(中和)이다. 중화에서 동쪽으로 지금의 상원(祥原) 수안(遂安) 곡산(谷山)을 거쳐 덕원에 이르기까지가 모두 변새(邊塞)였다"라고 하였다(동북아역사재단 한국고중세사연구소 편 2021b, 271쪽, 한진서『해동역사속』재인용). 또한 유득공도 1784년에 완성된『발해고』에서 이와 같은 의견을 제시한 바 있다(유득공 지음 / 송기호 옮김 2000, 117쪽). 최근의 관련 연구 성과에서도 같은 결론에 도달하고 있다(전덕재 2016, 116~119쪽).

장국종도 비슷한 의견을 제시하였는데, '고려후국'의 남쪽 경계와 관련하여 먼저 대동강 이북에 있는 용강현 등이『동국여지승람』에 후기신라의 소속 관계에 대해 밝히지 않았기에 신라의 영내에 속하지 않았다고, 따라서 발해의 영역이었음을 실증해 준다고 하였다. 다음에는 후기신라의 서북쪽 경계와 관련한 『삼국사기』 「지리지」의 기록에서 취성군(取城郡)은 황주였는데 지금도 황주이고, 취성군에 속한 토산현은 지금의 상원군이며, 취성군에 속한 당악현과 송현현은 지금의 중화군 내에 있음을 지적하였다. 『삼국사기』 신라본기 권10 헌덕왕 18년(826) 가을 7월조에 "한산 북쪽의 여러 고을 사람 1만 명을 징집하여 패강장성 300리를 쌓았다"는 기사가 있는데 취성군이 이 장성의 서단에 위치하기 때문에 취성군의 설치는 같은 해에 혹은 수년 앞서 있었을 것으로 추정하였다. 어쨌든 황주, 중화, 상원이 후기신라의 영역이 된 것은 826년경으로 파악하였다. 이때 신라는 비로소 대동강을 경계로 하게 되었다고 하였다. 후기신라가 대동강 남쪽의 황해도 지역에 진출한 것은 『삼국사기』 권9 경덕왕 7년(748) 가을 8월조의 "처음으로 대곡성 등 14개 군, 현을 설치하였다"는 기사와 관련된 것으로 판단하였다. 다만 그때는 후기신라의 북변이 사리원의 정방산에서 동쪽으로 서흥령에 이르고 다시 북으로 삼등 지방의 대동강 가에 이르는 계선으로 판단하였다.

발해 남변의 중부 지역과 관련해서는 『동국여지승람』에 성천, 강동, 양덕이 후기신라의 소속이 되었다는 언급이 없으므로, 후기신라의 영역이 아니라, 발해 영역이었던 것으로 판단하였다. 따라서 발해의 남변은 항상 대동강 계선이었으나, 후기신라의 북쪽 경계는 시기에 따라 일정하지 않았다고 하였다. 남경남해부의 남변은 발해 건국 초기에는 강릉 북쪽의 연곡천 계선이었고, 후기신라에서 경덕왕이 지방 행정단위를 정비하기 직전인 8세기 중엽에 들어와서 덕원 계선이었다고 판단하였다(장국종 1997).

따라서 황주, 중화, 상원, 수안, 곡산, 덕원의 위치와 '후기신라'의 소속 관계가 없는 용강, 강동, 양덕, 성천의 위치를 살펴보면, 발해와 신라가 대동강에서 구체적으로 어디를 경계로 하였는지 판단할 수 있다고 생각된다(도면 45).

황주는 대동강 남쪽으로 재령강이 대동강과 합쳐지는 곳에서 동쪽 약 13㎞

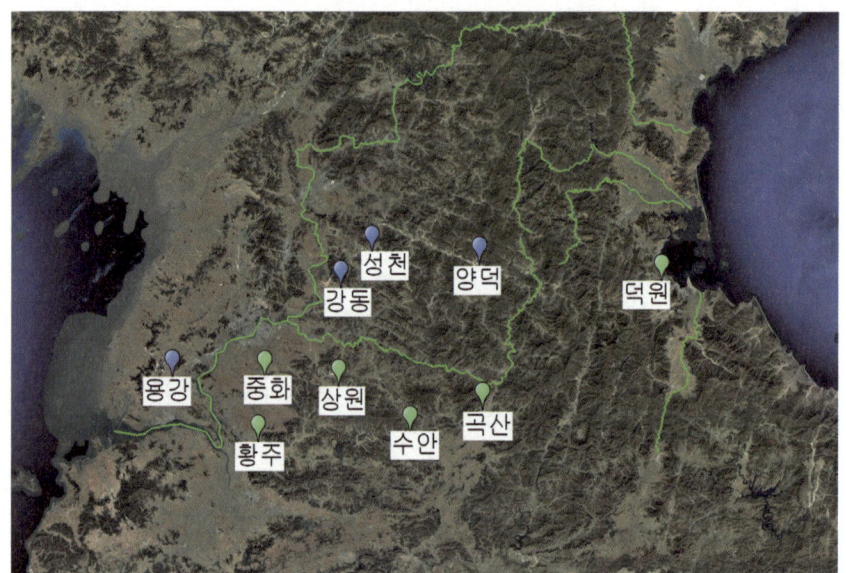

도면 45. 남국 신라의 북계 관련 주현의 위치와 발해-신라 경계 관련 강들(구글어스, 필자 재편집)

에 있다. 중화는 평양의 대동강 양각도 기준 남쪽으로 약 15㎞ 떨어져 있다. 상원은 대동강의 남쪽 지류인 남강(능성강)의 하류에서 남쪽으로 약 13㎞ 떨어져 있다. 수안은 남강 하류에서 남쪽으로 약 24㎞ 떨어져 있다. 곡산은 남강이 동남쪽으로 흐르다 동북쪽으로 꺾이는 곳에서 남쪽으로 약 7㎞ 떨어져 있다. 덕원은 상기한 바와 같이 지금의 원산 서쪽 가까이 위치한다.

이 사실은 신라 북쪽 경계 지역의 군과 현의 소재지가 대동강 및 그 지류인 남강(능성강)의 남쪽으로 일정한 거리를 두고 설치되었음을 말한다.

그렇다면 '후기신라'의 소속 관계가 없는 강동, 성천, 양덕의 위치를 보기로 하자. 강동은 대동강과 그 지류인 남강의 합류지에서 북동쪽에, 남강 하류 기준 북쪽으로 약 16㎞, 대동강 기준 동쪽으로 약 9㎞ 떨어져 있다. 성천은 강동보다 더 북동쪽에, 남강 하류 기준 북쪽으로 약 29㎞, 대동강 기준 동쪽으로 약 17㎞ 떨어져 있다. 양덕은 남강이 동남쪽으로 흐르다 동북쪽으로 꺾이는 곳에서 북쪽으로 약 40㎞, 남강 상류 기준 서쪽으로 약 15㎞ 떨어져 있다.

따라서 신라가 군·현을 설치한 황주와 중화는 대동강의 남쪽에, 상원, 수안, 곡산은 대동강의 지류인 남강(능성강)의 남쪽에 각각 위치하고, 특히 '후기신라'의 소속 관계가 없는 강동, 성천, 양덕은 남강의 북쪽에 각각 위치하는 것을 알 수 있다.

이 사실은 대동강과 남강 합류지부터는 남강(능성강)을 따라 발해와 신라의 경계가 형성되었음을 말하는 것이다. 더 동쪽으로 덕원 일대의 니하와 관련하여 필자는 앞에서 덕지강으로 본다는 의견을 제시하였다.

필자는 이상의 검토를 통해 발해의 남쪽 경계, 다시 말해서 발해와 신라의 경계에서 서쪽은 패강(浿江)이 분명하였다는 결론에 도달하였다. 위에서 이미 인용한 735년에 당 현종이 신라 성덕왕에게 보낸 '칙신라왕김흥광서(勅新羅王金興光書) 2수'의 "그곳은 이미 발해의 요충지이다(旣當渤海衝要)"라는 기록이 결정적인 근거라고 하겠다. 또한 『삼국사기』의 "그 땅은 대부분 발해말갈(渤海靺鞨)에 들어가고 신라 또한 그 남쪽 지경을 차지하였다(其地多入渤海靺鞨 新羅亦得其南境)"라는 기록도 중요 근거이다. 그런데 주목되는 것은 대동강 이북 지역을 당과 신라 그리고 발해 사이의 완충지대로 인식하거나 혹은 명목상으로는 당의 영역이었다고 주장하는 연구자들조차도 발해가 대동강까지 진출하였다는 사실을 부정하지는 않는다는 점이다. 이 사실은 그 연구자들도 발해가 대동강 이북 지역을 실효 지배하였음을 인정한 것이라고 생각된다.

완충지대나 당의 영역으로 보는 중요 근거 중의 하나는 그곳에 발해의 행정구역이 설치되지 않았다는 것이다. 발해의 행정구역과 관련해서는 아직 그 위치가 확인되지 않는 주(州)들도 있고, 또 송기호가 의심하였듯이 낙유현(樂遊縣)이 설치되었을 수도 있는 것이며, 니즈마 토시히사(新妻利久)가 지적한 바와 같이 암연현(巖淵縣)이 대동강 이북 청천강 이남의 평안남도 지역에 있었을 수도 있고, 북한 연구자들이 주장하는 대로 '고려후국'이 있었을 수도 있다.

또한 『신당서』 「발해전」의 발해 5경 15부 62주 관련 기록은 일찍이 김육불(金毓黻)이 지적하였듯이 당 문종 대화 연간(827~835년)에 발해에 파견되어 보고 들은 것을 기록한 장건장(張建章)의 『발해국기(渤海國記)』를 기초로 하고 있어, 그 이후에 설치한 행정구역은 사서에 반영되지 않았을 수도 있다. 이후의 『요사』 「지리지」에 반영된 발해의 행정단위 중 아직 그 위치가 분명하지 못한 것도 다수 있음은 주지의 사실이다. 그리고 하나 더 지적하고 싶은 것은 발해가 남쪽으로 당과 경계하였다는 기록이 그 어디에도 없고, 신라 또한 당과 경계하였다는 기록이 그 어디에도 없다는 사실이다.

따라서 필자가 볼 때 발해와 신라의 경계는 대동강 하류 – 남강(능성강) - 남강 상류와 덕지강 상류가 만나는 곳 - 덕지강을 잇는 선을 따라 형성되어 있었다. 그런데 필자의 이 의견은 김정호가 『대동지지』에서 제시한 지도의 통일신라 북쪽 경계와 거의 일치한다.

북한 학계에서 대동강 이북의 평안도 지역과 요동 지역을 '고려후국'의 관점에서 설명하고 있는데, 이에 대해서는 발해의 서쪽 경계 부분에서 살펴보기로 하겠다.

부언하고 싶은 것은 평안남·북도 지역에는 발해 유적의 수가 매우 적다는 사실이다(도면 46). 평안북도에는 선천 연봉리 기와가마터가 보고된 것이 있다(김영진 1990; 정석배 외 2023d, 108~109쪽), 그 외에 동림 동림성과 정주 성동고성이 '고려후국'의 유적으로 여겨지고 있다(림호성·김혁철 2010, 78~79쪽). 평안남도에는 영원 고읍성(영원고성)과 양마성이 발해 유적으로 보고된 바 있다(승성호, 1998; 정석배 외 2023d, 37쪽, 106쪽). 그중 영원고성과 그 외 개천 고사산성은 '고려후국'의 유적으로 여겨지고 있다(림호성·김혁철 2010, 78~79쪽).

뒤에서 살펴보겠지만, 심양과 무순에는 고구려 유적으로 보고된 것이 나중에 발해 유적으로 밝혀진 것도 있고, 또 요양에는 최근 얼마 전에 요양박물관 유물을 통해 발해 유적이 확인되기도 하였다. 또한 발해의 영역이었음이 누구에게도 부정되지 않는 압록강 상류와 중류 지역의 남안(南岸) 지역에서 발해 유적이 단 1개소도 보고되지 않았다는 사실에도 주목이 필요하다. 다시 말해

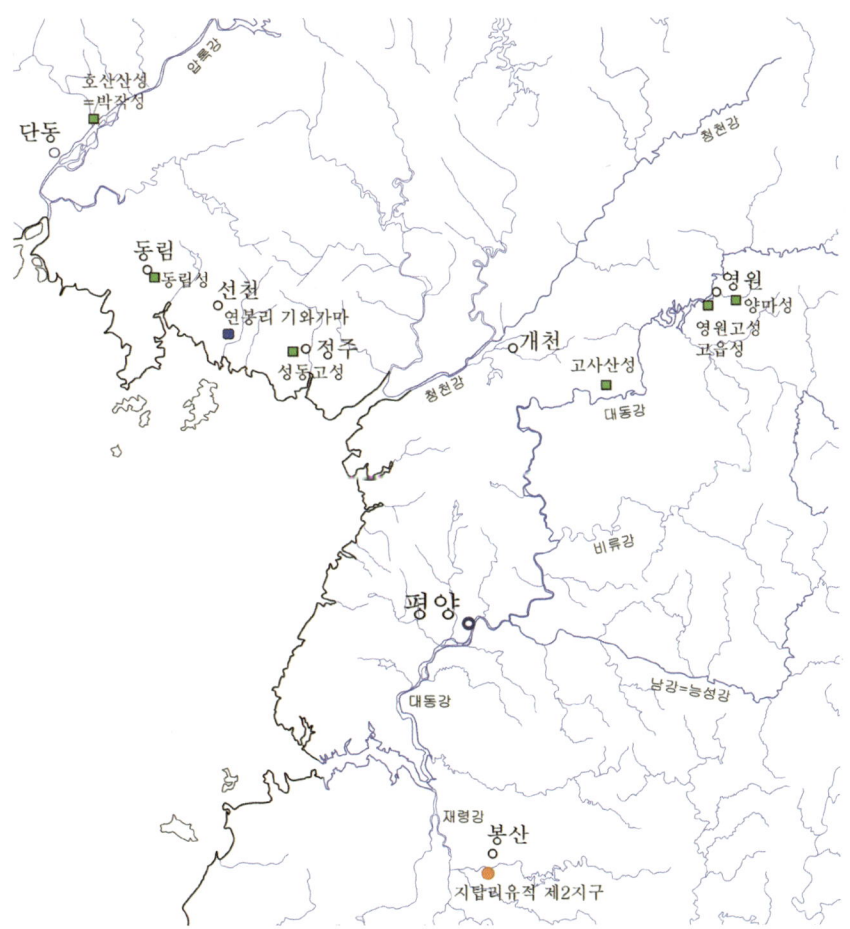

도면 46. 평안남·북도 지역 발해유적 현황(필자 작성)

서 북한지역에는 아직 유적조사가 상당히 미흡하다고 말할 수 있고, 또 평안 남·북도 지역은 심양, 무순, 요양과 마찬가지로 고구려 고지여서 고구려와 발해의 것이 서로 잘 구분되지 않아 대부분 유적이 모두 고구려 유적으로 보고되었을 가능성도 있다.

 주목되는 유적이 1개소 더 있는데 대동강 하류의 남쪽 지류인 재령강 유역에 위치하는 지탑리 유적에서 발해의 것으로 보이는 토기편이 확인된다는 사

1. 발해의 남쪽 경계 127

실이다(정석배 외 2023d, 140~141쪽). 흑백 사진으로 제시된 이 토기 대상 파수편은 동체부 부분에 수평의 광택문이, 손잡이의 등 부분에 수직의 광택문이 각각 확인되는데, 바로 발해 윤제 토기에 특징적인 요소이다. 만약 이 유물이 정말로 발해의 것이라면 발해 주민의 일부가 대동강 하류 남쪽으로도 한때 진출하였다고 말할 수 있을 것이다.

2. 발해의 서남쪽 경계

발해의 서남쪽 경계는 요동을 발해 영역으로 인정하는가 혹은 인정하지 않는가에 따라 연구자들 사이에 큰 이견이 있다. 그런데 요동을 발해 영역으로 인정하는 연구자들 사이에도 구체적인 경계선에 대해서는 또 이견이 있다. 따라서 발해의 서남쪽 경계는 요동을 발해 영역에 포함하는 의견과 포함하지 않는 의견으로 크게 구분한 다음에 다시 세분하여 검토하도록 하겠다.

1) 요동을 발해 영역에 포함하지 않는 의견들

요동을 발해 영역에서 제외하는 가장 큰 근거는 『신당서』「지리지」에서 인용하고 있는 가탐(730~805년)이 쓴 『도리기』의 다음 기록이다.

> 『신당서』「지리지」(권43 하 지33 하 지리7 하) : (안동) 도호부에서 동북쪽으로 옛 개모성과 신성을 지나고 또 발해 장령부를 지나 1,500리를 가면 발해 왕성에 이른다... 압록강 하구에서 배를 타고 100여 리를 가서 다시 작은 배를 타고 물을 거슬러 동북쪽으로 30리를 가면 박작구에 이르며 발해의 경내로 들어가게 된다(自都護府 東北經古蓋牟新城 又經渤海長嶺府 千五百里至渤海王城... 自鴨淥江口舟行百餘里 乃小舫泝流東北三十里至泊汋口 得渤海之境). (고구려연구재단 편 2004b, 412쪽).

이 내용은 다수 연구자가 발해의 서남쪽 경계를 설정하는 주요 근거이다. 첫 번째의 구절에서 동북으로 옛 개모 신성 다음에 발해 장령부가 있다고 하였으니 장령부부터를 발해 영역으로 본 것이며, 두 번째 구절에서는 박작구에 이르러 발해의 경계에 들어선다고 하였으니 박작구부터를 발해 영역으로 본 것이다.

하지만 이 기록은 발해를 방문한 적이 없는 가탐(賈耽, 730~805년)이 남긴 것이다. 가탐은 당나라 정원(貞元) 연간(785~805년)의 재상이었다. 이 사실은 『신당서』「지리지」의 다음 기록을 통해 알 수 있다.

『신당서』「지리지」(권43 하 지33 하 지리7 하) : 그 후에 정원(貞元)의 재상 가탐은...(其後貞元宰相賈耽...). (고구려연구재단 편 2004b, 412쪽).

　가탐은 당나라의 재상으로서 당나라와 주변 사이(四夷) 사이의 교통로에 대해 많은 관심을 가졌고, 정원 말에 우리가 흔히『도리기(道里記)』혹은『고금군국지(古今郡國志)』라고 부르는『변주입사이도리기(邊州入四夷道里記)』혹은『고금군국현도사이술(古今郡國縣道四夷述)』을 작성하였다.

　가탐은 발해를 방문한 적이 없어서 어디선가 관련 정보를 얻었을 것이 분명하다. 머리말에서 지적한 바와 같이, 니즈마 토시히사(新妻利久)는 가탐의 관련 기록 내용은 당 중종(中宗)(재위 683~684년, 705~710년) 때 발해에 파견된 장행급(張行岌) 혹은 713년에 발해를 방문한 최흔(崔忻)의 보고 내용을 참고한 것으로 추정하였고(新妻利久 1969, 151쪽), 아카바메 마사요시(赤羽目匡由)는『도리기』의 관련 내용이 762~764년에 당에서 출발하여 발해와 신라를 거쳐 다시 당으로 귀국한 한조채(韓朝彩)가 수집한 정보를 기초로 한 것으로 판단하였다(아카바메 마사요시 저 / 김선숙 역 2008, 300~301쪽). 송기호도 가탐의『도리기』는 "8세기 말까지의 사정을 전하는 것일 뿐이다"라고 하였다(송기호 1995, 219쪽). 김진광은『도리기』의 관련 내용이 안동도호부를 기점으로 하고 또 안동도호부가 요동군고성에 있을 때의 상황을 나타내기 때문에 676년부터 705년 안동도호부가 요서지역으로 이주하기 이전의 상황을 나타내고 있다고 하였다. 다만 김진광은 안동도호부가 요동군고성(요양)에 있었던 시기는 676~677년으로서 발해가 상경으로 천도한 755년[3]과는 77년의 차이가 있음도 지적하였다(김진광 2002, 175~176쪽; 김진광 2007, 193~194쪽; 김진광 2012, 123쪽, 216쪽).

　안동도호부는 677년에 요양에서 무순으로 옮겼다가 698년에 폐지되었고, 나중에 705년에 유주에 다시 설치하였다. 발해가 상경으로 천도한 것이 755

---

3. 송기호는 756년 초라고 하였다(송기호 1995, 243쪽).

년이었기에 한조채가 762~764년 무렵에 마치 안동도호부가 있는 요양에서 옛 개모 신성과 발해 장령부를 지나 발해 왕성으로 갔다는 것은 여러 시점(時點)이 현재에 적용된 것으로서 "발해 장령부를 지나"의 발해 장령부가 구체적으로 어느 시기 것인지를 보여주지 못한다. 김진광이 지적하였듯이 676년부터 705년 안동도호부가 요서 지역으로 이주하기 이전의 상황일 수도 있고, 713년에 발해를 방문한 최흔(崔忻) 때의 상황을 반영할 수도 있고, 또 한조채 당시의 상황일 수도 있다. 다시 말해서 "발해 장령부를 지나"의 시점에 대해서는 여러 다른 기록을 참조하여 판단할 수밖에 없을 것이다. 이것은 "박작구에 이르러 발해의 경계에 들어선다"라는 기록도 마찬가지이다.

따라서 가탐의 『도리기』의 기록에 근거하여 발해의 전성기 서남쪽 경계를 설정하는 것은 잘못이라고 말할 수 있다. 필자가 생각할 때 박작구와 장령부 서변을 잇는 선은 발해 초기 때의 경계였을 것이며, 또 어쩌면 발해와 발해에 속한 '고려후국'과의 경계였을 수도 있다.

하여튼 가탐의 『도리기』에 근거한 발해 서남쪽 경계 설정에는 박작구와 장령부의 위치가 중요하다. 상기한 바와 같이, 남쪽 경계 설정에서 평안도 지역을 발해 영역에서 제외하는 연구자들은 박작구와 니하를 잇는 선을 발해의 경계로 본다. 따라서 박작구의 위치 문제를 먼저 살펴보기로 하겠다.

박작구는 가탐의 『도리기』에 따르면 압록강 하구에서 배를 타고 100여 리를 가서 작은 배로 갈아타고 물을 거슬러 동북쪽으로 30리를 간 거리에 위치하였다. 다시 말해서, 압록강 하구에서 상류 쪽으로 130리 거리에서 박작구를 찾아야 한다.

일찍이 유득공(1748~1807년)도 박작구의 위치에 주목한 적이 있다. 유득공은 『후운록(後雲錄)』에서 "압록강이 바다로 흘러드는 곳을 당지(唐志)에서는 박작구라고 했고, 요(遼)는 갈소관(曷蘇館), 금(金)은 파속로(波速路), 그리고 원(元)에서는 파사부(婆娑府)라고 했다. 지금 의주의 압록강 밖에 있는 봉성(鳳城) 등지가 그곳이다. 갈소(曷蘇), 파속(波速) 파사(婆娑)라는 것은 모두 음이 전이(轉移)된 것이다"라고 하였다(정진헌 1993, 87쪽 재인용).

이후 정약용은 "지금의 태자하 이남[지금의 요양] 애하 이서[지금의 봉황성 땅]에는 발해의 발자취가 미친 적이 없다(今太子河以南[今遼陽] 靉河以西[今鳳凰城地] 渤海之跡 槩未及焉)라고 하였고, 또 박작구를 발해의 경계라 하였다(고구려연구재단 편 2004, 203쪽; 동북아역사재단 2021b, 28쪽, 38쪽). 정약용은 박작구가 애하 하구라고 지목하지는 않았지만, 위의 내용을 통해 본다면 박작구를 곧 애하 하구로 인식하였다고 추정할 수 있다.

한진서는 『해동역사속(海東繹史續)』에서 박작구를 지금의 의주 강 건너편의 땅(泊汋口 今義州隔江地也)이라고 하였고, 또 박작구에 있는 박작성과 관련해서는 지금의 우리 의주 옥강보 강 건너편의 땅인데, 곧 한의 서안평이고 요의 갈소관이며 금의 파속로 원의 파사부로서 모두 음이 바뀐 것이라고 하였다(泊灼城 今我義州玉江堡隔江之地也 卽漢之西安平 遼之曷蘇舘 金之婆速路 元之婆娑府 皆音之轉也)(고구려연구재단 편 2004a, 296쪽, 305쪽; 동북아역사재단, 2021b 265쪽, 285쪽). 의주 강 건너편에는 애하 하구가 있고, 의주 옥강보 강 건너편에는 포석하 하구가 있다. 따라서 한진서는 박작구와 박작성이 서로 다른 곳에 있었다고 본 것이다.

1856~1861년 사이에 김정호가 작성한 『동여도(東輿圖)』를 보면 옥강보의 압록강 대안은 바로 포석하(蒲石河) 하구에 해당한다(도면 47).

이후 1913년에 마쓰이 히토시(松井等)는 박작구가 구련성(九連城)의 동북 약 2방리(邦里) 변에 있는 포석하(蒲石河) 하구라고 하였다. 그는 발해국의 남쪽 경계가 압록강의 해구(海口)에서 130리 거리의 박작성이라고 하면서 박작성이 포석하의 하구에 있다고 생각하였다. 이 의견은 박작(泊汋)이 요의 갈소(曷蘇), 금의 파속(波速), 원의 파사(婆娑)를 거쳐 지금의 포석(蒲石)으로 음이 바뀐 것으로 파악한 데에 근거하는데(松井等 1913, 정진헌 1993 87쪽 및 袁輝 1993 70~71쪽 재인용), 유득공과 한진서가 이미 지적한 바와 같다.

박작구 포석하(=대포석하) 하구설은 오랫동안 정설로 인식되었다. 도리야

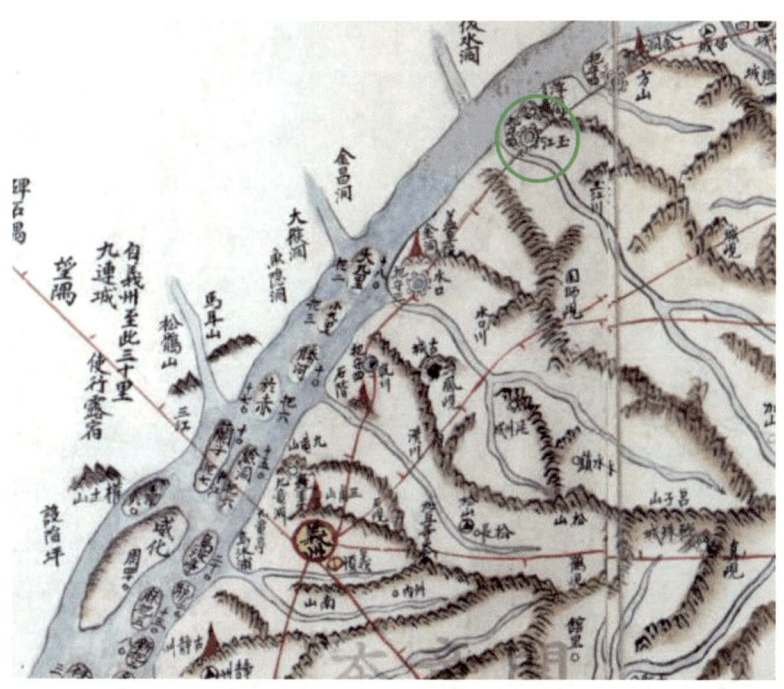

도면 47. 〈동여도〉의 옥강 위치(규장각원문검색서비스 동여도 세부, 필자 재편집)

마 기이치(鳥山喜一)(1968)도 이 의견을 따랐고, 김육불도 포석(蒲石, pushi)의 음이 박작(泊汋, bo/pozhuo)과 비슷하기 때문에 박작구는 대포석하(大蒲石河) 부근에서 찾아야 할 것이라 하였다(김육불 편저 / 발해사연구회 옮김 2008, 341~343쪽).《중국역사지도집》편집조동북소조는 박작구가 포석하 하구 동안(東岸)에 있다고 하였으면서, 박작성(泊汋城)은 구련성(九連城)일 것으로 보았다(《中國歷史地圖集》編輯組東北小組 1979, 84~85쪽). 『중국역사지도집(中國歷史地圖集)』에도 이 의견을 따라 포석하 하구 지점에 박작구를, 구련성 지점에 박작성을 표시하였다(도면 48).

하지만 모든 연구자가 박작구 포석하 하구설에 동의한 것은 아니었다. 상기한 바와 같이, 정약용은 애하(靉河)를 염두에 둔 것으로 보인다. 한진서도 "박작구는 지금의 의주 강 건너편의 땅이다(泊汋口 今義州隔江地也)"라고 하였고, 서상우도 "박작구는 지금의 의주 강 건너편의 땅이다(泊汋口今義州隔

2. 발해의 서남쪽 경계 133

江地也)"라고 하여 의주 건너편에 박작구가 있다고 생각하였는데(徐相雨 集·劉承幹 校 1925), 의주 건너편은 애하 하구가 있는 곳이다(도면 49).

이후 1969년에 니즈마 토시히사(新妻利久)는 박작구는 대포석하(大蒲石河) 하구가 아니라 애하(靉河) 하구라는 의견을 제시하였다(新妻利久 1969, 152~168쪽). 하지만 니즈마 토시히사(新妻利久)가 박작성(泊汋城)을 애하 하구가 아니라 구련성(九連城) 서쪽 약 40리 거리의 석성촌(石城村)에 있는 석두성(石頭城)으로 본 점은 아쉽다고 하겠다.

도면 48. 『중국역사지도집』 발해 강역도 세부의 박작구 위치 (譚其驤 主編 1996)

도면 49. 압록강 하류 박작성 일대의 지리(구글어스, 필자 재편집)

그런데 1990년에 왕면후(王綿厚)와 이건재(李建才)는 박작구 위치 문제와 관련하여 압록강 하구에서 박작구까지의 거리를 볼 때 박작구는 지금의 애하와 압록강이 합류하는 곳에 있을 것이라고 하였다. 하지만 『신당서』「지리지」에 소개된 가탐(賈耽) 『도리기』의 "등주에서 동북쪽으로 바다로 가서 대사도를 지나... 오호도 3백리... 마석산 동쪽의 도리진까지 2백리... 청니포를 지나... 오골강 8백리(登州東北海行 過大謝島... 烏湖島三百里... 至馬石山東之都里鎭二百里... 過靑泥浦... 烏骨江八百里...)"의 오골강이 오골성(烏骨城)인 봉황산성을 염두에 둘 때 지금의 애하(靉河)를 말하는 것이기에 박작구는 애하의 하구가 아니라 박작성을 말한다고 생각하였다. 박작성은 한나라의 안평현고지(安平縣故址)로 비정되는 애하첨고성일 것으로 이해하였다. 곧, 애하첨고성은 한나라의 안평현이었고, 발해의 박작성이었으며, 금대의 파속부였고, 원대의 파사부 소재지였던 것으로 파악한 것이다(王綿厚·李建才 1990, 163~164쪽).

오늘날 박작구와 박작성의 위치에 대해서는 1993년에 원휘(袁輝)가 논증한 것이 받아들여지고 있다. 그는 『구당서』「설만철전(薛萬徹傳)」의 박작성과 관련된 "산의 험지에 쌓고 압록수에 기대어 방비를 굳게 하고(因山設險 阻鴨綠水以爲固)"의 기록을 통해 박작성은 압록강변에 있고, 산성이고, 박작구와 파생 관계에 있을 것이기에 큰 강의 하구에 위치하는 고구려 유적이 바로 박작성일 것으로, 그리고 이에 가장 부합하는 유적이 호산고구려산성(虎山高句麗山城)이라고 판단하였다(도면 49; 50). 그 근거에는 입지적 조건뿐만 아니라 주변에 호산(산)성을 제외하고는 다른 고구려 산성이 보이지 않기 때문인 것도 포함된다. 따라서 지금의 애하 하구는 자연히 옛날의 박작구가 된다고 하였다(袁輝 1993, 70~71쪽).

압록강의 지형을 보면 압록강은 하구에서 물길을 거슬러 올라갈 때 위화도 남단 지점에서부터 폭이 좁아지기 시작하고, 조금 더 동북쪽의 진주도(珍珠島)와 조란도부터는 급격하게 좁아진다(도면 51). 위화도 남단에서 호산성

도면 50. 애하 하구 쪽에서 바라본 호산성(박작성)(필자 촬영)

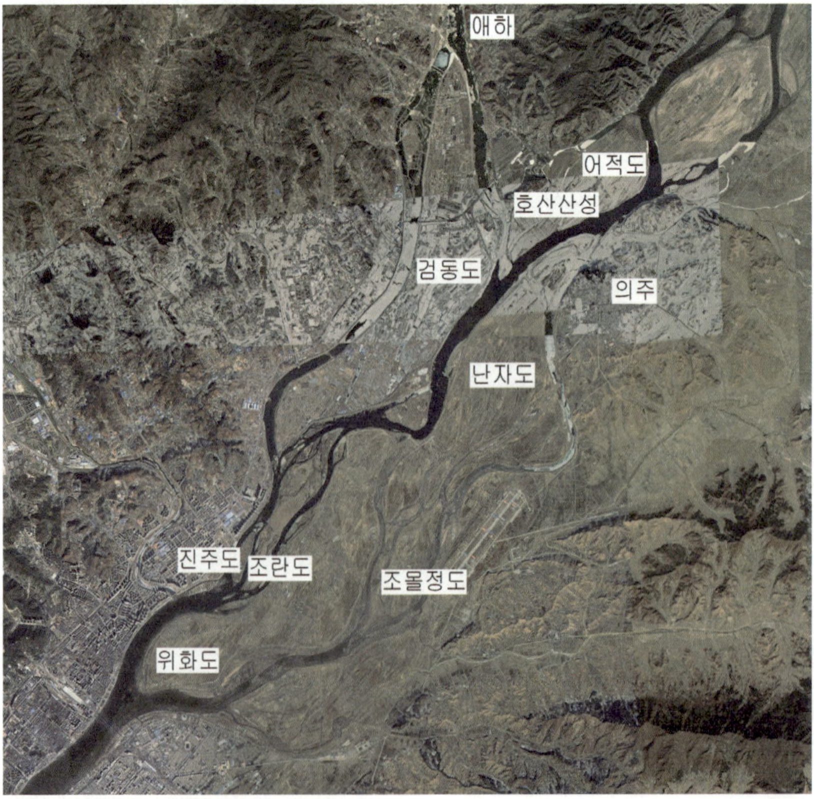

도면 51. 박작구 일대의 지리(구글어스, 필자 재편집)

136 Ⅲ. 발해의 강역

곁 애하 하구까지는 약 12.6㎞인데 30리 거리에 상응한다. 위화도 남단에서 포석하 하구까지는 굴곡거리 약 35㎞로서 거의 90리이다. 압록강 하구는 기준에 따라 차이가 나겠지만 평안북도 비단섬(신도군) 동남쪽의 추도를 기준으로 한다면 위화도 남단까지 굴곡거리 약 40㎞로서 100리에 해당한다(도면 52). 따라서 박작구는 압록강 하구에서 100리, 다시 작은 배로 갈아타고 30리의 거리에 상응하는 호산성이 있는 지금의 애하 하구임이 분명하다(도면 53). 압록강 하구에서 위화도까지는 큰 배로, 위화도부터는 작은 배로 이동하였던 것이다.

다음에는 발해 장령부의 위치 문제를 살펴보기로 하겠다. 발해 장령부의 위치는 여러 연구자가 지적하였듯이 다음의 기록들에 근거하여 추정된다.

도면 52. 압록강 하류와 하구 일대의 지리(구글어스, 필자 재편집)

『신당서』「발해전」(권219 열전 제144 북적) : 고[구]려의 옛땅을 서경으로 삼고 압록부(鴨淥府)라 하였고... 장령부(長嶺府)라 하였다... 장령(長嶺)은 영주도(營州道)이다(高麗故地爲西京 曰鴨淥府... 曰長嶺府... 長嶺 營州道也). (국사편찬위원회 1990b, 442~443쪽, 463쪽, 번역 일부 수정).

『신당서』「지리지」(권43 하 지33 하 지리7 하) : (안동) 도호부에서 동북쪽으로 옛 개모성과 신성을 지나고 또 발해 장령부를 지나 1,500리를 가면 발해 왕성에 이른다(自都護府 東北經古蓋牟新城 又經渤海長嶺府 千五百里至渤海王城). (고구려연구재단 편 2004b, 412쪽).

이 두 기록으로 장령부가 고구려의 옛땅에 서경압록부와 이웃하여 설치되었고, 영주도라는 교통로에 설치되었으며, 안동도호부가 있었던 요양에서 개모·신성을 지나 장령부가 있고, 또 동쪽으로 더 가면 발해 왕성, 즉 상경성이 있었음을 알 수 있다.

먼저 발해 장령부의 치소(治所) 혹은 부(府) 소재지와 그 범위에 대한 그동안의 연구 성과를 살펴보기로 하겠다.

1778년(청 건륭 43년)에 완성된 『흠정만주원류고(欽定滿洲源流考)』에서는 발해 장령부가 길림 서남쪽 500리의 장령자(長嶺子) 지역임을 지적하였다. 장령자의 위치에 대해서는 "지금 길림의 서남쪽 500리에 장령자가 있는데 만

도면 53. 압록강과 애하 합수지 모습(호산성 정상에서, 필자 촬영)

주말로 과륵민주돈(果勒敏珠敦)이라고 하며, 남으로 납로와집(納嚕窩集)과 접해 있고, 북으로 고열눌와집(庫咿訥窩集)과 접해 있어 장백산 남쪽으로부터 하나의 산마루가 빙빙 둘러서 여기에 이르러 모든 물이 나뉘어 흘러가는 곳이다. 북으로 흘러 요길선(遼吉善)·휘발(輝發) 등의 강이 되어 혼동강(混同江)으로 흘러 들어가고, 서북으로 흘러 영아(英莪)·점니(占尼)·합달(哈達)·엽혁(葉赫)·혁이소(赫爾蘇) 등의 강이 된다. 장령자라는 이름은 이로써 붙여진 것으로 생각되고 금주(錦州)·복주(復州)는 비록 역시 장령에 있다고 하더라도 모두 이와 같지는 않으니 잘 알려졌다"라고 하였다(장진근 역주 2008, 323~324쪽).

발해 장령부가 장령자에 있다는 의견은 이후 오랫동안 대부분 연구자에 의해 지지받았다. 다만 그 구체적인 위치에 대해서는 약간의 이견이 있었을 뿐이다. 1894년에 발간된 만주전도(滿洲全圖)를 보면 휘발은 휘발하, 합달은 청하, 혁이소는 동요하 상류의 한 지류를 말하는 것으로 판단된다(도면 54). 다시 말해서 장령자는 서쪽 요하 수계와 동쪽 혼동강, 즉 제2 송화강 수계의 분수령 지역에

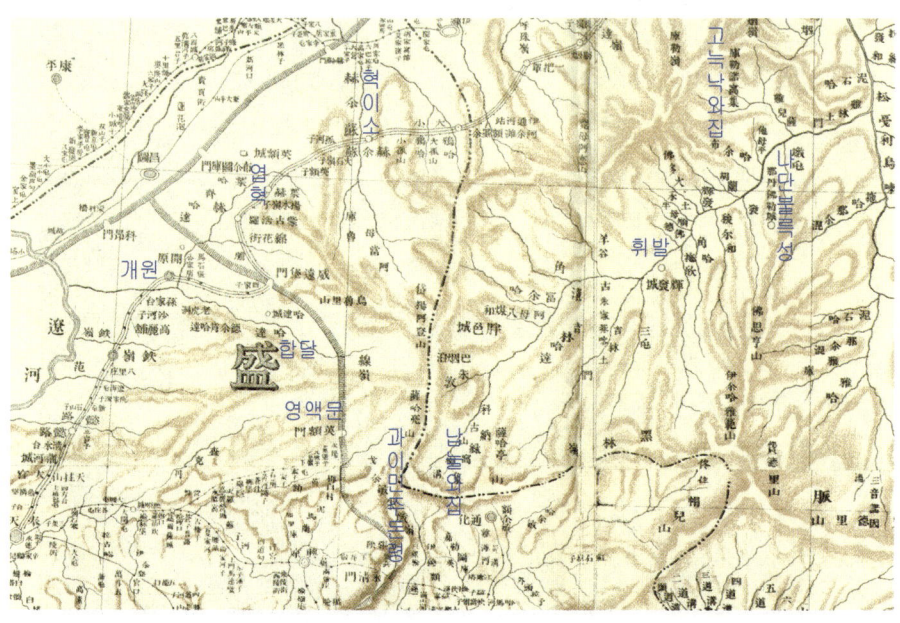

도면 54. 1894년 발간 〈만주전도(滿洲全圖)〉의 장령자 일대(http://www.ditu114.com/ditu/656.html, 필자 재편집)

해당하며, 또한 남쪽으로 압록강 수계와의 분수령 지역이기도 하다(도면 55).

정약용도 『아방강역고』에서 발해 장령부는 이곳 장령(長嶺)에 있었을 것으로 보았다(동북아역사재단 2021b, 47~49쪽).

한진서도 발해 장령부에 대해 1823년 무렵에 완성된 『해동역사속』에서 정약용과 비슷한 의견을 제시하였는데, 장령부의 위치를 발해 영주도와 관련하여 추정한 것이 주목된다. 한진서는 발해 장령부는 지금의 영길주(永吉州) 등지라고 하면서 "가탐이 이르기를 〈안동도호부[지금의 요양주]에서 동북쪽으로 개모성·신성을 경유하고, 또 장령부를 경유해 1,500리를 가면 발해 왕성에 이른다〉라고 하였다. 대개 장령부는 발해가 당시에 요동과 왕래하는 길이었으며, 바로 그 서쪽 경계의 초입이었던 것이다. 지금 장백산의 큰 줄기가 북쪽으로 뻗어가서 납록와집(納綠窩集)이 되고, 다시 북쪽으로 뻗어가서 오라(烏喇)의 서남쪽에 이르러 고로눌와집(庫魯訥窩集)이 되고, 또 북쪽으로는 가이민주돈령(歌爾民朱敦嶺)이 되어 산등성이가 수천 리에 걸쳐 뻗었는데, 이를

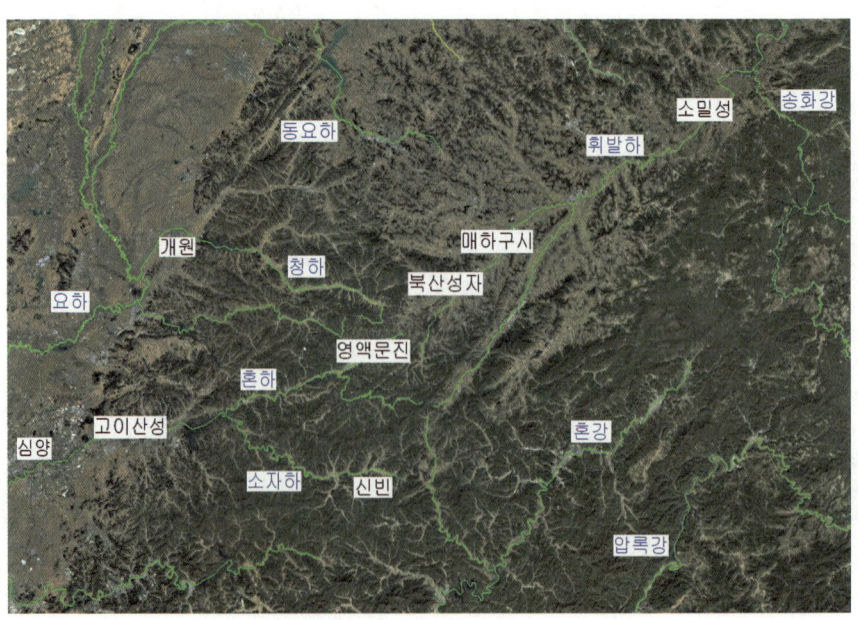

도면 55. 혼하-휘발하 일대의 지리(구글어스, 필자 재편집)

통틀어 장령자라고 한다. [성경통지를 보라]. 장령이라는 칭호는 예나 지금이나 바뀌지 않았으니 곧 발해의 장령부는 마땅히 지금의 영길주 등지에 있었다"라고 하였다(동북아역사재단 2021b, 285~286쪽).

1891년에 발간된 『길림통지』에서는 발해 장령부를 지금의 해룡현 경내(今海龍縣境)라고 하였는데(長順 修 李桂林 纂 李樹田 等 点校 1986, 188쪽), 발해 장령부의 위치를 상당히 구체적으로 지목한 것이다. 해룡현은 휘발하 상류 지역에 위치하는 지금의 매하구시(梅河口市)를 말하며 장령자 내에 있다.

이후 1913년에 마쓰이 히토시(松井等)는 장령부의 위치를 더욱 구체적으로 지목하였는데, 흥경(지금의 신빈) 북쪽 약 120리 거리의 영액성(英額城) 일대로 추정하였다(松井等 1913, 417쪽). 이 의견은 가남의 『노리기』에서 개모와 신성을 지나고 또 발해 장령부를 지나 발해 왕성에 도달한다는 기록에 근거한 것으로서 바로 장령자(長嶺子) 지역 중 한 곳을 지목한 것이다. 영액성은 혼하 상류의 지류 지역에 있는 지금의 영액문진(英額門鎭)을 말하며, 발해 영주도의 노선상에 해당한다. 매하구시에서 서남쪽으로 약 60㎞ 떨어져 있고, 혼하와 휘발하의 분수령 지역이다. 『길림통지』에서 한 걸음 더 나아간 의견이라 하겠다.

하지만 비슷한 시기 쓰다 소키치(津田左右吉)는 장령부의 치소를 휘발하 유역에 위치하는 산성자(山城子)로 판단하였다(津田左右吉 1915). 산성자는 북산성자라고도 불리며, 매하구시(옛 해룡현) 남서쪽 산성진(山城鎭)의 산성진산성 혹은 성지산[산]성(城址山[山]城)을 말한다. 다만 이 산성은 행정구역이 동풍현(東豊縣)에 속한다. 이 산성은 매하구시와 영액문진 거의 중간쯤에 위치하고, 마쓰이 히토시(松井等)가 장령부의 치소로 지목한 영액성에서 동북쪽으로 약 34㎞ 떨어져 있다.

도리야마 기이치(鳥山喜一)는 처음에는 마쓰이 히토시(松井等)의 의견을 지지하였지만(鳥山喜一 1915), 나중에는 쓰다 소키치(津田左右吉)의 의견을 따라 북산성자설에 동의하였다(鳥山喜一 1968).

정겸(丁謙)은 발해 장령부 소재지를 해룡 부근이라고 하였는데(丁謙 1915),

『길림통지』의 의견을 따른 것으로 생각된다.

이후 당안(唐晏)(1919)이나 서상우(徐相雨)(1925)는 장령부의 치소를 막연하게 장령자 지역으로 보았다.

황유한(黃維翰)은 장령부의 치소가 아니라 장령부 전체의 범위를 설정하였다. 그는 장령부가 상경의 서남쪽에 위치하고 고려고지로서 영주도이며, 동쪽은 압록부와 접하고, 서쪽은 당의 요양주와 접한다고 보았으며, 동경 124~125도 북위 41~42도 사이의 봉천(奉天), 해룡, 청원, 본계 지역으로 판단하였다(黃維翰 1929). 여기서 주목되는 것은 황유한이 발해 장령부에 봉천이 포함된다고 본 곳인데, 봉천은 지금의 요하 가까이 심양을 말한다. 정약용이 심양, 즉 봉천에 정리부의 소재지가 있다고 본 것과는 차이가 있지만, 둘 다 심양 지역을 발해 영역에 포함한 것은 같다고 말할 수 있다.

김육불은 처음에는 『발해국지장편』에서 장령부의 치소를 막연하게 장령자 지역으로 보았지만(金毓黻 1934), 나중에 『동북통사』에서는 발해 장령부를 해룡현 영액문 이북의 분수령 장령자라고 하였다(金毓黻 1941).

이후 일본의 와다 키요시(和田淸)는 장령부의 위치에 대해 『만주원류고』에서 제시한 장령자에 동의하면서, 쓰다 소키치(津田左右吉)의 북산성자(北山城子)설에 동의하였고, 또 장령부 아래 하주(河州)가 휘발성 혹은 소밀성에 있었을 것이라 하였다. 그는 휘발하-혼하 분수령 부근이 당과 발해의 경계였을 것으로 판단하였다(和田淸 1954; 和田淸 1955, 79쪽, 110쪽).

니즈마 토시히사(新妻利久)도 장령부는 가탐의 『도리기』에 기록된 발해 영주도 교통로에서 찾는 것에 동의하면서 혼하와 휘발하의 분수령인 장령자 일대의 산성진(山城鎭)에 있을 것으로 보았다. 주목되는 것은 장령부의 수주인 하주(瑕州)는 휘발하 분지의 동풍·서풍 지방을 관할하고, 하주(河州)는 혼하 유역을 관할 하였을 것인데, 그 치소는 안동도호부가 개원 2년(714)에 평주로 후퇴하면서 고구려의 신성이 빈 성이 되었을 것이기에 이 신성에 있었을 것으로 보았다(新妻利久 1969). 신성은 무순의 고이산성을 말한다.

북한의 박시형도 발해 장령부에 대해 논하였는데, 장령이 어떤 산맥을 지칭하는지, 또 『만주원류고』, 정약용, 한진서 등이 말하는 청대의 지리 명칭 일부를 잘 설명하고 있어 관련 내용을 인용하기로 한다. 그는 "당나라의 이른바 안동도호부(료양)에서 멀리 동북방 발해 상경으로 오자면 우선 발해 서방 국경 부근의 긴 산맥을 하나 넘게 되는데 그것이 오늘 길림성 서남쪽에서 료녕성 동북쪽으로 걸쳐 남서 방향으로 멀리 뻗은 길림합달령산맥이다. 과거에는 이 산맥의 북반을 고록납와집(고로눌와집, 와집은 밀림지대를 표시하는 말이라고 한다) 남반을 남로와집으로 갈라 부르고 한데 합쳐서는 장령이라고 불렀으며…길림합달령(장령)은 서쪽 료하계통, 동쪽 송화강계통, 남쪽 압록강계통의 모든 대소 지류들의 분수령으로 되여있다. 단적으로 말하여 발해 장령부는 이 장령의 동, 서, 남 일대 지방 즉 오늘의 쌍양, 이통, 료원, 해룡, 동풍, 서풍, 청원 및 기타를 포괄하는 부인데 그 부의 소재지에 관하여는 연구자들 사이에 해룡 또는 영액문(청원현 안) 등 지방을 지정하는 사람들이 많다. 이중 어느 것이라고 똑똑히 지적할만한 명확한 자료는 없으나 이 두 지점은 어차피 매우 가까운 곳들이고 또 휘발하의 상류 연안 혹은 그에 아주 가까운 곳으로서 상경으로 향하는 큰 길목에 있었으리라고 생각된다"라고 하였다. 그리고 뒤이어 "하주(옥티하주)는 장령부의 수주이며 그 위치는 부소재지의 위치에 따라 결정될 수밖에 없으나 대체로 해룡-영액문어간이리라고 추측된다"라고 하였다(박시형 1979, 169~170쪽). 따라서 박시형은 발해 장령부의 소재지를 요하, 송화강, 압록강 수계의 분수령인 장령자의 해룡-영액문 사이로 보았다고 말할 수 있다.

　하지만 같은 1979년에《중국역사지도집》편집조동북소조는 장령부 소재지를 소밀성 발굴 조사 성과를 토대로 소밀성이 합당하다고 판단하였다(《中國歷史地圖集》編輯組東北小組 1979, 107쪽). 아마도 이 의견은 1978년에 실시된 이건재와 손진기 등의 소밀성을 포함한 휘발하와 혼하 유역의 조사 내용을 토대로 하였을 것이다.

　1982년에 손진기는 북산성자는 발해 유물이 발견된 것이 없어 발해 유적이 아니라고 하였고, 또 요양에서 동경성(=상경성)에 이르기까지 가장 규모가 큰 발해 성은 휘발하 유역의 소밀성이기에 소밀성이 장령부의 소재지일 것이라고 하였다(孫進己 1982, 86쪽).

이건재도 장령부의 소재지를 소밀성으로 보았다(李健才 1983, 43~45쪽). 이건재는 1978년 9월에 손진기 등과 함께 북산성자(해룡 산성진산성)를 시굴 조사하였으나, 발해 유물을 찾지 못하였다. 또 1978년 10월에는 손진기 등과 청원현 영액문 일대에서 발해 장령부와 관련된 유적을 찾고자 하여 영액문진 남서쪽에 위치하는 쌍립자산성(雙砬子山城) 등을 확인하였으나 규모와 유물 등이 발해 장령부 소재지에 상응하지 못하는 것으로 보았다. 1978년 10월에는 소밀성도 조사하였는데 내·외 이중성으로서 외성은 둘레 길이가 2,600m로서 휘발하 유역에서 최대의 발해 성이고, 또 발해의 연화문 와당 등 다량의 발해 유물이 발견되어 발해 장령부 소재지에 잘 상응하는 것으로 판단하였다.

발해 장령부의 소재지는 손진기와 이건재 등이 소밀성으로 비정한 이후 아직 다른 설이 제기된 것이 없으며, 이후의 논저에는 모두 장령부의 치소로 소밀성을 지목하고 있다.

북산성자에서는 상기한 바와 같이 발해 유물이 발견되지 않았다. 필자는 2018년에 지금은 동풍 성지산성(城址山城)으로 불리는 북산성자를 답사한 적이 있다(도면 56). 성벽의 둘레 길이가 1,980m인 포곡식 산성인데 성벽의 곳곳에 치가 있고 또 네 모서리에는 각루도 있다(吉林省文物志編委會 1987, 89~90쪽). 성벽은 토축이 기본이나 일부 토석혼축으로 보이는 곳도 있다. 산 정상부의 넓은 평탄지에서 초석으로 보이는 다수의 넓적한 돌이 확인되었고, 또 성안 곡부 아랫부분의 평탄지에는 지금도 다수의 건물이 들어서 있다. 유물은 확인하지 못하였다. 치와 각루 같은 성벽 부속시설로 본다면 요금대의 성에 가깝다고 할 수 있으나, 성벽 단면을 보면 요금대에 특징적인 시루떡 모양의 판축이 관찰되지 않아 요금대 이전에 축조하였을 가능성도 있다고 생각된다. 옹성 성문이 없는 점도 요금대의 전형적인 성과는 구분되는 점이다. 다만 시굴 조사에서 발해 유물이 발견되지 않았다고 하니, 발해의 부(府) 소재지로 볼 수는 없을 것이다.

소밀성은 길림성 화전시 화전진 대성자촌 부근의 휘발하 가에 위치하는 토축 평지성이다. 필자는 이 성을 2009년과 2018년에 답사한 적이 있다(도면 57).

도면 56. 성지산성(북산성자, 산성진산성) 모습(필자 촬영)

도면 57. 소밀성 외성 남문지 옹성 모습(필자 촬영)

2. 발해의 서남쪽 경계   145

평면 '回'자 모양의 내외 이중성이며, 성벽의 둘레 길이는 외성 2,590m, 내성 1,281m이다. 외성과 내성 바깥에 각각 해자가 있으며, 성벽의 잔존 높이는 외성 3~4m, 내성 2.5m 내외이다. 외성의 서문지와 남문지에는 옹성 시설이 있다. 2013년에 외성 성벽과 내성 성벽 단면조사, 외성 남문지 옹성, 외성 도로 중축선 및 수 개 지점을 발굴하였고, 다수의 발해 유물이 출토되었다(吉林省文物考古硏究所 2013). 외성 성벽의 단면은 가운데는 판축으로 쌓고 양쪽 가장자리는 성토 다짐을 한 형태였는데 발해의 토축 성벽에 특징적인 구조였다(정석배 2017). 그 외에도 소밀성에서 발견된 유물 중에는 발해에 전형적인 연화문 와당도 있다(도면 58).

따라서 성의 규모나 유물의 양상을 볼 때 혼하-휘발하 유역에서 발해 장령부의 부(府) 소재지로 가장 합당한 곳은 현재로서는 소밀성이라고 하겠다. 다만 소밀성은 2016년도 발굴 조사 결과 외성 성벽만 발해 시기에 축조된 것으로 판단되어(王志剛 외 2017, 221~222쪽), 발해 시기에는 평면이 '回'자 모양이 아니었을 가능성이 있다.

도면 58. 소밀성 출토 연화문 와당(吉林省文物志編委會 1986b)

소밀성은 그 존재가 이미 오래전부터 알려져 있었으나, 1891년 『길림통지』에서 중경현덕부 유적으로 추정한 이후 다수 연구자가 이 의견을 지지하였다. 『길림통지』는 중경현덕부를 "지금의 길림부 남 및 이통주 동남경(今吉林府南及伊通州東南境)"이라고 지적하였고, "천보 연간에 왕도(天寶中王所都)"였던 현주는 『삼성도설(三省圖說)』에서 나단불륵성(那丹佛勒城)이라고 하였지만, 나단불륵성은 매우 협소하여 경(京)으로는 부족하고, 오직 소밀성만

이 이에 합당하다고 하였다. 아울러 소밀성에 대해 간략하게 소개하였는데 소밀성은 길림부 서남쪽 280여 리에 그리고 나단불륵성에서 동쪽으로 100여 리에 위치하며, 둘레 길이 7리이고 안에 자성(子城)이 있고 또 모서리가 네모졌다고 하였다(長順 修 李桂林 纂 李樹田 等 点校, 1986, 182~183쪽).

『삼성도설(三省圖說)』은 조정걸의 『동삼성여지도설(東三省輿地圖說)』을 말한다. 1885년 이후에 발간된 이 책의 한 부분인 「발해건국지방고(渤海建國地方考)」에서 조정걸은 "현덕부는 또 현주라 하며 즉 지금의 장백산 서북 나단불륵성 지방이다(顯德府亦曰顯州 卽今長白山西北那丹佛勒城地方)"라고 하였다. 조정걸은 가탐 『도리기』에 소개된 다음 기록에 근거하여 신주에서 육로로 400리 거리에 니단불륵성이 있다고 하였다(조정걸 1885년 이후, 13쪽).

『신당서』「지리지」(권43 하 지33 하 지리7 하) : 압록강 하구에서 배를 타고 100여 리를 가서 다시 작은 배를 타고 물을 거슬러 동북쪽으로 30리를 가면 박작구에 이르며 발해의 경내로 들어가게 된다. 다시 물을 거슬러 500리를 가면 환도현성에 이르는데 옛 고[구]려의 왕도이다. 다시 동북쪽으로 물을 거슬러 200리를 가면 신주에 이른다. 다시 육로로 400리를 가면 현주에 이르는데 천보 연간에 왕도가 있었던 곳이다. 다시 정북에서 동쪽으로 조금 치우쳐 600리를 가면 발해 왕성에 이른다(自鴨淥江口舟行百餘里 乃小舫泝流東北三十里至泊汋口 得渤海之境. 又泝流五百里 至丸都縣城 故高麗王都 又東北泝流二百里 至神州 又陸行四百里 至顯州 天寶中王所都 又正北如東六百里 至渤海王城). (고구려연구재단 편 2004b, 412쪽).

마쓰이 히토시(松井等)도 중경현덕부 현주의 위치와 관련하여 현주는 상경의 서남 600리에 그리고 신주에서 북쪽 400리 거리에 있으니 휘발하 하류의 나단불륵성(那丹佛勒城)으로 추정한 바 있다(松井等 1913).

나단불륵성에 대해서는 오늘날 모순적인 의견이 존재한다. 『길림통지』에서는 나단불륵성에 대해 다음과 같이 말하였다.

『길림통지』(권24 輿地志 12 城池) : 옛 책에 납단불륵이라 하였고, 성(길림)에서 남쪽으로 260리 거리에 위치하며, 동서 이면(二面)은 각 100보(구지에는 각 400보), 남북 이면은 각 300보이다. 성 바깥에 이중 해자가 있다. 문은 4개이다. 성 내에 작은 소성이 하나 있는데 사면이 각 200

보이고, 동서에 2개의 문이 있다(那丹佛勒城 舊志作納單佛勒 城南二百六十里 東西二面 各百步 舊志作四百步 南北二面各三百步 城外有重濠 門四 內有一小城 四面各二百步 東西二門). (長順 修, 李桂林 纂, 李樹田 等 点校, 1986, 431쪽).

이를 통해 보면 여기에서 이야기하는 나단불륵성은 규모가 상당히 작은 이중성임을 알 수 있다. 휘발하 유역의 부태고성을 나단불륵성이라고 하는 설이 있는데(정석배 외 2023a, 386쪽), 혹시 부태고성을 말하는지 모르겠다.

그런데 이후에 이건재가 나단불륵성은 곧 소밀성이라고 한(李健才 1983, 46~47쪽) 다음부터 나단불륵성은 소밀성으로 인식되고 있다. 다만, 김육불은 1934년에 발간된 『발해국지장편』에서 나단불륵성은 규모가 아주 작아 중경이라는 이름에 걸맞지 않는다고 하였고, 나단불륵성 서쪽 1백여 리 되는 곳 휘발하 북쪽 기슭에 있는 소밀성은 규모가 크고 또 물자의 운송을 마음대로 할 수 있는 편리함이 있어 중경현덕부 현주 소재지라고 하였다(김육불 편저 / 발해사연구회 옮김 2008b, 267~268쪽).

따라서 소밀성은 발해 중경현덕부의 소재지로 이미 오래전부터 주목을 받아왔음을 알 수 있다. 이후 중경현덕부의 소재지가 화룡 서고성(西古城) 발굴조사 덕분에 서고성에 있었음이 밝혀지면서, 소밀성에 대한 재해석이 이루어진 것이다. 사실 소밀성은 장령자 분수령에서 본다면 동쪽으로 상당히 치우친 곳에 있지만, 휘발하와 혼하 유역에서 가장 규모가 큰 평지성으로서 발해 때 대형의 건축물 등이 있었던 것이 분명하므로 현재로서는 발해 장령부 소재지로 가장 합당하다고 생각된다. 다만 이것이 장령부의 서쪽 경계를 말해주는 것은 아니다.

요동을 발해 영역에서 제외하는 연구자들은 각자 자신이 생각하는 박작구와 장령부의 서쪽 경계를 연결하는 선과 여기에 더해 발해 부여부까지 연결되는 선을 기준으로 발해의 서남쪽 경계를 설정한다.

일찍이 정약용은 『아방강역고』에서 발해의 서쪽 및 서남쪽 경계와 관련하여 "대체로 발해의 가장 서쪽의 경계에서 가장 북쪽은 막힐부(鄚頡府)[부여 서북쪽에 있다]라고 하고, 그다음 남쪽은 부여부(扶餘府)[지금의 개원], 그다음 남쪽은 정리부(定理府)[지금의 심양 땅], 그다음 남쪽은 솔빈부(率賓府)[흥경의 서남쪽]라고 한다. 솔빈의 동남쪽은 압록부(鴨綠府)[우예강(虞芮江) 바깥 땅], 압록의 북쪽 백산에서 내려온 본줄기의 서쪽은 장령부(長嶺部)[흥경 동쪽 경계]라고 한다. 오직 안변부(安邊府)만은 알아볼 만한 글이 없는데, 이치로 따져보면 당연히 지금의 흥경 북쪽에 있었을 것이다[서쪽으로 심양과 접한다]"라고 하였다(동북아역사재단 2021b, 53~54쪽).

흥경(興京)은 지금의 신빈이다. 따라서 흥경 북쪽은 혼하 상류 지역에, 흥경 동쪽은 혼강의 지류인 부이강 상류 지역에 해당한다고 볼 수 있다. 발해의 서남쪽 경계와 관련하여 주목되는 것은 요하 부근의 심양을 발해 정리부의 소재지로 본 점이다.

이와 관련하여 정약용은 발해가 "서쪽으로 부여[지금의 개원]에 닿았고, 심주[지금의 성경]에 이르렀으나, 지금의 태자하 이남 애하 이서[지금의 봉황성 땅]에는 발해의 발자취가 미친 적이 없다(西極夫餘[今開原] 以至瀋州[今盛京] 而今太子河以南[今遼陽] 靉河以西[今鳳凰城地] 渤海之跡 槩未及焉)"라고 하였다(고구려연구재단 편 2004, 203쪽; 동북아역사재단 2021b, 28쪽). 또 "발해 대씨는 원래 요동의 땅 한 조각도 얻지 못하였다(渤海大氏 原不得遼東一片之地)"라고 하였다(동북아역사재단 2021b, 59쪽).

다시 말해서 정약용은 태자하 이남 애하 서쪽의 요동은 발해가 차지한 적이 없다고 한 것이다.

그런데 한진서는 『해동역사속』에서 발해의 서남쪽 영역을 정약용보다 더 축소하여 보았다. 그는 "발해의 경과 부는 모두 영고탑, 오라 및 우리나라의 북쪽 경계 지역에 있었으며, 요동의 옛 지역은 애당초부터 [발해의] 강역에 들어가지 않았다. 왜냐하면 개원현이 비록 부여부가 되기는 하였으나, 이는 깊숙이 비껴 들어가 있는 서쪽 끝 지역의 경계일 뿐이다. 그리고 개원의 동남쪽이 장령부가 되고 또 그 남쪽이 압록부가 되기는 하였으나, 모두가 그 변방 경계 지역이었다. 그런즉 발해의 서쪽 경계는 요동으로 한발자국도 넘어가지 못한 것이 분명하다"라고 하였다(동북아역사재단 2021b, 276쪽).

한진서는 부여부의 소재지를 개원, 장령부의 경계를 그 소재지로 본 장령자에 속하는 영길주의 서쪽 경계, 박작구의 소재지를 의주 건너편으로 보고 이 3개 지점을 연결하는 선 서쪽 지역을 발해 영역에서 제외한 것이다. 그가 제시한 〈발해경부도〉를 보면 부여부는 청하 북쪽에, 장령부는 휘발하 남쪽에 표시되어 있고, 박작구 위치는 따로 표시하지 않았다(도면 2). 정약용이 청하와 태자하까지는 발해 영역으로 보았지만, 한진서는 이 지역까지도 발해 영역에서 제외한 것이다. 이것은 한진서가 정리부 소재지를 지금의 목단강 지역 영고탑 일대로 보았기 때문이다(동북아역사재단 2021b, 288쪽).

한진서의 발해 서남쪽 경계에 대한 이 의견은 이후 일본 및 중국의 많은 연구자에게 큰 영향을 끼친 것으로 생각된다.

이후 마쓰이 히토시(松井等)는 발해의 서남쪽 경계를 압록강 하류 포석하 - 흥경(신빈) 서쪽 - 개원 북쪽 부근을 잇는 선으로 파악하고 그 서쪽은 당나라에 속하는 것으로 보았다. 그의 발해 서남쪽 경계에 대한 의견을 인용하면 다음과 같다. "가탐(賈耽)이 당나라의 안동도호부 즉 오늘날의 요양(遼陽)에서 발해의 수도로 가는 교통로를 서술한 기사(紀事)에, 〈안동도호부에서 동북쪽으로 가서 개모(蓋牟)와 신성(新城)을 거쳐 발해 영내에 있는 장령부(長嶺府)에 이른다…〉고 하였다. 그러므로 당나라 중세 즉 가탐(賈耽)이 살던 시대에는 적어도 오늘날 봉천(奉天) 이남의 요하(遼河) 유역은 당나라 영지에 속해 있었을 것이다. 요하 하류의 평원 북단에 위치하는 지금의 개원(開原) 지방도 역시 당나라 것이었을 것이다. 당나라 말기에 거란인은 서쪽에서 요하 유역으로 침입하였지만, 그 무렵에 발해는 여전히 이 유역으로 영토를 확장한 일은 없었던 것 같다. 대체로 압록강 하류에 있는 발해의 경계로부터, 북쪽으로 오늘날의 혼하(渾河) 상류에 있는 흥경(興京) 지방을 거쳐, 오늘날의 개원 지방에 이르는 선(線)에서 서쪽은 당나라의 영지에 속해 있었다고 생각해도 큰 차이는 없을 것이다. 개원 이북 지방은 당나라의 지배가 실제로는 완전하게 행해지지 않았던 곳으로, 오히려 거란과 발해 두 나라에 속했으며, 이 두 나라는 대체로 요하(遼河) 및 동요하(東遼河)로써 서로 경계를 이루고 있었다고 생각된다. 그리고 오늘날의 농안(農安)은 발해 시대에 부여부(扶餘府)라고 불렸으며, 발해 양쪽 경계의 요충지였다. 여기에서 이남, 즉 오늘날의 장춘(長春)에 이르는 지방은 당연히 발해 영내에 포함되어 있었던 것이다"(松井等 1913, 425~426쪽).[4]

마쓰이 히토시(松井等)가 제시한 발해 강역도를 보면 발해의 서남쪽 경계는 포석하 하구에서 북쪽으로 포석하 - 태자하 상류 지역 - 신빈 서쪽 소자하 중류 지역 - 혼하와 영액하 합류 지점 서쪽 - 개원 서쪽 부근의 청하 - 개원 북쪽 부근 - 개원 부근 요하를 잇는 선으로 표시되어 있다(도면 4) 혼하와 영액하 합류 지점은 마쓰이 히토시(松井等)가 장령부 치소로 여긴 영액성, 즉 영액문진에서 서남쪽으로 약 21㎞ 떨어진 곳에 있다. 그런데 서남쪽 경계의 북쪽 지점을 개원 북쪽으로 설정한 이유는 분명하지 못하다. "요하 하류의 평원 북단에 위치하는 지금의 개원(開原) 지방도 역시 당나라 것이었을 것이다"라는 언급은 추정에 불과한 것으로 그 어떤 근거를 제시한 것이 없다.

이와 관련하여 마쓰이 히토시(松井等)가 자신의 「발해국의 강역(渤海國の疆域)」이라는 논문을 발표한 『만주역사지리(滿洲歷史地理)』 제1권에 함께 실린 야나이 와다루(箭內瓦)의 「삼국시대의 만주(三國時代の滿洲)」에 제시된 부여 남쪽 경계에 대한 의견에 영향을 받은 것이 아닌가 하는 생각이 든다. 야나이 와다루(箭內瓦)는 이 논문에서 "부여... 북쪽은 약수 즉 지금의 송화강에 이르렀고, 남쪽은 지금의 개원의 북쪽을 통과하는 변책으로 위(魏)의 현토군과 이웃하였다"라고 하였다(箭內瓦 1913, 221쪽). "개원 북쪽"은 바로 마쓰이 히토시(松井等)가 발해 경계선을 그은 지점과 정확히 일치하는데, 발해 부여부의 남쪽 경계가 바로 개원의 북쪽을 지난다고 생각하였을 것으로 추정된다.

포석하 - 흥경(신빈) 서쪽 - 혼하와 영액하 합류 지점 부근을 잇는 선은 포

---

4. 번역서 초안을 제공해 준 인하대 복기대 교수에게 감사드린다.

2. 발해의 서남쪽 경계   151

석하를 애하로 바꾼다면 정약용의 의견과 거의 같다고 말할 수 있다. 또 혼하와 영액하 합류 지점 부근 북쪽으로 개원 부근까지를 잇는 선은 한진서 의견과 비슷하다고 할 수 있다.

마쓰이 히토시(松井等)가 처음으로 지도상에 발해의 서남쪽 경계를 포석하 - 흥경(신빈) 서쪽 - 개원 부근을 잇는 선으로 그은 다음 이 경계선은 지금까지 약간의 변화를 제외한다면, 일본과 중국의 많은 연구자 사이에 그대로 이어지고 있다고 말할 수 있다. 그것은 박작구와 장령부부터를 발해 경계로 보는 입장에서 박작구를 포석하 하구로 보고, 장령부를 혼하와 휘발하의 분수령 일대 장령자로 본 것에서 시작되었다고 말할 수 있다.

마쓰이 히토시(松井等) 이후는 현대 지도에 발해 강역도를 제시한 연구자들의 의견을 강역도에 표시된 발해 서남쪽 경계선을 보면서 살펴보기로 하겠다.

먼저 1924년(대정14년)에 발간된『동양독사지도(東洋讀史地圖)』의 발해 강역도를 보면 포석하 일대에서 북쪽으로 요녕성 개원 북쪽까지는 마쓰이 히토시(松井等)와 마찬가지로 선을 그었으나, 마쓰이 히토시(松井等)가 혼하와 소자하 합류 지점 동쪽을 지나게 선을 그었다면, 야나이 와다루(箭內瓦)는 혼하와 소자하 합류 지점 서쪽을 지나게 선을 그었다는 점이 서로 다르다(도면 6). 또 마쓰이 히토시(松井等)가 포석하에서 시작하여 북쪽으로 애하의 상류를 지나게 그었다면, 야나이 와다루(箭內瓦)는 조금 동쪽으로 일부 애하 동쪽 가까이를 따라 그은 점도 서로 다르다(箭內瓦 編 1924).

김육불은『동북통사』에 제시한 발해 강역도에서 오히려 마쓰이 히토시(松井等)와 비슷하게 발해 서남쪽 경계선을 그었다(도면 9). 발해 장령부를 "해룡현 영액문 이북의 분수령 장령자"로 보았고, 또 박작구를 [대]포석하 하구로 보았으니 어떻게 보면 당연한 결과이다. 김육불이 발해 서북쪽 경계선 북단을 개원 일대로 본 것은 장령부 북쪽에 있다고 생각한 부여부의 남쪽 경계를 창도현으로 보았기 때문일 것이다. 그는 발해 부여부 범위를 "창도현 이북 장춘현 이남 개노 이동의 지역"으로 보았다. 서남쪽 경계선 서쪽에는 "대당(大

唐)"이라고 적어 놓아 당나라 영역이라고 표시하였다(金毓黻 지음 / 동북아역사재단 옮김 2007, 618쪽). 창도는 개원 북쪽으로 약 24㎞ 떨어져 위치한다.

1968년에 도리야마 기이치(鳥山喜一)가 제시한 발해 강역도를 보면 발해의 서쪽과 서남쪽에 있는 요하, 동요하, 청하 등 강이 생략되어 있고, 또 경계선도 대충 그려져 있다(鳥山喜一 1968). 하지만 박작구로 표시된 지점에서 경계선이 북쪽으로 혼하와 소자하의 합류 지점 동쪽을 지나게 그려진 것으로 보아 마쓰이 히토시(松井等) 의견에 가깝게 그려졌다고 볼 수 있다(도면 10).

다음은 『중국역사지도집』의 발해 강역도에 표시된 발해 서남쪽 경계에 대해 살펴보도록 하자. 애하 하구와 박작구로 표시된 곳의 중간에서 북쪽으로 에히 상류 지역과 관전(寬甸) 사이를 지나고, 신빈과 청원의 서쪽으로 혼하와 소자하 합류 지점 동쪽을 지나고, 개원 북쪽을 지나 개원 북서쪽에서 요하와 연결되는 선은 세부적인 차이는 있어도 기본적으로 마쓰이 히토시(松井等)가 그린 것과 거의 같다고 말할 수 있다(도면 17; 18).

이 발해 강역도의 이론적 근거를 제공한《중국역사지도집》편집조동북소조는 상기한 바와 같이 박작구를 "포석하 하구 동안"이라 하였다. 장령부와 그 수주인 하주(瑕州) 소재지는 소밀성으로 보았지만, 그 아래 하주(河州) 소재지는 해룡현 서남쪽 산성진(山城鎭)으로 보았다. 개원을 당나라 영역에 포함시킨 것도 마쓰이 히토시(松井等)와 같다고 할 수 있는데, 부여부와 그 수주인 부주(扶州) 소재지를 사평 일면성으로 보았고, 그 아래의 선주(仙州) 소재지는 서풍(西豊) 남성자산고성(南城子山古城)으로 보았다(《中國歷史地圖集》編輯組 東北小組 1979, 107~109쪽).

왕승례도 비슷한 의견을 가졌는데 발해 강역의 변화를 전기와 후기로 구분하면서, 대흠무가 상경으로 천도한 때부터 멸망하기까지의 후기에는 발해가 서남쪽으로 "압록강의 박작구 및 장령부의 남쪽 경계에서 당 왕조와 국경을 맞대고 있었다"라고 하였다. 그는 박작구는 대포석하 하구로, 장령부는 해룡현의 분수령에 해당하는 것으로 판단한다(왕승례 저 / 송기호 역 1987, 102쪽).

2) 요동을 발해 영역에 포함하는 의견들

발해가 요동을 차지하였다는 근거가 되는 사서 기록은 아주 많다. 지금까지 여러 연구자가 제시한 관련 자료는 다음과 같다.

『통전(通典)』권180 주군(州郡)10 : 안동부는 즉 한의 요동군이다. 그 한의 현토·낙랑 2 군의 땅은 요동군 동쪽에 있었고 지금은 모두 동이의 땅이다(安東府則漢之遼東郡也 其 漢之玄菟 樂浪 二郡地在遼東郡之東 今悉爲東夷之地矣).

『구당서(舊唐書)』권36 천문지 : 상곡 어양 우북평 요동 낙랑 현토는… 지금 모두 동이가 있다(上谷 漁陽 右北平 遼東 樂浪 玄菟… 今皆在東夷也)

『구당서』권38 지 제18 지리1 : 지금 천보 11년(752)의 지리. 당의 땅은 동쪽으로 안동부에 이르고, 서쪽으로 안서부에 이르고, 남쪽으로 일남부에 이르고, 북쪽으로 선우부에 이른다. 남북은 전한의 전성기 때와 같았고, 동쪽은 그에 미치지 못하였으며, 서쪽은 그를 넘어섰다. 한의 땅은 낙랑과 현토에 이르렀으나 지금은 고려·발해의 땅이다. 지금의 요동은 당의 땅이 아니다(今擧天寶十一載 地理 唐土 東至安東府 西至安西府 南至日南府 北至單于府 南北與前漢之盛 東則不及 西則過之. 漢地東至樂浪玄菟 今高麗渤海是也. 今在遼東 非唐土也).

『구당서』권38 지 제18 지리1 : 고종 때에 고[구]려와 백제를 평정하여 요해 동쪽은 모두 주(州)로 삼았으나, 얼마 지나지 않아 다시 반란을 일으켜 (당의) 봉토에 포함하지 못하였다(高宗時 平高麗百濟 遼海已東皆爲州 俄而復叛 不入提封).

『구당서』권53 열전 제3 이밀전(李密傳) : 요수의 동쪽은 조선 땅이다(遼水之東 朝鮮之地). (번역 김진광 2012, 65쪽).

『책부원구』권975 외신부 포이(襃異)2 : (개원 15년(727) 4월) 대창발가를 양평현개국남에 봉하고 비단 50필을 주었다(封大昌勃價 襄平縣開國男 賜帛五十疋). (고구려연구재단 편 2004b, 537쪽).

『구오대사(舊五代史)』권137 거란전(契丹傳) : (동광) 3년(925)에 (거란이) 그 무리를 이끌고 발해의 요동을 토벌하였다((同光)三年 擧其衆 討渤海之遼東). (번역 한규철 2003, 79쪽, 번역 일부 수정)

『자치통감(資治通鑑)』권273 : (장종 동광 2년 가을 7월) 이때 동북의 여러 오랑캐가 모두 거란에 역속되었으나 오직 발해만은 복속하지 않았다. 거란 주(主)가 들어와 노략질을 도모하였으나 발해가 그 뒤를 칠까 두려워하여 이에 먼저 군사를 일으켜 발해 요동을 쳤다(莊宗同光二年秋七月) 時東北諸夷 皆役屬契丹 唯渤海未服 契丹主謀入寇 恐渤海기掎其後 乃先擧兵 擊勃海之遼東).

『삼국사기』권 제37 지리4 고구려 : 고구려... 대당(大唐)이 2번 출사하고 신라가 원조하여 그를 쳐서 평정하였다. 그 땅은 대부분 발해말갈(渤海靺鞨)에 들어가고 신라 또한 그 남쪽 지경을 차지해 한주(漢州) 삭주(朔州) 명주(溟州) 3주와 그 군현을 설치하여 이로써 9주를 갖추었다(高句麗... 大唐再出師 新羅援助 討平之. 其地多入渤海靺鞨 新羅亦得其南境 以置漢朔溟三州及其郡縣 以備九州焉). (김부식 지음 외 2000b, 210~212쪽, 번역 일부 수정).

『요동행부지(遼東行部志)』: 당 말에 이르러 먼 곳을 도모할 수 없어 요동 땅이 발해 대씨의 소유가 되었고 나라를 전하기를 10여 대가 지났다. 오대 시기에 거란은 발해와 수십 년 혈전을 벌여 드디어 그 나라를 멸망시켰다. 이리하여 요동 땅이 모두 요나라에 들어갔다(至於唐季 不能勤遠遼東之地 爲渤海大氏所有 傳國十餘世 當五代時 契丹與渤海血戰數十年 竟滅其國 於是遼東之地 盡入於遼). (번역 한규철 2003, 79~80쪽, 번역 일부 수정).

『거란국지(契丹國志)』권10 : 동경은 발해의 옛 땅이다. 아보기가 힘써 싸워 20여 년 만에 그것을 얻고 동경을 세웠다(東京乃渤海故地 自阿保機力戰二十餘年 始得之 建爲東京)

『요사(遼史)』권28 본기 천조제 6년 정월 : 동경은 옛 발해의 땅이다. 태조가 20여 년을 힘써 싸워 마침내 그것을 얻었다(東京故渤海地 太祖力戰二十餘年 乃得之). (번역 한규철 2003, 79쪽, 번역 일부 수정)

『요사(遼史)』권36 : 요양은 한의 요동이며, 발해의 옛 나라가 되었다(遼陽 漢之遼東 爲渤海故國). (번역 한규철 2003, 79쪽, 번역 일부 수정).

『요사(遼史)』권38 지 제8 지리2 : 동경요양부는 본래 조선 땅이다... 당 고종이 고[구]려를 평정하고 이곳에 안동도호부를 설치하였다. 후에 발해 대씨 소유가 되었다... 12대 이진에 이르러... 요동성국이 되었다(東京遼陽府 本朝鮮之地 ... 唐高宗平高麗 於此置安東都護府 後爲渤海大氏所有 ... 十有二世 至彛震 ... 爲遼東盛國). (번역 한규철 2003, 79쪽, 번역 일부 수정).

『요사(遼史)』 권49 지18 「예지」 1 : 요나라의 땅은 본래 조선의 옛 강역이다(遼本朝鮮故壤)(번역 김진광 2012, 65쪽)

『금사(金史)』 권24 지리지 동경도 : 요양부는… 발해 요양의 옛 성이다(遼陽府 … 渤海遼陽故城). (번역 한규철 2003, 80쪽)

『만주금석지(滿洲金石志)』 권2, 상국매사훈묘지(相國賣師訓墓誌) : 또한 요동의 옛 발해국과 같이(亦如遼東 舊爲渤海之國). (송기호 1995, 220쪽 부분 재인용).

『속일본기(續日本紀)』 권13 천평(天平) 11년 12월 戊辰 : 이에 약홀주도독 서요덕 등을 사자로 삼아 광업 등을 데리고 지금 그대 나라로 보냈다(仍差若忽州都督胥要德等 充使領廣業等 今送彼國). (고구려연구재단 편 2004b, 617쪽).

『속일본기(續日本紀)』 권21 천평보자(天平寶字) 2년 9월 丁亥 : 발해대사 보국대장군 겸 장군 행 목저주자사 겸 병서 소정 개국공 양승경(渤海大使輔國大將軍兼將軍行木底州刺史兼兵署少正開國公楊承慶). (고구려연구재단 편 2004b, 621쪽).

『속일본기(續日本紀)』 권22 천평보자(天平寶字) 3년 10월 辛亥 : 발해사 보국대장군 겸 장군 현토주자사 겸 압아관 개국공 고남신(渤海使輔國大將軍兼將軍玄菟州刺史兼押衙官開國公高南申). (고구려연구재단 편 2004b, 624쪽).

『속일본후기(續日本後紀)』 권11 승화(承和) 9년 3월 신축(辛丑) : 또 중대성 첩(牒)에서 말하기를 발해국 중대성이 일본국 태정관(太政官)에 첩(牒)을 보낸다… 해 뜨는 곳은 동쪽으로 멀고 요양은 서쪽이 막혀 있어 두 나라가 서로 만여 리 떨어져 있다(又中臺省牒日 渤海國中臺省牒日本國太政官… 日域東遙 遼陽西阻 兩邦相去萬里有餘). (고구려연구재단 편 2004b, 652~653쪽).

『속일본후기(續日本後紀)』 권19 가상(嘉祥) 2년 5월 을축(乙丑) : 해 뜨는 곳을 바라보니 (길이) 먼 것을 잊었고 공물 바구니가 서로 이어지니 요양이 가까운 것으로 여겼다(望日域而忘遐 貢篚相尋 想遼陽而如近). (고구려연구재단 편 2004b, 658~659쪽).

위의 『통전』 권180과 『구당서』 권36에서는 요동의 현토·낙랑이 지금은 모두 동이(東夷) 땅이라고 하였고, 『구당서』 권38에서는 낙랑·현토가 고려·발해 땅이라고 직접적으로 언급하면서, 지금의 요동은 당의 땅이 아니라고 하였고 또 요해 동쪽을 당이 주(州)로 삼았었으나 반란으로 인해 당 봉토에 포함하지 못하였다고 하였다. 이 사실은 『통전』과 『구당서』의 편찬자들이 요동이 발해 땅이고, 또 당의 땅이 아니었음을 인정한 것으로 볼 수 있다. 『책부원구』에서 무왕 대무예의 동생 대창발가를 727년에 양평현 개국남으로 봉하였다고 하였는데, 양평현은 지금의 요양으로서 당시 이미 요양이 발해에 속해 있었음을 말해준다.

위의 『삼국사기』 권 제37에서도 당이 고구려를 평정한 다음에 그 땅이 대부분 발해말갈(渤海靺鞨)에 들어가고 신라 또한 그 남쪽 지경을 차지하였다고 하여 고구려 옛땅이 남쪽 일부를 제외하고는 모두 발해말갈, 즉 발해 영토가 되었음을 말해주고 있다.

위의 『구오대사』 권137과 『자치통감』 권273에서는 모두 요동을 "발해의 요동(渤海之遼東)"이라고 하였고, 『요동행부지』에서는 "요동의 땅이 발해 대씨의 소유가 되었다(遼東之地 爲渤海大氏所有)"라고 하였다. 『요사(遼史)』 권38에서는 동경요양부가 당이 고구려를 평정한 다음에 안동도호부를 설치하였으나 나중에 발해 대씨 소유가 되었다고 하였다.

위의 『거란국지(契丹國志)』 권10과 『요사(遼史)』 권28에서는 요나라의 동경(東京), 즉 지금의 요양과 관련하여 "동경은 발해의 옛 땅이다(東京乃渤海故地 혹은 東京故渤海地)"라고 하였고, 『요사』 권36에서는 요양이 발해의 옛 나라(渤海故國)가 되었다고 하였으며, 『금사』 권24에서는 발해 요양고성(渤海遼陽故城)이라고 하였다. 〈상국매사훈묘지〉에는 "요동의 옛 발해국(遼東舊爲渤海之國)"이라 하였다.

위의 『속일본기』 권13, 권21, 권22에는 약홀주도독(若忽州都督) 서요덕(胥要德), 목저주자사(木底州刺史) 양승경(楊承慶), 현토주자사(玄菟州刺史) 고남신(高南申)이라는 발해인 서요덕, 양승경, 고남신의 관직명이 언급되어 있는데, 약홀주와 목저주 그리고 현토주는 모두 요동 지역에 있었다고 여겨지고 있기에 이 기록들 역시 발해가 요동을 차지하였음을 보여준다.

위의 『속일본후기』 권11의 "해 뜨는 곳은 동쪽으로 멀고 요양은 서쪽이 막혀 있어(日域東遙 遼陽西阻)"와 『속일본후기』 권19의 "요양이 가까운 것으로 여겼다(想遼陽而如近)"는 발해 영역이 요양에까지 이르렀음을 말해준다.

따라서 이 기록들은 모두 요동이 발해 땅이었음을 직접적으로 말해준다. 그 외에 안동도호부 철폐, 안동도호부 내의 수착, 발해의 등주 공격과 마도산 전투 등의 기록들도 모두 발해가 요동을 차지하였음을 말한다.

그런데 발해가 요동을 점유하였다는 사실을 인정하면서도 그 구체적인 경계에 대해서는 연구자들 사이에 이견이 있다.

일찍이 와다 키요시(和田淸)는 발해가 한 때는 요동을 차지한 것으로 이해하였다(和田淸 1955, 109~112쪽). 그는 가탐의 『도리기』 내용이 그가 재상으로 있었던 정원 연간(785~805년)의 상황을 반영한다고 이해한다. 『속일본후기』에 기록된 성무천황(聖武天皇) 천평(天平) 11년(문왕 대흥 3년, 739년)에 일본을 방문한 약홀주도독(若忽州都督) 서요덕(胥要德), 순인천황(淳仁天皇) 천평보자(天平寶字) 3년(문왕 대흥 23년, 759년)에 일본을 방문한 목저주자사(木底州刺史) 양승경(楊承慶), 그다음 해(문왕 대흥 24년, 760년)에 일본을 방문한 현토주자사(玄菟州刺史) 고남신(高南申) 등과 관련하여 목저주와 현토주는 혼하(渾河) 강변에 있었다고, 또 약홀주도 가홀주(哥忽州)라면 혼하 상류 지역에 있었을 것이라고 하였다.

와다 키요시(和田淸)는 안동도호부 아래 9도독부 14주 중에 가물주(哥勿州) 도독부, 월희주(越喜州) 도독부, 목저주(木底州), 식리주(識利州), 불열주(拂涅州) 등의 명칭이 보이고, 또 안동도호부가 지덕(至德)(755~757년) 이후에 폐지된 일 등을 언급하면서, 무왕이 개원 20년(732)에 등주를 공격할 무렵부터 요동은 이미 발해가 차지하였을 것으로 보았고, 따라서 문왕 때에 목저주 자사, 현토주 자사, 약홀주 도독 등을 일본에 파견할 수 있었다고 생각하였다. 그는 이런 상황이 헌종(憲宗) 원화(元和) 연간(806~820년) 무렵까지는 지속되었을 것으로 보았고, 이후 발해가 번거로운 요동(遼東)의 경영을 그 만두고 해북제부에 대한 경략에 전념하면서 가물·목저·현토주는 버려져 가탐의 도리기에 전해지는 것과 같은 경계가 되었을 것으로 보았다. 이후 요동의 요충지인 요하 하류 지역은 발해-당-거란 사이의 완충지대로 방기되었다고 생각하였다.

중국에서는 위국충(魏國忠)이 발해가 제3대 문왕 대흠무 때에 요동을 차지한 것으로 파악하였다(魏國忠 1984, 82~89쪽). 그는 발해 강역 문제를 진국 시기, 발해 전기, 발해 후기라는 3단계로 나누어 고찰하면서 진국 시기에는 "안동[도호]부 치소가 신성(지금의 무순)에 있었기에 진[국]의 서남쪽 경계는 사평(四平)·청원(淸原)·환인(桓仁)을 잇는 선을 넘지 못하였을 것"으로 보았다. 하지만 743년에 안동도호부가 요서고군성으로 옮긴 것은 당이 요동의 고구려 고지 통치를 사실상 방기한 것으로, 안사의 난 후에 안동부가 철소(撤銷)되고 또 요서가 해와 거란의 손에 떨어진 것은 당 조정이 요하 유역을 완전히 상실한 것으로, 이에 대흠무가 비어 있음을 틈타(乘虛) 요양 일대의 요동 지구에 진입한 것으로 판단하였다.

위국충은 발해가 요동을 점거하였다는 증거로 다음 자료들을 열거하였다. 『자치통감』 권273과 『구오대사』 권137에는 모두 아보기(阿保機)가 "군사를 일으켜 발해 요동을 쳤다(擧兵擊渤海之遼東)"라고 하였고, 『거란국지』 권10에 "동경은 발해의 옛 땅이다(東京 乃渤海故地)"라 하였고, 『요동행부지』에는 "당 말에 이르러 먼 곳을 도모할 수 없어 요동 땅이 발해 대씨 소유가 되었다(至於唐季 不能勤遠略 遼東之地爲渤海大氏所有)"라 하였다. 또 『요사』 「지리지」와 「병위지」에 요동이 발해에 속하였다는 기록이 많이 있다고 하였다. 『속일본기』 권11에 발해 "해 뜨는 곳은 동쪽으로 멀고 요양은 서쪽이 막혀 있어 두 나라가 서로 만여 리 떨어져 있다(日域東遙 遼陽西阻 兩邦相去萬里有餘)"라 하였고, 일본 인명천황(仁明天皇)이 대이진(大彛震)(재위 830~857년)에게 보낸 답서에 "해 뜨는 곳을 바라보니 (길이) 먼 것을 잊었고... 요양이 가까운 것으로 여겼다(望日域而忘邈... 想遼陽而如近)"라고 하였다. 여기에서 "요양"은 발해 강역의 구성 부분으로서 지금의 요양 혹은 요동 지구를 말한다고 하였다.

다만 위국충도 발해의 경계가 압록강에서는 가탐의 『도리기』에 근거하여 박작수(泊汋水)를 넘지 못한다고 하였고, 또 박작수는 포석하로 보았다. 따라서 위국충은 발해가 요동을 차지하였다고 말하였지만, 실상은 요양 남쪽 일대 - 박작구를 잇는 선을 발해 서남쪽 경계로 보았다고 말할 수 있다. 이것은 그 전 많은 연구자가 개원 북쪽 - 장령자 분수령 서쪽 일대 - 박작구를 잇는 선을 발해 서남쪽 경계로 본 것보다는 발해 영역을 확대하여 본 것이지만, 여전히 요동의 많은 부분을 발해 영역으로 인정하지 않은 것이다.

위국충은 이후 1994년에 발표한 논문에서 761년 말 후희일(侯希逸)의 '피박철출요서(被迫撤出遼西)'는 당 조정이 요동을 최종 방기하고, 발해가 요동의 한 구역을 점령한 한 표시라고, 이것은 10세기 초 거란이 공격하기 전으로서 발해가 1.5세기 이상을 요동을 공제하였음을 말한다고 하였다(魏國忠 1994, 佟薇·韓賓娜 2019 재인용).

손진기(孫進己)와 풍영겸(馮永謙)도 발해가 요동을 점령하였다고 하면서 『거란국지』권10, 『요사』권28, 『자치통감』권273 등 위 자료들을 제시하였다. 하지만 이 자료들은 모두 발해가 요동을 복속시켰음을 보여주나 그 시기에 대해서는 말해주지 않는다고 하였다. 그들은 『요동행부지』의 "당 말에 이르러 먼 곳을 도모할 수 없어 요동 땅이 발해 대씨의 소유가 되었고 나라를 전하기를 10여 대가 지났다(至於唐季 不能勤遠略 遼東之地爲渤海大氏所有 傳國十餘世)"라고 한 기록은 발해가 요동을 이미 그 전기에 점유하였음을 보여준다고 하였다. 또한 위국충이 761년 말에 후희일이 '피박철출요서(被迫撤出遼西)'한 것을 발해가 요동을 차지한 증거로 제시한 것과 관련하여 이것은 안록산의 부장 이회선(李懷仙) 등에 의한 것이지 발해에 의한 것이 아님을 지적하였다. 또 이회선은 그 얼마 후에 당에 항복하였고, 또 당은 이회선을 유주노룡절도사(幽州盧龍節度使)에 임명하였기에, 후희일의 '철출요서(撤出遼西)'는 당이 최종적으로 요서를 방기한 것은 아님을 보여준다고 하였다.

그리고 당이 안동도호부를 정원 연간에 요동 고양평성(故襄平城)에 복치(復置)하였다고 주장하였고, 또 가탐의 『도리기』에 "영주에서 동쪽으로 180리를 가면 연군성에 이르고, 다시 여라수착을 지나 요수를 건너 500리를 가면 안동도호부에 이른다. 부는 옛 한의 양평성이다(營州東百八十里至燕郡城 又經汝羅守捉 渡遼水至安東都護府五百里 府故漢襄平城也)"라고 하였는데, 이 기록은 발해가 상경으로 천도한 다음에 해당하고, 가탐이 정원 연간의 재상이었고, 또 발해가 5경 15부 62주를 설치한 것은 대이진(재위 831~857년) 시기이므로 발해가 요동을 전유한 것은 대이진 후기 혹은 835년에 장건장이 발해를 방문한 이후일 것으로 판단하였다. 더욱이 『속일본기』 권10에 인용된 발해 중대성치일본태자관첩(中臺省致日本太紫官牒)의 "해 뜨는 곳은 동쪽으로 멀고 요양은 서쪽이 막혀 있어 두 나라가 서로 만여 리 떨어져 있다(日域東遙, 遼陽西阻, 兩邦相去萬里有餘)"라는 기록은 발해 대이진 함화 12년(842)의 일로서 당시 발해가 이미 요양을 점유하고 있었음을 보여준다고 하였다(孫進己·馮永謙 1989, 354~356쪽).

다만 주목되는 것은 손진기와 풍영겸 모두 위국충과 마찬가지로 발해가 요동을 차지하였다고는 하면서도 요동반도를 포함하는 전 지역이 아니라 요양 일대까지로 제한하고 있다는 점이다.

중국학계에서는 2019년에 동미(佟薇)와 한빈나(韓賓娜)도 위국충이나 손진기, 풍영겸과 비슷한 의견을 제시하였다. 동미와 한빈나는 발해가 요동을 점거하였음을 보여주는 『통전』 권180, 『구당서』 권36, 권38, 『자치통감』 권273, 『구오대사』 권137, 『거란국지』, 『요동행부지』, 『요사』 「지리지」(권 38), 『금사』 「지리지」(권24) 등 위 자료를 제시하였고, 이 기록들은 모두 거란이 굴기하기 전에 발해국이 요동을 장기간 점거하고 있었음을 말한다고 하였다.

또한 『속일본후기』에 대이진 시기에 일본에 파견된 사신이 가져간 '중대성 첩'에 "해 뜨는 곳은 동쪽으로 멀고 요양은 서쪽이 막혀 있어 두 나라가 서로 만여 리 떨어져 있다(日域東遙 遼陽西阻 兩邦相去萬里有餘)"라 하였는데 이것은 당시 발해가 이미 요동 지구의 핵심 지구인 요양에 도달하였음을 말한다고 하였다.

동미와 한빈나도 발해가 요동을 차지한 것은 대이진 통치 전기 혹은 장건장이 발해를 방문(833~835년)한 다음인 것으로 보았다. 이 두 연구자도 안동도호부가 폐지되고 난 다음에 발해가 요동을 차지하였다고 보고 있지만, 그 폐지 시기가 『신당서』 「지리지」에 말하는 지덕(至德, 756~758년) 후가 아니라 그보다 약 100년 후인 대중(大中) 4년(850)일 것으로 보았다. 이들은 먼저 『구당서』 「지리지」와 『신당서』 「지리지」에 기록된 안동도호부 연혁을 소개하였다.

다음에는 『자치통감』에 건원(乾元) 원년(758) 2월 "경오일에 안동부대도호 왕현지를 영주자사로 삼고 평로절도사를 맡게 하였다(庚午 以安東副大都護王玄志爲營州刺史 充平盧節度使)"(자치통감 권220 당기 36)라고 하였는데 안동부대도호는 안동도호부 내의 관직으로서 당시 아직 폐지되지 않았음을 말한다고 하였다. 또 『신당서』 「지리지」에 소개된 가탐의 『황화사달기』에 "영주에서 동쪽으로 180리를 가면 연군성에 이르고, 다시 여라수착을 지나 요수를 건너 500리를 가면 안동도호부에 이른다. 부는 옛 한의 양평성이다... 도호부에서 동북쪽으로 옛 개모·신성을 지나고 또 발해 장령부를 지나 1,500리를 가면 발해 왕성에 이른다(營州東百八十里至燕郡城 又經汝羅守捉 渡遼水至安東都護府五百里 府 故漢襄平城也... 自都護府東北經古蓋牟新城 又經渤海長領府千五百里 至渤海王城)"라고 하였는데, 양평성은 지금의 요양이며, 가탐이 살던 시기(730~805년)에 안동도호부가 아직 있었음을 말한다고 하였다. 또 『고진묘지서(高震墓誌序)』의 "고구려 폐왕 고장의 아들 연, 연의 아들 진은 모두 일찍이 안동도호 벼슬을 하였다(高句麗廢王高藏之子連 連之子震皆曾官安東都護)"와 관련하여 고진이 안동도호를 한 시간은 후희일의 다음이라고 파악하였고, 이에 근거하여 안동도호부 폐기를 상원 2년(761)보다 늦다고 생각한 신시대(辛時代 2010)의 의견을 소개하였다. 동미와 한빈나는 안동도호부

폐치는 안동도호의 임직 역임으로 보아 정원 연간(785~805년)까지였음을 알 수 있고, 안동도호부의 존재는 요동의 땅이 당 왕조의 공제에 있었음을 말한다고 하면서 다음의 예를 제시하였다. 정원 13년(797) 당대 시인 이익(李益)이 유주노룡절도사(幽州盧龍節度使) 유제(劉濟)가 초빙하여 있는 동안에 〈송요양사 환군(送遼陽使還軍)〉이라는 시를 썼다. 장경(長慶) 원년(821) 2월에는 당목종반하(唐穆宗頒下) 〈처분유주덕음(處分幽州德音)〉에서 "사요양팔주지중(使遼陽八州之衆)"이라 하였다. 『전당문』 권788 대중(大中) 4년(850) 조에 "유주절도 유후 검교좌산기상시 장윤신… 게다가 요양은 갑병의 웅이나, 유주가 통할하는 먼곳이라(幽州節度留后檢校左散騎常侍張允伸… 況遼陽甲兵之雄 幽州控馭之遠)"라고 하였다.

이 자료들은 요양이 유주절도사 관할이었음을 보여주며, 또한 발해가 대중 4년까지 요동을 점거하지 못하였음을 말한다고 하였다. 발해 대이진이 "(황제를) 참칭하고 (자기) 연호를 쓰고 궁궐을 본떠 짓고 5경 15부 62주를 두어(僭號改元 擬建宮闕 有五京 十五府 六十二州)"(요사 권38 지리지) 발해국의 행정구획제도를 완성하였고, 여기에 요동지구가 포함되지 않은 것은 대이진 통치 전기, 혹은 장건장의 발해 방문(833~835년)까지 발해가 아직 요동을 점하지 못하였음을 말하며, 따라서 발해가 요동을 점한 가장 이른 시기는 대중 4년 이후일 것이라고 하였다. 당 왕조의 역사를 보면 선종(宣宗) 대중(大中) 13년(859) 당 말에 농민전쟁이 폭발하였고, 그다음에 번진이 할거하여 "무번불난(無藩不亂)"의 국면이 출현하였는데, 당 말 농민전쟁과 번진 반란은 당 조정에 큰 타격이었고, 전란의 지속으로 당조는 주변 민족을 관리하는데 무력해졌고, 요동의 땅은 이때 발해 소거가 되었을 것이라고 하였다.

동미와 한빈나는 '요동'이 포함된 발해 강역도를 제시하였는데, 서남쪽 경계는 대략 요양 남쪽 안산과 압록강 애하 일대를 잇는 선으로 표시하였다. 이 발해 강역도는 『중국역사지도집』의 발해 강역도로 대표되는 중국학계의 일반적인 개원 북쪽 - 장령자 분수령 서쪽 일대 - 포석하 일대를 잇는 선에 비하면

엄청난 변화라고 볼 수는 있지만, 여전히 요동 남쪽 부분과 요동반도를 발해 영역에서 제외하고 있다. 위국충, 손진기, 풍영겸 의견도 이와 비슷하며, 기본적으로 중국학계의 한계를 벗어나지는 못하였다고 평가할 수 있다.

특히 발해가 요동을 점유한 시기와 관련하여 손진기(孫進己)와 풍영겸(馮永謙) 및 동미(佟薇)와 한빈나(韓賓娜)가 가탐의 『도리기』 내용을 통해 정원(貞元) 연간(785~805년)에 안동도호부를 복치하였다고 하는 주장은 지덕(至德, 756~758년) 후에 안동도호부를 폐지하였다는 『구당서』 및 『신당서』 「지리지」 내용과 정면으로 배치된다. 따라서 정원 연간에 안동도호부를 복치하였다는 주장은 성립할 수 없다.

발해의 요동 점유와 관련하여 송기호의 의견도 주목된다. 송기호는 1995년에 발표한 『발해정치사연구』와 1996년에 발표한 「발해의 성쇠와 강역」에서 발해의 강역 문제를 다루었다. 발해의 서남쪽 경계 문제와 관련하여 주목되는 것은 『발해정치사연구』 제4장에서 발해가 요동을 점유하였음을 보여주는 『구오대사』 권137, 『자치통감』 권273, 『요사』 권28, 권36, 권38, 『거란국지』 권10, 『요동행부지』, 『구당서』 권38, 『만주금석지(滿洲金石志)』 등 관련 기록을 제시하면서 그 사료들은 "한결같이 요동이 발해의 땅이었음을 증언해 주고 있다"라고 하였다.

송기호는 그 외에도 요양 부근에 있었던 발해 장령현도 발해가 요동을 지배하였음을 보여준다고 하였고, 그 근거로 『요사』의 다음 기록을 제시하였다.

『요사』 권38 지 제8 지리지2 동경도 흥료현(興遼縣) : 동경요양부... 흥료현은 본래 한나라 평곽현 땅이다. 발해가 장령현으로 (이름을) 바꾸었다. 당나라 원화 연간(806~820)에 발해 대인수가 남쪽으로 신라를 평정하고 북쪽으로 여러 부(部)를 공략하여 군읍(郡邑)을 설치할 때 마침내 지금의 이름으로 정하였다(東京遼陽府... 興遼縣本漢平郭縣地 渤海改爲長寧縣 唐元和中 渤海王大仁秀 南定新羅 北略諸部 開置郡邑 遂定今名). (김위현 외 2012b, 43쪽, 63쪽, 번역 일부 수정).

하지만 송기호는 "요동(遼東)이란 말은 요양(遼陽) 지역을 염두에 둔 것으로 보인다"라고 하여 발해가 요동반도까지 점유하였는지의 문제는 따로 논하지 않았다(송기호 1995, 218~220쪽). 이와 같은 송기호의 의견은 그가 제시한 발해 강역도를 통해서도 알 수 있다. 발해의 서남쪽 경계는 대략 요양 서쪽 주가방(朱家房) 일대 요하에서 시작하여 남쪽으로 해성(海城) 일대를 지나 동남쪽으로 요동반도 동북쪽 부분에 있는 영나하(英那河)를 잇는 선으로 그어져 있다(도면 23). 다만 송기호는 이후의 발해 강역도에서는 발해가 요하 하구 지역을 모두 포함한 것으로 인식하여 대체로 요동반도 북쪽에 있는 개주(蓋州)와 동북쪽에 있는 영나하(英那河)를 잇는 선으로 발해의 경계를 표시하였다(도면 38).

2002년에 정영진은 발해가 요동을 차지한 것은 안동도호부가 지덕 연간(756~758년) 이후에 완전히 폐지된 다음인 10대 선왕 대인수 시기로 파악하였고, 발해가 요동을 점령한 것을 보여주는 『거란국지』, 『요사』, 『자치통감』, 『구오대사』, 『요동행부지』 등 기사를 제시하였다.

발해가 요동을 점령한 것이 대인수 시기라는 근거는 다음과 같다. 대조영, 대무예 시기에는 요동 지역에 안동도호부가 있어 요동으로 진출할 수가 없었을 것이다. 대흠무 시기에는 안사의 난으로 인해 당나라의 요동, 요서에 대한 세력이 약화되고 안동도호부를 폐지까지 하였으나 대흠무는 당나라와 관계를 개선하고 적극적으로 당의 선진문물을 받아들였으며 또 '발해국왕(渤海國王)'으로 진봉까지 받았기에 요동지방으로 진출하지 않았을 것이다. 대흠무 이후 대인수 이전에는 내분으로 주변 말갈부들이 발해의 복속에서 벗어나려 한 시기로서 요동 진출은 불가능하였을 것이다. 당 정원 연간(785~805년)에 재상을 한 가탐이 편찬한 『도리기』에 박작구부터 발해의 경계임을 밝히고 있어 이 시기까지 발해가 요동에 진출하지 못하였음을 보여준다고 하였다. 『속일본기』 권11 발해중대성치일본태정궁첩(渤海中臺省致日本太政宮牒)의 "해 뜨는 곳은 동쪽으로 멀고 요양은 서쪽이 막혀 있어 두 나라가 서로 만여 리 떨어져 있다(日城東遙 遼陽西阻 兩邦相去 萬里有餘)"라는 기사는 이 시기에 요동을 점하였음을 보여주는데, 이 첩을 보낸 시간은 대이진 함화 12년(842)이지만, 가탐의 『도리기』가 편찬된 시간(794년 이후)으로부터 842년 사이에 내분을 정리하고 "개대경우(開大境宇)"한 왕은 10대 대인수이기에 발해의 요동 점령은 대인수 시기로 보는 것이 합당하다고 하였다(정영진 2002, 98~100쪽).

다만 정영진도 요동반도는 발해 영역에서 제외한 것으로 여겨지는데, 1995년에 송기호가 제시한 것과 비슷한 발해 강역도를 제시한 사실을 통해 짐작할 수 있다(도면 26).

다음에는 발해가 요동반도를 포함하여 요동을 모두 점유하였다는 의견을 살펴보기로 하겠다.

상기한 바와 같이 1957년에는 히노 가이자부로(日野開三郎)가 요동에 '소고구려(小高句麗)'가 있었다고 주장하였다(日野開三郎 1957). 그의 이 의견은 1984년에 발간된 그의 「소고구려국의 연구(小高句麗国の研究)」에 자세하게 소개되어 있다(日野開三郎 1984).

히노 가이자부로(日野開三郎)는 699년에 보장왕 고장(高臧)의 아들 고덕무(高德武)가 안동도독(安東都督)에 임명되고 요동의 고구려인을 통치하면서 고구려국이 재건된 것으로 판단하였다. 그는 이전의 고구려를 대고구려국(大高句麗國), 고덕무가 재건하였다고 생각한 고구려를 소고구려국(小高句麗國)으로 불렀다. 그가 소고구려국 존재의 증거로 제시한 첫 번째 근거는 다음과 같다.

『당회요』 권100 번이잡록(蕃夷雜錄) : 성력 3년(700) 3월 6일 칙서에 동쪽은 고려국에 이르고, 남쪽은 진납국에 이르고, 서쪽은 파사, 토번 및 견곤도독부에 이르며, 북쪽은 거란, 돌궐, 말갈에 이른다… 그 사신들에게 응당 급료를 주되 각각 규정에 따른다(聖曆三年 三月 六日 勅 東至高麗國 南至眞臘國 西至波斯·吐蕃及堅昆都督府 北至契丹·突厥·靺鞨… 其使應給料各依式).

700년에 당의 동쪽에 고려국이 있다고 하였는데 동쪽 반도에는 신라가 있었고, 집안 등에는 진국이 있었으니, 안동도호부의 관할구역이었던 지방만이 재현(再現) 고구려국, 즉 소고구려국의 후보에 가장 적합하다고 하였다. 그 외에도 다수의 근거를 제시하였는데 그중 몇 개를 소개하면 다음과 같다.

『책부원구』 권970 외신부(外臣部) 조공3 : 경룡 4년(710) 4월에 고려가 사신을 보내 내조하였다(景龍 四年 四月 高麗遣使來朝).

『신당서』 권220 열전 제145 동이 고려 : 이 뒤로 조금씩 나라의 틀이 잡혀갔다. 원화(806~820) 말에 사자를 보내어 악공을 헌상하였다고 한다(後稍自國 至元和末 遣使者獻樂工云).

『당회요』 권95 고구려 : 원화 13년(818) 4월에 그 나라(고려국)에서 악물 2부를 진상하였다(元和十三年 四月 其國進樂物兩部).

『요사』 권1 본기 1 태조 상 : 9년(915) 겨울 10월 무신… 고려가 사신을 보내 보검을 진상하였다(九年 冬十月 戊申… 高麗遣使進寶劍).

『요사』 권1 본기 1 태조 상 : 신책 3년(918)… 2월… 진, 오월, 발해, 고려, 회골, 조복… 긱각 사신을 보내 조공하였다(神冊三年… 二月… 晉·吳越·渤海·高麗·回鶻·阻卜… 各遣使來貢).

『구당서』 권38 지 제18 지리1 : 지금 천보 11년(752)의 지리. 당의 땅은 동쪽으로 안동부에 이르고, 서쪽으로 안서부에 이르고, 남쪽으로 일남부에 이르고, 북쪽으로 선우부에 이른다. 남북은 전한의 전성기 때와 같았고, 동쪽은 그에 미치지 못하였으며, 서쪽은 그를 넘어섰다. 한의 땅은 낙랑과 현토에 이르렀으나 지금은 고려·발해의 땅이다. 지금의 요동은 당의 땅이 아니다(今擧天寶十一載地理 唐土 東至安東府 西至安西府 南至日南府 北至單于府 南北與前漢之盛 東則不及 西則過之. 漢地東至樂浪玄菟 今高麗渤海是也. 今在遼東 非唐土也).

『신당서』 권43 하 지 제33 하 지리7 하 : 두 번째는 등주에서 바다로 가서 고려, 발해로 들어가는 길이다(二日登州海行入高麗渤海道).

이 기록들은 모두 왕건의 고려 건국 전에 다른 고려, 즉 소고구려국이 있었음을 보여준다고 하였다(日野開三郎 1984, 79~92쪽).

히노 가이자부로(日野開三郎)는 소고구려국이 안사의 난으로 인해 후희일이 이끈 평로군이 보응(寶應) 원년(762) 초에 산동성 청주에 입성하면서 안동도호부를 포함한 평로번이 몰락하였고, 이때 요동에 대한 당의 종주권도 함께 몰락하였으며, 덕분에 소고구려국은 당나라의 굴레에서 벗어날 수 있었지만,

곧이어 발해에 복속된 것으로 판단하였다. 그가 소고구려국이 발해에 복속된 근거로 제시한 자료는 다음과 같다.

『속일본기(續日本紀)』권21 천평보자(天平寶字) 2년(758) 9월 丁亥 : 소야조신전수 등이 발해로부터 이르렀다. 발해대사 보국대장군 겸 장군 행 목저주자사 겸 병서 소정 개국공 양승경 이하 23인이 전수를 따라 조회에 나아오니 이에 월전국에 안치시켰다(小野朝臣田守等 至自渤海 渤海大使 輔國大將軍 兼 將軍 行木底州刺史 兼 兵署 少正 開國公 楊承慶 已下廿三人 隨田守來朝 便於越前國安置). (고구려연구재단 편 2004b, 621쪽, 번역 김진광).[5]

『속일본기(續日本紀)』권22 천평보자(天平寶字) 3년(759) 10월 辛亥 : 등원하청사 판관 내장기촌전성을 맞이하여 발해로부터 돌아오다가 바다에서 풍랑을 만나 표류하다 대마도에 도착하였다. 발해사 보국대장군 겸 장군 현토주자사 겸 압아관 개국공 고남신이 서로 뒤이어 와서 조회하였다(迎藤原河清使判官內藏忌寸全成 自渤海却廻 海中遭風 漂着對馬 渤海使輔國大將軍 兼 將軍 玄菟州刺史 兼 押衙官 開國公 高南申 相隨來朝). (고구려연구재단 편 2004b, 624쪽, 번역 김진광).

다시 말해서 발해가 소고구려국의 영역에 속하였던 목저주와 현토주를 안사의 난(755~763년) 동안에 차지하였다고 생각한 것이다. 발해가 이렇게 한 것은 안사의 난으로부터 대비하기 위한 것이었고, 또 이 두 주뿐만 아니라 소고구려국 전체를 차지한 것으로 추정하였다. 목저주는 지금의 흥경(興京), 즉 신빈 서쪽 목기(木奇)의 땅에 있는 것으로, 현토주는 지금의 무순에 있는 것으로 각각 판단하였다. 신빈 서쪽에는 지금도 목기진(木奇鎭)이 있는데 혼하의 지류인 소자하 유역에 해당한다. 무순은 혼하 유역에 위치하며, 요하와 약 45㎞ 떨어져 있다. 따라서 발해가 이때 마침내 요동을 차지한 것으로 본 것이다(日野開三郎 1984, 325~335쪽).

이후 히노 가이자부로(日野開三郎)는 "발해군왕(渤海郡王)" 칭호와 관련하여 당이 대조영을 발해군왕으로 책봉한 것은 발해가 당시에 이미 발해만 이동 지구를 차지하였기 때문이라고 하였다(日野開三郎 1963, 佟薇·韓賓娜 2019 재인용).

---

5. 『속일본기(續日本紀)』의 해당 부분을 번역해준 한국학중앙연구원 김진광 선생님께 감사드린다.

소고구려국에 대해서는 노태돈도 의견을 제시한 바 있다. 그는 699년에 고덕무가 안동도독에 봉해져 요동을 통령하면서 안동도독의 직이 고씨 왕계에 맡겨졌고 요동에서 고구려인의 정치적 역할이 강화된 것은 인정하였지만, 고덕무는 어디까지나 지방 도독부의 장으로서 당나라 관인이었다고 하였다. 특히 725년에 당 현종이 행한 태산에서의 봉선(封禪)에 고려조선왕이 백제대방왕 등과 함께 내신지번(內臣之蕃)으로 참석하였고, 또 천보 원년(742)에 안녹산이 평로군절도사 겸 유성태수 압양번해발해흑수 4부경략사가 되었는데, 여기에 외번(外蕃)으로서 4부만 있고 요동이 없는 것은 요동이 아직 내신지번이었기에 제외된 것이고, 따라서 천보 연간까지도 소고구려국의 존재를 운위할 수 없었다고 생각하였다. 하지만 9세기 초에 해당하는 다음 두 기록을 근거로 이때 요동에 고구려 유민의 나라, 즉 소고구려국이 존재한 것으로 판단하였다. 그는 또한 선왕 대인수 시기(818~830년)에 소고구려국이 발해에 병합된 것으로 보았다(노태돈 1981, 85~91쪽).

『당회요』권95 고구려 : 원화 13년(818) 4월에 그 나라(고려국)에서 악물 2부를 진상하였다(元和十三年 四月 其國進樂物兩部).

『신당서』권220 열전 제145 동이 고려 : 예전의 성들은 왕왕 신라에 편입되었다. 유민들은 흩어져 돌궐과 말갈로 달아났다. 이로 말미암아 고씨의 군장은 모두 끊겼다… 이듬해에 장의 아들 덕무를 안동도독으로 삼으니, 이 뒤로 조금씩 나라의 틀이 잡혀갔다. 원화(806~820) 말에 사자를 보내어 악공을 헌상하였다고 한다(舊城往往入新羅 遺人散奔突厥靺鞨 由是高氏君長皆絶… 明年 以藏子德武爲安東都督 後稍自國 至元和末 遣使者獻樂工云). (국사편찬위원회 1990b, 535쪽, 566쪽)

니즈마 토시히사(新妻利久)는 요동·요동반도에도 발해의 행정구역들이 설치되었다고 판단한다. 그는 발해 장령부의 소재지가 혼하와 휘발하의 분수령인 장령자 일대 산성진(山城鎭)에 있을 것으로 보았지만, 장령부 수주인 하주(瑕州)는 휘발하 분지의 동풍·서풍 지방을 관할하고, 하주(河州)는 혼하 유역을 관할하고 그 치소는 신성(新城)에 있었을 것으로 보았다(新妻利久 1969, 93쪽). 또한 『요사』 「지리지」 기록에 근거하여 중경현덕부 아래 노주, 현주, 철주, 탕주, 영주, 흥주 6개 주 중에서 철주는 소재지가 요녕성 안산(鞍山)에, 탕주는 봉천(=심양) 서남쪽에, 흥주는 요동반도에 있었던 것으로 판단하였다 (新妻利久 1969, 64~65쪽).

그의 견해 중 가장 주목되는 것은 발해의 3개 독주주 중에서 동주(銅州)가 요동반도에 있었다고 생각한 것이다. 그는 발해 5경 15부의 배치 상태를 보면, 경은 옛 고구려지역에 설치되었고, 부는 말갈 제부의 지역에 많이 설치되었으며, 3개 독주주는 부가 설치되지 않은 중요 지역에 설치되었다고 하였다. 영주(郢州)는 발해가 흑수말갈에 대비하기 위해 삼성(=의란)에 설치한 것으로, 속주(涑州)는 흑수말갈의 입당로(入唐路)이자 입거란로(入契丹路)인 송화강 곡류 지역에 설치하였고 그 치소는 석두성자(石頭城子)에 있었던 것으로, 동주(銅州)는 발해와 당나라 관계에서 중요한 요동반도에 설치하였고 그 치소는 해성현(海城縣) 동남쪽 석목성(析木城)에 있었던 것으로 파악하였다(新妻利久 1969, 105~107쪽).

그는 『요사』 「지리지」 동주(銅州) 조의 다음 기록에 근거하여 이 지역은 일찍부터 한인(漢人)이 진출하였고, 발해 때에는 발해인의 수가 많지 않아 요나라는 이 지역 발해인들을 다른 곳으로 이주시키지 않고 화산현(花山縣)의 명칭을 석목현으로 바꾸었을 뿐이라고, 따라서 이 동주는 발해 때의 동주가 분명하다고 하였다(新妻利久 1969, 107쪽).

『요사』 「지리지」(권38 지 제8 지리지 2) 동주(銅州) : 동주 광리군. 자사를 두었고 발해가 설치하였다... 1개 현을 거느렸다. 석목현은 본래 한나라의 망평현 땅이었는데 발해가 화산현으로 삼았다. 처음에는 동경에 예속되었으나 나중에 (동주에) 예속되었다(銅州 廣利軍 刺史 渤海置... 統縣一. 析木縣本漢望平縣地 渤海爲花山縣 初隷東京 後來屬). (김위현 외 2012b, 57~58쪽, 69쪽, 번역 일부 수정).

니즈마 토시히사(新妻利久)는 발해 강역도도 제시하였는데, 발해의 서남쪽이 요동반도를 모두 포함하고 있다(도면 12). 그는 발해가 요동을 차지하였음을 주장하면서 한 걸음 더 나아가 요동반도를 포함하는 요동에 발해의 어떤 행정구역이 설치되었는지도 논한 것이다. 발해 독주주 동주의 위치에 대해서는 다른 의견도 있는데 뒤에서 살펴보도록 하겠다.

2003년에 이미자(李美子)는 불열 고지에 설치한 동평부, 월희 고지에 설치한 회원부와 안원부, 철리 고지에 설치한 철리부가 모두 발해에 서쪽 지역에 있었다는 관점에서 발해의 요동 점유 문제를 논하였다(李美子 2003). 이미자는 먼저 일본, 중국, 북한, 남한 연구자들의 관련 연구 내용을 검토하였다. 그 중 손진기 등의 정원 연간에 안동도호부를 복치하였다는 주장을 반대한 의견이 주목된다. 이미자는 손진기 등이 가탐의 『도리기』 내용을 통해 정원 연간에 안동도호부가 복치되었다고 주장하는 것은 무리라고 하면서 가탐의 『도리기』에는 "등주에서 바다로 고려·발해로 들어가는 길(登州海行入高麗·渤海道)"이라는 문구도 있음을 지적하였다. 여기서 말하는 "고려"는 고구려이기에 『도리기』의 안동도호부는 676~677년에 요양에 설치되었던 옛 안동도호부로 이해해야 한다고 하였다. 또 『구당서』와 『신당서』에 안동도호부는 지덕(至德) 연간 후에 폐지되었다고 언급되어 있고, 그 후에 다시 복귀(復歸)되었다는 기록이 없음을 지적하였다. 또 안동도호부가 요서로 철퇴한 다음에는 당이 발해의 요동 점유를 묵인하는 방향으로 정책을 취하였는데, 안동도호의 겸임 사항이 요동지역 경략에서 740년부터는 양번(兩蕃, 契丹과 奚)과 발해·흑수의 경략으로, 765년부터는 신라·발해의 경략으로 바뀌어 당이 멸망할 때까지 지속되었음을 지적하였다(李美子 2003, 107~109쪽).

다음에는 『구당서』 권39 지리2 하북도 안동도호부조에 소개된 4개 도독부 10개 주 목록과 『신당서』 권43 지리7하 기미주 하북도조에 소개된 9개 도독부 14개 주 목록에 보이는 차이를 대조영의 '동분(東奔)'과 관련하여 해석하였다.

『구당서』에 소개된 안동도호부에 속한 도독부와 주는 신성주도독부(新城州都督府), 요성주도독부(遼城州都督府), 가물주도독부(哥勿州都督府), 건안주도독부(建安州都督府), 남소주(南蘇州), 목저주(木底州), 개모주(蓋牟州), 대나주(代那州), 창암주(倉巖州), 마미주(磨米州), 적리주(積利州), 여산주(黎山州), 연진주(延津州), 안시주(安市州)이다.『신당서』에 소개된 안동도호부에 속한 도독부와 주는 남소주(南蘇州), 개모주(蓋牟州), 대나주(代那州), 창암주(倉巖州), 마미주(磨米州), 적리주(積利州), 여산주(黎山州), 연진주(延津州), 목저주(木底州), 안시주(安市州), 제북주(諸北州), 식리주(識利州), 불열주(拂涅州), 배한주(拜漢州), 신성주도독부(新城州都督府), 요성주도독부(遼城州都督府), 가물주도독부(哥勿州都督府), 위락주도독부(衛樂州都督府), 사리주도독부(舍利州都督府), 거소주도독부(居素州都督府), 월희주도독부(越喜州都督府), 거단주도독부(去旦州都督府), 건안주도독부(建安州都督府)이다.

두 사서의 목록을 비교하면,『신당서』목록에는 포함된 위락주도독부, 사리주도독부, 거소주도독부, 월희주도독부, 거단주도독부, 제북주, 식리주, 불열주, 배한주가『구당서』의 목록에는 보이지 않는다.

이와 관련하여 이미자는 성력(聖曆) 원년(元年)(698)에 안동도호부가 안동도독부로 개명된 것은 그 등급이 내려간 것을 의미하며, 개명에 따라 기미주 개편도 이루어졌을 것인데, 그 개편이『신당서』에 반영된 '9도독부 14주'에서『구당서』에 반영된 '4도독부 10주'로의 개편이 아닐까 생각된다고 하였다. 다시 말해서『구당서』목록에는 없는 도독부와 주들은 거란의 난과 대조영의 '동분(東奔)' 때에 대조영 집단에 흡수되어 안동도호부에서 제외된 것으로 추정한 것이다. 따라서 안동도호부는 676년에 한반도(평양)에서 요동으로 후퇴하고, 통제 범위도 '9도독부 14주'에서 '4도독부 10주'로 대폭 축소되었다가, 705년에는 요동에서 요서로 후퇴한 것으로 이해한 것이다(李美子 2003, 113~119쪽).

다음에는 발해의 요동 진입과 당의 안동도호부의 방기 문제를 검토하였다.

발해 무왕 대무예는 732년 9월에 장문휴를 보내 당의 산동반도 등주를 공격하였고, 또 얼마 후 만리장성 부근의 마도산까지 공격하였는데, 이미자는 이와 관련하여 발해의 등주 및 마도산 공격은 통과 지역인 요동 재지 세력의 협력이 없이는 무리일 것으로 판단하였다.

당시 요동과 그 주변을 포함하는 동아시아에는 발해·거란·돌궐이 연계하는 진영과 당·신라가 연계하는 진영이 서로 나누어져 있었는데, 716년 돌궐의 묵철가한(默啜可汗)이 살해되면서 돌궐이 동요하고, 거란, 해, 말갈이 당에 조공을 시작하였지만, 돌궐 비가가한(毗伽可汗)이 돌궐제국의 재건에 성공하여 730년 무렵에 다시 북방의 패권자가 되자, 730년에 거란 가돌간(可突干)이 친당파 왕을 살해하고 돌궐에 돌아갔고, 또 발해도 726년에 친당파 대문예가 당에 망명하면서 돌궐 진영으로 돌아섰다고 하였다. 당시 말갈 제부도 입당이 시작된 개원 2년(714)부터 개원 13년(725)까지는 입당 횟수가 빈번하였으나 개원 15년(727)부터 개원 23년(735) 7월까지는 격감하였는데, 이로써 불열(拂涅), 월희(越喜), 철리(鐵利) 등 말갈은 발해·거란·돌궐이 연계하는 진영에 속하였음을 알 수 있다고 하였다.

이미자는 『신당서』 「발해전」의 "무예가 왕위에 올라 영토를 크게 개척하니 동북의 제이가 두려워 그의 신하가 되었다(武藝立 斥大土宇 東北諸夷畏臣之)"와 관련하여 "동북"은 발해의 동북이 아니라 당의 동북이며, "동북제이"는 "장성 이북 동북 방면의 이민족"을 가리킨다고 생각하였다. 요하 유역과 요동 지역도 중원에서 보면 동북이 되기에 대무예가 요동 지역 방면으로 세력을 확대하고, 요하 유역 및 요동 지역의 "동북제이"까지 신장(伸張)한 것으로 추측할 수 있다고 하였다.

따라서 대무예가 728년[6]에 일본 천황에게 쓴 편지에서 "무예가 욕되게 여러 나라 사이에 끼어들고 외람되게 여러 번국을 결속시켜 고구려의 옛 땅을 회복하고 부여의 풍속을 계승하게 되었다(武藝忝當列國 濫惣諸蕃 復高麗之舊

---

6. 송기호는 727년이라고 하였다(송기호 1995, 195쪽).

居 有扶餘之遺俗)"라고 한 것은 바로 대무예가 즉위한 후에 부여 고지와 고구려 고지에 해당하는 동요하 유역 및 요동 지역으로의 영토 확대를 말하는 것으로 이해하였다. 그 외에도 『책부원구』(권975 외신부 포이(褒異)2 개원15년(727) 4월)의 "대창발가를 양평현개국남에 봉하고 비단 50필을 주었다(封大昌勃價 襄平縣開國男 賜帛五十疋)"라는 기록과 관련하여 대무예 동생 대창발가가 725년에 당에 숙위하고 727년에 양평현개국남에 봉해져 귀국한 것은 발해의 요동 진입과 관련이 있다고 생각하였다. 양평현은 지금의 요양이다(李美子 2003, 125~127쪽).

이미자는 발해가 당이나 일본에 파견한 사절단 속에 '수령(首領)'이 있음에도 주목하였다. 예로서 개원 13년(725)에 당에 파견된 '대수령 오차지몽(烏借芝蒙)'과 '수령 알덕(謁德)', 727년에 대창발가와 함께 당에 동행한 다수의 '수령', 727년에 일본에 대사 영원장군 고인의(高仁義)와 함께 파견된 수령 고제덕(高齊德), 개원 25년(737)의 조공사 중 '대수령 목지몽(木智蒙)'과 '대수령 다몽고(多蒙固)', 793년에 일본에 파견된 '약홀주 도독 충무 장군 서요덕(胥要德), 부사 운휘 장군 기진몽(己珍蒙), 수령 무위(無位) 기궐기몽(己闕棄蒙)' 등을 제시하였다. 이미자는 이 수령 중에 고제덕은 고구려인이면서 수령이고, 기진몽은 말갈인이면서 부사 운휘장군인 점 등을 지적하면서, 이는 발해가 고구려 고지의 재지 세력을 통합해 나가는 과정으로 파악하는 것이 가능하고, 또 그 재지의 고구려 유민과 말갈의 수령 층에 관직을 주는 소위 수령제 지배체제의 정비 과정을 반영하는 것이라고 하였다.

그런데 이미자는 발해가 회유한 바로 이 수령들과 주민들은 발해의 등주와 마도산 공격 때 협력을 한 안동도호부의 불열주, 철리주, 월희도독부의 말갈 주민이었다고 생각한다(李美子 2003, 127~130쪽).

이미자는 『요사』「지리지」에 근거하여 월희고지는 요하 중류 지역의 강평(康平)·신민(新民) 일대, 불열 고지는 동요하 유역, 철리고지는 요양을 중심으로 한 혼하·태자하 유역으로 파악하였다.

이미자는 등주를 공격할 때는 조공도, 마도산을 공격할 때는 영주도가 이용되었을 것으로 보면서, 개원 23년(735)에 장구령(張九齡)이 작성한 칙신라왕김흥광서(勅新羅王金興光書)의 "경이 패강(浿江)에 군사 보루를 설치(寘戍)하고자 하는데 그곳은 이미 발해의 요충지에 해당한다(卿欲於浿江置戍 既當渤海衝要)"라는 기록은 그때 대동강이 신라와 발해의 경계가 된 것임을 알게 한다고 하였다. 또 732년에 발해가 등주를 공격할 때 압록강 하류 지역에서 남쪽으로 대동강까지 그 세력을 신장하고 있었다면, 등주와 마도산 공격의 후방 기지가 되는 영주도·조공도 부근 지역은 발해에 흡수되었거나 혹은 발해에 협력한 것으로 생각된다고 하였다(李美子 2003, 131~132쪽).

이미자는 739년에 일본에 도착한 약홀주도독(惹忽州都督) 대사 서요덕, 758년 9월에 일본에 도착한 목저주자사(木底州刺史) 양승경, 759년 10월에 일본에 도착한 현토주자사(玄菟州刺史) 고남신 등과 관련된 약홀주, 목저주, 현토주라는 명칭은 모두 고구려 고지에서 유래하고, 또 안동도호부 기미주 지명에서도 유래한다고 하였다(李美子 2003, 132쪽).

따라서 발해는 개원 연간에 안동도호부의 관할에 있던 목저주, 월희주, 철리주, 불열주 등의 수령층을 회유하여 조공사절로 당에 파견하고, 또 일본에도 파견하면서 서서히 통합으로 진행해 가는 모습을 볼 수 있다고 하였다. 또 개원 29년(741)에 최종적으로 그들의 조공이 중단되었을 무렵에는 안동도호부의 관할 대상이었던 그 말갈 제부의 발해로의 귀속 사실을 인정해야만 했을 것이라고 하였다.

개원 28년(740)에 평로절도사(平盧節度使)의 겸임 사항이 압양번발해흑수사부경략사(押兩蕃渤海黑水 四府經略使)로 바뀐 것은 이러한 변화를 반영하는 것으로 보았다. 이것은 또한 당이 발해의 말갈제부 통합을 묵인하는 것이고, 안동도호부의 역할이 끝났다고 당이 인식한 것을 보여주는 것이라고, 따라서 당의 동북 경략의 추가적인 후퇴를 강요당한 것을 의미한다고 하였다.

이후 천보 14년(755)에 안사의 난이 일어나고, 지덕(757년) 이후에 안동도호부를 폐지하였는데, 안동도호부의 역할을 대신한 평로절도사도 상원 2년(761)에 치청평로절도사(淄靑平盧節度使)로 바뀌었고, 또 영태 원년(765)에는 치청평로절도 증 영 압신라발해양번사(淄靑平盧節度增領押新羅渤海兩蕃使)로 바뀐 것을 지적하면서, 겸임 사항이 압양번발해흑수 사부경략사(押兩蕃渤海黑水 四府経略使)에서 압신라발해양번사(押新羅渤海兩蕃使)로 바뀐 것은 발해에 의한 흑수말갈의 통제에 대처하기 위한 것이었다고 하였다. 다만 이미자는 『신당서』 발해전의 5경15부 중에 흑수말갈 지역에 설치한 것으로 보이는 부가 없기에 흑수말갈은 발해에 완전히 통합된 것은 아니었다고 생각하였다. 하지만 이미자는 당이 지덕 연간 안동도호부 포기와 함께 흑수말갈도 포기하였고, 사실상 발해의 동북 지역 지배를 인정하게 되었다고 하였다(李美子 2003, 133~135쪽).

따라서 이미자는 무왕 대무예 때에 발해가 "요하 유역 및 요동 지역"을 점유하였다고 하였는데, 앞서 영주도·조공도 부근 지역은 발해에 흡수되었거나 혹은 발해에 협력한 것으로 생각된다고 하였기에 이미자는 발해가 요동반도를 포함하여 "요하 유역 및 요동 지역"을 점유하거나 혹은 영향력 아래에 두었다고 이해한 것으로 생각된다.

요동반도를 포함하는 모든 요동 지역이 발해 영역에 포함되었다는 주장은 북한학계에서 본격적으로 제기되었다. 다만 1979년에 박시형은 발해의 5경15부 중 그 어느 것도 요동 지방이나 요동반도에서 확인되지 않기에 요동(요하 하류 동쪽 지방-박시형)이나 요동반도는 발해가 계승하지 못한 것으로 판단하였다(박시형 1979, 132쪽). 그런데 같은 1979년에 출간된 『조선 전사』에서는 발해의 서남쪽 경계를 요하 하류로 파악하였다. 그 책의 발해 강역도에는 요동 지역에 안원부를, 요동반도의 북쪽 부분에 동주를 표시하였지만, 요동반도까지 발해 영역에 포함되었는지 여부는 분명하지 못한 상태로 남겨두었다(과학백과사전출판사 1979, 50~57쪽)(도면 16).

하지만 북한학계는 1980년에 발표된 손영종의 논문부터는 발해가 요동반도까지 차지하였음을 분명하게 주장하였다. 그는 「발해의 서변에 대하여」라는 논문7에서 『요사』의 잘못된 부분을 비판적인 시각으로 바라보면서 요동·요동반도가 발해 영역에 속하였음을 증명하고자 하였다.

손영종은 먼저 고구려가 멸망하고 난 다음에 그 땅이 어디로 귀속되었는지의 문제를 논하였다. 『통전』의 다음 기록을 소개하면서 여기에서의 말갈은 곧 발해였다고 하였고, 또 "이것은 고구려의 옛땅 가운데 남쪽 일부 지역이 신라 땅으로 된 것을 내놓고 나머지는 다 발해 땅으로 되었다는 것을 말해주고 있다"라고 하였다(손영종 1980a, 38쪽).

『통전』 권186 변방2 동이 하 고구려 : 함형 원년(670) 4월에 그 남은 무리들 가운데 추장 검모잠(劍牟岑)이 무리를 거느리고 반란을 일으켜 고상(보상왕)의 외손자 안순(安舜)을 세워서 왕으로 삼았다. 좌위대장군 고간(高侃)을 시켜 토벌 평정하였다. 그 후 남은 사람들이 스스로 보존하지 못하고 뿔뿔이 흩어져서 신라와 말갈에 투항하니 옛 국토는 모조리 다 말갈 땅으로 들어가 버렸다(咸亨元年四月 其餘類有酋長劍牟岑者 率衆叛 立高藏外孫安舜爲王 令左衛大將軍高侃討平之 其後 餘衆不能自保 散投新羅靺鞨 舊國土盡入於靺鞨). (고구려연구재단 편 2004b, 556쪽, 번역 손영종 1980a).

또한 요동반도가 당나라 땅이 아니었다는 것은 『구당서』의 다음 기록으로 증명된다고 하였다.

『구당서(舊唐書)』 권38 지 제18 지리1 : 고종 때 고려(고구려), 백제를 평정하여 요해(요동, 요서 지방) 이동이 주로 되었다. 이윽고 다시 반란을 일으켰기에 제후의 영토(당나라 소속)에는 들지 않았다(高宗時 平高麗百濟 遼海已東皆爲州 俄而復叛 不入提封). (번역 손영종 1980a).

안동도호부의 운명을 따져보아도 7세기 말경에 요동반도가 당나라 땅이 아니었다는 사실을 알 수 있다고 하였다. 『구당서』와 『신당서』 「지리지」에 의하

---

7. 1980년에는 『력사과학』에 「발해의 서변에 대하여(1)」과 「발해의 서변에 대하여(2)」를 발표하였고, 1992년에는 『발해사 연구론문집』 1에 이 두 편의 논문을 합쳐 「발해의 서변에 대하여」라는 제목으로 다시 발표하였다.

면, 안동도호부는 668년 평양에 설치한 다음 676년에 평양에서 요동군 고성으로, 677년에 신성으로 옮겼으며, 698년에 안동도독부로 개칭하였고, 705년에 다시 안동도호부로 하였으며, 714년에 평주(요서 지방)로, 743년에 요서고군성으로 옮겼고, 지덕 연간(756~757년) 후에 폐지하였다고 하였다. 손영종은 677년에 당나라가 보장왕을 이용하여 요동지방에 괴뢰국가를 세웠지만, 681년에 보장왕을 말갈과 내통하여 반란을 꾀하였다는 죄목으로 공주(邛州)로 유배를 보내었는데, 그 뒤에 안동도호부 지역의 주민들이 신라, 돌궐, 말갈 땅으로 가고 말았다는 기록은 고구려 유민들이 자신의 힘으로 침략자들을 몰아내었고, 그리고 681년 이후 얼마 안 가 요동 땅이 벌써 당나라 땅이 아니었음을 보여준다고 하였다.

또한 696년 걸걸중상 등이 거란인과 함께 폭동을 일으켜 동쪽으로 나가고 또 대조영이 진국을 세웠을 때도 당은 요동반도를 통해 발해 세력을 칠 수가 없었고, 당 이해고가 천문령 전투에서 패한 다음에는 거란, 해, 돌궐이 가로막았기에 다시 토벌할 수가 없었는데, 이것은 당시 요동반도 일대에 당의 교두보가 될 만한 땅이 없었음을 말한다고 하였다. 그 외에도 발해가 국호를 713년부터 발해로 한 것도 발해 연안 지역 장악과 관련이 있을 것으로 보았다(손영종 1980a, 38~39쪽).

다음에는 10세기 초 발해-거란 전쟁과 관련하여 『요사』와 『거란국지』 등에 반영된 요동이 발해 땅이었음을 보여주는 자료들을 제시하였다. 이와 관련된 자료로 『요사』 권28의 "동경(요양)은 옛 발해 땅인데 태조가 20여 년을 힘들여 싸운 결과 그곳을 차지하였다" 등의 기록을 예시하였다.

다음에는 요동이 발해 땅이었다는 근거를 제시하였다. 이와 관련하여 "거란은 정복한 지역의 주민들을 딴 데로 옮기고서도 옛 지명을 그대로 따다가 고을 이름으로 삼았기 때문에 『료사』 지리지는 그 동경도 료양부조를 비롯하여 많은 것이 뒤죽박죽이 되어 연혁을 잘 알 수 없게 되었다"라고 지적한 다음에, 그렇지만 "발해 때의 료동반도의 고유지명들을 찾아보면 이 땅이 10세기 초 이전에 발해의 령유였는지 아닌지를 확정할 수 있는 것이다"라고 하였다.

먼저 발해 안원부(安元府)의 영주, 미주, 모주, 상주 4개 주 가운데 모주(慕州)는 『요사』「지리지」에서 녹주(淥州)에 속하고 녹주 서북쪽 200리에 있다고 한 기록을 근거로 대체로 태자하 상류 일대였다고 하면서, 발해 안원부가 태자하, 혼하 유역에 있었다고 하였다. 또 요양의 옛 이름이 발해 때에 상락현(常樂縣)이었음을 지적하면서 상락현은 안원부 아래 상주의 옛 속현일 수도 있다고 하였다. 다음에는 독주주 중 동주 위치를 『요사』「지리지」의 동주가 석목현을 그 속현으로 한다는 기록을 근거로 지금의 해성 동남쪽 40리에 있는 석목성 부근으로 판단하였다. 그다음에는 『요사』「지리지」의 흥료현(興遼縣)이 한나라 때에 평곽현(平郭縣)이었고, 발해 때에 장령현(長寧縣)으로 고쳤다는 기록을 근거로 요하 하류 동쪽에 있었을 것으로 보면서 장녕현은 발해 안원부 영주와 관련이 있어 보인다고 하였다. 그다음에는 고구려 이래 움직임이 없었다고 보이는 고장 이름으로 백암과 상암이 있다고 하였다. 백암은 요양 동쪽 약 60리 지점, 상암은 심양 동남쪽에 있다고 하였다.

이와 관련하여 손영종은 요동반도 남단을 제외하면 발해국 당시의 고유지명이 이러저러하게 남아있었다고 하였다. 요동반도 남단은 발해의 직속 주, 군들이 있었을 것인데 요나라 때 동경용원부, 남경남해부 등을 옮겨 오면서 본래 발해 지명이 없어졌거나 혹은 대조영과 손잡았던 그 지방의 옛 고구려 귀족들이 제후국을 이루고 있었기 때문에 5경 15부 62주에 들지 않았었을 것으로 판단하였다.

『신당서』 고구려전에 보장왕 계통의 대가 끊어졌다는 기사를 쓴 다음에 "고려가 뒤에 차차 스스로 나라를 이루었다"라고 하였는데, 이 고려국은 평안북도, 평안남도 북부, 압록강 하류 우안 일대를 포괄하였다고 하였다. 지덕(756~757년) 이후 요서 지방은 거란이 차지하였고, 하북, 산동 지방은 8세기 후반~9세기 초에 약 60년 동안 고구려인 이정기와 그 후손이 독자적인 정치 세력을 이루고 있었음도 지적하였다. 『고려사』(권5 지리지3)에 "삭주는 본래 고려의 녕새현..." 등의 기록이 있는데 고구려 당시에는 평안남북도가 나라의 중심 지역이었기에 그곳에 녕새, 장정, 원화, 안삭, 정융, 녕삭 등의 명칭을 가진 군, 현, 진은 있을 수가 없었다고 하면서, 따라서 이 기록의 "본 고려"는 (고구려 멸망 이후~발해 시기) "고려국"에 대해 말할 것이라고 하였다. 또한 『요사』에 10세기 초의 "고려"가 있는데 바로 발해에 속한 제후국이었을 것이라 하였다. 기탐의 『도리기』에 "고려와 발해로 가는 길"은 당시 이미 고구려가 존재하지 않았기에 발해 직속지로 가기 전에 "고려"라는 나라가 있었음을 반영하는 것으로 판단하였다.

손영종은 발해의 서변에 대한 두 번째 논문에서는 732~733년 발해-당 전쟁과 관련하여 요동반도 귀속 문제를 논하였다(손영종 1980b, 30~33쪽). 손영종은 발해의 군대가 바닷길로 등주를 공격하기 위해서는 큰 배가 필요하였을 것인데 박작구 부근이 발해의 경계였다면 발해 땅에서는 큰 배를 만들 수도 띄워 보낼 수도 없었을 것이라고 하였다. 이것은 가탐의 『도리기』에 기록된 "압록강 하구로부터 배로 100여 리를 가서 다시 작은 배로 물을 거슬러 동북쪽으로 30리를 가면 박작구에 이르러 발해의 경계에 들어선다"라는 언급을 염두에 둔 말이다. 즉 박작구에서 하류 쪽으로 30리까지는 작은 배만 띄울 수 있었으니, 그보다 더 상류쪽에서 어떻게 큰 배를 띄울 수 있었겠냐는 이야기이다. 손영종은 또 732년에 발해가 등주를 공격하면서 요동반도를 공격하지 않았다는 것은 요동반도가 이미 발해의 직속지 혹은 후국의 땅이었기 때문이었을 것으로 판단하였다.

발해 무왕이 장성 계선으로 진출하여 마도산을 공격할 때 당나라가 대문예를 유주로 보내어 군사를 모으게 하고, 또 유주절도사로 하여금 '하북채방처치사'를 겸임하게 하고 상주, 낙주, 패주, 기주, 위주 등 총 16개 주와 당시 평주에 있던 안동도호부의 병력까지 통솔하게 한 것(『자치통감』 권213 당기 29 현종 개원 20년)은 당나라가 발해의 공격을 막기 위해 하북 일대의 병력을 총동원하였다는 것을 보여준다고 하였다. 또 당시 당에 가 있던 김사란을 신라로 보내어 남쪽으로부터 발해를 침공하도록 부추기었다(『삼국사기』권8 신라본기 성덕왕 32년 7월)고 지적하였다. 전체적으로 발해의 마도산 공격도 요동이 발해 영토였기에 가능한 것으로 판단하였다.

북한학계에서는 1992년에 채태형이 「료동반도는 발해국의 영토」라는 논문에서 본격적으로 '고려후국(高麗侯國)'의 존재를 주장하였다(채태형 1992, 54~57쪽). 채태형은 가탐의 『도리기』의 안동도호부에서 "동북쪽으로 옛 개모, 신성을 지나고 또 발해 장령부를 지나 1,500리를 가면 발해왕성에 이른다"는 기록과 관련하여, 요동성에 안동도호부가 설치된 기간은 676년부터 677년 사이였음을, 가탐(730~805년)이 도리기를 작성한 것은 천보 연간 이후였음을 지적한 다음, 요하를 건너 안동도호부에서 개모성과 신성을 지나 발해 장령부에 이른다는 기사는 전혀 신빙성이 없다고 하였다.

채태형은 가탐의 『도리기』로 인해 김육불이 『발해국지장편』에서 신성 – 박작구 계선을 발해와 당나라의 계선으로 보는 그릇된 견해를 체계화하였다고 하였는데, 김육불은 신성 – 박작구를 잇는 선이 아니라 개원 북쪽과 박작구를 잇는 선을 그 경계로 보았다(김육불 편저 / 발해사연구회 옮김 2008, 351쪽). 또한 채태형은 대부분 학자가 5경 15부의 위치와 영역을 요동반도에서는 찾지 않고 있음을 지적하였고, 또 양동계(楊同桂)가 『성경강역고(盛京疆域考)』에서 그리고 당안(唐晏)이 『발해국지(渤海國志)』에서 발해의 5경 15부의 위치와 영역을 요동반도와 요서 지방에 비정하였지만, 그 둘의 주장에는 동의할 수 없다고 하였다. 채태형은 요동반도는 발해의 5경 15부 관내 지역이 아니었던 것 같다고 하면서 "발해의 령역을 5경 15부에 국한시킬 수 있겠는가"라고, 또 "5경 15부는 대발해국이 직접 통치하는 관할구역이지 그것이 곧 발해의 전령역을 의미하는 것은 결코 아니었다"라고 하였다. 다시 말해서 발해 영역은 5경 15부 이외에도 더 있을 수 있다고 판단한 것이다.

요동반도의 경우에는 발해가 고려 혹은 고구려라고 하는 후국(侯國)의 왕을 통해 통치한 것으로 이해하였는데, 이를 '고려후국'으로 부른다고 하였다. 이와 관련하여 채태형은 먼저 요동 지역이 발해 영토였음을 밝힌 다음의 예들을 제시하였다. 『요사』 권28 본기 천조황제 6년 정월조 "동경은 옛 발해 땅이다. 태조가 20여 년 힘써 싸워서야 얻었다". 『구오대사』 권137 거란전 "(거란이) 그 무리를 이끌고 발해의 요동을 토벌하였다". 『요사』 권38 지리지 동경도 동경요양부조 "당 고종이 고려를 평정하고 여기에 안동도호부를 두었는데 훗날 발해 대씨 소유로 되었다… 12대 이진에 이르러… 요동성국이 되었다". 『거란국지』 권10 "동경은 발해의 옛 땅인데 아보기가 20여 년 힘써 싸워서야 비로소 얻었다". 『금사』 권24 지리지 동경로조 "요양부는 본래 발해 요양 옛 성이다". 『자치통감』 권273 후당 장종 동광 2년 7월 경신조 "… 먼저 군대를 일으켜 발해의 요동을 공격하였다".

다음에는 요동 지역을 왜 '고려후국'으로 주장할 수 있는지에 대한 근거를 다음과 같이 제시하였다. 『책부원구』 권972 외신부 조공조 "원화 13년(818) 4월 고려에서 악기 및 악공 2부를 보내왔다". 『책부원구』 권970 외신부 조공조 "당나라 중종 경룡 4년(710) 4월에 고려가 사신을 파견하여 내조하였다". 『신당서』 권220 고려전 "원화 말(820년)에 사신을 파견하여 악공을 바쳤다". 『당회요』 권100 잡록 "성력 3년(700) 3월 6일 칙서에 동쪽은 고려국에 이른다. … 그 사신들에게 응당 급료를 주되 각각 규정에 따라 하게 한다". 『당회요』 권95 고구려조 "원화 13년(818) 4월에 그 나라에서 악물 2부를 보내왔다". 『삼국사기』 권10 신라본기 흥덕왕 2년(827) 3월 조 "고구려 중 구덕이 당나라에 들어가 불경을 가지고 왔으므로 왕이 여러 절간 중들을 모이게 하고 그를 영접하였다".

채태형은 여기에서의 고려 또는 고구려는 668년에 고구려가 멸망하고 918년에 고려가 성립되기 전의 사건들을 취급한 것이기에 '고려후국'을 가리키는 것이라고 하였다. 또한 발해와 당나라가 병존하던 시기에 '고려'라는 이름을 가진 나라는 당나라나 발해 본토에는 있을 수가 없고 오직 요동반도와 평안남북도 서부지역에만 있을 수 있다고 하였다. 『당회요』에서 당나라 동쪽에 고려국이 있다고 한 것으로 보아, 바로 발해 본토와 당나라 사이에 있었음이 틀림이 없다고 하였다. 따라서 채태형은 '신성 - 박작구 계선'을 발해와 당나라의 경계가 아니라 발해 본토와 고려후국의 경계로 이해하였다. 채태형은 발해의 후국인 고려후국의 수도는 의주 야일개에 있었고, 그 이름을 옛 고구려 수도의 이름을 따서 국내성이라 하였다고 하였다. 또한 고려후국의 수도 국내성에서 평양까지는 17개의 역참을 가진 역참로도 있었다고 하였다.[8]

다음에는 발해의 등주 공격과 관련하여 요동반도가 발해의 영토가 아니라 당나라의 영토였다면 전투가 등주가 아니라 요동반도에서 일어났을 것으로, 요동반도가 당나라 땅이었다면 배후의 당나라 무력을 그대로 두고 바다를 건너 산동반도 등주를 칠 수는 없었을 것이라 하였다. 마두산 전투와 관련해서는 발해가 요하와 대릉하를 건너 당나라의 영주, 평주 지역을 점령하고 장성 계선까지 진격하였는데 이는 발해가 요동 지방을 차지한 조건에서만 가능한 것이라 하였다.

다음에는 발해와 당이 무역을 요동반도가 아니라 산동반도에서 진행하였는데, 『입당구법순례행기』 개성 4년 8월 13일조 기사에 등주 청산포에 발해 무역선이 정박하였고, 5년 3월 2일조에 등주도독부 성 남쪽 거리의 동쪽에 무역소인 '신라관'과 '발해관'이 있었다고 한 기록을 제시하였다. 발해관이 요동반도에는 없고 산동반도에만 있었다는 것은 요동반도가 당나라의 영토가 아니라 발해의 영토임을 보여준다고 하였다.

채태형은 언제부터 요동반도가 발해의 영토가 되었는가의 문제에 대해서도 고찰하였다. 지금까지 안록산의 난 이후 혹은 5경 15부 제도의 정비 이후로 보는 의견이 있음을 소개하였다. 그는 『동북역사지리』의 편자가 761년 안동도호부를 최종 폐지한 것은 안록산의 난 때 그의 부장(副將) 이회선(李懷仙) 등의 박(迫)으로 후희일(侯希逸)이 요서지방으로 쫓겨간 후임을 지적한 일과

---

8. '고려후국'의 역참로에 대해서는 〈리대희, 1991, 「발해의 역참로」, 『력사과학』 3, 54~57쪽〉을 참고할 수 있다.

또 이때 발해국이 이 지역을 차지하였다고 쓰고 있다고 하면서, 안동도호부가 요동에서 쫓겨난 것은 안록산의 난 훨씬 이전임을 지적하였다.[9] 채태형은 안동도호부의 최종적인 폐지를 가지고 요동이 당나라에 속한 시기를 규정할 수는 없다고 보았다.

또한 발해의 5경 15부는 직할 통치 구역이고, 발해는 그 외에 후국과 기미주 같은 것을 적지 않게 가지고 있었기에, 요동반도의 발해 소속 문제를 5경 15부 제도가 확정된 후의 사실로 보는 것은 부당하다고 하였다.

전체적으로 채태형은 발해가 존재한 전 기간 요동반도는 발해의 후국(侯國)으로 있었다고 판단하였다.

북한학계에서 '고려후국'에 대한 논의는 1997년에 장국종에 의해 다시 한 번 진행되었다(장국종 1997). 장국종은 먼저 '고려후국의 존재를 증명할 수 있는 문헌 기록을 제시하였는데, 채태형이 「료동반도는 발해국의 영토」에서 제시한 것과 거의 같다. '고려후국의 수도는 처음에는 성천의 흘골산성이었다가, 나중에 압록강변 의주의 국내성으로 옮겼다고 하였다.

흘골산성에 대해서는 『신증동국여지승람』 권54 성천도호부 성곽조에서 "강선루의 서쪽에 있다. 세상에 송양이 쌓은 것이라고 전하는데 천명의 군사를 수용할 수 있다... 또 궁궐터가 남아있다"라고 하였다. 또 이곳 흘골성과 그 일대에서 고구려 시기 특징을 보이는 유물들이 확인되었다고 하였다. 이와 관련하여 성천은 고구려, 고려, 조선 시기에 모두 수도로 된 적이 없기에, 궁궐터가 있다면 그것은 고구려 멸망 후 발해 건국 직전의 것으로 볼 수 있을 것이라고 하였다.

'고려후국 국내성의 존재는 다음의 기록에 근거하였다. 『고려사』 권82 병

---

9. 후희일이 요서지방으로 쫓겨난 다음에 발해가 요동을 차지하였다고 주장한 연구자는 위국충이다. 『동북역사지리』의 저자인 손진기 등은 대이진 시기(재위 831~857년) 5경 15부 62주 중 요동지구에 설치한 것이 없기에 발해가 요동을 점령한 것은 대이진 후기, 혹은 장건장이 835년 발해를 방문한 이후라고 하였다.

지 성보 덕종 2년(1033)조의 평장사 류소가 쌓은 장성에 대해 서술하면서 "북쪽 경계의 관방을 설치하였는데 서해 바다가의 옛 국내성 경계의 압록강이 바다로 들어가는 곳으로부터… 동쪽으로 바다에 이르기까지 1,000여리에 이른다". 『세종실록』 권88 22년 2월 신묘조의 "북쪽 경계의 관방은 서해변의 옛 국내성 경계의 압록강이 바다에 흘르드는 곳으로부터… 동쪽으로 바다에 이른다". 『세종실록』 권95 24년 정월 기묘조의 "의주 야일개의 남쪽 장성아래 바위에 새긴 글에 경인년 11월 22일… 이 둘의 남쪽 60자 되는 곳에 향나무를 파묻었다". 따라서 의주(오늘의 신의주) 고린주 야일개(야일포) 지방에 국내성이라 부르던 곳이 있었음을 알 수 있다고 하였다.

고려후국이 수도를 흘골성에서 국내성으로 옮긴 것은 고구려 첫 수도인 흘승골성에서 국내성으로 옮겼다는 『삼국사기』의 기록을 따라 그대로 한 것으로 추정하였다.

고려후국의 동변은 오늘날 함경도와 평안도를 나누는 계선이며, 낭림산맥과 북대봉산맥을 계선으로 하여 그 동쪽에는 남경남해부가 있다고 하였다. 낭림산맥과 북대봉산맥의 서쪽과 동쪽 군, 현들의 건치 연혁 기사의 서술 형식과 내용이 서로 다름을 지적하였는데, 『고려사』와 『신증동국여지승람』에 이 두 산맥의 동쪽 지역의 군, 현에 대해서는 고구려 시기의 연혁을 밝힌 다음에 "여진이 차지하였다"라고 한 반면에, 두 산맥의 서쪽 지역의 군, 현의 건치 연혁에는 "여진이 차지하였다"는 서술이 없는 대신에 고려 관계 연혁이 서술되어 있다고 하였다. 이곳의 "본래 고려에 속한 땅인데"의 고려는 바로 고려후국을 가르키는 것으로 보았다.

고려후국의 북변은 박작구에서 압록강을 건너 북쪽으로 뻗어 봉황성의 동쪽 지점을 지나 천산산맥에 이르고 천산산맥의 줄기를 따라 요동반도의 영주에 이르는 선이라고 하였다. 천산산맥을 경계로 하여 그 북쪽은 안원부에 속하고, 그 남쪽 요동반도는 고려후국에 속한 것으로 판단하였다.

장국종은 발해 강역의 범위와 5경 15부, 고려후국, 북방 이족 관할구역을 보여주는 발해 강역도를 제시하였는데, 그의 의견을 지도를 통해서도 확인할 수 있다(도면 24).

림호성과 김혁철은 2010년에 발간된 『조선단대사(발해사1)』에서는 발해가 5경 15부 62주 외에 후국과 속령이 있었다고 하였다. 후국은 고려후국을 예로 들었고, 속령은 798년에 당나라에 파견되어 우무위 장군직을 받은 '우후루번장 도독 여부구'를 예로 들었고, 또 792년에 당나라에 사신으로 간 '압말갈사 양길복'도 예로 들었다(림호성·김혁철 2010, 79~80쪽).

관련 사서의 내용은 다음과 같다.

『책부원구』 권976 포이3 : (정원 14년(798)) 11월 무신에 발해국왕 대숭린의 조카 능신(能信)을 좌효기위중랑장으로 삼고, 우후루번장(虞候婁蕃長) 도독 여부구(茹富仇)를 우무위장군으로 삼았다(貞元十四年 十一月 戊申 以渤海國王大嵩璘侄能信 爲左驍騎衛中郎將 虞候婁蕃長都督 茹富仇 爲右武衛將軍). (고구려연구재단 편 2004b, 540쪽).

『당회요』 권96 발해 : 정원 8년 윤12월에 압말갈사(押靺鞨使) 양길복(楊吉福) 등 35명이 와서 조공하였다(貞元八年 閏十二月 押靺鞨使楊吉福等三十五人來朝貢). (고구려연구재단 편 2004b, 562쪽).

림호성과 김혁철은 여부구와 같은 번장(蕃長)은 우후루부, 흑수부 등 발해에 소속된 말갈족의 부 즉 속령(번)을 통제하고 감독하는 관직이라고 하였고, 압말갈사 양길복은 발해의 중앙 정부에서 속령들을 감독하기 위해 파견된 관리였다고 하였다.

고려후국의 경계와 그 안의 중요 지점 등을 표시한 〈고려후국 령역도〉도 소개하였는데(림호성·김혁철 2010, 105쪽)(도면 33), 고려후국의 범위와 중요 지점의 위치에 대한 북한학계의 의견이 잘 반영되어 있다.

한국학계에서는 2003년에 한규철이 요동이 모두 발해 영역에 포함되었다고 주장하였다. 그는 「발해국의 서쪽 변경에 대한 연구」라는 논문에서 먼저 지금까지의 관련 연구 성과를 검토한 다음에 자신의 의견을 개진하였다(한규철 2003, 73~96쪽). 발해의 서변과 관련하여 "발해 서쪽 경계를 박작구 - 신성으로 보는 견해[10]의 근거"가 되는 것(사료 A군)과 "요동도 발해 지역이었음을 입증하는 근거"가 되는 것(사료 B군)을 모두 제시하였다. 여기에서 사료 A군은 가탐의 『도리기』에 나온 기사들이고, 사료 B군은 요동이 발해 땅이었음을 말해주는 『거란국지』, 『요사』, 『구오대사』, 『요동행부지』, 『금사』, 『자치통감』 등의 기사들이다.

어쨌든 한규철은 요동이 발해 지역이었음을 입증하는 사료 B군을 신뢰할 수 있다고 생각하였으며, 가탐의 『도리기』에 적힌 "박작구에 이르러 발해 경계에 도착하였다(至泊汋口 得渤海之境)"를 박작구가 "양국의 경계가 아니라 발해 왕성에 이르는 루트 상에 발해 영역 내의 첫 번째 항구라는 의미로 볼 수 있을 것이다"라고 하여 『도리기』 내용은 발해 서쪽 경계선에 대한 사료로는 부적합하다고 하였다.

발해가 요동을 차지한 시기와 관련해서는 발해의 등주(登州) 공격과 마도산(馬都山) 전투에 주목하였다. 무왕 대인수가 732년 9월에 장문휴를 보내 등주를 공격하였고, 또 다음 해에는 발해가 마도산까지 공격하였는데, 마도산은 해로의 가능성도 없는 것은 아니나 육로로 공격하였다는 보는 것이 더 타당하다고 전제하면서 발해가 요동 지역을 장악하지 않았다면 불가능한 사건이었을 것으로 판단하였다. 따라서 발해가 요동을 장악한 것은 늦어도 당나라의 등주와 마도산을 공격한 무왕 인안 14년(732) 이전이라고 하였다.

한규철은 안동도호부 문제와 관련하여 668년에 평양 지역에 설치한 안동도호부가 치소를 670년에 신성으로, 676년에 요동의 고군성(요양)으로, 677년에 다시 신성으로, 705년에는 평주·요서군 등으로 옮겼다가 안사의 난을 계기로 756년에 폐지하였음을 지적하면서, 705년에 평주·요서군 등으로 옮겨갈 수밖에 없었던 시점부터 요동을 발해 영역으로 볼 수 있다고 하였다.

---

10. "박작구-신성"은 "박작구-개원"의 오류이다. 예로 제시한 『중국역사지도집』 등의 발해 강역도에는 모두 박작-개원 북쪽을 잇는 선으로 그어져 있다.

또한 한규철은 요동 지역에 월희부가 있었고, 월희고지에 설치된 회원부와 안원부가 요동 지역에 편제되었을 것으로, 회원부 설치는 월희말갈이 당나라에 대한 조공을 그치는 741년 직후일 것으로 보았다. 그 외에도 한규철은 고려후국 및 소고구려국과 관련된 의견을 검토하면서, 요동반도에 고려후국이 있었든 혹은 소고구려국이 있었든 한가지 공통되는 견해는 적어도 요동반도가 당나라 땅은 아니었다는 것이라고 하였다.

한규철은 1957년에 일본의 히노 가이자부로(日野開三郎)가 처음 제기한 소고구려국에 대해서 다음과 같이 간략하게 소개하였다. "당나라가 발해 건국과 함께 발해 견제와 고구려 유민의 부흥을 막기 위해 친당적 소고구려를 건국하게 하였고, 이들은 일정하게 자주적 외교활동도 하였다는 것이다. 당나라가 699년에 보장왕 아들 고덕무(高德武)를 안동도독으로 임명하여 다른 고구려 유민들을 통치케 하였고, 그 이후 당 기록에서 고구려(고려)가 등장한다는 것에 근거한 것이다. 698년에 이미 안동도호부가 없어진 상황이었기에 고덕무는 그 지역에 대한 통치를 보장받게 된 셈이었고, 이른바 친당적 소고구려가 발해와 함께 세워졌다는 이야기이다".

한규철이 이 논문에서 말하는 요동은 요동반도를 포함한다고 생각된다. 이 사실은 그가 1994년에 제시한 발해 강역도를 통해서도 알 수 있다(도면 21).

김진광도 발해가 요동을 차지하였다고 주장하였다. 김진광의 이 견해는 2002년에 발표한 「8世紀 渤海의 遼東進出」, 2004년에 발표한 「발해 건국 초기의 강역-영주도를 중심으로」, 2014년에 발표한 『발해 문왕대의 지배체제 연구』라는 논저에서 꾸준히 제기되었다. 이와 관련하여 김진광은 안동도호부의 변천에 대해 특히 주목하였는데, 그가 제시한 안동도호부 연혁 표는 다음과 같다(표 1).

표 1. 안동도호부 연혁과 위치(김진광 2002, 157쪽 및 2012, 55쪽 표 1, 비고는 필자 추가)

시기	연호	서력	연혁	치소 위치	현지명	비고
제1기	總章元年	668	설립	平壤	平壤	고구려 멸망
	總章2年	669	도호 이주	新城	撫順	
제2기	儀鳳元年	676	정식 이전	遼東郡故城	遼陽	
	儀鳳2年	677	정식 이전	新城	撫順	
	聖曆元年	698	폐지			발해 건국, 도독부로 강등
제3기	神龍元年	705	도호부 재설치	幽州	北京	고왕 대조영 8년
	開元2年	714	정식 이전	平州	盧龍	고왕 대조영 17년
	天寶2年	743		遼西郡故城	義縣東南	문왕 대흠무 대흥 7년
	至德3年	758	폐지			문왕 대흠무 대흥 22년, 行木 底州刺史 楊承慶 일본 파견

김진광은 안동도호부의 변천 과정을 3기로 구분하였는데, 1기는 668년에 안동도호부를 설치하여 다음 해인 669년에 신성으로 옮기기까지, 2기는 669년에 신성으로 옮긴 때부터 698년에 안동도호부가 안동도독부로 강등되기까지, 3기는 705년에 안동도호부가 유주에 복치되어 758년 폐지될 때까지이다(김진광 2002, 158~159쪽).

그는 안동도호부가 평양에 위치한 기간은 668~669년, 요동 지역에 위치한 기간은 669~698년[11], 요서 지역에 위치한 기간은 705~758년이었음을 지적

---

11. 원본에는 평양에 위치한 기간은 668~676년, 요동 지역에 위치한 기간은 676~698년이라고 하였는데 오타가 분명하다.

하였다. 안동도호부는 698년에 안동도독부로 강등되었고, 705년에 복치되면서 요서 지역으로 이전되었음을 지적하였다. 즉천무후 장안(長安) 4년(704)에 당휴경(唐休璟)에게 유주(幽州)와 영주(營州) 도독 및 안동도호를 겸임하게 한 일, 719년에 영주(營州)에 위치한 평로군사(平盧軍使)를 평로군절도사(平盧軍節度使)로 승격시키고 안동도호를 겸임케 하면서 또 영주(營州), 요주(遼州), 연주(燕州)를 다스리게 한 일, 732년에는 유주절도사가 안동도호부를 겸임하게 한 일은 "안동도호부가 요서로 철수한 이후 요동경략에서도 적극적인 조치를 취하고 있지 못하였음을 반영할 뿐만 아니라 독립된 행정기관으로서의 기능도 상실했음을 보여주는 것"이라고 하였다(김진광 2004, 8~9쪽).

김진광은 가탐『도리기』의 "영주에서 동쪽으로 180리를 가면 연군성에 이르고, 또 여라수착을 지나 요수를 건너 안동도호부까지 500리이다(營州東百八十里至燕郡城 又經汝羅守捉 渡遼水至安東都護府五百里)"라는 기록과 관련하여 수착(守捉)에 대해서도 검토하였다. 당나라 시기 변경 군사 조직은 서열상 군(軍), 수착(守捉), 성(城), 진(鎭)으로 구분되며, 당나라 하북도에서는 영주(營州), 평주(平州), 소주(蘇州), 단주(檀州), 유주(幽州) 중 영주에서 가장 많은 수착이 설치되었음이 지적되었고, 그것은 동, 서, 북으로 영주가 북방 제 민족들과 연접한 곳이고 또 당으로 가는 관문이기 때문이며, 북방 민족과 통하는 교통의 요지로서 영주의 상실은 당에게 큰 난관이 되기에 다른 지역에 비해 더 많은 군사 기구가 조직된 것으로 판단하였다. 영주에 설치된 수착은 유관수착(渝關守捉)[12], 연군수착성(燕郡守捉城), 무려수착(巫閭守捉), 회원수착(懷遠守捉), 여라수착(汝羅守捉), 양평수착(襄平守捉), 안동수착(安東守捉)이 있는 것으로 파악하면서, 양평수착과 안동수착의 존재에 특히 주목하였다.

양평은 지금의 요양으로서 개원 15년에 무왕 대무예 동생 대창발가를 양평현개국남에 봉한 것은 발해의 요동 진출과 밀접한 관련이 있고, 또 발해 영

---

12. 김진광은 이후의 글에서 유관수착은 평주에 속하는 것으로 정정하였다(김진광 2012, 87쪽).

역이 이곳 양평, 즉 요양까지 다다랐음을 반영하는 것이라고 하였다. 그리고 양평에 수착이 설치되어 있었던 시점은 안동도호부가 요양군고성에 위치하고 있을 때로 보았다.『구당서』「지리지」에 "고종 때에… 고려와 백제를 평정하여 요수 동쪽은 모두 주로 삼았으나, 얼마 지나지 않아 다시 반란을 일으켰으므로 강역에 포함시키지 않았다(高宗時… 平高麗百濟遼海已東皆爲州 俄而復叛 不入提封…)"라고 하여 이 지역이 당의 영역에 포함되지 않음을 분명히 하였다고 하였다. 따라서 변방 군사 조직인 수착이 영주의 계선을 벗어나지 못한 것은 이곳이 당의 최전방임을 말하는 것으로, 양평수착과 안동수착은 시기적으로 당의 안동도호부가 요동 지역 특히 요양에 있었을 당시의 상황을 언급하는 것으로, 또 안동도호부가 요서 지역으로 옮겨진 다음에는 요동 지역은 이미 발해의 강역권으로 편입되었음을 의미하는 것으로 판단하였다(김진광 2004, 19~21쪽).

김진광은 이후 2012년에 발간된『발해 문왕대의 지배체제 연구』에서 고왕 대조영, 무왕 대무예, 문왕 대문예 시기의 발해 강역 문제를 요동과 서쪽 지역을 중심으로 논하였다(김진광 2012, 48~102쪽). 다시 한번 안동도호부 문제를 검토하였는데, 대조영이 동쪽 동모산으로 이동할 때 안동도호부의 군대가 아니라 당나라 본토에서 온 군대가 대조영을 추격한 사실에 주목하여, 안동도호부의 주요 목적이 옛 고구려지역에 대한 통제였음을 감안한다면, 당시 당나라가 요동 지역을 전혀 통제하지 못한 상태였음을 의미한다고 지적하였다.

고왕 대조영 시기 발해 영역의 범위는『신당서』「발해전」의 "부여, 옥저, 변한, 조선, 해북제국의 땅을 모두 차지하였다(盡得扶餘沃沮弁韓朝鮮海北諸國)"라는 기록을 통해 검토하였다. 서쪽 부여는 치소가 농안고성이라는 설에 동의하였고, 동쪽 옥저는 함경북도 및 두만강 일대로 파악하였다. 남쪽 변한과 관련해서는 고왕 대조영이 대동강 이북 지역 경영의 주도권을 잡은 것으로 보았다. 조선은 요동 지역으로 파악하였으며, 그 근거로 다음의 사료들을 제시하였다.

『요사』 권38 지 제8 「지리」 2 : 동경요양부는 본래 조선의 땅이다. 주(周)나라 무왕(武王)이 기자(箕子)를 놓아주어 조선(朝鮮)으로 갔으므로 그를 책봉하였다… 여기에 안동도호부를 설치하였으나, 후에 발해 대씨가 소유하였다(東京遼陽府 本朝鮮之地 周武王釋箕子囚 去之朝鮮 因以封之… 於此置安東都護府 後爲渤海大氏所有). (번역 김진광 2012, 65쪽)

『구당서』 권199 상 열전 제149 상 「고려」: 의봉 연간(676~679년) 연간에 고종이 고장(高藏)을 개부의동삼사 요동도독으로 제수하고 조선왕(朝鮮王)에 봉하였다. 안동(安東)에 살면서 고구려 유민을 다스리게 하였다. 고장이 안동에 이르러 몰래 말갈과 서로 모반을 도모하였다(儀鳳中 高宗授高藏開府儀同三司 遼東都督 封朝鮮王 居安東 鎭本蕃爲主 高藏至安東 潛與靺鞨相通謀叛). (번역 김진광 2012, 65쪽)

『구당서』 권199 상 열전 제149 상 「고려」: 수공(垂拱) 2년(66) 다시 고장(高藏)의 손자 보원(寶元)을 조선군왕으로 책봉하였다. 성력 원년(698)에는 좌응양위대장군을 진수하고, 충성국왕으로 책봉하여 안동(安東)의 고구려 유민통치를 맡기려 하였으나, 일이 끝내 실행되지 않았다(垂拱二年 又封高藏孫寶元爲朝鮮郡王 聖曆 元年進授左鷹揚衛大將軍 封爲忠誠國王 委其統攝安東舊戶 事竟不行). (번역 김진광 2012, 66쪽).

『구당서』 권53, 열전 제3 「이밀전」: 요수(遼水)의 동쪽은 조선(朝鮮)의 땅이다(遼水之東 朝鮮之地). (번역 김진광 2012, 66쪽).

『요사』 권49 지18 「예지」 1 : 요나라의 땅은 본래 조선(朝鮮)의 옛 강역이다(遼本朝鮮故壤). (번역 김진광 2012, 65쪽)

732년 9월에 시작된 등주 공격과 이후의 마도산 전투와 관련해서는 당나라가 안동도호부나 평로군의 병력을 동원하지 않고, 등주에는 좌령군장군(左領軍將軍) 개복순(蓋福順)을 보내어 대응하고, 마도산에는 당에 망명한 대문예를 유주에 보내어 10만의 병사를 이끌고 대응하게 한 사실과 신라에게 발해의 남쪽 변경을 공격하게 함으로써 대응한 점에 주목하였다. 평로군절도사의 주된 임무는 실위와 말갈의 방어이고, 당시 그 산하에 평로, 노룡 2군과 유관수착, 안동도호부가 소속되어 있어 마도산 전투에 평로군의 동원은 필수적이었는데, 그렇게 하지 못한 것은 발해가 이미 요동을 확보하고 있었기 때문으로 판단하였다. 발해의 마도산 공격은 육로와 해로 양방향에서 이루어진 것으로 의견을 바꾸었다. 발해가 요동을 이미 장악한 사실에 대해서는 수착과 기미주 문제를 통해서도 고찰하였다.

요동 지역이 발해 영역에 포함되었다는 사실은 심양, 무순, 요양 일대의 발해 유적을 통해서도 확인할 수 있다(도면 59).

심양 서북쪽의 석대자산성 주변에 위치하는 석대자산성 주변 고분군(石台子山城 周邊 古墳群)은 Ⅰ~Ⅴ구역이 넓은 범위에 걸쳐 분포하고 있으며(도면 60), 2002~2003년 및 2004년에

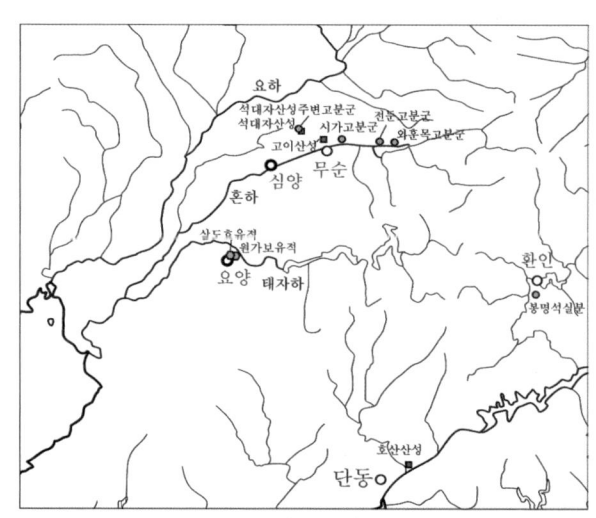

도면 59. 요녕성 일대 발해유적 분포도(필자 작성)

모두 68기의 고분이 조사되었다. 무덤은 횡혈식 석실과 수혈식 석곽 두 종류가 확인되었는데 모두 고구려 고분으로 보고되었다(遼寧省文物考古研究所·沈陽市文物考古研究所 2008; 沈陽市文物考古研究所 2006). 하지만 강현숙에 의하면, 이 고분군에서 확인된 석실보강석, 수혈식 석곽, 다인합장, 동물 뼈 순장, 단병식 등자, 추형의 수식이 달린 이식(귀걸이) 등은 다른 고구려 고분에는 보이지 않는 발해에 특징적인 요소들이다. 이와 관련하여 강현숙은 이 고분군의 중심 연대가 8세기 후반 무렵인 발해 유적으로 판단한 바 있다(강현숙 2009). 그런데 석대자산성 주변의 고분군이 발해 시기의 것이라면, 석대자산성(도면 61) 역시 발해 때 사용되었을 가능성이 있다고 추정할 수 있다. 다만 이 문제는 향후 새로운 검토가 필요하다.

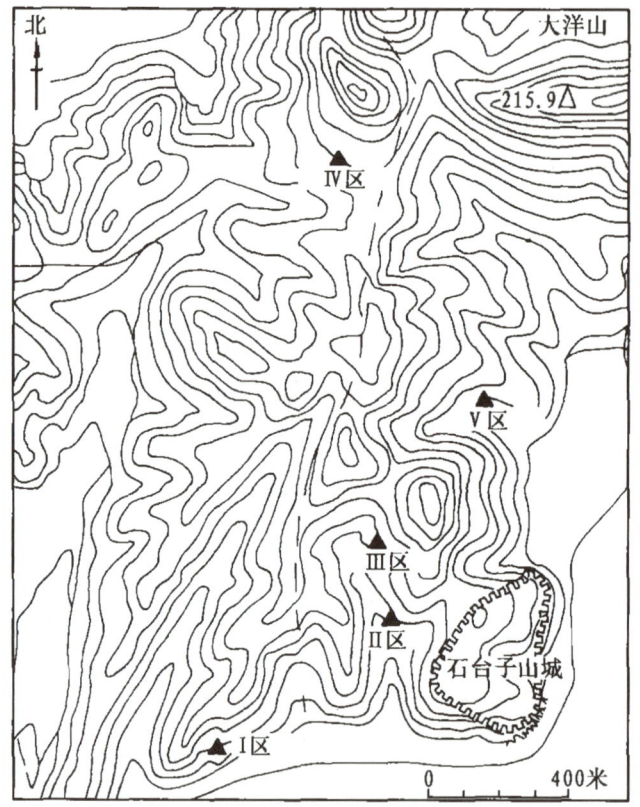

도면 60. 심양 석대자산성과 주변 고분군 분포도(遼寧省文物考古硏究所·沈陽市文物考古硏究所 2008)

도면 61. 석대자산성과 뒤 고분군 일대 모습(필자 촬영)

무순에서는 다수의 발해 시기 유적이 확인되었다. 고구려의 신성으로 알려진 고이산성(도면 62) 동성에서 발해의 것으로 판단되는 돌궐식 청동 대장식구와 단병식 등자가 출토된 바 있다(徐家國·孫力 1987; 강현숙 2009, 176쪽). 따라서 고이산성도 발해 때에 사용되었음을 알 수 있다.

무순의 시가 고분군(撫順 施家 古墳群)은 동구에 속한 41기가 조사 및 보고되었는데 모두 원형의 봉토

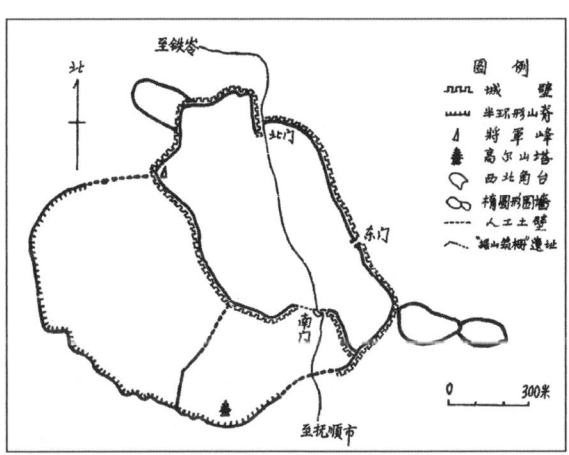

도면 62. 고이산성 평면도(徐家國·孫力 1987)

석실분이다(遼寧省文物考古硏究所·撫順市博物館 2007). 인골이 확인된 32기 무덤 중에서 3인 이상 다인합장이 19기 59.4%로서 상당히 높은 비율을 차지한다. 또한 현실은 평면이 방형 혹은 장방형인데 현실 바닥의 측면이 호선 모양인 것도 있다. 1호 무덤에서는 벽화가 발견되었는데 생활풍속도이다. 강현숙은 평면 원형 봉토석실분, 다인합장, 바닥이 호선인 현실은 고구려 고분에는 보이지 않는 발해 고분의 특징적인 요소임을 지적하였고, 생활풍속도 역시 고구려 것과는 다르다고 하였다. 그 외에 이 고분군에서 출토된 돌궐식 청동 대장식구, 추형 수식이 달린 이식, 개원통보 등도 발해 고분에서 발견되는 유물임을 지적하였다. 따라서 시가 고분군 역시 발해 유적인 것으로 판단하였다(강현숙 2009).

무순의 전둔 고분군은 1956~1957년에 모두 17기의 고분, 와훈목 고분군에서는 1956년에 모두 2기의 고분이 각각 발굴되었고, 모두 고구려 고분으로 보고되었다. 무덤은 모두 수혈식 석곽묘 혹은 횡혈식 식실묘인데, 다수가 다

인합장묘이며, 출토 유물 중에는 돌궐식 청동 대장식구도 있다(王增新 1964). 따라서 강현숙인 전둔(前屯) 고분군과 와훈목(洼渾木) 고분군도 발해 유적으로 판단하였다(강현숙 2009).

강현숙이 석대자산성 주변 고분군, 시가 고분군, 전둔 고분군, 와훈목 고분군에서 확인한 고구려의 것과는 구분되는 요소들은 발해에 특징적인 요소들이 분명하다. 특히 돌궐식 청동 대장식구는 발해의 다른 많은 유적에서 확인된 바 있다(정석배 2023).

요양에는 발해 유적이 현재로서는 2개소가 확인된다. 바로 삼도호(三道壕) 유적과 원가보(袁家堡) 유적이다. 삼도호 유적은 요녕성 요양시 북교 삼도호촌 일대에 있다. 이 유적에서 출토된 연화문 와당과 고랑 미구 수키와 및 삼대문(三帶紋)과 지두문(指頭紋) 암키와가 요양박물관에 전시되어 있는데 모두 발해에 특징적인 것들이다(도면 63; 64)(정석배 외 2023a, 439쪽). 원가보 유적은 요녕성 요양시 북교 원가보자 일대에 있다. 요녕성 박물관에 이 유적에서 발견된 발해에 전형적인 역심엽형 연판과 십자형 간식이 있는 연화문 와당이 전시되어 있다(도면 65)(정석배 외 2023b, 325쪽).

하지만 상기한 바와 같이 중국의 다수 연구자는 발해가 요동을 차지한 사실을 인정하면서도 요양 남쪽 안산(鞍山) 일대 - 포석하 일대를 잇는 선 이

도면 63. 요양 삼도호 유적 발견 발해 연화문 와당(요양박물관, 필자 촬영)

도면 64. 요양 삼도호 유적 발견 발해 고랑 미구 수키와 및 삼대문 및 지두문 암키와(요양박물관, 필자 촬영)

북 지역을 발해 영역으로 인정한다(도면 36). 만약에 이 의견을 고수한다면, 박작구가 애하 하구임이 분명하기에 이 선은 요양 남쪽 안산 일대 - 애하 일대를 잇는 선으로 바뀌어야 할 것이다. 한국의 송기호는 대체로 요동반도 북쪽의 개주(蓋州) 일대

도면 65. 요양 원가보 유적 발견 발해 연화문 와당(요양박물관, 필자 촬영)

- 영나하(英那河)를 잇는 선 이북 지역까지를 발해 영역으로 간주한다(도면 38).

　그렇다면 북한의 연구자들과 일부 일본과 한국 연구자가 요동반도까지 발해 영역으로 보는 근거는 무엇인가? 히노 가이자부로(日野開三郞)는 '소고구려국'의 존재를 통해 요동·요동반도를 발해 영역으로 간주하였고, 노태돈도 소고구려국이 결국은 발해에 포함된 것으로 보았다. 북한 연구자들은 '고려후국'의 존재를 통해 요동반도와 평안남북도 서쪽 지역이 발해 영역에 포함되었다고 주장한다. 채태형은 앞에서 열거한 『책부원구』 권972 외신부 조공조 등에 기록된 고려 또는 고구려는 668년에 고구려가 멸망하고 918년에 고려가 성립되기 전

2. 발해의 서남쪽 경계　197

의 사건들을 취급한 것이기에 '고려후국'을 가리키는 것이라고 하였다.

하지만, 김진광이 지적하였듯이 '소고구려국' 혹은 '고려후국'이 200여 년의 오랜 세월 동안 발해와 동일시기에 존재하였다는 주장에도 불구하고 그 제도, 행정, 대외관계 등과 관련된 어떠한 사료도 확인되지 않았다(김진광 2002, 180쪽). 따라서 '고려후국'의 존재를 완전하게 증명하기 위해서는 아직 새로운 자료의 발견을 기다려야 할 것이다.

북한의 연구자들이 주장한 것처럼 발해는 5경 15부 62주에 속하지 않은 지역도 그 영역에 포함한 곳이 다수 있었을 것이다. 김육불 등이 지적한 바와 같이 『신당서』 「지리지」의 5경 15부 62주에 대한 정보는 발해 마지막 순간이 아니라 제11대 대이진(재위 830~858년) 때에 발해에 파견된 장건장(張建章)의 기록을 토대로 한 것이다. 그리고 이 행정구역은 제10대 선왕 대인수(재위 818~830년) 시기에 완성된 것으로 여겨진다(송기호 1995, 151쪽). 다시 말해서 발해의 이 행정구역에는 선왕 대인수 어느 시기 이후에 발해가 얻은 영토는 반영되지 않았을 것이다.

하지만 요동반도는 발해 전기부터 발해 영역에 포함된 것으로 여겨지기에 장건장의 기록에 누락될 이유가 없다. 그 이유 중 하나는 우리가 『신당서』와 『요사』에 기록된 발해 행정단위 중 요동반도에 설치된 것이 어떤 것인지 아직 잘 모르기 때문일 수도 있다. 다른 하나는 발해가 대외적으로는 '왕'을, 대내적으로 '황제'를 표방한 이중적 체제를 가졌다는 데에 이유가 있을 수 있다. 다시 말해서 발해는 '발해 세계'에서는 황제를 표방하였고, 그에 걸맞게 번국(藩國)도 두었다.

송기호는 이와 관련하여 "정원 14년(798)에 당나라에 사신으로 갔다가 우무위장군(右武衛將軍)을 봉작받은 여부구(茹副仇)의 관직이 우후루번장도독(虞侯婁蕃將都督)이었던 사실은 발해가 동북쪽에 있던 우루부(虞婁部)를 번국으로 여기고 있었음을 직접적으로 증명해준다"라고 하였다(송기호 1995, 196쪽).

『속일본기』에 기록된 제2대 무왕 대무예가 727년에 일본에 보낸 국서의 내용 중에서 확인된 "무예가 외람되이 열국(列國)을 주관하고 제번(諸蕃)을 아울 렀으며, 고[구]려의 옛 땅을 회복하고 부여의 유속을 가지게 되었다(武藝忝當 列國 濫惣諸蕃 復高麗之舊居 有扶餘之遺俗)"라는 기록은 당시 발해가 이미 번국을 거느렸음을 말해준다. 요동반도는 고구려 구거(舊居)에 속하였으니 무왕 때에는 이미 발해에 속해 있었음이 분명하다. '고려후국'으로 대표되는 이 지역은 발해의 행정단위로 편제하지 않고 번국의 하나로 남겨 두었을 수도 있다.

요동반도와 관련된 발해 행정단위의 존재를 주장하는 의견 중 가장 주목되는 것은 독주주 동주(銅州)이다. 일찍이 당안(唐晏)은 『발해국지』에서 동주 화산현을 요나라가 석목현으로 바꾸었음을, 그리고 지금의 해성현 동남쪽 40리에 있는 토보(土堡)가 석목성이었고 또 화산고성(花山故城)이라고 지적하였다(唐晏 纂 / 劉承幹 校 1919). 관련 기록은 다음과 같다.

『요사』 「지리지」(권38 지 제8 지리지 2) 동주(銅州) : 동주 광리군. 자사를 두었고 발해가 설치하였다... 1개 현을 거느렸다. 석목현 본래 한나라 망평현 땅이었는데 발해가 화산현으로 삼았다. 처음에는 동경에 예속되었으나 나중에 (동주에) 예속되었다(銅州 廣利軍 刺史 渤海置... 統縣一. 析木縣本漢望平縣地 渤海爲花山縣 初隸東京 後來屬). (김위현 외 2012b, 57~58쪽, 69쪽, 번역 일부 수정).

상기한 바와 같이, 니즈마 토시히사(新妻利久)도 동주(銅州)가 발해와 당나라의 관계에서 중요한 요동반도에 설치되었고, 그 치소는 해성현(海城縣) 동남쪽 석목성(析木城)에 있었던 것으로 파악하였다(新妻利久 1969, 107쪽).

그런데 발해 동주 위치에 대해서는 『요사』 「지리지」 함주(咸州)조 기록과 관련하여 요·금 시대 함주는 지금의 개원이고, 또 개원은 험한 산이 많다는 지형과 맞지 않아 동산군이 곧 발해의 동주라는 의견도 있다(和田淸 1955, 108~109쪽). 관련 기록은 다음과 같다.

『요사』 권38 지 제8 지리지 2 함주(咸州) : 함주 안동군 하 절도. 본래 고[구]려 동산현 땅이며, 발해가 동산군을 두었다. 이 땅은 한나라 후성현 북쪽 발해 용천부 남쪽에 있다. 이 땅에 험한 산이 많아 도적들이 소굴을 이룬다(咸州 安東軍 下 節度. 本高麗銅山縣地 渤海置銅山郡 地在漢候城縣北 渤海龍泉府南 地多山險 冠盜以爲淵藪). (김위현 외 2012b, 56쪽, 68쪽, 번역 일부 수정).

김육불도 동산군이 동주일 것을 생각하였고, 해성현에 있었던 요나라의 석목현은 요나라 때에 옮긴 동주라고 하였다(김육불 편저 / 발해사연구회 옮김 2008, 331쪽).

이와 관련하여《중국역사지도집》편집조동북소조는 발해 동주가 흑룡강성 영안현 남쪽 합니파령(哈爾巴嶺)에 있었을 것으로 추정하였고(《中國歷史地圖集》編輯組東北小組 1979, 115쪽), 『중국역사지도집』에도 그곳에 동주를 표시하였는데 대체로 경박호 남쪽과 남동쪽 지역에 해당한다(도면 18).

송기호는 발해 구국이 행정구역상으로 독주주였던 동주에 속하였다고 생각하였고, 지역적으로는 경박호 이남에서 할바령과 목단령 이북 지역에 걸쳐 있었을 것으로 추정하였다(송기호 1995, 93쪽).

북한학계도 동주를 해성현 동남쪽 석목성 일대로 보고 있다. 예를 들어, 1979년에 발간된 『조선 전사』의 발해 강역도에는 요동반도 북쪽 부분에 동주가 표시되어 있다(도면 16). 손영종도 "동주는 석목현을 그 속현으로 가지고 있었다. 석목성은 지금도 해성 동남쪽 40리에 있는 지명이다. 그러므로 동주도 그 부근에 있었던 주이며 이동한 일이 없었다고 보이는 것이다"라고 하였다(손영종 1980, 41쪽).

필자가 볼 때 동산군(銅山郡)이 동주(銅州)였다는 의견보다는 동주(銅州)가 동주(銅州)였다는 의견이 용어상 더 진실에 가까워 보인다. 또한 독주주는 부에 소속되지 않고 중앙에 직접 업무를 전하는 직예주(直隸州)인데, 니즈마 토시히사(新妻利久)가 지적한 바와 같이 3개 독주주는 부가 설치되지 않은 중요 지역에, 다시 말하면 변방 요충지에 설치되었다고 보는 것이 더 설득력이 있다고 생각된다. 정약용도 "독주(獨奏)란 직달(直達)을 말하는 것이다. 도독부를 두지 않고 무슨 일이 생기면 주(州)에서 직접 전달한 것이니, 그 외롭고 먼 것을 알 만하다"라고 하였고, 또 독주주가 혼동강 양편에 있었다면 기전(畿甸)의

안이니 어찌 독주할 까닭이 있겠는가라고 하면서 북쪽 변방 혼동강이 꺾이는 곳에 있었을 것이라고 하였다(동북아역사재단 2021b, 57~58쪽).

따라서 독주주 동주 위치는 해성현(海城縣) 동남쪽의 석목성(析木城) 일대로 보는 것이 더 타당하다고 생각된다.

그 외에도 요동반도에 서경압록부의 흥주(興州)가 있었다고 생각하는 연구자도 있다(新妻利久 1969, 64~65쪽).

장국종은 발해가 당나라와의 무역을 요동반도가 아니라 산동반도에서 진행한 사실도 요동반도가 발해 영역임을 보여준다고 하였다. 발해가 당나라와 산동반도에서 무역을 한 사실은 『입당구법순례행기』 개성 4년 8월 13일조에 등주 청산포에 발해 무역선이 정박하였다는 내용이 있고, 또 5년 3월 2일조에 등주도독부 성남쪽 거리의 동쪽에 무역소인 신라관과 함께 발해관이 있었다고 한 내용을 통해 알 수 있다고 하였다(장국종 1997, 51쪽).

713년 2월에 발해로 파견되었다가 다음 해인 714년에 귀국한 최흔(崔忻)이 귀국길에 요동반도 남단에 있는 여순 황금산에 우물 2개를 파고 소위 홍려정(鴻臚井) 석각을 남겼다는 사실도 주목된다(王仁富 1995). 이것은 그가 귀국에 앞서 남의 나라 땅에 기념으로 남겼다고 보아야 할 것이다. 자국의 영역에 기념물을 남길 필요가 없는 것으로, 지금도 사람들이 타지로 여행을 가면 그곳에 무언가 자신이 다녀갔다는 증표를 남기고 싶어 하는 것과 같다고 말할 수 있다.

그 외에도 지금까지 살펴본 바와 같이 여러 연구자가 발해가 요동반도까지 차지하였음을 보여주는 많은 근거를 제시하였다.

그런데 다수의 연구자가 지적하였듯이, 요동반도가 발해 영역에 포함되었다는 주요 근거 중 하나는 732년 9월에 일어난 발해의 등주 공격과 그다음 해에 일어난 발해의 마도산 공격이라고 생각된다(도면 66).

등주 및 마도산 공격의 배경은 『신당서』 「발해전」에 잘 드러나 있다. 당 현종이 흑수말갈의 사자가 입조한 다음에 흑수말갈 땅에 흑수주(黑水州)를 설치하였고 또 장사(長史)를 두어 총관케 하였다. 이에 무왕 대무예는 흑수말갈이 당과 함께 앞뒤로 발해를 칠 것으로 판단하고 동생 대문예와 장인(舅) 임아를 시켜 흑수말갈을 먼저 공격하게 하였다. 하지만 동생 대문예가 흑수말갈을 공격하는 것은 당을 배반하는 것이고 또 당의 군사력이 발해보다 '만배'나 된다면서 반대하였다. 무왕이 이를 강행하여 발해 군대가 흑수말갈의 경계에 이르렀을 때 대문예가 서신으로 또 반대하였다. 이에 무왕이 종형 일하를 보내 군대를 통솔하게 하고 문예를 소환하여 죽이려 하였다. 이에 대문예는 당으로 망명하였고, 무왕은 당 현종에게 사신을 파견하여 대문예를 죽여 줄 것을 청하였다. 하지만 당 현종은 대문예를 보호하였고, 그 과정에 거짓말까지 하였

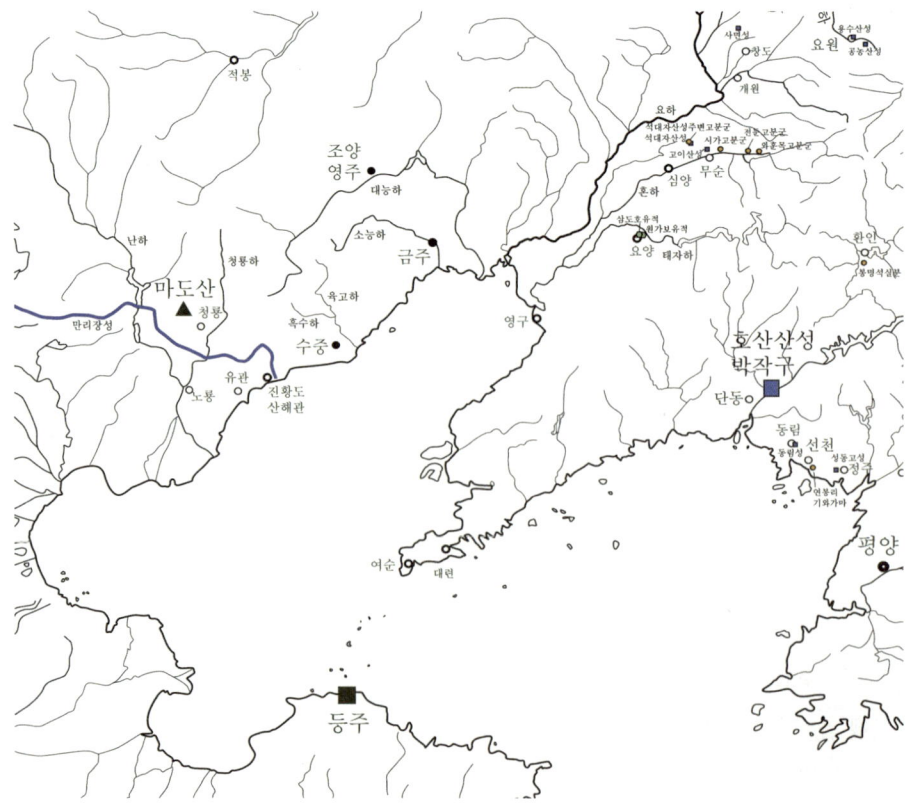

도면 66. 박작구, 등주, 마도산 위치도(필자 작성)

202   Ⅲ. 발해의 강역

다(국사편찬위원회 1990b, 460~461쪽). 이러한 일련의 사건이 있고 단 다음에 발해의 등주 공격이 있게 된 것이다.

『신당서』「발해전」에는 뒤이어 "10년 뒤에 무예가 대장 장문휴(張文休)를 파견하여 해적을 거느리고 등주를 치니, 현종은 급히 문예를 파견하여 유주(幽州)의 군사를 동원하여 이를 공격하는 한편, 태복경 김사란을 사신으로 신라에 보내어 군사를 독촉하여 발해의 남부를 치게 하였다(後十年 武藝遣大將 張文休 率海賊攻登州 帝馳遣門藝發幽州兵擊之 使太僕卿金思蘭使新羅 督兵攻其南)"라고 하였다(국사편찬위원회 1990b, 441~442쪽, 461쪽).

그런데 발해의 등주 공격은 그러한 일련의 과정 중에 당 현종이 발해 무왕에게 보낸 칙서가 직접적인 계기가 된 것으로 보인다. 임상선은 무왕이 당 현종의 칙서인 「칙발해왕대무예서(勅渤海王大武藝書)」 1수(首)를 보고 자신의 행위를 중단하지 않으면 당이 발해를 침입할 것으로 판단하였다고 하였다(임상선 2020, 164쪽). 『전당문(全唐文)』(권285)에 실린 장구령(張九齡)이 작성한 이 칙서에는 실제로 다음과 같이 무왕이 "잘못을 뉘우치고 정성을 보이지" 않으면 곧 때가 되어 장수를 임명하여 공격할 것이고 무왕에게 화가 닥칠 것이라고 위협하는 내용이 있다.

> 『전당문(全唐文)』 권285 : 경이 나라의 은혜를 알지 못하고 마침내는 덕을 배반하려 하고 있소. 경이 믿는 바는 멀리 있다는 것이지 다른 것이 있을 수 없소. 짐은 근년 이래로 용인하고 중토를 돌보아 왔고 장수를 임명하지 않은 것은 일이 또한 때가 있기 때문이오. 경이 능히 잘못을 뉘우치고 정성을 보인다면 화가 바뀌어서 복이 될 것이오(卿不知國恩 遂爾背德 卿所恃者遠 非能有他. 朕比年含容 優恤中土 所未命將 事亦有時. 卿能悔過輸誠. 轉禍爲福). (번역 임상선 2020, 161쪽).

임상선은 이 칙서가 개원 19년(731) 10월에 입당한 발해 사신들이 귀국할 때 발행되었을 것으로 판단하고 있다(임상선 2020, 164쪽). 그 발해 사신들이 언제 귀국하였는지는 분명하지 않지만 발해가 등주를 공격한 것이 732년 9월이니 사신들이 귀국한 다음 얼마 후에 출정이 이루어진 것이다.

발해의 군대가 바다를 건넜다는 사실은 등주 전투에서 사망한 등주자사(登州刺史) 위준(韋俊)의 묘지명에서도 확인된다. "무지한 도이(島夷, 발해)가 멀리 떨어진 곳에 있다가 숨어서 큰 바다를 건너 바로 고립된 성을 목표로 삼았다. 갑자기 관사에서 죽으니 나이 57세였다(蠢尔島夷 遠在荒裔 潛度大海 直指孤城 變生倉卒 薨于官舍 春秋五十有七)"(번역 임상선 2020, 167쪽).

등주(登州)는 산동반도 북쪽 중간쯤 돌출한 부분에 위치하는데 지금의 행정구역으로는 산동성 연태시(烟台市) 봉래구(蓬萊區) 혹은 봉래시(蓬萊市)에 해당한다. 이곳에는 명나라 때 쌓은 것으로 알려진 봉래성 혹은 등주성이 있다(도면 67). 이곳과 요동반도 사이 묘도열도(廟島列島) 혹은 미산열도(眉山列島)에는 작은 섬들이 늘어서 있어 해상 교통로의 요지였는데, 가탐의 『도리기』에서 신라와 발해로 가는 바닷길의 출발지로 기록되어 있다.

바다를 지나 등주를 공격할 때 많은 병선(兵船)이 필요하였을 것이다. 김진광이 지적한 바와 같이 『자치통감』(권215 唐紀 天寶元年 正月條)에는 당시 동모수착(東牟守捉) 등주(登州領之)에 천 명의 병력이 주둔하고 있었다고 한다(김진광 2002, 177쪽). 문윤수는 732년 9월 당시 등주의 병력은 무기단병과 관병 수를 합쳐 대략 3,853명 정도였을 것으로 추정하였다(문윤수 2023,

도면 67. 산동반도 등주성 모습(필자 촬영)

178쪽). 그 외에 등주 일대를 방어하는 군사의 수가 1천 5백 명, 3천 명 혹은 4천 명이었다는 주장도 있다(임상선 2020, 168쪽).

공격하는 쪽은 방어하는 쪽에 비해 몇 배의 병력이 필요하다는 것은 일반적인 상식이다. 방어하는 쪽의 군사가 1천 명이었다고 하더라도 발해는 최소 수천의 병력을 동원하였을 것이다. 다만 문윤수는 발해가 수군의 함선을 최소화하여 기습전에 최적화하였을 가능성이 높기에 발해의 수군은 등주의 군사 수와 비슷한 4,000명 정도였을 것으로 추정하였다(문윤수 2023, 178쪽). 어쨌든 수천 명의 발해 병력이 동원되었음에는 틀림없을 것이다.

김진광은 『속일본기』의 다음 기록에 주목하여 779년 12월에 발해인과 철리인 359명이 귀국할 때 배 9척이 필요하였다는 사실을 지적하였다(김진광 2002, 177쪽).

『속일본기』 (권35 光仁天皇 9월 庚辰) : 칙. 발해와 철리의 395인은... 12월... 무오 검교발해인사(撿校渤海人使)가 말하기를 발해사 압령 고양필(高洋弼) 등이 힘든 사정을 말하기를 타고 온 배가 부서져서 돌아갈 방법이 없다고 하였다. 조정이 은혜로이 배 아홉 척을 내려 본번(本蕃)에 돌아갈 수 있게 해달라고 하여 허락하였다(勅 渤海及鐵利三百五十九人... 十二月... 戊午 撿校渤海人使言 渤海使押領高洋弼等 苦請云 乘船損壞 歸計無由 伏望 朝恩賜船九隻 令達本蕃者 許之). (번역 스가노노 마미치 외 엮음. / 이근우 옮김 2016, 297쪽, 307쪽, 번역 일부 수정).

다시 말해서 동해 큰 바다를 건너는 1척의 배에 약 40명이 승선한 것이다. 이와 관련하여 김진광은 발해의 군사 수가 적의 수에 상응하게 1천 명이었다면 최소 25척의 배가 필요하였을 것이라고 하였다. 문윤수의 의견대로 발해의 군사가 4,000명 정도였다면 100척의 병선이 동원되었다고 보아야 한다.

따라서 김진광은 발해가 '요동 지역'을 병합하지 않은 상태였다면 발해의 등주 공격은 불가능하였을 것이라고 하였다(김진광 2002, 178쪽). 여기에서 김진광이 지칭한 요동 지역은 문맥상 요동반도를 포함하는 것으로 여겨지며, 당연히 박작구 서쪽의 요동과 요동반도가 당나라의 영토였다면 발해는 박작구 서남쪽 압록강 하류 어디선가 큰 병선을 건조하는 일과 또 큰 병선을 압록강 하구 쪽으로 이동시키는 것이 불가능하였을 것이다. 요동반도가 발해 영역이 아니었다면, 발해의 대규모 병선이 요동반도 연안을 따라 항해하였던 혹은 큰 바다를 횡단하였던 "잠도대해(潛度大海)"하는 것도 불가능하였을 것이다.

마도산 전투와 관련해서는 『신당서』「오승자전」의 다음 기록을 통해 알 수 있다.

> 『신당서』 권136 열전 제61 오승자전(烏承玼傳) : 발해 대무예가 동생 문예와 더불어 전국(戰國) 중에 문예가 왔다. 태복경 김사란에게 조서를 내려 범양과 신라 병사 10만으로 토벌하게 하였으나 공이 없었다. 무예가 자객을 보내 문예를 동도에서 찌르게 하고 병사를 이끌고 마도산에 이르러 성읍을 도륙하였다. 승자가 요로를 막고 큰 돌로 4백 리에 걸쳐 방어물을 만드니 오랑캐가 들어오지 못하였다. 이에 유민들이 돌아오고 병사들이 조금 쉬면서 갑옷을 벗고 농사를 지었다(渤海大武藝與弟門藝戰國中 門藝來 詔與太僕卿金思蘭發范陽新羅兵十萬討之 無功 武藝遣客刺門藝於東都 引兵至馬都山 屠城邑 承玼窒要路 塹以大石 亘四百里 虜不得入 於是流民得還 士少休 脫鎧而耕). (고구려연구재단 편 2004b, 414쪽, 번역 임상선 2020, 167쪽, 번역 일부 수정)

등주 전투에는 무왕 대무예가 대장 장문휴를 보내었다. 하지만 마도산 전투에는 무왕 대문예가 직접 군사를 이끌고 참전하였다. 이 사실은 『신당서』「오승자(烏承玼)전」의 "무예가… 병사를 이끌고 마도산에 이르러(武藝 … 引兵至馬都山)"라는 기록뿐만 아니라, 허맹용(許孟容)이 지은 「오승흡신도비(烏承洽神道碑)」의 "허맹용이 지은 오승흡신도비에서 말하기를 발해왕 무예가 바닷가로 나가서 마도산에 이르러 성읍을 도륙하고 함락시켰다. 공이 본영의 병마로서 요해처를 막고 방어하였다고 하였다(許孟容作 烏承洽神道碑云 渤海王武藝出海濱 至馬都山 屠陷城邑 公以本營士馬 防遏要害)"라는 기록을 통해서도 알 수 있다(임상선 2020, 168~169쪽).

김육불은 마도산과 관련된 『구당서』와 『독사방여기요(讀史方輿紀要)』의 기록을 소개하면서 마도산은 노룡(盧龍)의 진산이고 옛 유관(渝關)에서 아주 가깝다고 하였다. 『구당서』「거란전」에는 "가돌간(可突干)이 와서 노략질하므로 유주장사 설초옥(薛楚玉)이 부장 곽영걸(郭英傑)·오지의(烏知義)를 파견하여 정예기병을 거느리고 추격하게 했다. 군사가 유관(渝關) 도산 아래에 이르렀다. 또 번형(樊衡)이 설초옥을 위해 거란을 격파하고 노포(露布)를 내었다. 즉 4월 27일에 오골도산에 주둔했다"라고 하였다. 『독사방여기요(讀史方輿紀要)』(권17) 직예(直隸) 영평부(永平府) 천안현(遷安縣) 도산(都山)의 주석에 "현에서 북쪽으로 150리 가량 되는 곳에 마도산이라 부르는 산이 있는데 당나라 개원 21년(733)에 곽영걸이 거란과 여기에서 싸우다가 패하여 죽었다"라는 기록이 있음을 지적하였고, 또 "산이 높아 차갑고 높이 솟아 우아하니 노룡(盧龍)의 진이다"라고 했다고 하였다(김육불 편저 / 발해사연구회 옮김 2008c, 201~202쪽).

노룡은 발해만 서쪽 산해관에서 서쪽으로 약 77㎞ 거리의 청룡하(靑龍河)가 난하(灤河)와 합류하는 곳 가까이 위치한다. 이곳 노룡에서 북쪽으로 약 65㎞ 거리에 지금도 도산(都山)이라고 불리는 산의 정상부가 있는데, 바로 마도산(馬都山)이다. 한규철도 마도산을 이곳으로 지목하였고(한규철 2005, 195쪽 지도), 구난희도 마찬가지로 마도산을 이 도산으로 생각하였다(구난희 2018, 21쪽 지도 6 및 32쪽).

도산은 청룡하와 난하 사이에 우뚝 솟아있는 높은 산이며, 그 정상부가 남동쪽 산해관과는 약 104㎞ 떨어져 있고, 서남쪽 만리장성 가장 가까운 곳과는 약 25㎞ 떨어져 있다. 마도산과 가장 가까운 해안은 산해관이 있는 진황도시(秦皇島市)로서 약 93㎞ 떨어져 있다.

733년에 있었던 마도산 전투는 등주 공격의 연장선이었을 것인데, 다른 한편으로는 돌궐과 연대한 거란을 돕기 위한 것이기도 하였다(김진광 2002, 170쪽). 문윤수는 당나라가 마도산 동쪽에서 평로 지역 관병 1만과 흑수와 실위의 기병 5천을 동원하여 발해의 군대와 싸웠고, 또 마도산의 서쪽에서는 범양 지역 관병 7만을 동원하여 돌궐·거란의 군대와 싸웠을 것으로, 당시 발해의 군사는 평로 군사와 비슷한 1만 정도였을 것으로 추정하였다(문윤수 2023, 184~187쪽).

발해의 군대가 마도산으로 진격할 때 육로로 갔는지 혹은 해로로 갔는지 아직 분명하지 않다. 일찍이 김육불은 "발해 군사가 진공한 길은 두 갈래가 있다. 하나는 압록강 어구를 떠나 바다를 건너 등주를 치는 것이고, 하나는 영주를 떠나서 남쪽으로 마도산에 이른 것이다"라고 하여 마도산 공격에는 육로를 이용한 것으로 이해하였다(김육불 편저 / 발해사연구회 옮김 2008c, 202쪽). 후루하타 토루(古畑徹)는 발해 군대가 해로를 이용하였다고 인식하였고(古畑徹 1986, 20~22쪽, 김진광 2002, 170쪽 재인용), 박영해는 해로와 육로를 모두 이용한 것으로 보았다(박영해 1987, 195~196쪽, 김진광 2002, 170쪽 재인용). 김진광은 최근 해로와 육로를 모두 이용한 것으로 보았고(김진광 2012, 86쪽), 구난희는 육로를 이용하였고, 그 길은 영주도가 틀림없다고 하였다(구난희 2018, 32쪽). 문윤수도 마도산 공격에 육로와 해로가 함께 이용된 것으로 판단하였는데, 발해 군대가 육로로는 요동의 장령부를 거쳐 요서 영주로 들어가 마도산 동쪽에 이르러 당과 전투를 벌였을 것으로 보았다(문윤수 2023, 190~191쪽). 장령부는 영주도 교통로 상에 위치하기 때문에 사실은 영주도를 이용하였다는 말과 같다.

해로 이용의 근거는 허맹용(許孟容)이 지은 「오씨묘비명(烏氏廟碑銘)」(『韓愈集』 권26 碑志3)의 "발해왕 무예가 바닷가로 나가 마도산에 이르렀다(渤海王武藝出海濱 至馬都山)"라는 기록이다.

하지만 유가명과 묘위는 "해빈(海濱)"이 바닷가를 의미하는 것으로서 발해 군대가 도성에서 영주를 지나지 않고 먼저 바다 가까이의 금주(錦州)로 가서 이곳에서 소능하(小凌河) 강안(江岸)을 따라 상류로 이동하여 대백산관애(大柏山關隘)를 지나 대능하(大凌河)에 이르렀고, 이곳의 객좌현(喀左縣) 일대에서 옛날의 노룡고도(盧龍古道)를 따라 하북성 청룡현(青龍縣)의 마도산에 도착하였을 것으로 추정하였다(劉加明·苗威 2019, 152쪽). 다시 말해서 유가명과 묘위는 발해 군대가 영주가 아닌 바다 가까이 금주를 지나 육로로 행군하였다는 의견을 제시한 것이다.

따라서 발해 군대가 마도산을 공격할 때 사용한 길에 대해 영주를 지났다는, 금주를 지났다는, 혹은 해로를 이용하였다는, 혹은 육로와 해로를 모두 이용하였다는 4가지 의견이 있음을 알 수 있다. 필자는 어느 길이 가장 타당하였는가에 대해서는 따로 논하지 않겠다. 다만 각 경우의 구체적인 노선만을 살펴보겠다(도면 66).

영주를 지나갔다면, 틀림없이 대능하를 따라 상류 방향으로 가다가 객좌현(喀左縣)을 지나 대능하 상류가 남동쪽으로 꺾이는 부분에서 곧장 서남쪽으로 계곡을 따라 이동하는 것이 마도산으로 가는 가장 빠른 길이다. 금주를 지나갔다면 유가명과 묘위가 말한 바와 같이 소능하를 따라 상류 방향으로 가서 대백산관애를 지니 대능히에 이르고 그다음에는 객좌현 지나 곧장 서남쪽으로 가는 방법과 조금 더 남쪽으로 우회하는 방법이 있었을 것이다. 하지만 금주에서 발해만 바닷가를 따라 육고하(六股河) 하류의 수중(綏中)까지 가고, 그곳에서 육고하의 지류인 흑수하(黑水河)를 따라 상류 쪽으로 가서 대능하 상류에 이르고, 그다음에는 이곳에서 서쪽으로 마도산까지 이동하였을 수도 있다.

발해의 군대가 해로도 이용하였다면, 압록강 하구에서 출발한 발해 군대가 적어도 마도산과 가장 가까운 진황도 해안으로는 접근하지 않았을 것이다. 이곳은 만리장성 서쪽이어서 발해의 군대가 만리장성을 거꾸로 넘지는 않았을 것이기 때문이다. 가능성이 높은 곳은 산해관에서 동북쪽 약 68㎞ 거리에 있는 육고하(六股河) 하구 일대이다. 이곳에서 지금의 수중(綏中)을 지나 육고하의 지류인 흑수하(黑水河)를 따라 상류 쪽으로 가면 대능하 상류와 만나게 된다. 만약에 발해의 군대가 육로와 해로 두 갈래로 진격하였다면 대능하 상류 지역 어딘가에서 합류하였을 것이다.

발해의 군대가 마도산으로 갈 때 해로를 경유하였다면 압록강 하구에서 요동반도를 빙 둘러서 가야만 하였고, 또 영주도를 지나 금주에까지 이르고, 다시 이곳에서 마도산으로 이동하였다면, 요동반도를 북쪽으로 둘러서 가는 것이기에 어느 길을 이용하였던 요동반도가 발해 영역이 아니었다면 힘든 작전이었을 것이다.

*　　　　　*　　　　　*

　지금까지 발해의 서남쪽 경계에 대한 여러 연구자의 의견을 검토해 보았다. 그 결과 발해의 서남쪽 경계와 관련하여 요동을 제외하는 의견과 요동을 포함하는 의견이 각각 있음을 확인할 수 있었다. 요동을 포함하는 의견은 다시 요동반도를 제외하는 의견과 포함하는 의견으로 구분된다.

　요동을 제외하는 의견에서는 발해의 서남쪽 경계를 초소태하(招蘇台河)와 요하 합류지 일대에서 요녕성 개원(開原) 북쪽을 지나 남쪽으로 청원(淸原)·무순(撫順) 사이를 지나 압록강 지류 포석하 하구 일대를 잇는 선으로 본다. 줄여서 개원 북쪽 - 청원·무순 사이 - 포석하 하구 일대를 잇는 선으로 부를 수 있을 것이다. 이것은 개원 북쪽 - 장령자 분수령 서쪽 일대 - 박작구 일대를 잇는 선이다. 『중국역사지도집』에 제시된 발해 강역도가 대표적인 예이다(도면 18).

　요동반도는 제외하면서 요동을 포함하는 의견은 다시 몇 가지로 구분된다. 그중 하나는 요양(遼陽) 남쪽 가까이 안산(鞍山) 서쪽의 요하에서 동쪽으로 대체로 안산을 지나 동남쪽으로 애하 하구 일대를 잇는 선으로 보는 의견이다. 줄여서 안산 일대 - 애하 하구를 잇는 선으로 부를 수 있을 것이다. 동미(佟薇)와 한빈나(韓賓娜)가 제시한 발해 강역도가 대표적인 예이다(도면 36). 다른 하나는 요양 서쪽의 주가방(朱家房) 일대 요하에서 남쪽 해성(海城) 일대를 지나 동남쪽의 요동반도 동북쪽 부분에 있는 영나하(英那河)를 잇는 선으로 보는 의견이다. 줄여서 요양 서쪽 - 해성 일대 - 영나하를 잇는 선으로 부를 수 있을 것이다. 송기호가 1995년에 제시한 발해 강역도가 대표적이다(도면 23). 마지막은 요동반도의 북쪽에 있는 개주(蓋州) 일대와 동북쪽에 있는 영나하(英那河)를 잇는 선으로 보는 의견이다. 줄여서 개주 일대 - 영나하를 잇는 선으로 볼 수 있다. 송기호가 2021년에 제시한 발해 강역도가 대표적이다(도면 38).

　요하 하류 서쪽은 물론이고 요동반도까지 모두 발해 영역으로 보는 의견은 니즈마 토시히사(新妻利久)가 1969년에 제시한 발해 강역도(도면 12), 북한 연구자들이 제시한 발해 강역도(도면 16; 20; 24; 34). 한규철이 제시한 발해 강역도 등에 반영되어 있다(도면 21).

필자는 발해가 요동을 차지하였다는 여러 사서의 기록을 신뢰할 필요가 있다고 생각한다. 앞에서 검토한 바와 같이 여러 연구자가 발해가 요동을 차지하였음을 논증하였다. 발해가 요동반도까지 차지하였다는 수많은 자료 중 가장 주목되는 것은 『삼국사기』의 "고구려… 대당(大唐)이 2번 출사하고 신라가 원조하여 그를 쳐서 평정하였다. 그 땅은 대부분 발해말갈(渤海靺鞨)에 들어가고 신라 또한 그 남쪽 지경을 차지하여(高句麗… 大唐再出師 新羅援助 討平之. 其地多入渤海靺鞨 新羅亦得其南境)"라는 기록, 『구당서』「지리지」의 "고종 때에 고[구]려와 백제를 평정하여 요해 동쪽은 모두 주(州)로 삼았으나, 얼마 지나지 않아 다시 반란을 일으켜 (당의) 봉토에 포함하지 못하였다(高宗時 平高麗百濟 遼海已東皆爲州 俄而復叛 不入提封)"와 "한의 땅은 낙랑과 현토에 이르렀으나 지금은 고려·발해의 땅이다. 지금의 요동은 당의 땅이 아니다(漢地東至樂浪玄菟 今高麗渤海是也. 今在遼東 非唐土也)"라는 기록, 그리고 『통전』의 "그 후 남은 사람들이 스스로 보존하지 못하고 뿔뿔이 흩어져서 신라와 말갈에 투항하니 옛 국토는 모조리 다 말갈 땅으로 들어가 버렸다(其後 餘衆不能自保 散投新羅靺鞨 舊國土盡入於靺鞨)"라는 기록이다. 이 기록들은 모두 고구려 고지가 남쪽 일부 신라에 귀속된 것을 제외하고는 모두 발해 땅이 되었음을, 또 당의 땅이 아니었음을 분명하게 말해준다.

가탐의 『도리기』에 반영된 발해 장령부 서변–박작구를 잇는 선은 발해 초기의 서남쪽 경계를 말하는 것으로 이해하는 것이 옳을 것이다. 다만 요동반도에서 아직 발해 유적이 발견되지 않았는데, 심양과 무순 일대의 발해 유적도 처음에는 고구려 유적으로 보고되었고, 또 요양의 발해 유적은 필자가 수년 전에야 요양박물관에 전시된 유물을 통해 비로소 알게 되었다. 따라서 요동반도에서 발해 유적이 발견될 가능성은 얼마든지 있다고 하겠다. 아니면 '고려후국'으로 대표되는 이 지역의 문화가 발해 본국과는 약간의 차이가 있었을 수도 있다.

3. 발해의 서쪽 경계

발해는 서쪽으로 거란과 경계하였다. 이 사실은 『신당서』 「발해전」의 다음 기록을 통해 알 수 있다.

> 『신당서』 「발해전」 (권219 열전 제144 북적) : 발해... 땅이 영주 동쪽 2천 리에 있다. 남쪽은 신라와 맞닿아 니하(泥河)로서 신라와 경계하고 동쪽은 바다에 닿고 서쪽은 거란에 닿는다(渤海... 地直營州東二千里. 南比新羅 以泥河爲境 東窮海 西契丹). (국사편찬위원회 1990b, 440쪽, 459쪽, 번역 일부 수정).

거란과의 경계는 요하(遼河)가 중심이었다는 것이 일반적인 인식이다. 예를 들어, 권은주는 발해와 거란의 경계를 네 시기로 구분하여 검토한 적이 있다. 1단계 건국 초기에는 발해와 거란이 실제적인 영역을 맞댄 경계를 이루지는 못하였으나 요하를 기본 선으로 하는 광역의 경계가 있었던 것으로 판단하였고, 요하는 당과 발해의 경계는 아니었다고 하였다. 2단계 8세기에는 거란의 영역이 조양(영주)까지 확대되고, 또 발해도 요동 지역을 장악하여 조양 - 요양을 잇는 선까지의 요하까지 경계가 내려온 것으로 보았다. 3단계 9세기 전반에는 발해의 경계가 서북쪽으로 남실위 타루하(它漏河), 즉 지금의 도아하(洮兒河)까지 이르고, 9세기 후반에는 남쪽으로는 그 경계가 요하 하구까지 이어졌다고 생각하였다. 4단계 10세기에는 거란이 요동으로 진출하는데 924년까지는 요양 일대에 제한되었으나, 926년 발해를 멸망시켜 양자의 경계가 완전히 허물어진 것으로 판단하였다(권은주 2016).

발해의 서쪽 경계와 관련하여 부여부와 막힐부 그리고 월희말갈 위치 문제가 논쟁의 중심에 있다고 말할 수 있다. 그것은 부여부와 막힐부가 발해 내에서 가장 서쪽에 있었고, 또 월희말갈도 발해 서쪽에 있었다는 기록이 있기 때문이다. 관련 사서의 내용은 다음과 같다.

『신당서(新唐書)』「발해전」(권219 열전 제144 북적) : 부여의 옛땅을 부여부(扶餘府)로 삼아 늘 강한 군대를 주둔시켜 거란을 막았으며 부주(扶州)와 선주(仙州) 2개 주를 거느리게 하였고, 막힐부(鄚頡府)로 삼아 막주(鄚州)와 고주(高州) 2개 주를 거느리게 하였다... 월희의 옛땅으로 회원부(懷遠府)를 삼아 달주(達州), 월주(越州), 회주(懷州), 기주(紀州), 부주(富州), 미주(美州), 복주(福州), 사주(邪州), 지주(芝州) 9개 주를 거느리게 하였고, 안원부(安遠府)를 삼아 영주(寧州), 미주(郿州), 모주(慕州), 상주(常州) 4개 주를 거느리게 하였다... 부여는 거란도(契丹道)이다(扶餘故地爲扶餘府 常屯勁兵扞契丹 領扶仙二州 鄚頡府 領鄚高二州... 越喜故地爲懷遠府 領達越懷紀富美福邪芝九州 安遠府 領寧郿慕常四州... 扶餘 契丹道也). (국사편찬위원회 1990b, 442~443쪽, 463~464쪽, 번역 일부 수정).

『책부원구(冊府元龜)』(권956 토풍) : 진국은 본래 고려이다. 그 땅은 영주 동쪽 2천 리에 있고 남쪽은 신라와 서로 접하고 서쪽은 월희말갈과 접하며 동북쪽으로는 흑수말갈에 이른다(振國 本高麗 其地在營州之東二千里 南與新羅相接 西接越憙靺鞨 東北至黑水靺鞨). (고구려연구재단 편 2004b, 525쪽).

『신당서』「발해전」에 부여부에 강한 군대를 주둔시켜 거란을 막는다고 하였고, 또 부여는 거란도, 즉 거란으로 가는 길이라고 하였으니, 부여부가 거란과 경계하였음이 분명하다. 또 부여의 옛땅에는 부여부와 함께 막힐부도 두었으니, 막힐부 역시 발해 서쪽에 있었다고 볼 수 있다. 『책부원구』에 서쪽으로 월희말갈과 접하였다고 하였으니 월희말갈이 발해 서쪽에 있었다고, 따라서 월희의 옛땅에 설치한 회원부와 안원부가 발해 서쪽 지역에 있었다고 볼 수도 있다. 하지만 월희말갈의 상대적 위치를 다르게 말하는 다음의 기록도 있다.

『통전(通典)』(권180 州郡十) : 안동부는... 동쪽으로 월희부락까지 2,500리이고... 북쪽으로 발해까지 1,950리이다(安東府... 東至越喜部落二千五百里... 北至渤海一千九百五十里).

『신당서』「흑수말갈전」(권219 열전 제144 북적 흑수말갈) : 처음 흑수의 서북쪽에는 또 사모부(思慕部)가 있었고, 더 북쪽으로 10일을 가면 군리부(郡利部)가 있었고, 동북쪽으로 10일을 가면 굴설부(窟說部)가 있었는데 또한 굴설(屈設)이라고도 불렀다. 조금 동남쪽으로 10일을 가면 막예개부(莫曳皆部)가 있었고, 또 불열(拂涅), 우루(虞婁), 월희(越喜), 철리(鐵利) 등의 부가 있었다. 그 땅은 남쪽으로 발해에 이르고, 북쪽과 동쪽은 바다에 닿았으며, 서쪽은 실위(室韋)에 이른다(初 黑水西北又有思慕部 益北行十日得郡利部 東北行十日得窟說部 亦號屈設 稍東南行十日得莫曳皆部 又有拂涅 虞婁 越喜 鐵利等部. 其地南距渤海 北東際於海 西抵室韋). (국사편찬위원회 1990b, 445~447쪽, 439~440쪽, 번역 일부 수정).

『통전』의 의견을 따르면 월희말갈은 발해의 동남쪽에 있었고, 『신당서』「흑수말갈전」의 기록을 따르면 월희말갈은 발해의 북쪽 어느 곳에 있었다. 월희말갈이 발해의 어느 방향에 있었는지 불분명하게 기록한 사서도 있다.

『구당서』「발해말갈전」: 그 땅은… 남쪽은 신라와 서로 접하고, 월희말갈, 동북쪽은 흑수말갈에 이른다(其地… 南與新羅相接 越憙靺鞨 東北至黑水靺鞨). (국사편찬위원회 1990b, 382쪽, 399쪽, 번역 일부 수정).

이와 관련하여 월희말갈 앞에 '동접(東接)'이 누락되었다는 의견(魏國忠 1984), '북접(北接)'이 누락되었다는 의견(陳顯昌 1985), 또는 "越憙靺鞨東 北至黑水靺鞨"로 띄어쓰기를 다르게 하여 해석하는 의견(孫進己·馮永謙 1989) 등도 있다. 따라서 이 책에서는 월희말갈의 구체적인 위치 문제는 차후의 과제로 남기고 발해의 서쪽에 있었던 것이 분명한 부여부와 막힐부를 중심으로 발해의 서쪽 경계 문제를 살펴보기로 하겠다.

1) 발해 부여부의 위치와 서쪽 경계

상기한 바와 같이, 발해 부여부의 위치는 『신당서』「발해전」의 "부여의 옛 땅을 부여부로 삼아 늘 강한 군대를 주둔시켜 거란을 막았다… 부여는 거란도이다(扶餘故地爲扶餘府 常屯勁兵扞契丹… 扶餘 契丹道也)"라는 기록을 통해 추정할 수 있다. 이 기록에 따르면 부여부는 부여의 옛땅에 설치되었고, 강한 군대를 주둔시켜 거란을 막았고, 또 거란으로 가는 길, 즉 거란도(契丹道)였다. 따라서 부여부는 거란과 통하는 길목에 거란과 경계하였음이 분명하다. 다만 부여부 소재지의 구체적인 위치에 대해서는 많은 이견이 있다.

1778년(청 건륭 43)에 완성된 『흠정만주원류고(欽定滿洲源流考)』에서는 발해 부여부의 위치를 『신당서』 「발해전」의 위 기록과 다음의 『요사』 「지리지」 용주(龍州) 및 통주(通州) 조를 참고하여 비정하였다.

『요사』 「지리지」(권38 지 제8 지리지 2) 용주(龍州) : 용주 황룡부. 본래 발해 부여부였다. 태조가 발해를 평정하고 돌아오는 길에 이곳에서 붕서하자 황룡이 나타나 이름을 바꾸었다. 보령 7년(957)에 장군 연파가 반란을 일으키자 부를 폐지하였다. 개태 9년(1020)에 동북쪽으로 성을 옮기고, 종주와 단주의 한호(漢戶) 1천으로 다시 설치하였다. 5개 주와 3개 현을 거느렸다(龍州 黃龍府. 本渤海扶餘府. 太祖平渤海還 至此崩. 有黃龍見 更名. 保寧七年 軍將燕頗叛 府廢. 開泰九年 遷城于東北 以宗州檀州漢戶一千復置. 統州五 縣三.). (김위현 외, 2012b, 54~56쪽, 67~68쪽).

『요사』 「지리지」(권38 지 제8 지리지 2) 통주(通州) · 통주 안원군 절도사를 두었다 본래 부여국의 왕성이었는데 발해가 부여성이라고 불렀다. 태조가 용주로 고쳤으며 성종이 통주로 바꾸었다. 보령 7년(975) 황룡부의 반역자 연파의 잔당 1천여 호를 이곳에 배치하고 절도사주로 승격시켰다. 4개 현을 거느렸다(通州 安遠軍 節度. 本扶餘國王城. 渤海號扶餘城. 太祖改龍州 聖宗更今名. 保寧七年 以黃龍府叛人燕頗餘黨千餘戶置 升節度. 統縣四). (김위현 외, 2012b, 54~56쪽, 67~68쪽, 번역 일부 수정).

이와 관련하여 『흠정만주원류고(欽定滿洲源流考)』에서는 "부여부는 지역이 거란과 인접해 있고, 요나라에서 황룡부로 고쳤는데 지금의 개원현(開原縣) 및 개원(開原) 변외의 경내에 있었다"라고 하였다(장진근 역주, 2008, 324~326쪽).

개원은 요하가 동쪽으로 크게 만곡하는 곳에서 북쪽으로 청하(淸河)가 요하와 합류하는 곳 가까이 있다(도면 68). 이 의견은 이후 여러 연구자에게 많은 영향을 끼친 것으로 생각된다.

정약용도 『아방강역고』에서 부여부가 개원현에 있었다고 생각하였다. 다만 정약용은 『성경통지』의 의견을 따랐다고 생각되는데, "성경지에 이르기를 대씨 부여부는 개원현성 서쪽에 있다… 또 이르기를 개원현은 주나라와 진나라 때에는 숙신이었고, 한나라 때는 부여국이었으며, 당나라 때는 대씨 부여부였고, 요나라 때는 황룡부에 속하였다(盛京志云 大氏扶餘府 在開原縣城西…

又云 開原縣 周秦肅愼 漢扶餘國 唐大氏扶餘府 遼屬黃龍府)"라고 하였다(동북아역사재단, 2021b, 48~49쪽).

한진서도 『해동역사속』에서 부여부 개원설을 따랐다(동북아역사재단, 2021b, 275쪽).

하지만 1891년에 발간된 『길림통지』에서는 발해 부여부가 지금의 장춘부 농안현 경내(扶餘府 今長春府農安縣境)에 있었다고 하였다(長順 修 李桂林 纂 李樹田 等 点校, 1986, 185~186쪽). 농안은 개원에서 동북쪽으로 약 230㎞ 떨어져 있어 개원과는 완전히 다른 의견이라 말할 수 있다(도면 68).

현대 지도에 처음으로 발해 강역도를 제시한 마쓰이 히토시(松井等)도 발해 부여부를 장춘 서북 농안(農安)으로 보았다. 그는 "부여부(扶餘府)는 오늘날 장춘(長春) 서북쪽에 있는 농안(農安)으로, 발해에서 거란에 이르는 교통로 상의 중요한 지점이다. 거란은 지금의 요하(遼河) 상류에 있는 서라목윤(西喇木倫) 남쪽에 거주하였고, 당나라 말기에 이르러서는 이 강의 상류 지방에 근거지(임황부, 臨潢府)를 정하였다. 부여부는 사실은 거란에 대한 발해의 서쪽 변경의 방어 지점이었다. 나중에 거란이 강성해져서 발해를 침략했을 때도 먼저 이 지역을 공격하여 함락시키고, 그런 후에 더 깊숙이 침입하기에 이르렀던 것이다"라고 하였다(松井等 1913, 418쪽). 1913년에 그가 제시한 발해 강역도에는 농안에 부여부가 표시되어 있다(도면 4). 다만 와다 키요시(和田淸)에 따르면, 마쓰이 히토시(松井等)는 다른 논문에서 발해 부여부를 농안 서남쪽으로 보기도 하였다(和田淸 1955, 82쪽).

김육불(金毓黻)은 발해 부여부 위치에 대해 일관되지 못한 의견을 제시하였다. 1934년의 『발해국지장편』에서는 농안 서남쪽 회덕-이수 일대 설을 주장하였다. 김육불은 『요사』「지리지」의 "용주 황룡부가 본래 발해 부여부였고, 태조가 발해를 평정하고 돌아오는 길에 이곳에서 붕서하자 황룡이 나타나 이름을 바꾸었다(龍州 黃龍府. 本渤海扶餘府. 太祖平渤海還 至此崩. 有黃龍見 更名)는 기록과 그다음에 보령 7년(975)에 연파가 반란을 일으키자 부를 폐지하

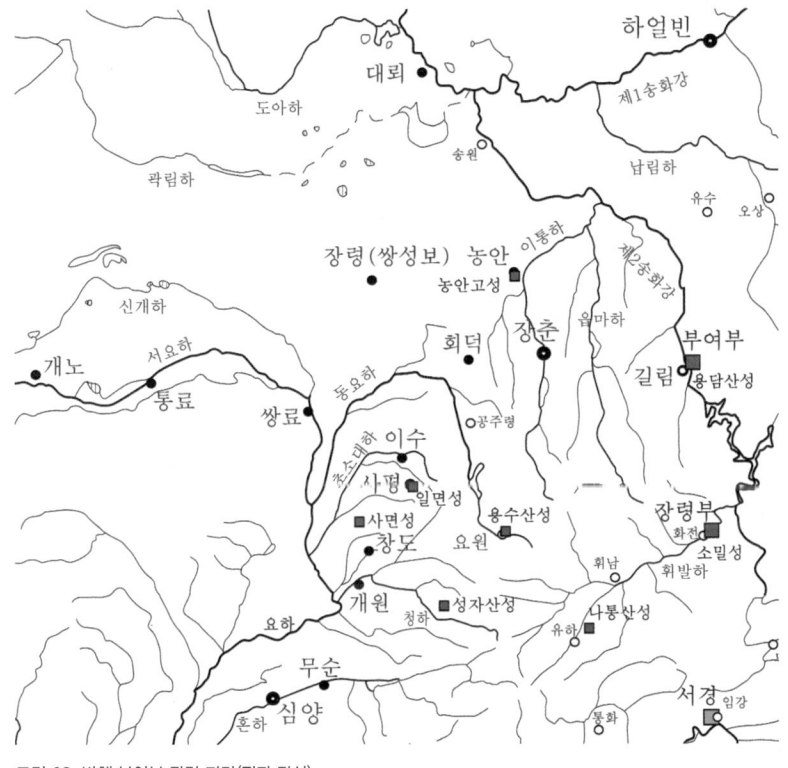

도면 68. 발해 부여부 관련 지리(필자 작성)

였고(保寧七年 軍將燕頗叛 府廢), 다시 개태 9년(1020)에 성을 동북쪽으로 옮겼다(開泰九年 遷城于東北)는 기록, 또 보령 7년(975)에 연파가 반란을 일으키자 부를 폐지하고 통주라고 고쳤다(通州 ... 保寧七年 以黃龍府叛人燕頗餘黨千餘戶置 升節度)는 기록, 또 『요사』 「경종본기(景宗本紀)」의 "보령 7년에 황룡부 위장 연파가 반란을 일으키자 토벌하고 그 남은 무리 천호로 통주성을 세웠다(保寧七年 黃龍府衛將燕頗叛 討之以餘黨千戶城通州)"는 기록 등에 주목하였다. 이 기록들과 관련하여 김육불은 개태 9년(1020)에 성을 옛 치소에서 동북쪽으로 옮긴 까닭에 통주 외에 또 하나의 황룡부가 있게 되었다고 하였다. 금나라 때에 두 번째 황룡부에 제주(齊州)를 두고 또한 융주(隆州) 이섭군(利涉軍)이라 하였다가 나중에 융안부(隆安府)로 승격시켰는데, 김육불 당시 농안

3. 발해의 서쪽 경계 217

현 치소를 일명 융안성(隆安城)이라 부르기도 하였다는 것이다.

따라서 김육불은 발해 부여부는 농안에서 서남쪽에 있어야만 하며, 그곳은 농안성 서남쪽 1백리 바깥에서 찾아야 할 것인데 장춘 서남쪽 회덕현(懷德縣) 이수현(梨樹縣) 등에 있을 것이라고 하였다. 김육불은 덧붙여 이적(李勣)이 고구려를 정벌할 때 부여성을 함락시킨 것이 오늘의 농안이라면 6~7백 리를 돌아가야 했고, 또 부여 거란도와 관련하여 요 상경에서 부여를 지나 발해 상경으로 갈 때 개원을 지나게 된다면 4~5백 리를 돌아가야만 하여 행군노선과 합치하지 않는다고 하였다(김육불 편저 / 발해사연구회 옮김 2008b, 295~298쪽). 농안의 농안고성에서 남서쪽으로 회덕은 약 69km, 이수는 약 140km 떨어져 있다(도면 68).

하지만 김육불은 1936년에는 발해 부여성이 창도(昌圖) 북쪽 사면성(四面城)에 있다고 주장하였다. 그는 발해는 부여의 옛땅에 부여부를 설치하였고, 요나라 초에 이를 황룡부로 개칭하였으며, 나중에는 통주로 이름을 바꾸었는 바, 따라서 통주와 부여부는 한 장소이고, 통주의 위치를 찾으면 부여부의 위치도 찾을 수 있다고 하였다(金毓黻 1936, 355~367쪽)[13]. 김육불은 1941년 『동북통사』에서는 발해 부여부가 창도현 북쪽, 개노현(開魯縣) 동쪽, 장춘현 서남쪽에 있다고 하여 부여부 전체 범위를 지적하였다. 부여부 소재지에 대해서는 따로 언급하지 않았으나, 그가 제시한 발해 강역도에 부여부가 창도 사면성 일대에 표시된 것으로 보아 여전히 부여부 사면성설을 견지한 것으로 볼 수 있다(도면 9). 창도현은 동요하와 청하 합류지 가까이 있고, 장춘은 농안보다 남쪽에 있고, 개노현은 서요하 하류의 쌍료에서 서쪽으로 약 177km 거리의 서요하 북안에 있다. 이 사실은 김육불이 발해 서쪽 경계가 요하를 넘어선다고 생각한 것인데 그가 제시한 강역도에 그렇게 그려져 있다(도면 9). 창도

---

13. 본문 중에 "今八面城應爲遼之通州. 亦卽渤海扶餘府之所在"라는 부분이 있지만, 다른 곳에는 또 사면성이라고 하였고 또 전체 내용이 사면성을 지목하고 있기에 '팔면성'은 사면성의 오타로 생각된다(金毓黻 1936, 358쪽 참조).

사면성은 개원에서 북쪽으로 약 43㎞ 떨어져 있고, 농안고성에서는 남서쪽으로 약 190㎞ 떨어져 있다. 동북쪽 이수와는 약 48㎞ 떨어져 있다(도면 68).

이후 1954년에 와다 키요시(和田淸)는 김육불이 『발해국지장편』에서 제시한 농안 서남쪽 설을 지지하면서 부여부는 요의 황룡부였고, 요는 나중에 이를 동북쪽으로 옮겼는데 금이 이를 공격하여 융안부라 불렀고, 나중에 농안(農安)으로 말이 바뀌었다고 하였다. 따라서 "금나라 때"의 탑(지금은 농안요탑이라고 부른다)이 남아있는 농안이 바로 그곳이고, 따라서 발해 부여부는 그 서남쪽에 해당할 것이라고 하였다. 다만 김육불이 발해 부여부를 창도로 본 것에 대해서는 다소 지나친 감이 있다고 하였다(和田淸 1954, 13쪽; 1955, 69쪽).

1968년에 도리야마 기이치(鳥山喜一)는 농안설을 주장히였다. 그는 이전 연구자들이 제시한 여러 설을 검토한 다음에 거란의 입장에서 본다면 농안을 지나 발해 상경으로 가는 것이 순로(順路)일 것이라고 하였다(鳥山喜一 1968, 187쪽). 그는 자신이 제시한 발해 강역도에 부여부를 농안에 표시하였다(도면 10).

1969년에는 니즈마 토시히사(新妻利久)도 발해 부여부와 관련하여 오늘의 농안은 통주 동북에 신설된 요의 황룡부가 분명하다고 하였다. 그는 농안의 황룡부는 『금사』 「지리지」의 다음 기록과 관련하여 금나라의 제주(濟州)였다가 나중에 융안부(隆安府)로 승격되었다고 하였다. 그는 김육불과 마찬가지로 융안(隆安) 명칭이 농안(農安)으로 바뀌었다고, 발해 부여부, 즉 고대 부여 왕국의 왕성이었던 통주는 지금의 농안 서남쪽에서 찾아야 할 것이라 하였다. 융안부와 관련된 『금사』의 기록은 다음과 같다.

『금사(金史)』「지리지」(권24 지 제5 지리 상 상경로(上京路) 융주(隆州) : 융주 하 이섭군 절도사. 옛 부여의 땅으로 요나라 태조 때에 황룡을 보아 마침내 황룡부로 이름하였다... 제주(濟州)로 개명하였다... 정우(貞祐, 1213~1217년) 초에 융안부(隆安府)로 승격되었다(隆州下利涉軍節度使. 古之扶餘之地. 遼太祖時有黃龍見. 遂名黃龍府... 改爲濟州... 貞祐初陞爲隆安府). (이성규 외 2016, 661쪽, 번역 일부 수정).

3. 발해의 서쪽 경계

니즈마 토시히사(新妻利久)는 회덕(懷德)은 요금 때의 신주(信州)였고, 또 『행정록(行程錄)』과 『삼조북맹회편(三朝北盟會編)』에 통주라는 명칭이 보이지 않기에, 통주를 함주(咸州)(즉 개원, 開原)·숙주(肅州)·동주(同州)·신주(信州)·농안(農安) 황룡부(黃龍府)의 교통 노선보다 더 서쪽의 쌍성보(雙城堡) 쪽에서 찾아야 할 것이나 어느 곳인지 분명하지는 않다고 하였다. 다만 부여부 아래의 부주(扶州)는 아마도 쌍성보 일대일 것으로, 선주(仙州)는 송화강과 눈강 하류 사이의 땅을 다스리면서 치소는 눈강 하류 우안의 대뢰(大賚)에 있었을 것으로 보았다(新妻利久 1969, 94~95쪽). 다만 오늘날 쌍성보라는 지명은 대뢰 서쪽에도 있고, 또 하얼빈 남쪽에도 있지만, 니즈마 토시히사(新妻利久)는 동요하와 서요하가 분기하는 곳에서 북쪽의 장령(長嶺) 일대에 표시하였는데, 이곳은 농안고성에서 서쪽으로 약 97㎞ 떨어져 있다(도면 68). 그는 발해 강역도에 부여부를 눈강 하류뿐만 아니라 눈강의 서쪽 지류인 도아하(洮兒河)의 하류 지역과 서요하의 하류 지역도 포함하는 것으로 선을 그었다(도면 12).

북한의 박시형도 1979년에 발간된 『발해사』에서 발해 부여부가 농안의 서남쪽에 있었다는 의견을 따랐다. 그는 요 상경임황부에서 발해 상경용천부로 갈 때 농안을 지나가면 동북쪽으로 300~400리 둘러 가야 하고 길도 험하여, 발해 부여부는 직로 상에 가까운 농안 서남쪽의 회덕 일대일 것으로 판단하였다(박시형 1979, 171~174쪽).

1979년에 발간된 『중국역사지도집 동북지구 자료회편』에서는 발해 부여부 위치를 사평(四平)에 있는 일면성(一面城)으로 보았다(《中國歷史地圖集》編輯組東北小組 1979, 108쪽). 이 견해는 『중국역사지도집』에 그대로 반영되어 발해 강역도에 부여부 소재지가 사평에 표시되어 있다(도면 18). 손진기(孫進己)에 의하면 이것은 김육불이 회덕-이수 일대로 지목한 것을 따른 것이라고 하는데(孫進己 1982, 85쪽), 일면성은 이수 남쪽 약 14㎞ 거리에 있다(도면 68).

하지만 손진기는 1982년에 발표한 논문에서 발해 부여부 농안설을 주장하였다. 그는 『신당서』「발해전」에서 "부여의 옛땅을 부여부로 삼았다(扶餘故地爲扶餘府)"와 "부여는 거란도이다(扶餘契丹道也)"라고 하였음을 지적하면서, 부여의 옛땅(扶餘故地)에서 부여부를 찾고자 하였다. 이와 관련하여 『후한서』에 부여가 "장성의 북쪽에 있으며 현토와 천리 떨어져 있다(在長城北 去玄菟千里)"라고 하였고, 또 『구당서』「고[구]려전」에 "이에 장성을 축조하였는데 동북쪽 부여성에서 서남쪽 바다에 이르기까지 천리 조금 더 되었다(乃築長城 東北自扶餘城 西南至海千有餘里)"라는 기록에 주목하여, 농안이 천리 혹은 천리 이상의 거리에 해당하고, 나머지 개원, 사평, 이수는 남쪽 무순(撫順) 혹은 서남쪽 바다까지 모두 천리가 되지 않는다고 하였다. 또한 설인기가 고[구]려를 정벌할 때 부여성을 함락시키자 부여천의 40여 성이 모두 항복하였다고 하는데, 부여천은 요하가 아니라 지금의 이통하(伊通河)일 가능성이 있다고 하였다. 또한 『요사』 등의 자료도 함께 참고하여 부여는 지금의 농안에 있었다고 하였다(孫進己 1982, 85쪽). 손진기는 이후에 발해 부여부는 지금의 장춘·농안 일대라고 하였다(孫進己·馮永謙 1989, 222쪽).

참고로, 무순 노동공원은 『후한서』의 현토 북쪽 천리에 부여가 있다는 기록과 관련하여 현토군이 있었다고 추정되는 곳 중의 하나이다. 무순 노동공원에서 북쪽 혹은 동북쪽으로 개원은 약 74km, 창도 사면성은 약 118km, 사평 일면성은 약 149km, 이수는 약 163km, 농안고성은 약 302km 거리이며, 농안고성은 영구 해변까지는 약 490km 떨어져 있다. 개원, 사면성, 일면성, 이수는 모두 요하 혹은 동요하가 가까이 있고, 농안은 이통하 유역에 있다.

왕승례도 농안설을 지지하였다(왕승례 저 / 송기호 역 1987, 120쪽).

1995년에 한국의 송기호는 따로 논증은 하지 않았지만, "발해의 부여부는 농안에 있었던 것으로 여겨지고 있다"라고 하여 농안설을 지지하였고(송기호 1995, 226쪽), 또 자신이 제시한 발해 강역도에 부여부를 농안에 표시하였다(도면 23).

1997년에 북한의 장국종은 『발해사연구 1』에서 발해 부여부 소재지를 박시형과 마찬가지로 농안 서남쪽의 회덕현이라고 하였다(장국종 1997, 42쪽).

따라서 발해 부여부 소재지에 대해 개원, 농안, (농안 서남) 회덕-이수 일대, (농안 서남) 회덕, 창도 사면성, 사평 일면성 등 다양한 의견이 제시되었음을 알 수 있다.

하지만 필자가 볼 때 발해 부여부 소재지는 위의 그 어느 곳에도 있지 않았다. 『신당서』「발해전」에 "부여의 옛땅을 부여부로 삼았다(扶餘故地爲扶餘府)"라고 하였고, 또 『요사』「지리지」에 "통주 안원군. 절도사를 두었다. 본래 부여국의 왕성이었는데 발해가 부여성이라고 불렀다(通州 安遠軍 節度 本扶餘國王城 渤海號扶餘城)"라고 하였는데, 이 두 기록에서 발해가 부여의 옛땅에 부여부를 설치하였고, 또 부여국 왕성을 부여성으로 삼았음을 알 수 있다. 다시 말해서 부여부 소재지는 부여국 왕성에 있었다. 그렇다면 부여국 왕성은 어디에 있었을까? 잘 알려져 있듯이, 부여에는 전기 왕성과 후기 왕성이 따로 있었다.

부여에 후기 왕성이 있었다는 사실은 『자치통감』의 다음 기록을 통해서도 알 수 있다.

『자치통감(資治通鑑)』「진기(晉紀)」(권97 晋紀 穆帝 永和 2년(346)) : 처음 부여는 녹산(鹿山)에 거하였으나, 백제의 침략으로 부락이 쇠약해져 흩어졌고 서쪽으로 연나라 가까이 옮겼으나 방비를 만들지 않았다. 연나라 왕 황(皝)이 세자 준(儁)을 보내 모용군(慕容軍), 모용각(慕容恪), 모여근(慕輿根) 세 장군과 1만 7천 기(騎)를 거느리고 부여를 습격하게 하였다... 마침내 부여를 공략하고 그 왕 현(玄)과 부락 5만여 구를 포로로 잡아 돌아왔다. 황(皝)이 현(玄)을 진군장군으로 삼고 딸을 처로 삼게 하였다(初扶餘居于鹿山 爲百濟所侵 部落衰散 西徙近燕 而不設備 燕王皝遺世子儁 帥慕容軍慕容恪慕輿根三將軍 萬七千騎 襲扶餘...遂拔扶餘 虜其王玄及部落五萬餘口而還. 皝以玄爲鎭軍將軍 妻以女). (사마광 지음 / 권중달 옮김 2007, 555쪽, 번역 일부 수정).

여기에서 말하는 연은 전연(前燕)(337~370년)을 말한다. 그런데 오랫동안

'부여고지'는 부여 후기 왕성으로 인식되어 왔다(魏存成 2007, 81쪽; 2008, 167쪽). 김육불도 "서쪽으로 이동하여 연나라와 가깝게 되었다는 것은 내 생각에 곧 후대의 고구려 부여성이니, 당나라가 고구려를 정벌할 때 설인귀가 함락한 부여성이 곧 그곳이었다. 애초에는 지금의 길림성 농안현 부근에 도읍하였으니, 바로 요금 시대의 황룡부이다. 그 뒤에 고구려(김육불은 '백제'를 고구려의 오기로 보았다 – 필자)의 침략을 받아서 부득이 서남쪽으로 옮겨 지금의 사면성에 있었으니 곧 후대의 부여성이 되는 것이다"라고 하였다(金毓黻 지음 / 동북아역사재단 옮김 2007, 378쪽).

부여 후기 왕성에 대해서는 농안설(池內宏 1932; 王承禮 1983, 14쪽; 방학봉 2000, 105쪽), 창도 사면성설(金毓黻 지음 / 동북아역사재단 옮김 2007, 378~379쪽), 사평 일면성설(《中國歷史地圖集》編輯組東北小組 1979, 32쪽), 서풍 성자산[산]성설(王綿厚 1990), 유하 나통산성설(王綿厚 1990), 요원 용수산[산]성설(張福有 2015) 등이 있다(도면 68; 69).

필자는 그중 요원 용수산성에 부여 후기 왕성이 있었다는 의견에 공감을

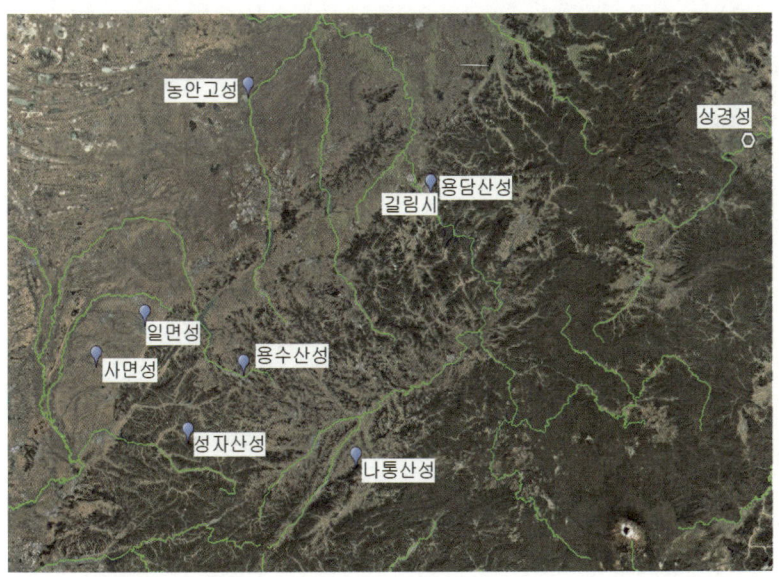

도면 69. 부여 후기 왕성 관련 유적과 지리(구글어스, 필자 작성)

표한 적이 있다(정석배 2018, 93쪽). 그 근거는 다음과 같다. 농안고성, 사면성, 일면성은 요금대의 특징을 가진 평지성으로서 아직 부여는 물론이고 고구려와 발해의 유물도 발견된 것이 없다. 유하 나통산성은 오늘날 부여 전기 왕성이 있었던 곳으로 인정되고 있는 길림시를 기준으로 서쪽으로 조금 치우친 남쪽에 해당되어 '서사근연(西徙近燕)'의 서쪽과는 거리가 멀고, 또 아직 발해 유물이 발견된 적이 없다. 서풍 성자산성과 요원 용수산성은 둘 다 길림시 기준 서남쪽에 위치하지만, 서풍 성자산성에서 아직 부여와 발해 유물이 발견된 적이 없다. 이에 반해 요원 용수산성에서는 부여, 고구려, 발해, 요의 유물이 모두 발견되었다.

하지만 필자는 발해 부여부 소재지가 후기 왕성이나 용수산성에 있었다고는 생각하지 않는다. 이에 대해서는 이미 자세하게 논한 적이 있는데(정석배 2018), 이 책에서는 그 중요 내용을 요약 소개하기로 한다. 비록 다수의 연구자가 발해 부여부가 부여 후기 왕성에 있었다는 전제하에 연구를 진행하였지만, 발해 부여부가 부여 후기 왕성에 있었다는 기록은 그 어디에도 없다. 『신당서』「발해전」에는 부여고지(扶餘故地)라 하였고, 『요사』「지리지」에는 부여국왕성(扶餘國王城)이라고 하였을 뿐이다. 부여는 346년 무렵에 서쪽 연나라 가까이 옮겼지만, 곧이어 연나라 모용황의 침략을 받아 왕과 5만여 명의 사람이 잡혀가 나라가 거의 멸망할 지경에 이르렀다. 이는 상기한 『자치통감』의 기록을 통해 알 수 있다.

그런 상황에서 '서사근연'의 후기 왕성이 부여가 고구려에 항복한 494년까지 계속해서 왕성으로 남아있었는지도 의심스럽다. 게다가 서풍 성자산성이나 요원 용수산성은 발해 '거란도'보다는 휘발하와 혼하 유역을 따라 나 있었던 '영주도'에 더 가까워 "부여는 거란도이다(扶餘契丹道也)"라는 사실과도 상응하지 못한다.

사실 부여 거란도라는 측면에서 볼 때는 지금까지 제시된 의견 중에서는 회덕이 발해 부여부 소재지로 가장 근접하고, 또 요나라 야율아보기가 발해를 멸할 때의 진군 노선도 상응한다. 하지만 야율아보기의 진군 일정을 면밀하게 검토해 보면 회덕은 발해 부여부 소재지와는 상응하지 못한다. 부여 거란도, 야율아보기의 진군노선과 일정, 고고학 연구 성과 등의 관점에서 볼 때 발해 부여부의 소재지 발해 부여성은 길림시 용담산성이 가장 잘 상응한다.

발해의 부여 거란도는 발해 상경성에서 요나라 상경성과 연결된 교통로였으며, 요 건국 이전에는 거란 송막도독부가 있었던 요주고성까지 연결된 교통로였을 것이다. 회덕과 용담산성은 발해 상경성에서 요 상경성 혹은 거란 요주고성까지 연결하는 가장 빠른 직선로 상에 위치한다(도면 70).

야율아보기의 진군 일정 및 노선은 『요사』의 다음 기록을 통해 알 수 있다.

『요사』 「본기」 (권2 본기 제2 태조 야율아보기) 천찬 4년(925) : 윤달 12월 임진일에 목엽산(木葉山)에서 제사를 지냈다. 임인일에 오산(烏山)에서 청우와 백마로 하늘과 땅에 제사를 지냈다. 기유일에 살갈산(撒葛山)에 머물며 귀전(鬼箭)을 쏘았다. 정사일에 상령(商嶺)에 머물다가 밤에 부여부를 포위하였다(閏月壬辰 祀木葉山 壬寅 以靑牛白馬祭天地于烏山 己酉 次撒葛山 射鬼箭 丁巳 次商嶺 夜圍扶餘府). (김위현 외 2012a, 62~63쪽. 71쪽, 번역 일부 수정).

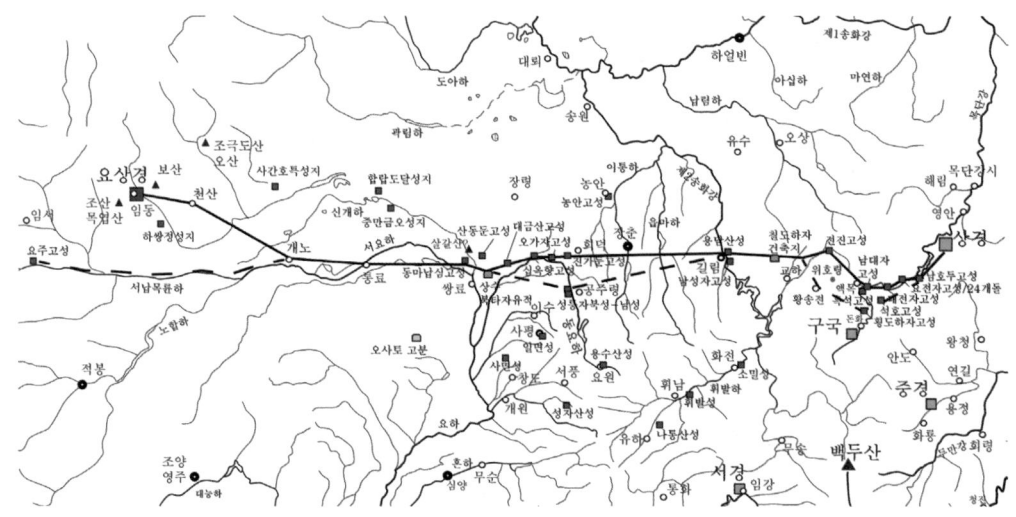

도면 70. 발해 거란도 노선과 주변 지리(정석배 2018, 수정 재편집)

『요사』「본기」(권2 본기 제2 태조 야율아보기) 천현 원년(926년) : 봄 정월 기미일에 흰 기운이 태양을 꿰뚫었다. 경신일에 부여성을 무너뜨리고 지키던 장수들을 죽였다. 병인일에 척은 야율안단(耶律安端)과 전 북부재상 소아고지 등에게 1만 기병을 거느리고 선봉에 서도록 명하였는데, 대인선의 노상병을 만나 격파시켰다. 황태자, 대원수 야율요골, 남부재상 야율소, 북원이리근 사날적, 남원이리근 야율질리가 이날 밤 홀한성을 포위하였다(春正月己未 白氣貫日 庚申 拔扶餘城 誅其守將 丙寅 命惕隱安端 前北府宰相蕭阿古只等將萬騎爲先鋒 遇諲譔老相兵 破之 皇太子 大元帥堯骨 南府宰相蘇 北院夷離菫斜涅赤 南院夷離菫 迭里是夜圍忽汗城). (김위현 외 2012a, 63쪽, 71쪽).

다시 말해서, 야율아보기는 925년 윤달 12월 4일에 목엽산에서 제사를 지냈고, 10일 후인 12월 14일에 오산에서 다시 천지에 제사를 지냈으며, 그 7일 후인 12월 21일에 살갈산에서 귀전(鬼箭)을 쏘았다. 다시 8일이 지난 윤12월 29일에 상령에 도착하여 그날 밤에 부여부를 포위하였다. 3일 후인 다음 해 정월 경신일(정월 2일)에 부여성을 무너뜨리고, 6일 후인 병인일에 홀한성을 포위하였다(張福有 2015, 39쪽).

장복유는 야율아보기가 발해 정복에 앞서 925년 윤달 12월 4일에 제사를 지낸 목엽산은 조산(祖山) 혹은 옹우특기(翁牛特旗) 해금산(海金山)일 것이라는 설이 있는데, 『구오대사』와 『신오대사』에 야율아보기를 목엽산에 장사지내다(葬阿保機于木葉山)고 하였으니 야율아보기의 무덤이 있는 조산이 맞을 것이라 하였다. 또 10일 후인 12월 14일에 다시 천지에 제사를 지낸 오산은 지금의 조극도산으로 파악되고 있으며, 그 7일 후인 12월 21일에 귀전을 쏜 살갈산은 내몽골자치구 과이심좌익중기(科爾沁左翼中旗) 파언탑랍진(巴彦塔拉鎭) 흑산두(黑山頭)의 구릉일 것으로 파악되는데 부근에 동마납심고성(東瑪拉沁古城)이 있다고 하였다(張福有 2015, 39쪽). 필자는 흑산두라는 지명을 찾지 못하였으나, 서요하와 그 지류인 신개하 사이의 평원지역에 동마납심고성 가까이 홀로 서 있는 산을 하나 발견하였는데, 이 산이 혹시 살갈산이 아닐까 생각된다.

조산은 파림좌기 요 상경임황부에서 남서쪽 약 24㎞ 거리에 있고, 야율우지(耶律羽之, 890~941년) 가족묘가 있는 조극도산은 반대로 상경임황부에서 북동쪽 약 80㎞ 거리에 있다. 야율아보기가 발해 원정을 떠나면서 먼저 먼 거리를 둘러 나중에 자신과 친척들이 안장된 조산과 조극도산에 들린 것은 그 이전부터 신성시되었던 산들에서 먼저 천지 등에 제사를 올려 자신의 의지를 분명히 하고 또 군의 사기를 다잡았기 때문일 것이다. 따라서 실제로 발해로의 진군은 천지에 제사를 지낸 오산, 즉 조극도산에서 시작되었다고 보아야 할 것이다. 조극도산에서 동마납심고성 부근 추정 살갈산까지는 직선거리로 약 280㎞이고, 이곳에서 길림시 용담산성까지는 직선거리 약 256㎞, 다시 이곳 용담산성에서 발해 홀한성, 즉 상경성까지는 직선거리 약 200㎞이다. 오산(조극도산)에서 살갈산까지 280㎞ 거리를 7일, 살갈산에서 부여성까지 256㎞ 거리를 8일, 부여성에서 상경성까지 200㎞ 거리를 6일 걸려 주파하였으니, 요나라 군대의 진군 속도는 과히 파죽지세였다고 말할 수 있다(도면 71).

여기서 주목되는 것은 요나라 군대가 오산에서 살갈산까지 하루에 40㎞씩 행군하였고, 살갈산에서 용담산성이 부여성이라면 부여성까지 하루에 30㎞ 이상을 행군하였고, 이곳 용담산성에서 상경성까지는 하루에 약 33㎞를 행군한 것이 된다. 요나라 내지에서는 행군 속도가 더 빨랐지만, 발해 영토에 들어와서는 조금 줄어든 것이다.

그런데 만약에 발해 부여성이 회덕에 있었다면, 살갈산에서 회덕까지 약 105㎞이고, 회덕에서 발해 상경성까지 약 350㎞이기에, 살갈산에서 부여성

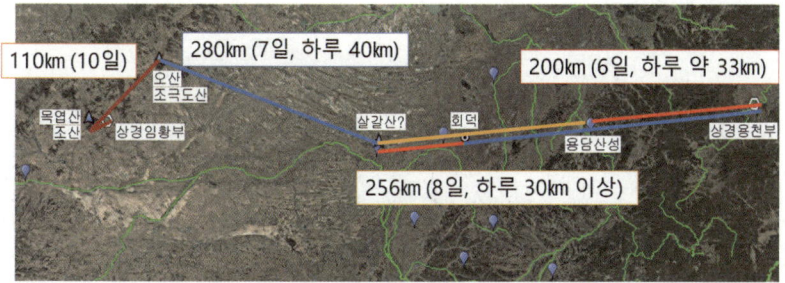

도면 71. 요나라 야율아보기 군대의 발해 진군노선과 일정 및 거리(구글어스, 필자 작성)

까지 하루 약 13㎞ 행군하고, 부여성에서 상경성까지 하루 약 58㎞를 행군한 것이 되어, 적군이 없는 내지에서 하루 40㎞씩 행군하였으면서, 적군이 있는 적지에서 하루 58㎞씩 행군하였다는 것은 납득하기 힘들다. 이것은 사면성, 일면성, 농안 등 다른 지역도 마찬가지이다.

용담산성은 발해 상경성에서 요나라 상경임황부로 가는 지름길에 있다. 용담산성은 '부여고지'와 '부여국 왕성'에도 모순되지 않고, 주변이 산악지역이기에 요나라 군대가 상령(商嶺)에 머물다가 밤에 부여부를 포위하였다는 기록과도 상응한다. 또 "발해국 부여는 고구려의 옛땅이었다"는 기록과도 모순되지 않는다. 용담산성에서는 부여, 고구려, 발해, 요금대 유물이 모두 발견되어 고고학 자료와도 모순되지 않는다(도면 72).

필자가 볼 때 발해 부여부 소재지 부여성은 길림시에 있는 용담산성이 분명하다. 발해 부여성은 거란과의 경계 지역에 있었던 것이 아니라 부여부 전체 범위에서 동쪽에 치우쳐 위치하였다. 이것은 발해 장령부의 소재지 소밀성과 서경압록부 소재지 임강 지역이 모두 동쪽에 많이 치우쳐 위치한 것과 비슷한 예이다. 어쩌면 발해는 부 소재지를 가능한 나라의 중심 지역에서 멀지 않은 곳에 배치하였을 수도 있다(도면 68).

요나라 군대는 살갈산에서 귀전(鬼箭)이라는 화살을 쏘는 의식을 행하고 발

도면 72. 용담산성 모습(필자 촬영)

해 영역에 들어간 것이다. 따라서 당시 야율아보기의 행군로에서 동마납심고 성 부근 살갈산은 발해로 들어가는 경계 지역에 있었다고 볼 수 있다.

길림시 지역은 다수의 연구자가 독주주 속주(涑州)에 속하였던 곳으로 생각한다(《中國歷史地圖集》編輯組東北小組 1979, 115~116쪽; 譚其驤 1982 발해 강역도; 송기호 1995 발해 강역도). 길림시 용담산성이 부여부 치소라면, 속주는 다른 곳에 있었다고 보아야 하는데, 정약용과 니즈마 토시히사(新妻利久)의 의견이 주목된다. 상기한 바와 같이, 정약용은 "독주(獨奏)란 직달(直達)을 말하는 것이다. 도독부를 두지 않고 무슨 일이 생기면 주(州)에서 직접 전달한 것이니, 그 외롭고 먼 것을 알 만하다"라고 하였고, 또 독주주가 혼동강 양편에 있었다면 기전(畿甸)의 안이니 어찌 독주할 까닭이 있겠는가라고 하면서 북쪽 변방 혼동강이 꺾이는 곳에 있었을 것이라고 하였다(동북아역사재단 2021b, 57~58쪽). 니즈마 토시히사(新妻利久)는 3개 독주주는 부가 설치되지 않은 중요 지역에 설치되었다고 하면서, 속주(涑州)는 흑수말갈의 입당로(入唐路)이자 입거란로(入契丹路)인 송화강 곡류 지역에 설치하였고 그 치소는 석두성자(石頭城子)에 있었던 것으로 판단하였다(新妻利久 1969, 105~107쪽).

정약용은 독주주가 북쪽 변방 혼동강이 꺾이는 곳에 있었을 것으로, 니즈마 토시히사(新妻利久)는 독주주 중 속주가 송화강 곡류 지역에 있었을 것으로 보았는데, 사실 혼동강은 송화강이니 혼동강 꺾이는 곳은 송화강 곡류 지역을 말한다. 이곳도 속말수에 해당하는 곳이니 『신당서』「발해전」의 속주 관련 다음 기록과 모순되지 않는다.

『신당서(新唐書)』「발해전」(권219 열전 제144 북적) : 속주는 그 땅이 속말강과 가까운데, [속말강은] 이른바 속말수인 듯하다(涑州以其近速沫江 蓋所謂粟末水也). (국사편찬위원회 1990b, 443쪽, 464쪽).

석두성자고성은 송화강 곡류 지점에서 동남쪽으로 송화강과 납림하 사이의 평원에 있다. 지금의 행정구역으로는 길림성 부여현(扶餘縣) 혹은 길림성 송원시 부여구(扶餘區)에 해당한다. 평면 장방형이며, 전체 둘레 길이는 1,922m이다. 성벽 부속시설의 양상이 요금대의 것과는 약간 차이가 나기 때문에 발해 때에 초축되었을 가능성이 없는 것은 아니나 아직 분명하게 말하기는 힘들다(정석배 외 2023a, 542~543쪽).

추정 살갈산은 동요하와 서요하가 합류하는 곳에서 북쪽으로 약 84㎞ 거리에, 동요하 및 서요하의 북쪽 최대 만곡선 지점과 거의 같은 위도상에 위치한다. 이 일대에 발해와 거란의 경계가 지나갔다는 사실은 유적분포 양상을 통해서도 확인된다(도면 73). 추정 살갈산 남쪽 약 25㎞ 거리의 동요하와 서요하 사이에 발해유적인 상수(桑樹) 북타자유적(北坨子遺蹟)이 있다. 그 동쪽으로는 다른 다수의 발해유적이 분포한다.

상수 북타자유적은 행정구역으로 길림성 쌍료시 홍기향 상수둔에 있다. 발해와 요나라 시기에 사용된 유적인데, 시굴 조사에서 발해 유물로는 연화문 와당, 승문와편, 문자와, 흑갈색 협사 토기 저부편 등이 출토되었다(정석배 외 2023a, 511~512쪽). 이와 관련하여 필자는 이 유적이 발해의 서쪽 경계 설정에 매우 중요한 의미가 있다고 이미 지적한 바 있다(정석배 2020). 이 일대에서 발해와 거란의 경계는 '거란조기문화(契丹早期文化)'라고 불리는 요 건국 이전의 거란 유적 분포를 통해서도 추정할 수 있다. 내몽골 통료(通遼) 동쪽 약 40㎞ 거리의 서요하 남쪽에 위치하는 오사토(烏斯吐) 고분(화장묘)은 거란조기문화에 속하는데(哲里木盟博物館, 1984; 張柏忠 1984; 林立新 2021), 동쪽의 추정 살갈산 곁 동마납심고성과 약 60㎞ 떨어져 있고, 또 발해유적인 동쪽의 상수 북타자유적과는 약 80㎞ 떨어져 있어, 이곳에서는 발해와 거란의 경계가 이 일대였음을 보여주고 있다(도면 73).

상수 북타자유적과 추정 살갈산보다 더 북쪽의 지역과 관련하여 니즈마 토시히사(新妻利久)의 의견이 주목되는데, 그는 부여부 선주(仙州)를 송화강과 눈강 하류 사이의 땅을 다스리면서 치소는 눈강 하류 우안의 대뢰(大賚)에 있었던 것으로 보았다(新妻利久 1969, 94~95쪽). 대뢰는 송화강과 눈강이 합류

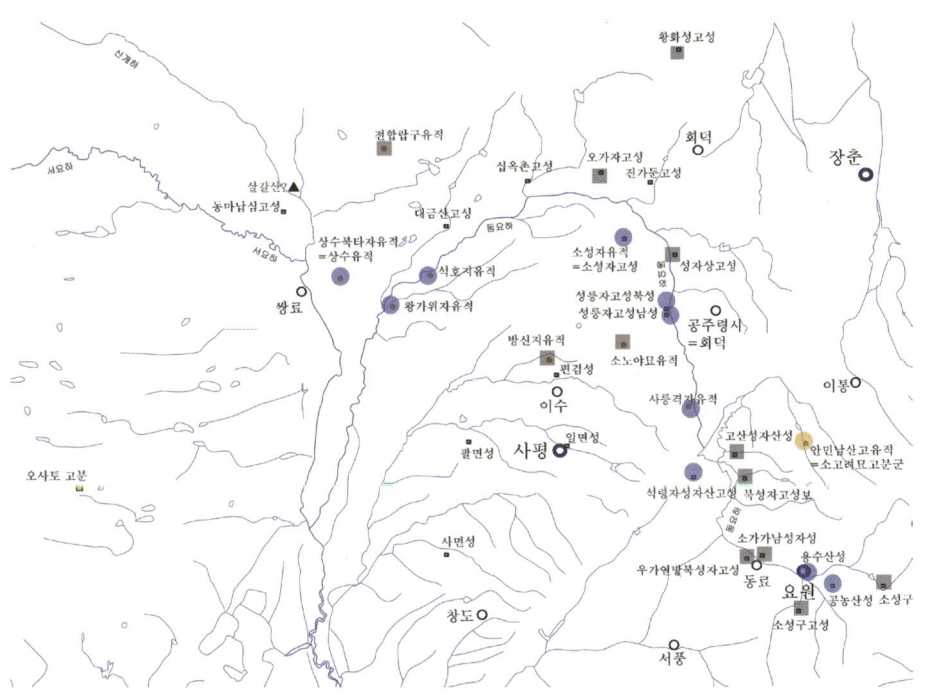

도면 73. 동요하 유역의 발해유적(파란색은 고구려계 발해유적, 황갈색은 말갈계+고구려계 발해유적) 분포(필자 작성)

하는 곳에서 서북쪽으로 약 30㎞ 떨어져 있다. 그는 발해 강역도에 부여부를 서요하 하류 지역과 눈강 서쪽 지류인 도아하(洮兒河)의 하류 지역을 포괄하는 것으로 선을 그었는데(도면 12), 추정 살갈산과 상수 북타자유적을 염두에 둔다면, 그것보다는 조금 더 동쪽을 지나게 긋는 것이 옳을 것이다.

도아하는 지금의 몽골국 가장 동쪽 도르노드 아이막 동쪽 가까이 대흥안령에서 발원하여 동남쪽-동북쪽-동쪽으로 흘러 눈강과 합류한다. 도아하가 발해 서쪽 경계와 관련하여 중요한 이유는 도아하 북쪽에 동실위(東室韋)가 거주하였기 때문이다.

일찍이 청나라 말의 조정걸은 『동삼성여지도설』의 「눈강타라하객노륜하흑룡강고(嫩江陀喇河喀魯倫河黑龍江考)」에서 눈강과 관련하여 동실위 위치를 다음과 같이 지적하였다.

3. 발해의 서쪽 경계 231

눈강은 매강이라고 하고 또 낙니강(諾尼江)이라 하고 옛 이름은 난수(難水)였고 또 나하(那河)였다...『태평환우기』에 동실위부락(東室韋部落)은 굴월하(崛越河) 북쪽에 있다고 하였는데, 그물은 동남쪽으로 흘러 나하와 합류한다... 타라하(陀喇河)의 옛 이름이 굴월하(崛越河)이며 옛날에 타라하(陀羅河)라 하고 또 도아하(洮兒河)라 한다(嫩江一作妹江 又名諾尼江 古名難水 亦曰那河... 太平寰宇記 東室韋部落在崛越河之北 其水東南流與那河合 是也... 陀喇河古名崛越河 舊作陀羅河 亦曰洮兒河). (曺廷杰 1885년 이후, 嫩江陀喇河喀魯倫河黑龍江考).

도아하는 대흥안령을 서북-동남 방향으로 가로지르는 강으로서 눈강과 송화강 합류 지점에서 서북쪽 약 56km 거리에 그 하구가 있다.

거란과 경계한 부여부 서쪽 경계는 발해 거란도 일대의 경우 상수북타자유적 서쪽, 다시 말해서 서요하 하류 쌍료 일대였을 것이다. 발해의 서쪽 경계는 이곳에서 남쪽으로는 서요하 하류와 요하를 잇는 선이었다고 볼 수 있다. 북쪽으로는 서요하 하류에서 남북 방향 구간 신개하 하류를 포함하여 북쪽으로 눈강·송화강 합류 지점 부근의 눈강과 연결되었을 것이다.

2) 막힐부의 상대적 위치 문제

다음에는 막힐부(鄚頡府)의 상대적 위치와 관련된 문제를 살펴보도록 하겠다(도면 74). 상기한 바와 같이, 『신당서』「발해전」에는 "부여의 옛땅을 부여부(扶餘府)로 삼아 늘 강한 군대를 주둔시켜 거란을 막았으며 부주(扶州)와 선주(仙州) 2개 주를 거느리게 하였고, 막힐부(鄚頡府)로 삼아 막주(鄚州)와 고주(高州) 2개 주를 거느리게 하였다(扶餘故地爲扶餘府 常屯勁兵扞契丹 領扶仙二州 鄚頡府 領鄚高二州)"라고 하여 막힐부가 부여의 옛땅에 설치되었음을 말해주고 있다. 다만 막힐부의 상대적인 위치에 대해 부여부 남쪽에 있었다는 의견과 북쪽에 있었다는 의견이 나뉘고 있고, 또 부여의 옛땅이 아닌 다른 곳으로 보는 연구자도 있다.

일찍이 정약용은 『아방강역고』에서 "발해의 가장 서쪽 경계에서 가장 북쪽은 막힐부[부여 서북쪽에 있다]라고 하고, 그다음 남쪽은 부여부[지금의 개

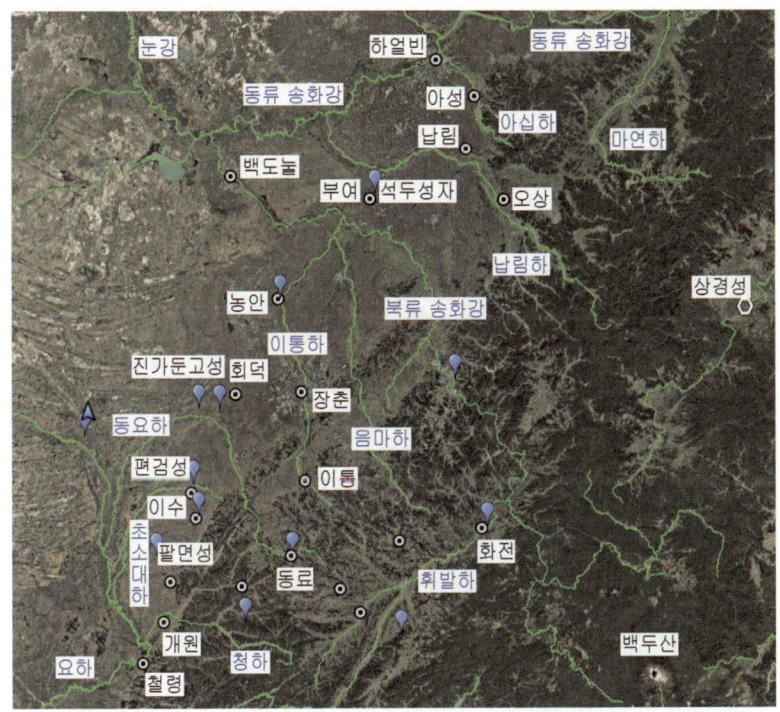

도면 74. 발해 막힐부 위치 문제와 관련된 동요하와 송화강 일대의 지리(구글어스, 필자 작성)

원], 그다음 남쪽은 정리부[지금의 심양 땅], 그다음 남쪽은 솔빈부[흥경의 서남쪽]라고 한다"라고 하여 막힐부가 발해 서쪽 경계에서 부여부 북쪽으로 가장 북쪽에 있었다고 하였다. 하지만 한주(韓州)는 본래 막힐부의 땅이었다는 『요사』「지리지」의 기록을 언급한 『성경통지』의 내용도 소개하였다(동북아역사재단 2021b, 50쪽, 53~54쪽).

한진서는 『해동역사속』에서 발해 부여부를 개원현(開原縣)으로 보면서 "막힐부 역시 부여의 옛 지역이다. 고리국은 바로 부여가 발생한 곳이며, 부여 북쪽에 있었다. 『대청일통지』를 보면 요나라 때는 한주(韓州)였고, 금나라 때에는 함평로(咸平路)에 속하였고, 원나라 때에는 함평부(咸平府)에 속하였다. 명나라 때에는 삼만위(三萬衛)에 속하였는데, 삼만위는 지금의 개원현이다. 개원의 서쪽이 바로 거란 지역이다. 이것으로 미루어 보건대 막힐부는 마땅히

3. 발해의 서쪽 경계   233

개원현의 동북쪽에서 가까운 지역에 있어야 한다"라고 하였고(동북아역사재단 2021b, 287~288쪽), 〈발해경부도〉에는 막힐부를 동요하 남쪽 부여부 동북쪽에 표시하였다(도면 2).

그런데 한진서는 월희의 옛땅에 설치한 회원부를 눈강 동쪽에 있었던 것으로 판단하였다(동북아역사재단 2021b, 291쪽). 그것은 상기한 『책부원구』의 "서쪽은 월희말갈과 접한다(西接越喜靺鞨)"라는 기록을 따랐기 때문이다(도면 2).

1913년에 마쓰이 히토시(松井等)는 『만주역사지리(滿洲歷史地理)』에서 막힐부에 대해 그 명칭으로 보아 물길 민족의 거주지에 설치된 것이고 만주 동부에 있었다고 생각되지만, 그 위치를 확정하기는 곤란하다고 하였다(松井等 1913, 418쪽). 하지만 그가 제시한 〈발해시대 만주도〉에는 우쑤리강 동쪽 지류인 비낀강 하류 북쪽에 막힐부를 표시해 놓았다(도면 4). 다만 마쓰이 히토시(松井等)는 왜 막힐부와 물길의 명칭이 서로 대응하는지는 따로 설명하지 않았다.

쓰다 소키치(津田左右吉)는 1915년에 「물길고(勿吉考)」라는 논문에서 북제(北齊) 문선제(文宣帝) 천보(天保) 2~5년(551~554)에 편찬된 『위서』 「물길전」에 기록된 물길 위치에 대한 다음 기록 등을 참고하여 그 위치 문제는 논하였다(津田左右吉 1915a, 11~15쪽).

『위서(魏書)』 「물길전」: 낙양에서 5천리 떨어져 있다. 화룡(和龍)에서 북으로 2백여 리에 선옥산(善玉山)이 있다. 그 산에서 북으로 13일을 가면 기려산(祁黎山)이 있다. 다시 북으로 7일을 가면 여락괴수(如洛瓌水)에 이르는데 물의 폭이 1리 넘는다. 다시 북으로 15일을 가면 태노수(太魯水)에 이른다. 다시 동북으로 18일을 가면 그 나라에 도착한다. 나라에 큰물이 있는데 너비가 3리 넘으며 이름이 속말수이다. 그 땅은 낮고 습하며 성을 쌓고 혈거 생활을 한다... 지난 연흥 연간(471~475)에 을력지(乙力支)를 사신으로 보내 조헌하였다. 태화(477~499) 초에는 또 말 5백 필을 바쳤다. 을력지가 말하기를, 처음 그 나라에서 출발하여 배를 타고 난하(難河)를 거슬러 서쪽으로 오르다가 태첨하(太沴河)에 이르러서 배를 물속에 감추어 두고 남쪽으로 육로로 가서 낙고수(洛孤水)를 건너 거란의 서쪽 국경을 따라 화룡(和龍)에 도달하였다고 하였다(去洛五千里 自和龍北二百餘里有善玉山 山北行十三日至祁黎山 又北行七日至如洛瓌水 水廣里餘 又北行十五日至太魯水 又東北行十八日到其國 國有大水 闊三里餘 名速末水. 其地下濕 築

城穴居... 去延興中 遣使乙力支朝獻. 太和初 又貢馬五百匹. 乙力支稱 初發其國 乘船泝難河西 上 至太沵河 沉船於水 南出陸行 渡洛孤水 從契丹西界達和龍). (국사편찬위원회, 1990a, 510 쪽, 567~568쪽, 번역 일부 수정).

쓰다 소키치(津田左右吉)는 이 기록의 강들을 거리와 일정을 참고하여 난하(難河)는 나하(那河)이면서 지금의 눈강(嫩江), 태첨하(太沵河)는 태노수(太魯水)이자 타루하(它漏河)이면서 지금의 도아하(洮兒河), 낙고수(洛孤水)는 여락괴수(如洛瓌水)이면서 지금의 서라목륜(西喇木倫, 시라무렌하)으로 판단하였다. 지금의 도아하 하구에서 동북쪽으로 18일 거리를 동류 송화강 지류인 납림하로 본 것이다. 그는 전체적으로 물길의 공간적 범위는 남쪽은 석두성자 부근, 북쪽은 북류 송화강, 동쪽은 납림하 숭유 지역 오상 부근일 것으로 생각하였다. 그가 물길의 본거지를 동류 송화강의 연안 부근이 아니라 납림하 쪽으로 본 것은 『위서』「두막루(豆莫婁)전」의 두막루가 "물길의 북쪽 천 리에 있다(在勿吉北千里)"는 기록과 관련하여 두막루가 동류 송화강 하얼빈 대안 가까이 있다고 생각하였기 때문이다(津田左右吉 1915a, 11~14쪽, 15~16쪽). 난하가 눈강, 타루하가 도아하인 것은 조정걸이 『동삼성여지도설』「嫩江陀喇河喀魯倫河黑龍江考」에서 이미 지적한 바 있었다.

쓰다 소키치(津田左右吉)는 같은 책에 발표한 「발해고(渤海考)」라는 논문에서는 막힐부는 그 명칭으로 보아 옛 물길의 땅인 것으로 생각된다고 하면서, 막힐부가 부여부와 정리부 사이에 기록되어 있고 이 기록 순서가 위치를 암시하는 것이라면 그 위치는 납림하(拉林河) 상류 오상(五常) 부근일 것이라고 하였다(津田左右吉 1915b, 133쪽).

이후 김육불(金毓黻)은 『발해국지장편』에서 『요사』「지리지」의 "한주 동평군 하 자사. 본래 고리국의 옛 치소 유하현이다. 고려가 막힐부를 설치하고, 막주와 힐주 2주를 다스렸다. 발해가 그대로 이어받았으나 지금은 폐하였다(韓州 東平軍 下 刺史. 本槀離國舊治柳河縣 高麗置鄚頡府 都督鄚頡二州. 渤海因之. 今廢)"는 기록을 소개하면서 팔면성(八面城)이 요나라의 한주(韓州)임을 지적하였다. 하지만 그러함에도 불구하고, 그는 막힐부는 정약용이 발해 서쪽 경계의 북쪽을 막힐부라 하고 그 남쪽을 부여부라 한 것을 받아들여 농안현 이북 지역에서 찾아야 할 것이라 하였다(김육불 편저 / 발해사연구회 옮김 2008b, 303~304쪽). 팔면성은 농안 남서쪽 약 160㎞ 거리에 있다.

김육불은 이후 『동북통사』에서 "막힐부도 역시 지금의 장춘, 농안 등의 현과 부여현 남쪽에 있었던 것 같으니, 이 두 지역은 바로 옛 부여국의 본부이다. 그러므로 부여의 옛 지역으로 불리었다"라고 하였다(金毓黻 지음 / 동북아역사재단 옮김 2007, 601쪽).

이후 와다 키요시(和田淸)는 막힐을 물길의 이역(異譯)이라고 하면서 이케우치 히로시(池內宏)의 의견을 따라 그 본거지가 아십하 유역의 아성(阿城) 지역에 있다고 판단하였다. 그는 물길의 북쪽 천 리에 있다는 두막루가 호란하 유역에 있었다고 생각하였다. 또한 와다 키요시(和田淸)는 부여고지는 북류 송화강을 끼고 서남쪽은 부여부 동북쪽은 막힐부였을 것으로 추정하였다(和田淸 1954, 26쪽; 1955, 83쪽).

도리야마 기이치(鳥山喜一)도 막힐부 위치에 대한 의견을 제시하였는데, 처음에는 막힐부의 소재지를 송화강 하얼빈 일대로 판단하였다(鳥山喜一 1915). 나중에는 이 문제를 더 자세하게 검토하면서 막힐(鄚頡, maojie/xie)을 물길(勿吉, wuji)의 전음(轉音)이라고 하였고, 부여고지(扶餘故地)에는 부여족과 물길족이 포함될 것이라고 하였다. 물길이 북위 효문제 태화 18년(494)에 부여국을 공격하여 점령하였기에 부여고지에 부여부와 함께 막힐부가 기록된 것으로 판단하였다. 물길의 근거지는 을력지(乙力支)의 사행 노선을 통해 추정한 이케우치 히로시(池內宏)의 아륵초객하(阿勒楚喀河) 유역 아성현(阿城縣) 설을 따랐는데, 그것은 아륵초객하, 즉 지금의 아십하 유역이 납림하 유역에 비해 더 습(濕)하다는 데 있었다(鳥山喜一 1968, 188~191쪽). 아륵초객하는 아랍초객하(阿拉楚喀河)로도 불리었고, 그 위치는 1894년에 발간된 〈만주전도〉에서도 확인된다(도면 75).

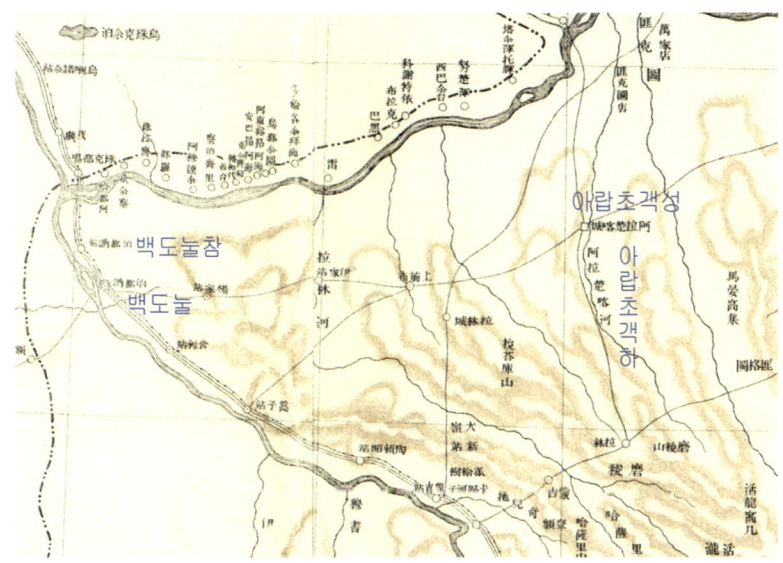

도면 75. 〈만주전도(滿洲全圖)〉의 백도눌과 아랍초객(아륵초객)(http://www.ditu114.com/ditu/656.html, 필자 재편집)

그런데 사실 오상 부근, 아성 지역, 농안 북쪽은 서로 가까이 위치한다. 모두 눈강·송화강 합류지에서 동쪽 및 동남쪽에 해당하는 곳이며, 부여부의 북쪽 혹은 동북쪽이다.

하지만 이후 니즈마 토시히사(新妻利久)는 그 이전과는 완전히 다른 의견을 제시하였다. 바로 막힐부가 부여부의 남쪽에 위치하였다고 한 것이다. 그는 막힐부의 소재지를 『성경통지』 등의 의견을 받아들여 팔면성(八面城)으로 보았다. 그 근거는 『요사』 「지리지」의 다음 기록과 팔면성에서 발견된 유물이다.

『요사』 「지리지」(권38 지 제8 지리지 2) 한주(韓州) : 한주 동평군 하 자사. 본래 고리국의 옛 치소인 유하현이었다. 고[구]려가 막힐부를 설치하고 막주와 힐주 2개 주를 도독(都督)케 하였다. 발해가 그대로 이어받았으나, 지금은 폐하였다(韓州 東平郡 下 刺史. 本槀離國舊治柳河縣. 高麗置鄚頡府 都督鄚頡二州. 渤海因之 今廢). (김위현 외 2012b, 54쪽. 67쪽. 번역 일부 수정).

조정걸의 『동삼성여지도설』 「八面城卽韓州考」에 따르면 팔면성에서는 1821년에 한주자사(韓州刺史)라는 명문이 있는 동경(銅鏡)이 발견되었다. 또

『만주구적지(滿洲舊蹟志)』29 팔면성(八面城)조에 팔면성 서북 모서리에서 "혼리해파합말갈인(混里海巴哈靺鞨印)" 및 "방주대정칠년내부감조(旁鑄大定七年內府監造)"라는 명문 동인이 발견되었다고 한다. 동경 명문을 통해 팔면성이 요의 한주였고, 동인에 새겨진 명문을 통해 금나라 대정 7년(1167)에 이곳을 말갈(靺鞨)이라 불렀다는 사실이 확인되어 막힐부의 치소로 비정한 것이다. 니즈마 토시히사(新妻利久)는 막힐(鄭頡, maojie/xie)을 말갈(靺鞨, mohe)의 동음이자(同音異字)로 보았다(新妻利久 1969, 96~97쪽).

한주에 대해서는 정약용, 한진서, 김육불 등도 모두 지적은 하였지만, 막힐부를 부여부 남쪽이 아니라 북쪽 혹은 동북쪽에 있다고 보았었다.

이후 1979년에 북한의 박시형은 막힐부가 부여부 북쪽에 있었고 부여부는 회덕, 농안 일대였기에 막힐부는 오늘의 부여현, 송화강의 굽이, 눈강 유역 일대에 있었다고 하였다(박시형 1979, 177~178쪽). 같은 1979년에 출간된 『조선전사』의 발해 강역도에는 막힐부가 부여부 북쪽에 북류 송화강 가장 하류 지역에 표시되어 있다(도면 16). 이후 장국종은 발해 막힐부 소재지가 길림성 백도눌 근방이었다고 하였다(장국종 1997, 42쪽). 백도눌은 송화강 곡류 지점의 동쪽에 위치하는데(도면 75), 박시형이 이야기한 송화강 굽이 지역에 해당한다.

한편 같은 1979년에 출간된 『중국역사지도집 동북지구 자료회편』에서는 막힐부와 관련한 상기 문헌 기록들과 함께 『금사』 「지리지」의 함평로(咸平路) 한주(韓州)조에도 "본래 발해 막힐부이다(本渤海鄭頡府)"라는 기록이 있음을 지적하였다. 하지만 김육불, 이케우치 히로시(池內宏), 와다 키요시(和田淸) 등 의견을 소개한 다음에 팔면성은 부여 거란도와 가까워 막힐부가 될 수가 없다고, 또 『요사』에 의하면 막힐부는 발해가 망한 다음에 누차에 걸쳐 거병하여 거란에 항거하였기에 거란과 아주 가까운 곳에는 있었을 수 없다고, 따라서 막힐부는 지금의 아성현에 있었다고 하였다(《中國歷史地圖集》編輯組東北小組 1979, 109~110쪽). 막힐부의 거병 관련 기록은 다음과 같다.

『요사』「본기」(제2 태조 하 천현 원년(926)) : 3월... 기사일에 안변, 막힐, 정리 3부가 반란을 일으키자 안단을 보내 토벌하게 하였다. 정축일에 3부가 평정되었다(三月... 己巳 安邊 鄚頡 定理 三府叛 遣安端討之 丁丑 三府平). (김위현 외 2012a, 64쪽, 71쪽, 번역 일부 수정).

이와 관련하여 『중국역사지도집』 발해 강역도에는 막힐부가 제2 송화강 하류에서 동쪽으로 납림하와 아십하를 지나 마련하 중류 지역까지 포괄하는 것으로 표시되어 있고, 부 소재지는 아성에 표시하였다(도면 18). 이후 왕승례도 막힐부 소재지는 아성에 있다고 하였다(왕승례 저 / 송기호 역 1987, 120쪽).

하지만 손진기(孫進己)는 부여부 소재지를 농안으로 보면서, 『요사』「지리지」의 한주(韓州) 관련 기록을 신뢰하는 상태로 막힐부 위치를 찾고자 하였다. 다만 그는 팔면성은 한주 유하현(柳河縣) 소재지이지 한주의 주 지소가 있는 임진현(臨津縣) 소재지는 아니라고, 임진현은 지금의 이수(梨樹) 편검성(偏臉城)에 있었다고, 다시 말해서 막힐부 소재지는 이수 편검성에 있었다고 하였다. 또한 손진기는 편검성 북쪽의 진가둔고성(秦家屯古城)은 요의 신주(信州)이고, 편검성 서[남]쪽의 팔면성은 요의 유하현이고, 더 남쪽의 철령(鐵嶺)은 요의 은주(銀州)로서 모두 발해 회원부 지역에 속한다고 하였고, 따라서 막힐부 범위는 이수에서 동쪽으로 장춘 등 지역일 것으로 판단하였다(孫進己 1982, 255쪽). 손진기는 이후 『동북역사지리』에서도 동일한 주장을 하였는데, 다만 막힐부 범위를 이수현 동쪽, 장춘, 이통(伊通) 등지라고 보다 구체적으로 지목하였다(孫進己·馮永謙, 1989, 393쪽).

다시 말해서 손진기는 부여부 남쪽에 막힐부가 있었고, 막힐부 서쪽에 월희의 옛땅에 설치한 회원부가 있었다고 본 것이다. 그런데 장춘은 발해 거란도 노선이 거의 지나가는 곳에 있고, 이수와 이통도 발해 거란도 노선과 가까운 곳에 오히려 팔면성보다 더 가까운 곳에 있다.

송기호는 막힐부가 부여부와 장령부 사이에 있었을 것으로 판단하였고, 발해 강역도에는 막힐부를 동요하를 중심으로 그 남쪽과 북쪽을 포괄하는 것으로 표시하였다(송기호 2021, 50~51쪽)(도면 38). 그 공간적 범위 안에는 요나라 한주 소재지로 지목되고 있는 팔면성과 편검성이 모두 위치한다.

따라서 지금까지 막힐부 위치에 대한 의견은 을력지가 사행을 시작한 물길의 나라(國)에서 찾거나 혹은 『요사』「지리지」의 한주(韓州) 관련 기록을 근거로 찾은 두 관점이 있음을 알 수 있다. 전자의 경우는 대체로 눈강·송화강 합류지에서 그 동쪽 지역의 아성이나 오상 혹은 백도눌 등을 막힐부 소재지로 지목하고 있지만, 실상은 이 지역들이 상호 그렇게 멀리 떨어진 곳이 아니기에 서로 비슷한 의견이라고 말할 수 있다. 이 의견들의 공통점은 막힐부가 부여부 북쪽 혹은 동북쪽에 있었다고 생각하는 것이다. 후자의 경우는 요나라 한주에 발해 막힐부 소재지가 있었다고 보는 것인데 팔면성 혹은 편검성을 지목한다. 이 두 성은 모두 초소대하(招蘇臺河) 남쪽에 위치한다.

막힐부를 팔면성 혹은 편검성으로 보는 의견은 막힐부의 공간적 범위가 《중국역사지도집》편집조동북소조가 지적한 바와 같이 발해 거란도 노선과 겹치고, 또 거란과 가까이 있어 발해 멸망 후 거란에 수차 반란을 일으켰다는 『요사』 기록과도 모순된다는 문제점이 있다. 막힐부를 물길의 나라에서 찾는 의견도 왜 막힐(鄚頡)이 물길(勿吉)의 전음(轉音)인지 혹은 이역(異譯)인지 제대로 설명하지 못하고 있다. 하지만 막힐(鄚頡)을 말갈(靺鞨)의 동음이자(同音異字)로 보는 의견도 있듯이, 막힐부가 물길 혹은 말갈계통의 부(府)인 것은 분명해 보인다.

그렇다면 해당 지역의 유적분포 양상은 어떤지 궁금하다. 먼저 동요하 수계 지역을 보면 기본적으로 고구려계 요소를 지닌 발해유적이 분포한다. 동요하 상류부터 시작하여 공농산성(요원), 용수산성(요원), 석령자성자산고성, 사릉격자유적, 성릉자고성 남성, 성릉자고성 북성, 소성자유적, 석호지유적, 왕가위자유적, 상수북타자유적 등이 그러하다(정석배 외 2023a, 102쪽, 549쪽, 407쪽, 40쪽, 43쪽, 561쪽, 511쪽; 2023b, 303쪽, 90쪽, 277쪽)(도면 73). 그 외에도 고구려계 요소를 지닌 발해유적일 가능성이 있는 유적들이 다수 있다. 하지만 말갈계 요소를 포함하는 발해유적은 거의 없다. 이 사실은 동요하 유역은 기본적으로 고구려계 발해인들의 거주 지역이었음을 말한다.

　북류 (제2) 송화강 유역을 살펴보면, 가장 상류 지역인 두도송화강 유역에 영안유적, 대영유적, 온천유적 등 말갈계와 고구려계 요소가 혼합된 유적이 있는 것은 사실이지만, 그 북쪽으로 북류 송화강 상류와 중류 지역은 고구려계 요소를 가진 발해유적이 절대다수를 차지한다. 다만 덕혜(德惠) - 서란(舒蘭)을 잇는 선 이북의 북류 송화강 하류 지역은 비록 고구려계 요소와 말갈계 요소를 가진 발해유적도 있기는 하나 말갈계 요소를 가진 발해유적이 절대다수를 차지한다(도면 76). 이 사실은 발해 부여부와 막힐부의 상대적 위치는 부여부가 남쪽에 막힐부가 북쪽에 있었음을 증명한다고 생각된다.

　막힐부는 서북쪽으로 어디까지 경계하였을까? 마쓰이 히투시(松井等)(1913)(도면 4), 도리야마 기이치(鳥山喜一)(1968)(도면 10), 니즈마 토시히사(新妻利久)(1969)(도면 12), 『중국역사지도집』(1982)(도면 18), 송기호(1995)(도면 23), 김종복(2007)(도면 31) 등이 제시한 발해 강역도에는 모두 부여부 혹은 막힐부 북쪽이 동류 송화강 선을 넘지 못하는 것으로 표시되어 있다.

　그렇다면 발해의 서북쪽 경계는 동류 송화강을 넘어서지 못하였을까? 『중국역사지도집』의 발해 강역도에는 동류 송화강 상류 북쪽이 실위와 흑수말갈의 영역으로 표시되어 있다(도면 18). 다만 북한의 장국종은 자신의 발해 강역도에 막힐부가 동류 송화강 선을 넘어 눈강 하류 지역까지 포함하는 것으로 그렸다(도면 24). 송기호도 나중에 그린 발해 강역도에 발해 영역이 동류 송화강 상류 지역에서 강 북쪽으로 조금 넘어가는 것으로 그렸으나 그곳은 철리부 범위로 표시하였다(도면 38). 일찍이 한진서는 회원부가 눈강 동쪽에 위치한다고 생각하였다(도면 2). 북한에서 가장 최근에 제시된 발해 강역도에는 동류 송화강 상류 북쪽으로 막힐부와 회원부가 차례로 표시되어 있고, 발해 서북쪽 경계가 흑룡강(아무르강)의 호마까지 이어지는 것으로 표시하였다(도면 34).

　따라서 다음에는 동류 송화강 상류 북쪽으로 눈강 하류 동쪽이 발해 영역에 포함되었는지의 문제를 살펴보기로 하겠다.

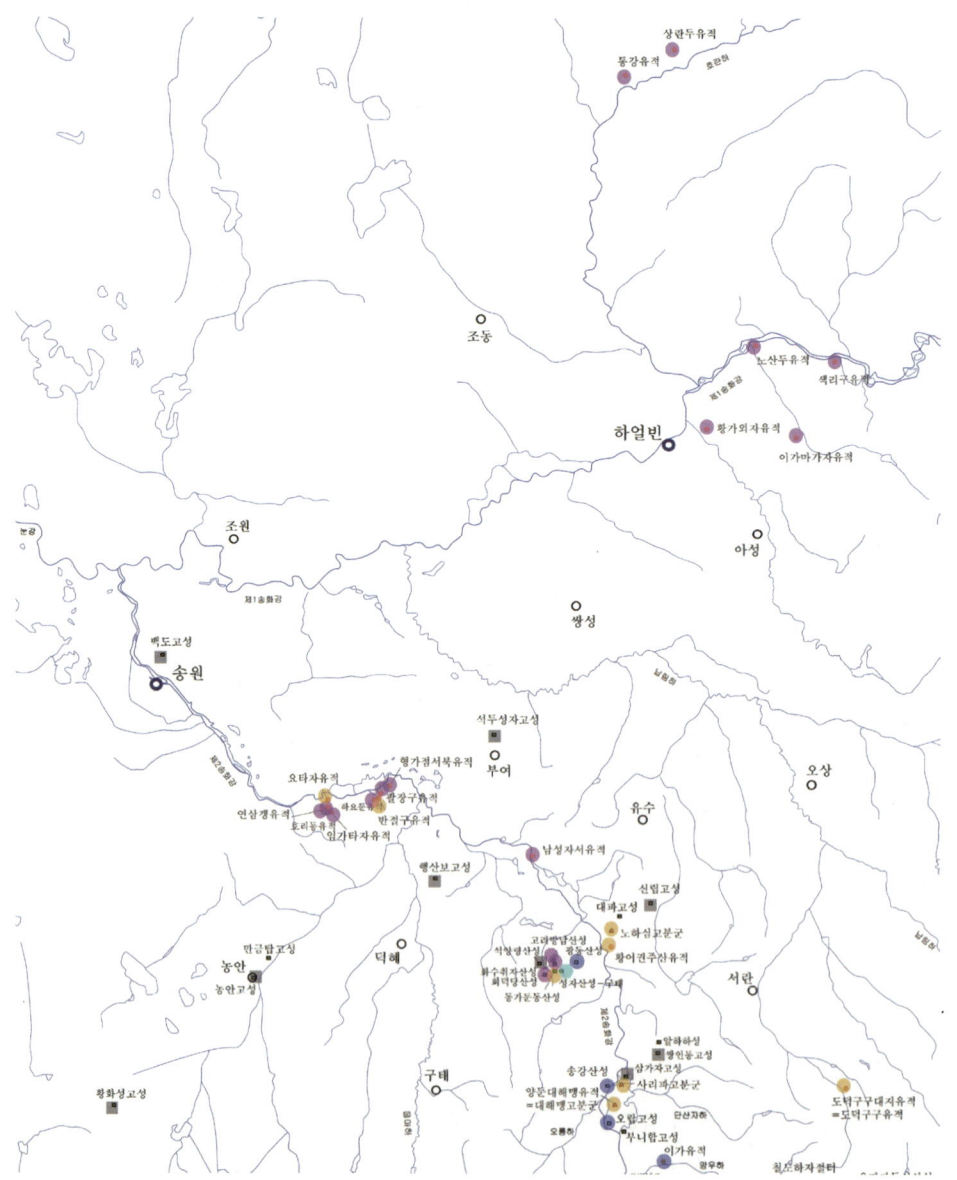

도면 76. 북류 (제2) 송화강 중하류와 동류 (제1) 송화강 상류 일대의 발해유적(푸른색은 고구려계 발해유적, 황갈색은 말갈계+고구려계 발해유적, 보라색은 말갈계 유적) 분포(필자 작성)

4. 발해의 서북쪽 경계

필자는 발해의 서북쪽 경계는 거란과 발해의 경계 북쪽 부분 및 일부 실위와 말갈·발해 경계에서 찾아야 한다고 생각한다. 물론 흑수말갈 영역을 발해 영역에 포함하느냐의 문제도 중요하다.

1) 거란과 실위 및 실위와 말갈·발해의 경계

요 건국 이전 거란의 영역에 대해서는 다음 기록을 참고할 수 있다.

『위서(魏書)』「거란전(契丹傳)」: 거란국은 고막해(庫莫奚)의 동쪽에 있는데 [고막해와] 다른 종(種)이나 같은 류(類)이나. 송막(松漠) 사이에 함께 숨어시낸나. 능국(登國) 연간(386~396년)에 [북위] 나라의 군대가 크게 격파하니 흩어져 달아나 고막해와 나뉘어 등을 지고 [거주하였다]. 수십 년이 지나 점차 번성하여 부락이 생겼으며 화룡(和龍)의 북쪽 수백 리에 있다(契丹國 在庫莫奚東 異種同類 俱竄於松漠之間. 登國中 國軍大破之 遂逃迸 與庫莫奚分背. 經數十年 稍滋蔓 有部落 於和龍之北數百里). (동북아역사재단 2010a, 41~42쪽, 번역 일부 수정).

『구당서(舊唐書)』「거란전(契丹傳)」: 거란은 황수(潢水)의 남쪽 황룡(黃龍)의 북쪽에 거주한다. 선비(鮮卑)의 옛땅이다. 경성(京城)에서 동북쪽으로 5천3백 리 떨어져 있다. 동쪽은 고려(高麗)와 이웃하고 서쪽은 해국(奚國)과 접하며 남쪽은 영주(營州)에 이르고 북쪽은 실위(室韋)에 이른다. 냉형산(冷陘山)이 그 나라의 남쪽에 있는데 해(奚)의 서쪽 산과 서로 험하게 이어져 있다. 땅은 사방 2천리이다(契丹 居潢水之南 黃龍之北 鮮卑之故地 在京城東北五千三百里 東與高麗隣 西與奚國接 南至營州 北至室韋 冷陘山在其國南 與奚西山相崎 地方二千里). (동북아역사재단 2011b, 671~672쪽, 번역 일부 수정).

『신당서(新唐書)』「거란전(契丹傳)」: 거란은... 땅이 경사에서 동북쪽으로 5천 리에 있고 동쪽은 고려, 서쪽은 해, 남쪽은 영주, 북쪽은 말갈 및 실위와 떨어져 있으며, 냉형산이 가로막아 스스로 지킨다(契丹... 地直京師東北五千里而贏 東距高麗 西奚 南營州 北靺鞨室韋 阻冷陘山以自固). (동북아역사재단 2011d, 636~638쪽, 번역 일부 수정).

『구당서』「거란전」에는 거란이 북쪽으로 실위에 이른다고 하였고, 『신당서』「거란전」에는 거란이 북쪽으로 실위 및 말갈과 떨어져 있다고 하였다. 다시 말해서 거란의 북쪽에는 실위가 있었고, 또 동북쪽에는 말갈이 있었음을 말한다.

그렇다면 실위와 거란의 경계가 어디였는지 보자. 먼저 실위의 영역을 말해 주는 자료를 제시하면 다음과 같다.

『위서(魏書)』「실위국전(室韋國傳)」: 실위국(室韋國)은 물길(勿吉) 북쪽 천 리에 있고 낙양과 6천 리 떨어져 있다. 화룡(和龍)을 나와 북쪽으로 천여 리를 가면 거란국에 들어간다. 다시 북쪽으로 10일을 가면 철수(啜水)에 이른다. 다시 북쪽으로 3일을 가면 개수(蓋水)가 있다. 다시 북쪽으로 3일을 가면 독료산(犢了山)이 있는데 그 산은 높고 커서 둘레가 3백여 리이다. 다시 북쪽으로 3일을 가면 큰물이 있는데 굴리(屈利)라 부른다. 다시 북쪽으로 3일을 가면 인수(刃水)에 이른다. 다시 북쪽으로 5일을 가면 그 나라에 도달한다. 큰물이 있어 북쪽에서 흘러오는데 폭은 4여 리이며 이름은 내수(捺水)이다. 나라의 땅이 낮고 습하다(室韋國 在勿吉北千里 去洛六千里. 路出和龍北千餘里 入契丹國 又北行十日至啜水 又北行三日有蓋水 又北行三日有犢了山 其山高大 周回三百餘里 又北行三日有大水名屈利 又北行三日至刃水 又北行五日到其國. 有大水從北而來 廣四里餘 名捺水 國土下濕). (동북아역사재단 2010a, 31~32쪽, 번역 일부 수정).

『북사(北史)』「실위국전(室韋國傳)」: 실위국(室韋國)은 물길(勿吉) 북쪽 천 리에 있고 낙양과 6천 리 떨어져 있다. '室'은 혹은 '失'이라고 한다. 모두 거란의 무리(類)로서 그 남쪽에 있는 자를 거란이라 하고 북쪽에 있는 자를 실위라 한다. 화룡(和龍)을 나와 북쪽으로 천여 리를 가면 거란국에 들어간다. 다시 북쪽으로 10일을 가면 철수(啜水)에 이른다. 다시 북쪽으로 3일을 가면 선수(善水)가 있다. 다시 북쪽으로 3일을 가면 독료산(犢了山)이 있는데 그 산은 높고 커서 둘레가 3백여 리이다. 다시 북쪽으로 3백 리를 가면 큰물이 있는데 굴리(屈利)라 부른다. 다시 북쪽으로 3일을 가면 인수(刃水)에 이른다. 다시 북쪽으로 5일을 가면 그 나라에 도달한다. 큰물이 있어 북쪽에서 흘러오는데 폭은 4여 리이며 이름은 내수(捺水)이다. 나라의 땅이 낮고 습하다... 무정(武定) 2년(544) 4월에... 제(齊)[北齊, 550~577]가 동위(東魏)의 선양을 받은 다음에도 역시 해마다 때때로 조빙을 하였다. 그 후에 5부로 나뉘었고 하나로 합쳐지지 않았는데 소위 남실위(南室韋), 북실위(北室韋), 발실위(鉢室韋), 심말달실위(深末怛室韋), 대실위(大室韋)이다... 남실위는 거란의 북 3천 리에 있다. 토지가 나쁘고 습하여 여름이 오면 북쪽으로 이동한다. 대발산(貸勃山)과 흠대산(欠對山) 두 산에 초목이 많고 새와 짐승도 풍부하며 또 모기와 파리도 많아 사람이 모두 나무 위에 살면서 그 근심거리를 피한다. 점차 25부로 나뉘었다... 남실위에서 북쪽으로 11일을 가면 북실위에 이르는데 9개 부락으로 나뉘어 토흘산(吐紇山)을 둘러싸고 거주한다... 다시 북쪽으로 천 리를 가면 발실위에 이른다... 발실위에서 서남쪽으로 4일을 가면 심말달실위에 이른다... 다시 서북쪽으로 수천 리를 가면 대실위에 이른다(室韋國 在勿吉北千里 去洛六千里. 室或爲失 蓋契丹之類 其南者爲契丹 在北者號爲失韋. 路出和龍北千餘里 入契丹國 又北行十日至啜水 又北行三日有善水 又北行三日有犢了山 其山高大 周回三百餘里 又北行三百餘里 有大水名屈利 又北行三日至刃水 又北行五日到其國. 有大水從北而來 廣四里餘 名槊水 國土下濕... 武定二年四月... 及齊受東魏禪 亦歲時朝聘... 其後分爲五部 不相總一 所謂南室韋 北室韋 鉢室韋 深末怛室韋 大室韋... 南室韋在契丹北三千里 土地卑濕 至夏則移向北. 貸勃欠對二山多草木 饒禽獸 又多蚊蚋 人皆巢居 以避其患. 漸分爲二十五部... 南室韋北行十一日至北室韋 分爲九部落 繞吐紇山而居... 又北行千里至鉢室韋... 從鉢室韋西南四日行 至深末怛室韋... 又西北數千里至大室韋). (동북아역사재단 2010b, 46~52쪽, 번역 일부 수정).

『수서(隋書)』 「실위전(室韋傳)」 : 실위는 거란의 류(類)이다. 그 남쪽에 있는 자를 거란이라 하고 북쪽에 있는 자를 실위라 한다. 5부로 나뉘어 하나로 합쳐지지 않았는데 소위 남실위(南室韋), 북실위(北室韋), 발실위(鉢室韋), 심말달실위(深末怛室韋), 대실위(大室韋)이다... 돌궐이 항상 3명의 토둔으로 그들을 다스렸다... 남실위는 거란의 북 3천 리에 있다. 토지가 나쁘고 습하여 여름이 오면 서북쪽 대발산(貸勃山)과 흠대산(欠對山) 두 산으로 이동하는데 초목이 많고 새와 짐승도 풍부하며 또 모기와 파리도 많아 사람이 모두 나무 위에 살면서 그 근심거리를 피한다. 점차 25부로 나뉘었다... 남실위에서 북쪽으로 11일을 가면 북실위에 이르는데 9개 부락으로 나뉘어 토흘산(吐紇山)을 둘러싸고 거주한다... 다시 북쪽으로 천 리를 가면 발실위에 이른다... 발실위에서 서남쪽으로 4일을 가면 심말달실위에 이른다... 다시 서북쪽으로 수천 리를 가면 대실위에 이른다(室韋 契丹之類也. 其南者爲契丹 在北者號失韋. 分爲五部 不相總一 所謂南室韋 北室韋 鉢室韋 深末怛室韋 大室韋... 突厥常以三吐屯總領之... 南室韋在契丹北三千里 土地卑濕 至夏則移向西北貸勃欠對二山 多草木 饒禽獸 又多蚊蚋 人皆巢居 以避其患. 漸分爲二十五部... 南室韋北行十一日至北室韋 分爲九部落 繞吐紇山而居... 又北行千里至鉢室韋... 從鉢室韋西南四日行 至深末怛室韋... 又西北數千里至大室韋). (동북아역사재단 2010c, 350~354쪽, 번역 일부 수정).

『구당서(舊唐書)』 「실위전(室韋傳)」 : 실위는 거란의 별류(別類)이다. 노월하(猺越河) 북쪽에 거주한다. 그 나라는 경사(京師)에서 동북쪽으로 7천 리에 있다. 동쪽은 흑수말갈에 이르고, 서쪽은 돌궐에 이르며, 남쪽은 거란과 접하고, 북쪽은 바다에 이른다... 또 말하기를, 실위는 우리 당나라에서 9부가 있다고 한다. 소위 영서실위(嶺西室韋), 산북실위(山北室韋), 황두실위(黃頭室

韋), 대여자실위(大如者室韋), 소여자실위(小如者室韋), 파와실위(婆萵室韋), 눌북실위(納北室韋), 낙타실위(駱駝室韋)를 말한다. 모두 유성군(柳城郡) 동북쪽에 있으며 가까운 자는 3천5백 리, 먼 자는 6천2백 리이다. 지금 실위에서 가장 서쪽으로 회흘(迴紇)과 접한 자는 오소고부락(烏素固部落)인데 구륜박(俱輪泊) 서남쪽에 있다. 다음 동쪽에는 이새몰부락(移塞沒部落)이 있고, 다음 동쪽에는 또 새갈지부락(塞曷支部落)이 있는데 이 부락에는 좋은 말이 있고 사람(人戶)도 역시 많다. 철하(啜河) 남쪽에 거주하는데 그 강은 이곳에서 연지하(燕支河)라고도 부른다. 다음에는 또 화해부락(和解部落)이 있고, 다음 동쪽에는 또 오라호부락(烏羅護部落)이 있고, 또 나예부락(那禮部落)이 있고, 또 동북쪽에는 산북실위(山北室韋)가 있고, 또 북쪽에는 소여자실위(小如者室韋)가 있고, 또 북쪽에는 파와실위(婆萵室韋)가 있고, 동쪽에는 또 영서실위(嶺西室韋)가 있고, 또 남동쪽에는 황두실위(黃頭室韋)가 있는데 이 부락은 병사가 강하고 사람(人戶)도 많으며 동북쪽으로 달구(達姤)와 접한다. 영서실위 북쪽에는 또 눌북지실위(納北支室韋)가 있는데 이 부락은 조금 작다. 오라호(烏羅護)에서 동북쪽으로 2백여 리 나하(那河)의 북쪽에는 오환(烏丸)의 유민들이 살고 있는데 지금도 스스로 오환국이라 칭한다. 무덕(武德)·정관(貞觀) 연간에 또한 사자를 보내 조공하였다.

그 북쪽 대산 북쪽에는 대실위부락(大室韋部落)이 있는데 그 부락은 망건하(望建河) 곁에 거주한다. 그 강은 원천이 돌궐 동북쪽 경계 구륜박(俱輪泊)에서 나오며, 굽이져 동쪽으로 흘러 서실위(西室韋) 경계를 지나고, 또 동쪽으로 대실위 경계를 지나며, 또 동쪽으로 몽올실위(蒙兀室韋) 북쪽을 지나 낙조실위(落俎室韋) 남쪽을 지나고, 또 동쪽으로 흘러 나하(那河) 및 홀한하(忽汗河)와 합쳐지고, 또 동쪽으로 흘러 남흑수말갈(南黑水靺鞨) 북쪽과 북흑수말갈(北黑水靺鞨) 남쪽을 지나 동쪽으로 바다에 흘러 들어간다. 오환(烏丸) 동남쪽 3백 리에는 또 동실위부락(東室韋部落)이 있는데 노월하(猱越河)의 북쪽에 있다. 그 강은 동남쪽으로 흘러 나하와 합쳐진다.

(室韋者 契丹之別類也. 居猱越河北. 其國在京師東北七千里. 東至黑水靺鞨 西至突厥 南接契丹 北至于海... 又云 室韋 我唐有九部焉. 所謂嶺西室韋 山北室韋 黃頭室韋 大如者室韋 小如者室韋 婆萵室韋 納北室韋 駱駝室韋 並在柳城郡之東北 近者三千五百里 遠者六千二百里. 今室韋最西與迴紇接界者 烏素固部落 當俱輪泊之西南. 次東有移塞沒部落 次東又有塞曷支部落 此部落有良馬 人戶亦多 居啜河之南 其河彼俗謂之燕支河. 次又有和解部落 次東又有烏羅護部落 又有那禮部落 又東北有山北室韋 又北有小如者室韋 又北有婆萵室韋 東又有嶺西室韋 又東南至黃頭室韋 此部落兵強 人戶亦多 東北與達姤接. 嶺西室韋北又有納北支室韋 此部落較小. 烏羅護之東北二百餘里 那河之北有古烏丸之遺人 今亦自稱烏丸國. 武德貞觀中 亦遣使來朝貢. 其北大山之北有大室韋部落 其部落傍望建河居 其河源出突厥東北界俱輪泊 屈曲東流 經西室韋界 又東經大室韋界 又東經蒙兀室韋之北 落俎室韋之南 又東流與那河忽汗河合 又東經南黑

水靺鞨之北 北黑水靺鞨之南 東流注于海. 烏丸東南三百里 又有東室韋部落 在猾越河之北. 其河東南流 與那河合). (동북아역사재단 2011b, 690~693쪽, 번역 일부 수정).

『신당서(新唐書)』「실위전(室韋傳)」: 실위는 거란의 별류이며 동호(東胡)의 북변에 있었고 대개 정령(丁零)의 후예이다. 땅은 황룡(黃龍)의 북쪽에 의거하고 노월하(猾越河)의 곁이다. 경사에서 동북쪽 7천 리이다. 동쪽은 흑수말갈, 서쪽은 돌궐, 남쪽은 거란, 북쪽은 바닷가이다... 부(部)를 나누면 무릇 20여 개다. 영서부(嶺西部), 산북부(山北部), 황두부(黃頭部)는 강한 부이다. 대여자부(大如者部), 소여자부(小如者部), 파와부(婆萵部), 눌북부(納北部), 낙단부(駱丹部) 등은 모두 유성(柳城)의 동북쪽에 가까운 자는 3천 리, 먼 자는 6천 리가 넘는다. 가장 서쪽에는 오소고부(烏素固部)가 회흘(回紇)과 접해 있는데 구륜박(俱輪泊) 서남쪽이다. [구륜]박에서 동쪽에는 이새몰부(移塞沒部)가 있고, 조금 동쪽에는 새갈지부(塞曷支部)가 있는데 가장 강한 부로서 철하(啜河) 북쪽(陰)에 있다. [철하는] 연지하(燕支河)라고도 한다. 더 동쪽에는 화해부(和解部), 오라호부(烏羅護部), 나예부(那禮部), 영서부(嶺西部)가 있고, 곧장 북쪽에는 눌비지부(納比支部)가 있다. 북쪽에는 대산(大山)이 있는데 산 바깥에 대실위(大室韋)가 있어 실건하(室建河) 가에 거주한다. [실건]하는 구륜[박]에서 나와 비스듬이 동쪽으로 흐르며, 강 남쪽에는 몽와부(蒙瓦部)가 있고, 그 북쪽에는 낙탄부(落坦部)가 있다. 물은 동쪽으로 나하(那河) 및 홀한하(忽汗河)와 합쳐지며, 또 동쪽으로 흑수말갈(黑水靺鞨)을 지난다. 그래서 말갈은 물을 사이에 두고 남북부라 하였다. 그리고 동쪽으로 흘러 바다로 들어간다. 노월하(猾越河)는 동남쪽에서 또한 나하(那河)와 합쳐지며, 그 북쪽에는 동실위(東室韋)가 있는데 대개 오환(烏丸) 동남쪽에 비루하게 남아있던 사람들이다(室韋 契丹別類 東胡之北邊 蓋丁零苗裔也. 地據黃龍北 傍猾越河. 直京師東北七千里. 東黑水靺鞨 西突厥 南契丹 北瀕海... 分部凡二十餘 曰嶺西部 山北部 黃頭部 疆部也. 大如者部 小如者部 婆萵部 納北部 駱丹部 悉處柳城東北 近者三千 遠六千里而贏. 最西有烏素固部 與回紇接 當俱輪泊之西南. 自泊而東有 移塞沒部 稍東有塞曷支部 最疆部也 居啜河之陰 亦曰燕支河. 益東和解部 烏羅護部 那禮部 嶺西部. 直北曰納比支部. 北有大山 山外曰大室韋 瀕於室建河 河出俱輪 迆而東 河南有蒙瓦部 其北落坦部. 水東合那河忽汗河. 又東貫黑水靺鞨. 故靺鞨跨水有南北部. 而東注於海. 猾越河東南亦與那河合 其北有東室韋 蓋烏丸東南鄙餘人也). (동북아역사재단 2011d, 663~665쪽, 번역 일부 수정).

『태평환우기(太平寰宇記)』(권199 四夷28 北狄11 室韋): 실위는... 큰 부(部)는 9부가 있다고 한다. 소위 영서실위(嶺西室韋), 산실위(山室韋), 황두실위(黃頭室韋), 대여자실위(大如者室韋), 소여자실위(小如者室韋), 파와실위(婆窩室韋), 눌북실위(納北室韋), 낙타실위(駱駝室韋)를 말한다. 아홉 모두 유성군(柳城郡) 동북쪽에 있으며 가까운 자는 3천5백 리, 먼 자는 6천2백 리이다. 지금 실위에서 가장 서쪽으로 회흘(迴紇)과 접한 자로 오소포부락(烏素布部落)이 있는데 구륜박(俱輪泊)의 서남쪽에 있다. 다음 동쪽에는 이새부락(移塞部落)이 있고, 다음 동쪽에는 또 새갈지부락(塞曷支部落)이 있는데 이 부락에는 좋은 말이 있고 사람(人戶)도 역시 많다. 철하(啜河) 남쪽에 거주하는데 그 강은 이곳에서 연지하(燕支河)라고도 부른다. 다음 동쪽에는 또 화해부락(和解部落)이 있고, 다음 동쪽에는 또 오라호부락(烏羅護部落)이 있는데 일명 오라혼(烏羅渾)이라고도 하며 원위(元魏)의 오라(烏羅)는 마개독산(磨蓋獨山) 북쪽 철하(啜河)의 곁에 거주하였다... 또 나예부락(那禮部落)이 있는데 오아호(烏牙護) 대아(大牙)와 거주한다. 또 동북쪽에는 산북실위(山北室韋)가 있고, 또 소여자실위(小如者室韋)가 있고, 북쪽에는 또 소갈실위(蘇葛室韋)가 있고, 동쪽에는 영서실위(嶺西室韋)가 있고, 또 남동쪽으로는 황두실위(黃頭室韋)에 이르는데 이 부락은 병사가 강하고 사람(人戶)도 많으며 동북쪽으로 달구(達垢)와 접한다. 영서실위 북쪽에는 또 눌북지실위(納北之室韋)가 있는데 이 부락은 조금 작다. 오라호(烏羅護)에서 동북쪽으로 2백여 리 나하(那河)의 곁에는 오환(烏桓)의 유민들이 살고 있는데 지금도 스스로 오환국이라 칭한다. 무덕(武德)·정관(貞觀) 연간에 또한 사자를 보내 조공하였다.

그 나라 대산의 북쪽에는 대거실위부락(大車室韋部落)이 있는데 실건하(室建河) 곁에 거주한다. 그 강은 원천이 돌궐 동북쪽 경계 구륜박(俱輪泊)에서 나오며, 굽이져 동쪽으로 흘러 서실위(西室韋) 경계를 지나고, 또 동쪽으로 대실위 경계를 지나며, 또 동쪽으로 몽구실위(蒙九室韋) 북쪽을 지나 낙달실위(落怛室韋) 남쪽을 지나고, 또 동쪽으로 흘러 나하(那河) 및 홀한하(忽汗河)와 합쳐지고, 또 동쪽으로 흘러 남흑수말갈(南黑水靺鞨) 북쪽과 북흑수말갈(北黑水靺鞨) 남쪽을 지나 동쪽으로 바다에 흘러 들어간다. 오환(烏桓) 동남쪽 3백 리에는 또 동실위부락(東室韋部落)이 있는데 굴월하(掘越河) 북쪽에 있다. 그 강은 동남쪽으로 흘러 나하와 합쳐진다(室韋... 大部有九部焉. 所謂嶺西室韋 山室韋 黃頭室韋 大如者室韋 小如者室韋 婆窩室韋 納北室韋 駱駝室韋 並在九柳城郡之東北 近者三千五百里 遠者六千二百里. 今室韋最西與迴紇接界者有烏素布固部落 當俱輪國之西南. 次東有移塞部落 次東又有塞曷支部落 北部落有良馬 人戶亦多 居啜河之南 其河彼俗謂之燕支河. 次東又有和解部落 次東又有烏羅護部落 一名烏羅渾 元魏之烏羅居磨蓋獨山北啜河之側... 又有那禮部落 與烏牙護大牙而居. 又東北有山北室韋 又有小如者室韋 北又有蘇葛室韋 東有嶺西室韋 又東南至黃頭室韋 此部兵强 人戶亦多 東北與達垢接. 嶺西室韋北又有納北之室韋 此部落稍小. 烏羅護東北二百餘里 那河之側有古烏桓之遺人 今亦自稱爲烏桓國. 武德貞觀中 亦遣使朝貢.

其國大山之北又有大車室韋部落 傍室建河居 其源河出突厥東北界俱輪泊 屈曲東流 經西室韋界 又東經大室韋界 又東經蒙九室韋之北 落怛室韋之南 又東流與那河忽汗河合 又東經南黑水靺鞨之北 北黑水靺鞨之南 東流注于海. 烏桓東南三百里 又有東室韋部落 在掘越河之北. 其東

南流 與那河合). (臺灣商務印書館 1983, 827~828쪽).

『구당서(舊唐書)』「오라혼전(烏羅渾傳)」: 오라혼국(烏羅渾國)은 대개 후위[북위]의 오락후(烏洛侯)이다. 지금은 또한 오라호(烏羅護)라고도 부른다. 그 나라는 경사에서 동북 6천3백 리에 있다. 동쪽은 말갈, 서쪽은 돌궐, 남쪽은 거란, 북쪽은 오환과 접한다(烏羅渾國 蓋後魏之烏洛侯也. 今亦謂之烏羅護. 其國在京師東北六千三百里. 東與靺鞨 西與突厥 南與契丹 北與烏丸接). (동북아역사재단 2011b, 693~694쪽, 번역 일부 수정).

『신당서(新唐書)』「회골전(回鶻傳) 하」: (당) 태종(재위 626~649년) 때에 북적이 능히 스스로 통하는 자가 있었는데 그중에는 오라혼(烏羅渾)도 있었다. [오라혼은] 오락후(烏洛侯)라고도 하고 오라호(烏羅護)라고도 한다. 경사에서 동북 6천 리 너머에 있다. 동쪽에는 말갈, 서쪽에는 돌궐, 남쪽에는 거란, 북쪽에는 오환이 있다(太宗時 北狄能自通者 又有烏羅渾 或曰烏洛侯 曰烏羅護. 直京師東北六千里而贏. 東靺鞨 西突厥 南契丹 北烏丸). (동북아역사재단 2011d, 522쪽, 번역 일부 수정).

『신당서(新唐書)』「회골전(回鶻傳) 하」: 백습(白霫)은 선비의 옛땅에 산다. 경사에서 동북 5천 리에 있고, 동라(同羅)·복골(骨接)과 접한다... 오지수(奧支水)와 냉형산(冷陘山)에 의지한다. 남쪽에는 거란, 북쪽에는 오라혼(烏羅渾), 동쪽에는 말갈, 서쪽에는 발야고(拔野古)가 있다(白霫居鮮卑故地 直京師東北五千里. 與同羅僕骨接... 保奧支水冷陘山 南契丹 北烏羅渾 東靺鞨 西拔野古). (동북아역사재단 2011d, 520쪽, 번역 일부 수정).

실위는 『북사』「실위국전」에 "제(齊)[北齊, 550~577년]가 동위(東魏)의 선양을 받은 다음에도 역시 해마다 때때로 조빙을 하였다. 그 후에 5부로 나뉘었다"고 한 것으로 보아 서기 6세기 후반 무렵 5부로 나뉜 것으로 보인다. 그 다음에 남실위는 25개 부락으로 나뉘었고, 북실위에는 9개 부락이 있다고 하였으니 그 부락 수가 최소 34개는 되었을 것이다.

다만 『태평환우기』와 『구당서』에는 실위 부락 명칭이 19개가 확인된다. 『태평환우기』와 『구당서』의 실위 위치와 관련된 내용은 거의 같으나, 『태평환우기』에 다수의 오기가 있는 것으로 생각된다. 중국의 연구자들이 당나라 시기 실위 각 부의 위치 문제를 논할 때 대부분 『구당서』「북적 실위전」을 기본

자료로 사용한 것은 아마도 그런 연유로 인할 것이다.

실위 각 부의 구체적인 위치에 대해서는《중국역사지도집》편집조동북소조(1979), 왕덕후(1989), 손진기·풍영겸(1989) 등의 연구가 주목된다. 실위와 거란과의 경계, 실위와 말갈과의 경계 문제는 실위 각부의 위치와 밀접한 관련이 있기에 먼저 이 세 연구 내용을 살펴보기로 하겠다. 실위 각부의 위치 비정에 강이 기준이 된 것이 대부분이어서 먼저 대흥안령 양쪽 강의 명칭과 위치를 참고할 필요가 있다(도면 77).

『구당서』「실위전」에 따르면 실위 중에서 가장 서쪽에는 구륜박 서남쪽의 오소고부락(烏素固部落)이 있다. 구륜박(俱輪泊)은 오늘날의 호륜호(呼倫湖)로 잘 알려져 있다. 따라서 구륜박 서남쪽 오소고부락은 서남쪽에서 호륜호로 흘러드는 지금의 헤를렌강 하류 지역에 있었던 것으로 여겨지며, 이에 대해서는 이견이 없다(도면 78).

그런데 그 동쪽에는 차례로 이새몰부락(移塞没部落), 새갈지부락(塞曷支部落), 화해부락(和解部落), 오라호부락(烏羅護部落), 나예부락(那禮部落)이 있었다. 이 실위 부락들은 실위의 남쪽 부분에 서쪽에서 동쪽으로 차례로 분포한다. 이와 관련하여《중국역사지도집》편집조동북소조는 새갈지는 대흥안령 서쪽 합납합하(哈拉哈河)의 남쪽에 있다고 보았는데, 그것은 철하(啜河)를 합납합하로 보았기 때문이다. 따라서 오소고와 새갈지 사이의 이새몰은 패이호(貝爾湖)와 오이손하(烏爾遜河) 사이로 추정하였다. 패이호는 오륜호 남쪽에 있는 호수이고 오이손하는 패이호와 오륜호 사이에 있는 강이다. 화해부는 합납합하의 수원지(水源地) 일대에, 오라호는 대흥안령 동쪽 도아하 중류 남북 양안에, 나예는 아로하(雅魯河) 유역에 각각 위치하는 것으로 판단하였다(《中國歷史地圖集》編輯組東北小組 1979, 94쪽). 이 견해는 『중국역사지도집 석문회편·동북권』에 그대로 반영되어 있다(譚其驤 主編 1988, 82쪽)(도면 79).

왕덕후는 새갈지부락은 『구당서』의 "철하의 남쪽에 거주한다(居啜河之南)"는 기록에 근거하여 철하(啜河)가 지금의 곽림하(霍林河)이니 곽림하의 남쪽,

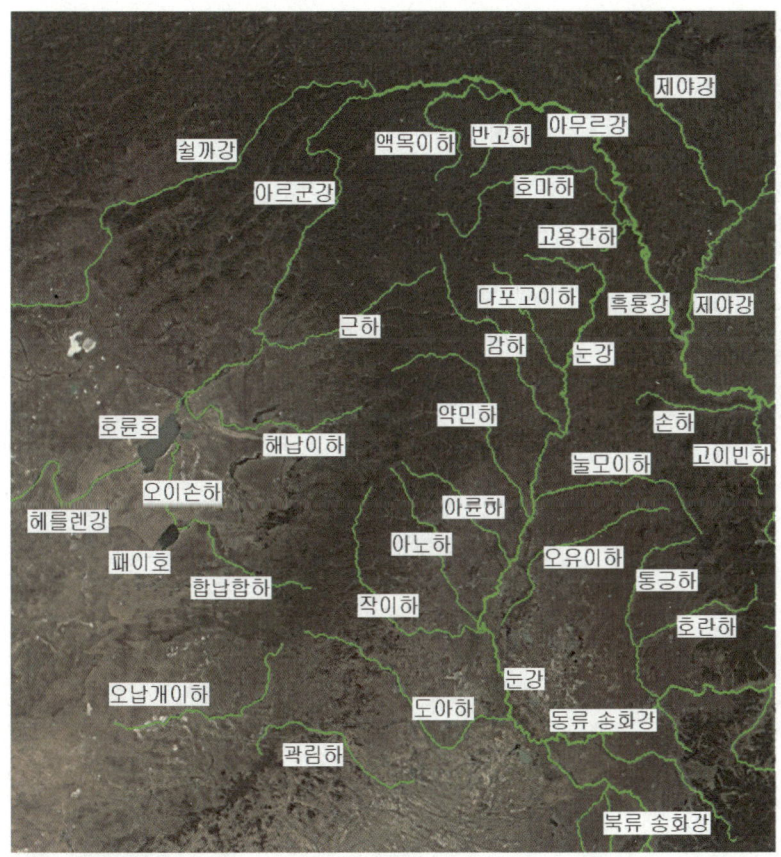

도면 77. 실위 관련 눈강 유역과 아무르강 상류의 지리(구글어스, 필자 작성)

대흥안령의 서쪽, 오납개이하(烏拉盖爾河) 일대에 거주하였을 것으로 판단하였다(도면 78). 오소고부락과 새갈지부락 사이의 이새몰부락은 자연히 합납합하(哈拉哈河)의 서남쪽이 된다고 지적하였다. 오라호부락은 『당회요』 「실위전」의 "마개독산의 북쪽 철하의 곁에 거주한다(居磨盖獨山北 啜河之側)"는 기록에 근거하여 마개독산(磨盖獨山)이 지금의 곽림하 북쪽에 있는 노두산(老頭山)이니 노두산 북쪽에서 동쪽의 오란호특(烏蘭浩特) 일대까지 거주하였을 것으로 추정하였다. 새갈지부락과 오라호부락 사이에 있는 화해부락은 대흥안령 동쪽, 곽림하 북쪽, 노두산 남쪽의 토열모두(吐列毛杜) 일대까지 거주한 것

4. 발해의 서북쪽 경계 251

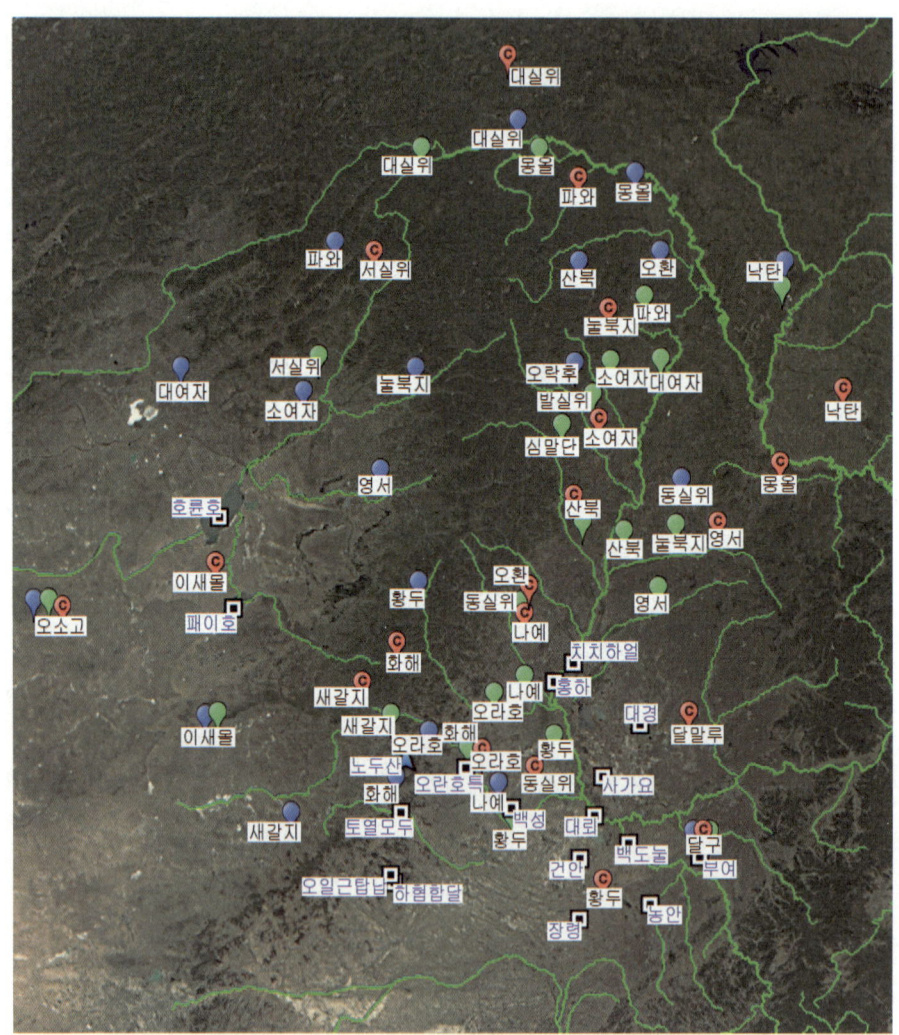

도면 78. 실위 제부의 위치에 대한 의견들(구글어스, 필자 작성): 붉은색 – 《中國歷史地圖集》編輯組東北小組 1979, 파란색 – 王德厚 1989, 녹색 – 孫進己·馮永謙 1989.

으로 보았다. 나예부락은 『태평환우기』 「실위전」(권199)에 "오라호 견아와 더불어 거주한다(與烏羅護犬牙而居)"고 기록되어 있어 서쪽으로는 오라호부락과 일부 잡거하였을 것으로, 동쪽은 지금의 백성시(白城市) 일대까지 거주하였을 것으로 판단하였다(王德厚 1989, 74쪽).

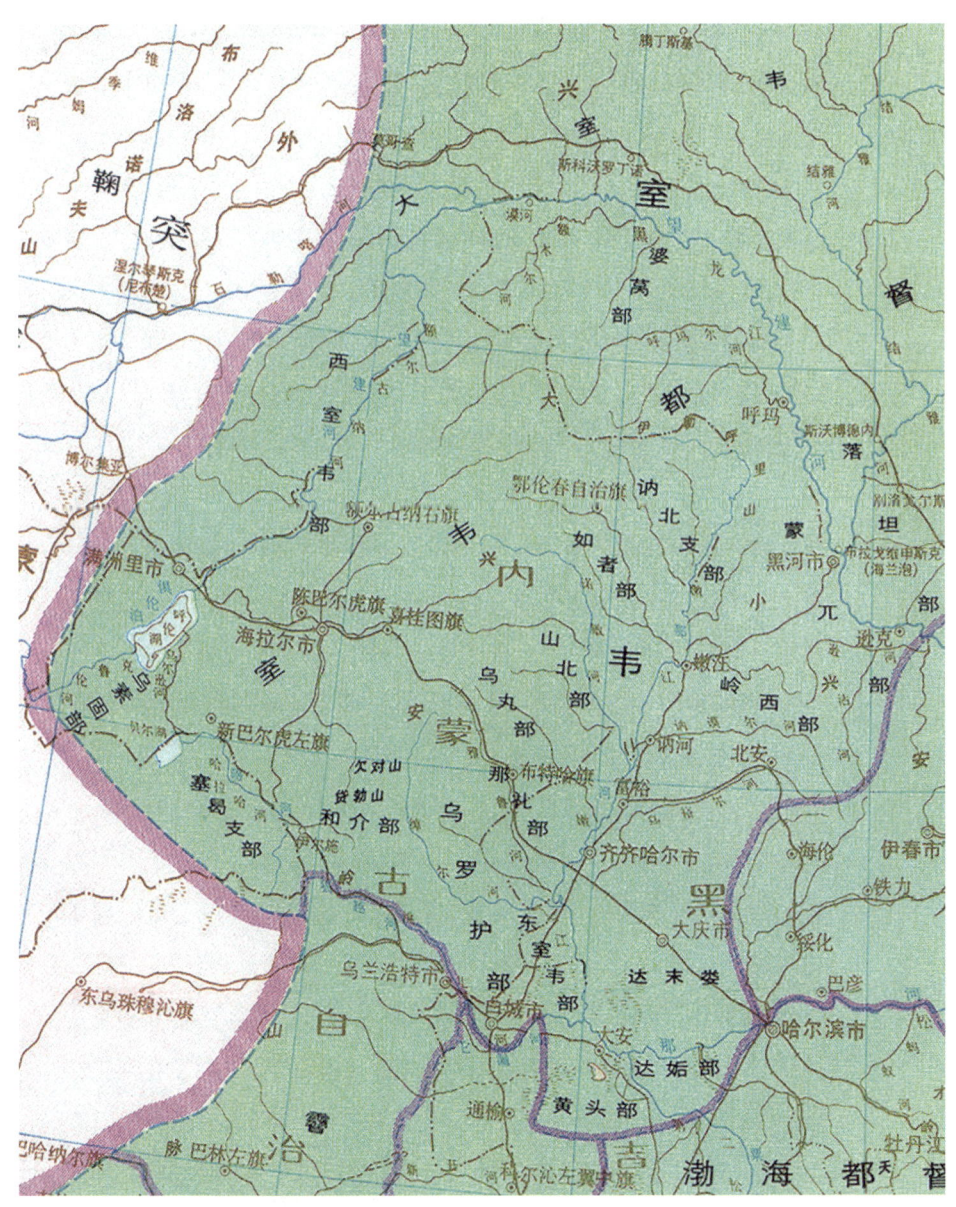

도면 79. 실위 제부의 위치도 세부(譚其驤 主編 1996)

손진기 등은 이새몰은 왕덕후의 의견을 따라 합납합하의 서남쪽으로 판단하였다(도면 78). 철하의 남쪽에 거주한 새갈지는 도아하 상류의 남쪽에 있었다고 보았는데 아마도 도아하를 철하로 파악하였기 때문일 것이다. 새갈지 동쪽 화해부는 도아하 중류 지역으로 판단하였다. 오라호는 백습(白霫)과 오라혼(烏羅渾) 사이의 거리, 북위 오락후(烏洛侯) 위치, 화해부 동쪽이라는 방향 등을 고려하여 작아하(綽兒河), 즉 작이하(綽爾河) 하류 남쪽에 있었을 것으로 보았다. 나예부는 작이하 북쪽에 있었다고 생각하였다(孫進己·馮永謙 1989, 231~233쪽). 참고로 손진기 등은 오라호 위치와 관련해서는 『구당서』「오라혼(烏羅渾)전」과 『신당서』「회골전하」 등의 위 기록을 제시하였다.

상기 3건의 연구에서 오소고부 위치에 대해서는 모두 의견이 일치하고, 나머지 부의 위치에 대해서는 혹은 일치하기도 하고 혹은 차이가 나기도 하지만, 대체로 서쪽의 헤를렌강 하류 지역에서 동쪽의 눈강 서쪽 지역, 남쪽의 곽림하 상류 지역에서 북쪽의 작이하 하류 지역까지이다. 거란과의 경계 문제와 관련하여 주목되는 것은 이 부들이 곽림하 상류의 산악지역 서남쪽과 북쪽 일부와 그 동쪽으로 도아하 중하류를 잇는 선 북쪽에 모두 비정되었다는 사실이다.

다음에는 노월하 북쪽에 있었다는 동실위와 관련된 의견들에 대해 살펴보기로 하겠다. 《중국역사지도집》편집조동북소조는 『구당서』「실위전」의 "오환(烏丸)의 동남쪽 3백 리에는 또 동실위부락(東室韋部落)이 있는데 노월하(㺃越河) 북쪽에 있다. 그 강은 동남쪽으로 흘러 나하와 합쳐진다" 및 "오라호(烏羅護)에서 동북쪽으로 2백여 리 나하(那河) 북쪽에는 오환(烏丸) 유민들이 살고 있다"는 기록을 참고하여 동실위 위치를 추정하였다. 오라호가 대흥안령 동쪽의 도아하 중류 양안에 있었으니, 그 북쪽 2백 리의 오환은 아노하(雅魯河)와 아륜하(阿倫河) 사이 지역에 있었을 것이고, 오환 동남쪽 3백 리 동실위는 도아하(洮兒河) 하류 북안 지역에 해당할 것이라고 보았다(《中國歷史地圖集》編輯組東北小組 1979, 95쪽). 이 의견은 『중국역사지도집』에 그대로 반영되어 있다(도면 79).

동남쪽으로 흘러 나하와 합쳐지는 강은 어떻게 보면 도아하 남쪽 곽림하도 해당할 수 있다. 하지만 눈강 서쪽에서 가장 남쪽의 지류인 곽림하 상류와 중상류는 물길이 분명하지만, 중하류 지역부터는 크고 작은 호수가 수없이 흩어져 있는 저습지여서 강의 물길이 분명하지 못하다. 도아하는 상류에서 하류에 이르기까지 물길이 분명하고 또 상류와 중류가 곽림하에 비해 훨씬 더 동남쪽 방향이다.

왕덕후는 『구당서』「실위전」의 "오환(烏丸)의 동남쪽 3백 리에는 또 동실위부락(東室韋部落)이 있는데 노월하(猫越河) 북쪽에 있다. 그 강은 동남쪽으로 흘러 나하와 합쳐진다(烏丸東南三百里 又有東室韋部落 在猫越河之北. 其河東南流 與那河合)"라는 기록과 『신당서』「실위전」의 "ㄴ월하는 동남쪽으로 또한 나하와 합쳐졌다. 그 북쪽에는 동실위가 있는데 대개 오환의 동남쪽에 비루하게 남아있던 사람들이다(猫越河東南亦與那河合 其北有東室韋 蓋烏丸東南鄙餘人也)"라는 기록에 주목하였다. 그는 노월하가 지금의 도아하라는 의견에 동의하면서도, 동실위는 실위 중에서 가장 동쪽에 있었을 것이고, 실위의 대부분 부락이 눈강 서쪽에 있었기에 동실위는 눈강 동쪽으로 비정하는 것이 합리적일 것이라고 하였다. 그 구체적인 위치는 눈강 동쪽으로 고용간하(古龍干河) 하류의 남쪽에서 남쪽으로 오유이하(烏裕爾河) 유역까지일 것으로 보았다(王德厚 1989, 75~76쪽).

손진기 등은 노월하(猫越河)가 지금의 아노하(雅魯河)이기에 동실위는 아노하의 북쪽에 있었다고 생각하였다(孫進己·馮永謙 1989, 235~236쪽).

따라서 동실위 위치에 대해 《중국역사지도집》편집조동북소조는 도아하의 북쪽, 손진기 등은 아노하 북쪽, 왕덕후는 눈강 동쪽 고용간하 하류 남쪽부터 남쪽으로 오유이하 사이 지역을 지목하였음을 알 수 있다(도면 78). 왕덕후가 동실위가 위치하였다고 주장한 곳을 《중국역사지도집》편집조동북소조는 영서실위가 있었다고, 손진기 등은 영서실위와 눌북지실위가 있었다고 주장한 곳이다.

필자가 볼 때 동실위는 노월하 북쪽에 있었다는 기록에 주목해야만 하고, 또 노월하는 거란과의 경계를 이루는 강이니 실위 영역 중에서는 가장 남쪽에 있었다고 보는 것이 합리적일 것이다. 조정걸 이후 다수 연구자가 노월하 혹은 굴월하는 도아하로 보고 있기 때문에 북쪽의 아노하보다는 남쪽의 도아하로 보는 것이 사실에 더 근접할 것으로 생각된다. 곽림하는 상기한 바와 같이 중하류부터 물길이 분명하지 못하여 사료에 기재된 노월하로는 보기 힘들 것이다. 왕덕후 역시 노월하가 도아하라는 설에 따르고, 또 동실위가 그 북쪽에 있었다는 사서 기록을 인용하면서, 동실위가 실위 부락들 중 가장 동쪽에 있었을 것이니 눈강 서쪽 도아하 북쪽이 아니라 동북쪽으로 한참 떨어진 눈강 동쪽 지역에 있었다고 주장하였는데, 필자는 그 논리를 이해할 수 없다.

　따라서 거란과 실위의 경계는 곽림하 상류와 도아하 하류를 잇는 선으로 보는 것이 타당하다고 생각된다. 고고학 유적 분포도 이를 뒷받침한다. 오늘날 '거란조기문화(契丹早期文化)'라고 불리는 요 건국 이전의 거란 유적은 수가 매우 제한적이긴 하나 거란과 실위의 경계 파악에 어느 정도 도움을 줄 수 있다고 생각된다. 내몽골 찰로특기(扎魯特旗)의 오일근탑납(烏日根塔拉) 고분(토광수혈묘)과 하협합달(荷叶哈達) 고분(석관묘)은 지금까지 확인된 거란조기문화 유적 중에서는 가장 북쪽에 있으며 서로 가까이 위치한다(哲里木盟博物馆, 1984; 張柏忠 1984; 林立新 2021). 이 두 유적은 도아하보다 더 남쪽에 있는 곽림하(霍林河) 남쪽 약 60㎞ 거리에 위치한다(도면 78).

　그런데 황두실위(黃頭室韋)를 도아하보다 더 남쪽에 있었다고 보는 의견이 있고, 또 달구(達姤)를 송화강-눈강 합류지에서 동남쪽으로 비정하는 의견이 있어 이에 대한 검토도 필요하다.

　《중국역사지도집》편집조동북소조는 황두실위가 『신당서』「유귀전」의 "달구... 서쪽으로 황두실위와 접한다(達姤... 西接黃頭室韋)"라는 기록에 주목하여 달구가 송화강-눈강 합류 지점 동남쪽의 지금의 길림성 부여현(扶餘縣) 지구에 위치하였으니 그 서쪽의 황두실위는 농안(農安) - 건안(乾安) - 장령(長

嶺) 일대에 있었다고 생각하였다. 다만 『구당서』 「실위전」에 "영서실위가 있고, 또 남동쪽에는 황두실위가 있는데... 동북쪽으로 달구(達姤)와 접한다(嶺西室韋 又東南至黃頭室韋... 東北與達姤接)"라고 하였음을 지적하면서 원래는 영서실위 동남쪽에 있다가 나중에 지금의 도아하 남쪽으로 이동한 것으로 추정하였다. 다만 그 이동 과정에 대해서는 알 수 없다고 하였다(《中國歷史地圖集》編輯組東北小組 1979, 92쪽, 95쪽). 이 의견은 『중국역사지도집』에 그대로 반영되어 있다(도면 79).

황두실위를 지금의 길림성 농안(農安) - 건안(乾安) - 장령(長嶺) 일대로, 달구를 지금의 부여현(扶餘縣) 일대로 보는 의견은 『신당서』 「유귀전」의 다음 기록에 근거한다.

『신당서(新唐書)』 「유귀전(流鬼傳)」: 개원 11년(723)에 또한 달말루(達末累)와 달구(達姤) 2부 수령이 있어 조공하였다. 달말루는 스스로 말하기를 북부여의 후예인데 고[구]려가 그 나라를 멸한 다음에 사람을 보내 나하(那河)를 건너 살게 하였다고 한다. 혹 타루하(他漏河)라고도 하는데 동북으로 흘러 흑수(黑水)로 들어간다. 달구는 실위 종족이다. 나하의 북쪽(陰) 동말하(凍末河) 동쪽에 있고 서쪽으로 황두실위(黃頭室韋)와 접하며 동북쪽으로 달말루와 이웃한다고 한다(開元十一年 又有達末累達姤二部首領朝貢 達末累自言北扶餘之裔 高麗滅其國 遣人度那河 因居之 或曰他漏河 東北流入黑水. 達姤 室韋種也 在那河陰 凍末河之東 西接黃頭室韋 東北踞達末累云). (동북아역사재단 2011d, 687쪽, 번역 일부 수정).

동말하(凍末河)를 속말수로 보는 관점에서 먼저 달구를 북류 송화강 동쪽 지금의 부여현 일대로 보고, 그 서쪽에 황두실위가 있다고 하였으니 농안(農安) - 건안(乾安) - 장령(長嶺) 일대가 된 것이다(도면 78).

『신당서』 「유귀전」의 기록만 놓고 본다면 이 의견은 일견 타당해 보이기도 한다. 하지만 이 기록은 《중국역사지도집》 편집조동북소조가 스스로 지적하였듯이 『구당서』 「실위전」에 "영서실위가 있고, 또 남동쪽에는 황두실위가 있는데... 동북쪽으로 달구와 접한다(嶺西室韋 又東南至黃頭室韋... 東北與達姤接)"라는 기록과는 부합하지 못한다. 또한 속말수에 거주한 속말부 북쪽에 백돌부가 있었고, 그 백돌부를 지금의 백도눌 일대로 파악한 의견과도 배치된다 (도면 80).《중국역사지도집》편집조동북소조도 백돌부를 북류 송화강 하단 양안이라고 하였는데 백도눌 일대가 해당된다(《中國歷史地圖集》編輯組東北小組 1979, 59~60쪽). 부여현 일대는 송화강-눈강 합류지에서 남동쪽으로 약 115㎞ 떨어져 있고, 백도눌은 이 합류 지점에서 남쪽 약 30㎞ 떨어져 있어 달구가 말갈 영역 내에 있었던 것으로 된다. 그렇다면 "달구는 실위의 한 종이다(達姤 室韋種也)"는 "달구는 말갈의 한 종이다(達姤 靺鞨種也)"의 오기로 보아야 할 것이다. 위치 설명을 통해 본다면 달구는 백돌부에 속하였을 수도 있다.

그런데 사실 달구가 실위의 하나인지도 의문이다.『신당서』「유귀전」에서는 "달구는 실위의 한 종이다(達姤 室韋種也)"라고 했지만, 상기한『구당서』「실위전」등에 "또 동북쪽에는 산북실위(山北室韋)가 있고, 또 북쪽에는 소여자실위(小如者室韋)가 있고, 또 북쪽에는 파와실위(婆萵室韋)가 있고, 동쪽에는 또 영서실위(嶺西室韋)가 있고, 또 남동쪽에는 황두실위(黃頭室韋)가 있는데 이 부락은 병사가 강하고 사람(人戶)도 많으며 동북쪽으로 달구(達姤)와 접

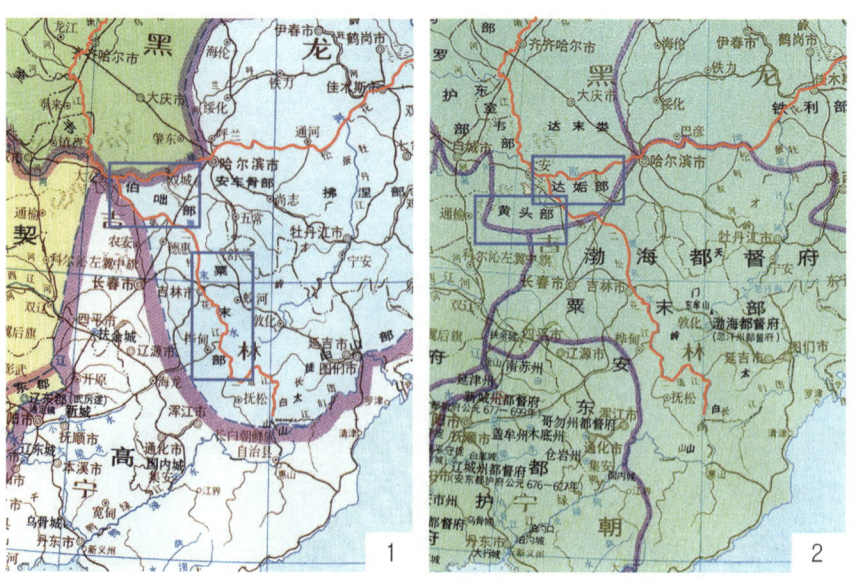

도면 80. 말갈 속말부와 백돌부(1) 및 달구부와 실위 황두부(2)의 위치 세부 (譚其驤 主編 1996, 필자 재편집)

한다, 영서실위 북쪽에는 또 눌북지실위(納北支室韋)가 있는데 이 부락은 조금 작다(又東北有山北室韋 又北有小如者室韋 又北有婆萵室韋 東又有嶺西室韋 又東南至黃頭室韋 此部落兵强 人戶亦多 東北與達姤接. 嶺西室韋北又有納北支室韋 此部落較小)"라고 하여 달구 앞뒤의 실위 각 부락은 무슨 무슨 실위라고 하였으면서 달구만큼은 뒤에 실위 글자를 붙이지 않았다.

왕덕후는 달구(達姤)는 『신당서』「유귀전」의 기록에 근거하여 지금의 부여(扶餘) 일대에 있었다고 하면서, 황두실위는 영서실위 동남쪽에 있다고 생각하여 대흥안령 동록의 작이하(綽爾河) 유역에 있었다고 보았다(도면 78). 그는 『구당서』「실위전」의 "황두실위... 동북쪽으로 달구(達姤)와 접한다(黃頭室韋... 東北與達姤接)"라는 기록에서 동북(東北)은 동남(東南)의 오기라고 생각하였다(王德厚 1989, 75쪽).

손진기 등도 『신당서』「유귀전」의 기록에 따라 달구(達姤)가 지금의 부여현(扶餘縣)에 있었다고 보았으나, 황두실위의 위치는 부여현 서쪽은 건안현(乾安縣)이지만, 『구당서』「실위전」에 "또 동남쪽으로 황두실위에 이른다(又東南至黃頭室韋)"라고 한 것이 도아하 중류의 화해부 동남일 수도 있고, 혹은 작아하(綽兒河) 남쪽의 오라호부 동남쪽일 수도 있다고 하였다(孫進己·馮永謙 1989, 233쪽)(도면 78).

필자는 황두실위의 위치는 상기 여러 사서의 「실위전」의 "영서실위... 또 동남쪽으로 황두실위에 이른다(嶺西室韋 又東南至黃頭室韋)"라는 기록에 근거하여 영서실위 동남쪽에서 찾은 것이 타당하다고 생각한다. 《중국역사지도집》편집조동북소조와 손진기 등은 영서실위를 눈강 동쪽 소흥안령 서쪽에 비정하였기 때문에 그 동남쪽은 통긍하와 호란하 유역으로서 달말루 영역이어서 황두실위를 영서실위 동남쪽이 아닌 곳에서 찾으려 했다고 생각된다.

따라서 도아하 중하류 지역 이남 지역에는 실위가 있었다고 볼 수 없다. 이 사실은 『구당서』「실위전」의 "실위는... 노월하(猺越河)의 북쪽에 거주한다"는 기록에 의해 바로 뒷받침된다.

일찍이 니즈마 토시히사(新妻利久)는 발해 부여부의 선주(仙州) 치소가 도아하 하구에서 남동쪽으로 약 28㎞ 떨어진 눈강 하류 우안의 대뢰(大賚)에 있었을 것으로 보았고, 또 이곳의 발해 경계가 서요하 지류인 신개하 하류 지역을 포함하고 북쪽으로는 도아하 하류 지역까지 포함하는 것으로 인식한 적이 있다(新妻利久 1969, 94~95쪽)(도면 12). 하지만 추정 살갈산과 상수 북타자 유적의 분포를 보면 서요하와 동요하 분기점 일대에서 도아하 하구를 잇는 선이 이곳에서 발해와 거란의 경계가 이루어졌다고 판단하는 것이 옳을 것이다.

따라서 거란과 실위의 경계는 곽림하 상류 - 도아하 하류를 잇는 선이 분명하고, 그렇다면 거란과 발해의 경계는 북쪽으로 최소 눈강 하류의 서쪽 지류인 도아하 하구까지는 이어졌다고 말할 수 있다. 그런데 거란과 발해의 경계가 이곳까지 이어졌다고 하여 발해 경계가 북쪽으로 여기까지라는 것은 아니다.

이 사실은 달말루(達末累) 관련 기록을 통해 추정할 수 있다. 상기한『신당서』「유귀전」에 "달말루는 스스로 말하기를 북부여의 후예인데 고[구]려가 그 나라를 멸한 다음에 사람을 보내 나하(那河)를 건너 살게 하였다고 한다(達末累 自言北扶餘之裔 高麗滅其國 遣人渡那河 因居之)"라고 하였다. 달말루의 이전 명칭은 두막루이다.『북사』「두막루전」에도 "물길 북쪽 천 리에 옛 북부여가 있었다(在勿吉北千里 舊北扶餘也)"라고 하였고,『위서』「두막루전」에는 "동이의 영역 가운데 가장 평평하다(于東夷之域最爲平敞)"라고 하였다. 따라서 달말루는 동이족에 속한 부여 후예의 나라였음이 분명하다.

《중국역사지도집》편집조동북소조는 달말루를 '실위도독부'에 포함하여 소개하였다. 달말루는 북위의 두막루였다고 하였고, 두막루도 '실위'에 포함하였다. 그 위치는 나하를 지금의 눈강과 동류 송화강으로 보면서 두막루는 "눈강 중하류 유역부터 호란하 유역의 송화강 평원", 달말루는 "눈강 중하류 지역에서 호란하 유역 아래까지의 송눈평원"이라고 하였다(《中國歷史地圖集》編輯組東北小組 1979, 64쪽, 95쪽). 이를 달리 말하면 눈강 동쪽 지류인 오유이하부터 남쪽으로 호란하 유역까지의 송눈평원을 달말루 영역으로 판단한 것이다. 『중국역사지도집』에는 《중국역사지도집》 편집조동북소조의 의견이 그대로 반영되어 달말루가 북쪽 오유이하와 남쪽 동류 송화강 상류 및 서쪽 눈강 하류 사이에 표시되어 있다(도면 79; 80).

필자가 볼 때 달말루가 실위라는 기록은 그 어디에도 없다. 상기한 구당서 등의 「실위전」 어디에도 달말루를 실위에 포함하여 언급한 곳이 없고, 또 『신당서』「유귀전」, 『북사』「두막루전」, 『위서』「두막루전」에 모두 스스로 부여의 후예였음을 강조하였다.

다만 필자는 부여가 494년 무렵 나라가 멸망한 다음에는 부여의 옛땅 중 고구려에 편입되지 않은 나머지 지역은 말갈로 통칭하였을 수도 있다고 생각한다. 이 시실은 상기한 『구당서』「오리혼전」과 『신당시』「회골진하」에 실위의 한 부락인 오라호(烏羅護) 혹은 오라혼(烏羅渾) 동쪽에 말갈이 있었다는 기록을 통해서 추정해 볼 수 있다. 오라호 동쪽이라면 바로 눈강 건너 동쪽 송눈평원을 말하기 때문이다.

송눈평원의 호란하 유역과 눈강 중하류 치치하얼 남쪽 가까이에서 발견된 말갈계통 유적을 통해 본다면 달말루가 말갈화(靺鞨化)하였거나 혹은 말갈계 주민들과 이웃하여 함께 거주하였을 것이다. 이와 관련하여 치치하얼 서남쪽 가까이 눈강 서쪽 강변에서 발견된 홍하(洪河) 유적이 특히 주목된다(도면 81).

홍하유적에서는 전형적인 말갈 협타 토기가 출토되었는데(도면 82), 보고자인 고여정(高鈽婧)은 이 유적을 5세기 후반~6세기로 편년하였다. 고여정은 풍은학의 부여 약수 오유이하(烏裕爾河)설에 동의하면서 홍하유적이 부여 북계의 강역 범위 내에 있다고 하였다. 바로 물길이 부여를 쫓아내고 이곳을 차지한 다음에 남긴 유적이라는 것이다(高鈽婧 2024, 83~84쪽). 오유이하는 손진기 등이 영서실위가 있었던 곳이라고 주장한 곳이기도 하다. 하지만 중국 연구자 그 누구도 오유이하 이남 지역에는 그 어떤 실위도 있었다고 주장하지 않았다.

역사적 연원이 어떠하던 치치하얼 부근 눈강 유역에서 말갈 유적이 확인되었다는 사실은 발해 강역 문제와 관련하여 중요한 의미를 가진다고 생각된다.

도면 81. 홍하유적 위치(필자 작성)

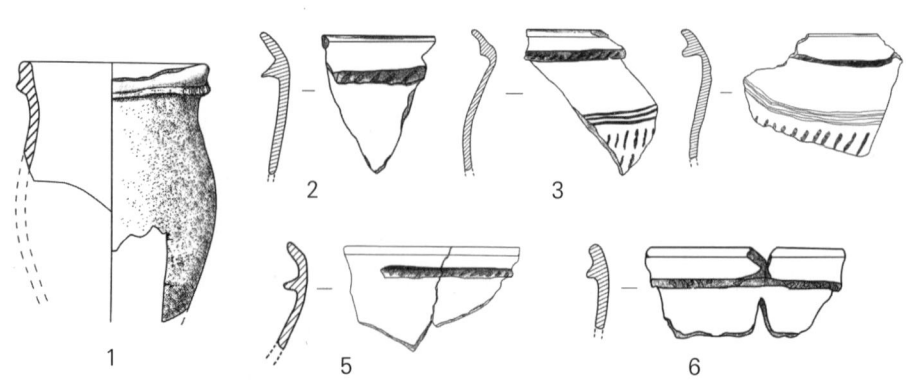

도면 82. 홍하유적 출토 말갈 협타 심발형 토기(高铷婧 2024)

262　Ⅲ. 발해의 강역

그것은 눈강 중하류 동쪽 평원지역까지도 말갈 문화권에 포함된 적이 있음을 말해주기 때문이다. 이곳은 또한 상기한 바와 같이 달말루가 거주하였던 곳으로 여겨지고 있다. 만약에 이 일대에서 실위 유적이 다수 발견되었다면 다르게 말할 수 있을 것이다. 하지만 아직 눈강 양안 지역, 특히 눈강 동쪽에서 실위 유적이 발견되었다는 보고가 확인된 것이 없다.

그런데 대경(大慶) 사가요(沙家窑) 고분에서 실위, 거란, 흑수말갈의 요소가 함께 발견되었다는 지적이 있다(高鉏婧 2024, 83~84쪽). 흑룡강성 대경지구(大慶地區) 사가요촌(沙家窑村)에서 조사된 이 고분은 평면 장방형의 토광묘이며, 남녀 2인을 앙신직지로 합장하였고, 장구가 발견되지 않았다. 남성의 머리 부분에 관(罐)과 호(壺) 각 1점, 오른쪽 가슴 부위에서 철제 칼과 청동 방울 각 1점, 그 외 무덤 내에서 마노와 터키옥 구슬이 출토되었다. 발굴자는 이 고분을 요대(遼代)로 보고하였다(雲瑤·日平 1991). 다만 사가요 고분에서 어떤 것이 실위의 요소인지 분명하지 않다. 혹시 이후에 제시된 "이 고분의 장제(葬制)와 장속(葬俗)은 당대에 속하는 실위 서오주이(西烏珠爾) 고분 및 철리목맹(哲里木盟) 조기 거란 고분과는 구별된다(該墓葬的葬制和葬俗与属于唐代室韦西乌珠尔墓葬和哲里木盟的早期契丹墓葬均有区别)"라고 하면서, 토광수혈, 무(無) 장구, 앙신직지, 토기 관(罐)의 경부에 있는 물결무늬는 흑수말갈의 요소, 토기 형태와 비치(篦齒) 문양은 조기 거란의 요소라는 의견(張偉田禾 2012, 36쪽)에서 앞부분을 잘못 이해한 것인지도 모르겠다.

이와 관련하여 최근에 풍은학(馮恩學)이 부여 북쪽에 있었다는 약수(弱水)를 눈강의 동쪽 지류인 오유이하(烏裕爾河)라고 한 의견이 주목된다. 부여의 약수와 관련된 사서 내용은 다음과 같다.

『삼국지(三國志)』 「동이전(東夷傳) 부여(夫餘)」(권30 위서30 오환선비동이전 제30) : 부여는 장성 북쪽에 있으며, 현토에서 천 리 떨어져 있다. 남쪽은 고구려, 동쪽은 읍루, 서쪽은 선비와 접하고, 북쪽에는 약수(弱水)가 있다. (땅이) 사방 2천 리 정도 된다(夫餘在長城之北 去玄菟千里 南與高句麗, 東與挹婁 西與鮮卑接 北有弱水 方可二千里). (국사편찬위원회 1990a, 177~178쪽, 213쪽, 번역 일부 수정).

『후한서(後漢書)』「동이열전(東夷列傳) 부여국(夫餘國)」(권85 동이열전 제75) : 부여국은 현토 북쪽 천 리에 있으며, 남쪽은 고구려, 동쪽은 읍루, 서쪽은 선비와 접하고, 북쪽에는 약수(弱水)가 있다. 땅은 사방 2천 리이며, 본래 예의 땅이다(夫餘國 在玄菟北千里 南與高句麗, 東與挹婁 西與鮮卑接 北有弱水 地方二千里 本濊地也). (국사편찬위원회 1990a, 99쪽, 126쪽).

풍은학은 먼저 지금까지 부여 북쪽에 있었다는 약수에 대해 흑룡강설, 동류 송화강설, 눈강-동류 송화강-흑룡강 하류설, 제2 (북류) 송화강 서류단설 등이 있음을 소개하였다. 다음에는 『상서(尙書)』「우공(禹貢)」에 약수(弱水)가 서쪽으로 흐르는 내륙의 하(河)이고, 강이 크지 않고, 점차 약해지며, 최후에는 소실되는 특징을 가진다는 임운(林澐)의 지적에 동의하면서, 오직 오유이하만이 이 특징에 부합한다고 하였다. 그는 또한 두막루(달말루)가 대체로 오유이하 서단에서 눈강 대전만(大轉彎) 사이에 있었다고 하였다(馮恩學 2015, 155쪽, 157쪽). 오유이하는 소흥안령 서쪽에서 발원하여 동남쪽으로 흐르며 치치하얼 동쪽에서부터 크고 작은 호수들로 나뉘어 눈강과 합류하지 못하고 소멸하는 강이다.

따라서 필자는 바로 달말루가 거주한 "눈강 중하류 지역에서 호란하 유역 아래까지의 송눈평원"도 발해 영역에 포함되었다고 생각한다. 즉, 이곳에서 발해의 서쪽 경계는 눈강 하류와 오유이하를 따라 형성되어 있었을 것이다.

2) 실위와 흑수말갈의 경계

다음에는 발해의 서북쪽 경계와 관련된 문제를 살펴보기로 하겠다. 실위의 동북쪽은 흑수말갈과 경계하였다. 이와 관련하여 실위 제부의 위치에 대한 몇몇 의견을 먼저 소개하도록 한다.

『구당서』「실위전」에 나예부락 다음에는 "또 동북쪽에는 산북실위(山北室韋)가 있고, 또 북쪽에는 소여자실위(小如者室韋)가 있고, 또 북쪽에는 파와실위(婆萵室韋)가 있고, 동쪽에는 또 영서실위(嶺西室韋)가 있고"라고 하였다.

《중국역사지도집》 편집조동북소조는 산북실위는 산령(山嶺)의 북쪽에 있기에 얻은 명칭이라고 하면서, 지리 환경으로 볼 때 그 산은 눈강 상류 서쪽의 살기산(薩起山)일 것이라고, 따라서 산북실위는 살기산 북쪽의 약민하(渃敏河) 유역에 있었을 것으로 보았다(도면 78). 소여자실위는 산북실위의 북쪽이니 그 북쪽의 감하(甘河) 유역에 있었다고 판단하였다. 파와실위와 관련해서는 청나라 광서(光緖) 18년(1892)에 완성된 도기(屠寄)의 『몽올아사기(夢兀兒史記)』 권1의 "이륵호리산의 북쪽(陰)에 빈과하(蘋果河)가 있는데 반가하(潘家河)라고도 하며 북쪽으로 흘러 흑룡강으로 들어간다. 빈과하는 즉 지금의 반고하(盤古河)이다. 빈과는 즉 파와의 이문(異文)이다. 옛 파와실위 소속의 강이다(伊勒呼里山之陰有蘋果河 一作潘家河 北流入黑龍江. 蘋果即今盤古河. 蘋果即婆萵之異文. 古婆萵室韋所屬之水)"라는 기록에 근거하여 반고하 유역으로 판단하였다. 영서실위는 파와실위의 동쪽이 아니라 나예부락 동쪽이라고 생각하였고, 영(嶺)의 서쪽에 있었기에 얻은 명칭이라고 생각하였다. 눈강 상류 동부의 산령은 소흥안령 북단과 이륵호리산 남단임을 지적하면서 소흥안령 북단의 서쪽 지금의 눌모이하(訥謨爾河) 유역에 있었다고 하였다. 영서실위의 북쪽에 있었다는 눌북지실위는 이륵호리산 남단 서쪽의 눈강 수원지로 보았다(《中國歷史地圖集》編輯組東北小組 1979, 91~93쪽)(도면 79).

한편 왕덕후는 산북실위를 나예 혹은 오라호 부락의 동북쪽으로 보면서 작이하(綽爾河) 유역 혹은 살기산 북쪽의 약민하 유역으로 보는 의견이 있음을 지적하면서, 산북실위의 위치는 오륜호를 기준으로 그 동북쪽에서 찾아야만 한다고 하였다(도면 78). 호륜호 동북쪽에는 큰 산이 많지만, 대흥안령과 이륵호리산이 타당하고, 따라서 산북실위는 대흥안령 동북 이륵호리산의 북쪽 호마하(呼瑪河) 상류 이남 지역에 있었을 것으로 판단하였다. "또 북쪽에는 소여자실위(小如者室韋)가 있고"의 소여자실위도 구륜박, 즉 호륜호의 북쪽으로 보고 액이고눌하(額爾古訥河), 즉 아르군강 상류 이남 지역에 위치하였을 것으로 보았다. 대여자실위와 소여자실위와 가까이 호륜호와 아르군강 서쪽의 오논강 동쪽에 위치하였을 것으로 보았다. 파와실위는 소여자실위의 북쪽 러시아 쉴카강(река Шилка) 동쪽의 가지무르 산맥(Газимурский хребет) 일대에 위치하였다고 보았다. 영서실위는 영(嶺)의 서쪽에 있어 붙여진 명칭인데, 오 륜호 동쪽에 대흥안령의 서쪽에 있었다고 보고 그 구체적인 위치는 해납이하 (海拉爾河) 유역일 것이라고 하였다(王德厚 1989, 74~75쪽).

손진기 등은 북실위인 산북실위가 나예부락 동북쪽에 있었다고, 그 구체적 인 위치는 눌하(訥河)-눈강 일대라고 하였다(도면 78). 또한 산북은 살기산 북 쪽을 말하는 것이고 북위 때에 그곳에 북실위가 있었다고 하였다. 소여자실 위는 산북실위 북쪽 눈강의 발원지 중 하나인 다포고이하(多布庫爾河) 유역에 있었다고 생각하였다. 파와실위는 소여자실위 북쪽 남옹하(南甕河) 유역으로 판단하였다. 대여자실위는 소여자실위 동쪽에 있었다고 보았다. 영서실위는 나예부 동쪽에 있었던 것으로 보고 나예부가 작아하 북쪽에 있었으니 그 동쪽 영서실위는 소흥안령 서쪽 오유이하(烏裕爾河) 유역에 있었을 것이라고 하였 다(孫進己·馮永謙 1989, 234~235쪽).

따라서 《중국역사지도집》편집조동북소조와 손진기 등은 영서실위를 나예 부 동쪽에 있었다고 생각하면서 눈강 동쪽 소흥안령의 서쪽인 눌모이하(訥謨 爾河) 혹은 오유이하(烏裕爾河) 유역으로 비정하였고, 이에 반해 왕덕후는 영 서실위가 구륜박, 즉 오륜호 동쪽에 있었다고 보고 오륜호 동쪽 대흥안령의 서쪽 해납이하(海拉爾河) 유역에 있었다고 생각하였다(도면 78). 눈강과 소흥 안령 사이에서는 말갈 유적이 소흥안령 서쪽의 호란하 유역과 눈강 중하류 치 치하얼 남쪽에서 발견된 것이 있다. 치치하얼 남쪽 눈강 서안의 말갈 홍하유 적은 오유이하 하류와 가깝다. 하지만 이 홍하유적 - 호란하를 잇는 선 이북 지역의 눈강 - 소흥안령 사이 지역에서는 아직 실위는 물론이고 말갈 유적도 보고된 것이 없다. 따라서 고고학 유적을 통해서는 그곳이 실위에 속하였는지 혹은 말갈에 속하였는지 판단하기 힘들다.

다음에는 북쪽으로 주의를 돌려 보겠다. 상기한 바와 같이, 『구당서』「실위 전」에는 "그 북쪽 대산의 북쪽에는 대실위부락(大室韋部落)이 있는데 그 부락 은 망건하(望建河) 곁에 거주한다. 그 강은 원천이 돌궐 동북쪽 경계 구륜박

(俱輪泊)에서 나오며, 굽이져 동쪽으로 흘러 서실위(西室韋) 경계를 지나고, 또 동쪽으로 대실위 경계를 지나며, 또 동쪽으로 몽올실위(蒙兀室韋) 북쪽을 지나 낙조실위(落俎室韋) 남쪽을 지나고, 또 동쪽으로 흘러 나하(那河) 및 홀한하(忽汗河)와 합쳐지고, 또 동쪽으로 흘러 남흑수말갈(南黑水靺鞨) 북쪽과 북흑수말갈(北黑水靺鞨) 남쪽을 지나 동쪽으로 바다에 흘러 들어간다"라고 하였다.

《중국역사지도집》편집조동북소조는 서실위와 관련하여 망건하가 구륜박에서 나와 굴곡하여 동쪽으로 흘러 서실위 경계를 지난다고 하였으니 서실위는 망건하의 시작 부분인 지금의 아르군강 유역에 있었을 것이라고 하였다(도면 78; 79). 대실위는 흑룡강과 아르군강 합류 지점 이하 외흥안령(外興安嶺) 이남 지역에 있었다고 보았다. 몽올실위는 흑룡강 남쪽 지류인 손하(遜河) 유역에 위치한 것으로 보았다. 낙조실위(落俎室韋)는 『신당서』에 낙탄부(落坦部)라고 하였으니, 조(俎)는 탄(坦)의 오기로서 낙탄실위가 맞다고 하였다. 또한 낙탄(落坦, luo/la/laotan)은 낙타(駱駝, luotuo), 낙단(駱丹, luodan)의 동음이사(同音異寫)로서 모두 같은 부락을 가리킨다고 판단하였다. 낙탄부는 러시아 지역의 제야강 하류 양안 및 흑룡강-제야강 합류 지점 이동 지역에 있었다고 보았다. 따라서 낙탄부는 남쪽으로 소흥안령 서쪽 눈강 상류 및 그 지류의 북실위 기타 분포구와 서로 이웃한다고 보았다(《中國歷史地圖集》編輯組東北小組 1979, 92쪽).

외흥안령은 흑룡강 북쪽의 스타노보이 산맥(Становой хребет)을 말한다. 다시 말해서 대실위의 영역을 흑룡강-아르군강 합류 지점부터 하류 방향으로 흑룡강에서 북쪽 스타노보이 산맥까지로 본 것이다. 손하는 흑하시 및 그 남쪽 애혼(아이훈) 서남쪽 대흥안령에서 발원하여 동쪽으로 흑룡강과 합류하는데 그 하구가 동쪽의 부레야강 하구와 약 40㎞ 떨어져 있다.

왕덕후는 서실위는 구체적인 부락의 명칭이 아니라 영서실위, 소여자실위, 파와실위 등 대흥안령 서쪽 여러 부락에 대한 통칭이라고 보고, 이 경우 동실위, 남실위, 북실위라는 명칭들과 상응한다고 하였다. 그는 『구당서』「실위전」의 "그 북쪽 대산 북쪽에는 대실위부락(大室韋部落)이 있는데 그 부락은 망건하(望建河) 곁에 거주한다"라는 기록과 관련하여 "그 북쪽의 대산(大山)"을 오라혼 북쪽의 이륵호리산과 그 서쪽의 대흥안령으로 보았다. 다만 대실위는 이륵호리산의 북쪽에 산북실위가 있었기에 산북실위 서쪽으로 대흥안령의 북쪽에 있었던 것으로, 망건하가 지금의 아르군강과 흑룡강을 말하기에 대흥안령의 북단 이북의 흑룡강 양안 지역에 있었던 것으로 생각하였다. 몽올실위는 흑룡강 남쪽 호마하(呼瑪河) 이북에서 서쪽으로 반고하(盤古河) 유역까지의 지역에 거주한 것으로 보았다. 낙조실위(落俎室韋)는 낙탄실위(落坦室韋)의 오기로 보면서 낙단(駱丹), 낙타실위(駱駝室韋)와 동음이사임을 지적하였다. 낙탄실위는 흑룡강 북쪽의 제야강 유역에 있었고, 그 북쪽으로는 오호츠크해에 이르렀을 것이라고 하였다(王德厚 1989, 76쪽).

호마하(呼瑪河)는 대흥안령의 북쪽 부분에서 발원하여 동쪽으로 흐르다가 다시 남쪽으로 흘러 고용간하(古龍干河)와 합류하는 강이다. 두 강 합류 지점 바로 가까이 흑룡강이 있다. 고용간하 하구는 제야강 하구에서 북쪽으로 약 165㎞ 떨어져 있다. 반고하(盤古河)는 호마하의 북쪽에 있다.

손진기 등은 대산은 대흥안령의 북록, 구륜박은 오륜호, 망건하 혹은 실건하는 아르군강으로 파악하면서 서실위는 아르군강 상류 지역에, 대실위는 아르군강 하류 지역에 위치하였을 것으로 판단하였다. 그다음의 몽올실위는 흑룡강 상류 남쪽 액목이하(額穆爾河) 유역에, 낙탄실위는 흑룡강 동북쪽 제야강 유역에 각각 위치한 것으로 보았다(孫進己·馮永謙 1989, 237쪽).

따라서 3건의 연구 모두에서 북실위 제부 중 가장 동쪽에 있었던 낙탄실위는 제야강 유역 혹은 제야강-부레야강 사이 지역으로 비정하였음을 알 수 있다(도면 78). 흑룡강 북쪽의 제야강 하류 양안과 흑룡강-제야강 합류 지점 이동 지역에는 대체로 부레야강까지 서기 3~7세기의 미하일로브까 문화 유적이 분포한다. 이 고고학 문화의 유물은 말갈계통 유물과 차이가 나서 S.P.네스떼로프는 북실위가 남긴 것으로 주장한 바 있다. 미하일로브까 문화가 정말로 실위가 남긴 것이라면 북실위 제부 중 가장 동쪽에 위치하는 낙탄부를 이

지역으로 비정한 것은 고고학적 사실과도 부합할 것이다.

하지만 상기한 바와 같이, 이 지역에는 서기 7~12세기로 편년되는 말갈계 뜨로이쯔꼬예 문화 유적들도 분포하고 있고, 또 흑수말갈이 동쪽에서 서쪽으로 이주하여 남긴 것으로 여겨지는 나이펠드-동인 문화 유적들도 있다(정석배 2020). 따라서 이곳은 원래는 실위의 거주지였으나, 7세기부터는 말갈인들이 이곳에서도 거주하기 시작하였음을 알 수 있다. 따라서 뒤에서 검토하겠지만 흑수말갈계 사모부를 이 지역으로 비정하는 것도 모순되지는 않는다. 또 하나 주의가 필요한데 미하일로브까 문화 토기는 말갈계통의 토기와 확연하게 구분되는 것도 사실이지만, 러시아 학계에서 실위의 고고학 문화라고 주장하는 자바이칼 지역을 중심으로 하는 부르호또이 문화의 토기 및 중국 학계에서 실위가 남긴 것으로 주장하는 호륜호 부근의 서오주이(西烏珠爾) 고분 출토 토기와도 서로 구분된다(呼倫貝爾盟文物管理站 1989). 따라서 이 문제는 더 검토가 필요하다고 생각된다.

망건하(望建河)를 사이에 두고 남쪽에 있었다는 몽올실위(蒙兀室韋)에 대해서는 손하(遜河) 유역, 호마하(呼瑪河) 이북에서 서쪽으로 반고하(盤古河) 유역까지의 지역, 액목이하(額穆爾河) 유역 등의 의견이 있지만, 고고학적으로는 아직 그 어느 곳도 분명하지 못하다.

따라서 발해의 서쪽 경계는 요하에서 북쪽으로 눈강을 따라 오유이하 일대까지였다고 말할 수 있다. 다만 오유이하에서 시작하여 북쪽으로 흑룡강을 넘어 제야강과 부레야강 사이 지역까지는 대체로 실위 영역으로 보는 시각이 강하지만, 확실한 것은 아니다. 이 지역에는 실제로 실위가 거주하였을 수도 있고, 또 처음에는 실위가 거주하였다가, 나중에 흑수 사모부를 비롯하는 흑수말갈과 '발해속말말갈'에 의해 점유 당하였을 수도 있다. 이 문제는 발해의 북쪽 경계와 관련하여 뒤에서 다시 검토하겠다.

5. 발해의 북쪽 경계

발해의 북쪽 경계는 흑수말갈(黑水靺鞨)의 영역을 포함하지 않는 경우와 포함하는 경우 2가지의 관점에서 접근이 필요하다고 생각된다. 그것은 흑수말갈이 한편으로는 말갈제부(靺鞨諸部) 중에서는 가장 오랫동안 독립 상태를 유지하였고, 또 다른 한편으로는 이후 발해에 100년 이상 복속되어 있었기 때문이다.

하지만 지금까지의 발해 강역도에는 대부분 흑수말갈이 발해 영역에서 제외되어 있다. 1913년에 마쓰이 히토시(松井等)가 『만주역사지리』에서 흑수말갈을 제외한 발해 강역도를 제시한 이후 일본, 중국, 러시아, 남한의 연구자들은 거의 모두 흑수말갈 지역을 발해 강역에서 제외하였고, 또 대부분 발해 영역이 흑룡강(아무르강)을 넘지 못한 것으로 표시하였다.

이와는 반대로 북한학계는 흑수말갈 지역이 발해 강역에 포함되었다고 생각한다(도면 20; 24; 34). 필자도 흑수말갈 지역을 포함하는 발해 강역도를 제시한 적이 있다(도면 35; 37; 39). 그 외에 한진서가 『해동역사속』에서 제시한 〈발해경부도〉에는 흑룡강 북쪽으로 발해 철리부와 동평부가 표시되어 있어 발해가 흑룡강 이북 지역까지 차지한 것으로 인식하였음을 알 수 있다(도면 2). E.V.샤브꾸노프(1968), 위국충(魏國忠 1984), 방학봉(1994) 등도 발해가 흑수말갈을 복속한 것으로 이해하였다.

따라서 필자는 발해의 북쪽 경계 문제와 관련하여 먼저 흑수말갈의 거주 지역을 발해 영역에 포함할 수 있는지의 문제를 살펴보기로 하겠다.

1) 발해의 흑수말갈 복속 문제

흑수말갈은 『신당서』 「흑수말갈전」에 "오직 흑수(黑水)만이 완강(完彊)하여"라고 기록된 바와 같이 발해 건국 후에도 일정 기간 독립을 유지하였을 것으로 생각된다. 하지만 흑수말갈은 이후 발해의 지배를 받게 되었다.

주지하듯이, 발해와 흑수말갈은 처음에는 상호 우호적인 관계였고, 또 흑수말갈은 발해에 어느 정도 예속되기도 하였던 것으로 보이는 데 이 사실은 다음의 기록을 통해 알 수 있다.

『신당서』「발해전」(권219 열전 제144 북적 발해) : 무예(武藝)가 그의 부하들을 불러 모의하기를 흑수(黑水)가 처음에는 우리에게 길을 빌어서 당(唐)과 통하게 되었고, 지난번 돌궐(突厥)에게 토둔(吐屯)을 청할 적에도 모두 우리에게 먼저 알려 왔다(武藝召其下謀曰 黑水始假道於我與唐通 異時 請吐屯於突厥 皆先告我). (국사편찬위원회 1990b, 441쪽, 460쪽).

흑수말갈이 발해 영역을 지나 당과 통교하였고, 또 돌궐에 토둔을 청할 때 발해에 미리 알리기까지 하였던 것이다. 하지만 발해와 흑수말갈의 관계는 흑수말갈이 당에 벼슬을 청하면서 급격하게 나빠졌다. 이 사실은 『신당서』「발해전」의 위 기록 바로 다음에 이어지는 다음 구절을 통해 알 수 있다.

『신당서』「발해전」(권219 열전 제144 북적 발해) : (흑수가) 이제 당(唐)에게 벼슬을 청하면서 우리에게 알리지 않았으니, 이는 반드시 당과 더불어 앞뒤로 우리를 치려는 것이다(今請唐官不吾告 是必與唐腹背攻我也). (국사편찬위원회 1990b, 441쪽, 460쪽).

여기에서 흑수말갈이 당나라에 벼슬을 청하였다는 것은 722년에 당에 내조한 예속리계(倪屬利稽)에게 발리주자사(勃利州刺史)를 제수한 일을 말한 것이다. 이후 흑수말갈과 당은 급격하게 가까워졌다.

당나라는 722년에 흑수말갈의 추장 예속리계가 내조하자 그를 발리주자사에 제수하였고, 725년에 안동도호(安東都護) 설태(薛泰)가 흑수부(黑水府) 혹은 흑수군(黑水軍)을 두자고 청하자 다음 해인 726년에 바로 흑수부(黑水府) 혹은 흑수주(黑水州)를 설치하였다. 이 사실들은 다음의 기록을 통해 알 수 있다.

『신당서』「흑수말갈전」(권219 열전 제144 북적 흑수말갈) : 개원 10년(722)에 그 추장 예속리계(倪屬利稽)가 내조하니 현종이 그를 발리주자사(勃利州刺史)에 제수하였다. 이에 안동도호

(安東都護) 설태(薛泰)가 흑수부(黑水府)를 두자고 청하니 부(部)의 장(長)으로 도독(都督)·자사(刺史)를 삼고, 조정에서 장사(長史)를 두어 감독하게 하였다. 부(府)의 도독에게 이씨(李氏) 성을 하사하고 이름을 헌성(獻誠)이라 하였으며 운휘장군영흑수경략사(雲麾將軍領黑水經略使)로 삼아 유주도독(幽州都督)에 예속시켰다(開元十年 其酋長倪利稽來朝 玄宗卽拜勃利州刺史. 於是 安東都護薛泰請置黑水府 以部長爲都督刺史 朝廷爲置長史監之 賜府都督姓李氏 名曰獻誠 以雲麾將軍領黑水經略使 隸幽州都督). (국사편찬위원회 1990b, 440쪽, 446쪽, 번역 일부 수정).

『구당서』「말갈전」(권199 하 열전 제149 하 북적 말갈) : 개원 13년(725)에 안동도호 설태(薛泰)가 흑수말갈 안에 흑수군(黑水軍)을 두자고 청하였다. 얼마 지나 다시 가장 큰 부락을 흑수부(黑水府)로 삼고 그 수령으로 도독을 삼아 여러 부의 자사를 예속시켰다. 중국에서 장사를 두어 그 부락으로 가서 감영(監領)하게 하였다(開元十三年 安東都護薛泰請於黑水靺鞨內置黑水軍 續更以最大部落爲黑水府 仍以其首領爲都督 諸部刺史隸屬焉 中國置長史 就其部落監領之). (국사편찬위원회 1990b, 382쪽, 387쪽, 번역 일부 수정).

『구당서』「발해말갈전」(권199 하 열전 제149 하 북적 발해말갈) : (개원) 14년(726)에 흑수말갈이 사신을 보내 내조하므로 조칙으로 그 땅을 흑수주(黑水州)로 삼고 장사를 두고 사신을 보내 진압(鎭押)하게 하였다((開元) 十四年 黑水靺鞨遣使來朝 詔以其地爲黑水州 仍置長史 遣使鎭押). (국사편찬위원회 1990b, 383쪽, 400쪽, 번역 일부 수정).

위의 『신당서』「흑수말갈전」에는 흑수말갈의 예속리계가 722년에 내조한 다음부터 설태가 흑수부를 두자고 청한 일 그리고 부를 설치하고 그 도독에게 이씨 성을 하사한 일 등을 모두 한꺼번에 기술하고 있다. 『구당서』「말갈전」에는 설태가 언제 흑수부 혹은 흑수군을 두자고 청하였는지, 『구당서』「발해말갈전」에는 흑수주를 언제 설치하였는지를 각각 소개하였다.

당이 흑수부(黑水府) 혹은 흑수주(黑水州)를 설치한 것은 흑수말갈의 추장 예속리계가 당을 방문한 이후 일사천리로 진행되었음을 알 수 있다.

하지만 당이 설치한 흑수주는 짧은 기간 존속하였고, 제대로 된 역할을 전혀 하지 못했다. 발해는 당이 흑수주를 설치한 726년에 바로 흑수말갈에 대한 군사 원정을 실시하였다. 이 사실은 『구당서』 다음 기록을 통해 알 수 있다.

『구당서』「발해말갈전」(권199 하 열전 제149 하 북적 발해말갈) : (개원) 14년(726)에... 무예가... 친동생(母弟) 대문예(大門藝)와 그의 장인(舅) 임아(任雅)를 보내 군사를 일으켜 흑수(黑水)를 치게 하였다(十四年... 武藝... 遣母弟大門藝及其舅任雅 發兵以擊黑水). (국사편찬위원회 1990b, 383쪽, 400쪽, 번역 일부 수정).

이때 당은 자신이 흑수주를 설치하고 또 도독을 임명한 흑수말갈을 위해 그 어떤 군사원조도 하지 못하였다. 다만 이후 728년에 그 도독에게 이씨 성과 헌성이라는 이름을 하사하고 흑수경략사를 제수한 것이 전부였다. 이 사실은 『구당서』「말갈전」의 다음 기록을 통해 알 수 있다.

『구당서』「말갈전」(권199 하 열전 제149 하 북적 말갈) : (개원) 16년(728)에 그 도독에게 이씨 성을 하사하고 이름을 헌성이라 하였으며 운휘장군 겸 흑수경략사를 제수하였다(十六年其都督賜姓李氏 名獻誠 授雲麾將軍兼黑水經略使). (국사편찬위원회 1990b, 382쪽, 388쪽, 번역 일부 수정).

심지어 발해는 이후 당의 본토에 해당하는 등주를 732년에, 마도산을 733년에 차례로 공격하기에 이르렀다. 등주 전투와 마도산 전투에 대해서는 앞에서 이미 검토한 바 있다.

당이 형식적이나마 흑수말갈을 통제한 것도 당 영태(永泰) 연간 이전까지였을 것인데 김육불은 "개원 연간(713~741년)에 평로절도사(平盧節度使) 압양번(押兩蕃) 및 발해흑수사부경략처치사(渤海黑水四府經略處置使)라 한 것은 흑수가 강대함이 발해와 버금갔기 때문이었다. 영태 원년(765)에 이르러 곧 치청평로절도사(淄靑平盧節度使)를 압신라발해양번사(增押新羅渤海兩蕃使)라고 올리고 흑수를 언급하지 않은 것으로 보아 아마 이때 흑수가 발해에 이미 복속되었을 것이다"라고 하였다(김육불 편저 / 발해사연구회 옮김 2008b, 126~127쪽). 김종복도 775년 무렵에는 평로절도사의 관할범위에서 흑수말갈이 제외되었기 때문에 이는 곧 이 무렵 흑수말갈이 발해의 통제하에 있게 되었음을 의미한다고 하였다(김종복 2007, 89~90쪽). 관련 사서의 내용은 다음과 같다.

> 『구당서』「본기」(권9 본기 9 현종 하) : 개원 29년(741)... 유주절도부사 안록산을 영주자사로 임명하고 평로군절도부사 압양번·발해·흑수사부경략사도 담당케 하였다(開元二十九年... 幽州節度副使安祿山爲營州刺史 充平盧軍節度副使 押兩番渤海黑水四府經略使). (고구려연구재단 편, 2004b, 396쪽, 번역 김종복 2007).

> 『구당서』「본기」(권11 본기 11 대종) : 대력 10년(775)... 평로치청절도관찰해운 압신라·발해양번등사·검교공부상서·청주자사 이정기에게 검교상서좌복야를 제수하였다(大曆十年... 以平盧淄靑節度觀察海運 押新羅渤海兩蕃等使 檢校工部尙書 靑州刺史李正己 檢校尙書左僕射). (고구려연구재단 편, 2004b, 397쪽, 번역 김종복 2007).

비록 726년 발해의 대(對)흑수말갈 군사 원정과 관련하여 실제로 경계를 넘어 전투가 있었는지에 대한 기록은 없지만, 당시 발해는 상당한 성과를 거둔 것으로 보인다. 우선 당이 728년에 흑수부도독 이헌성에게 흑수경략사를 제수한 것과 관련하여 경략사는 변경의 상황이 위급해질 때 임시로 두는 관직이기에 당시 발해의 흑수 공격이 어느 정도 성과를 거둔 결과로 해석된다(권은주 2012, 122쪽; 진비 2016, 103쪽). 대무예가 왕위에 올라 "영토를 크게 개척하니 동북의 모든 오랑캐가 두려워하여 신하가 되었다(斥大土宇 東北諸夷畏臣之)"라는 『신당서』「발해전」의 기록도 이를 뒷받침한다.

그 외에도 『속일본기』에 기록된 발해가 727년에 일본에 보낸 외교문서의 다음 내용도 흑수에 대한 군사 원정이 큰 성과를 내었음을 반영한다(권은주 2009, 62쪽).

> 『속일본기(續日本記)』(권10 聖武天皇 新龜5年 正月 甲寅) : 무예가 외람되게 열국(列國)을 주관하고, 제번(諸蕃)을 거느리며, 고구려의 옛 땅을 회복하고, 부여의 유속을 잇게 되었다(武藝忝當列國 濫惣諸蕃 復高麗之舊居 有扶餘之遺俗). (번역 권은주 2009).

732년에 발해가 산동반도에 위치한 당 등주를 공격하였고, 또 733년에는 하북성의 난하와 청룡하 사이에 있는 당의 마도산 지역을 공격하였는데(권은주 2012, 124~130쪽; 구난희 2018, 29~32쪽; 임상선 2020), 이것은 흑수말갈이 배후에서 강력한 세를 이루고 있었다면 불가능한 일이었을 것이다(정석배 2022).

주목되는 것은 흑수말갈 흑수부(黑水部)가 발해의 공격을 받고 서쪽으로 이동하였을 가능성이 있다는 사실이다. 일찍이 S.P.네스떼로프는 흑수말갈이 남긴 것으로 알려진 나이펠드-동인 문화 주민들이 소흥안령 동쪽의 동(東)아무르 지역에서 8세기 무렵 소흥안령 서쪽의 서(西)아무르 지역으로 이동한 것으로 파악한 바 있다(네스떼로프 S.P. 1998). 다시 말해서 발해 건국 전에 형성된 나이펠드-동인 문화 1단계의 유적이 8세기 이후에는 소흥안령 동쪽 지역에서 더 이상 발견되지 않는다는 것이다. 나이펠드-동인 문화 1단계에 대해서는 뒤에서 다시 검토하기로 한다.

이후 흑수말갈은 더 이상 발해를 통해 당에 사절을 보내지 않게 되는데 이것은 발해와 흑수말갈의 관계가 완전히 파탄이 났음을 의미할 것이다. 『책부원구』에 의하면 흑수말갈은 천보 6년(747) 정월, 7년(748) 정월, 7년(748) 3월, 9년(750) 정월에 모두 황두실위를 비롯하는 실위제부와 함께 당에 사절을 보내었고, 천보 11년(752) 11월과 12월에도 당에 사절을 보내었으나 발해와 함께 간 것은 아니었다(『책부원구』 권971 조공4 (천보) 6년 정월, 7년 정월, 3월, 9년 정월, 11년 11월, 12월조, 뒤의 관련 기록 참조).

필자가 보기에 흑수말갈은 765년 혹은 775년 무렵부터 발해의 지배를 받았더라도 어느 정도 반독립 상태는 유지하였을 것으로 보이는데, 그것은 흑수말갈이 815년까지 계속해서 당(唐)에 사절을 보냈기 때문이다. 815년 이후에는 무려 109년 만에 당이 이미 멸망한 다음인 924년에야 후당(後唐)에 사절을 보냈다. 흑수말갈이 발해 존속 기간에 당과 후당에 사절을 보낸 사서의 기록을 시간 순서로 살펴보면 다음과 같다.

722년(개원 10년) 윤(閏) 5월 : 癸巳 黑水酋長倪屬利稽來朝 授勃州刺史放還蕃勃 蕃中州也(『책부원구』 권975 褒異2). (고구려연구재단 편 2004b, 536쪽).

722년(개원 10년) 12월 : 戊午 黑水靺鞨大酋長倪屬利稽等十人來朝 並授中郎將 放還蕃(『책부원구』 권975 褒異2). (고구려연구재단 편 2004b, 536쪽).

724년(개원 12년) 2월 : 丙申 鐵利靺鞨... 越喜靺鞨... 乙巳 渤海靺鞨... 丙辰 黑水靺鞨大首領 屋作箇來朝 … 授折衝 放還蕃(『책부원구』 권975 褒異2). (고구려연구재단 편 2004b, 536쪽).

725년(개원 13년) 정월 : 辛丑 黑水靺鞨遣其將五郎子來賀正 且獻方物 授將軍 賜紫袍金帶魚帶 放還蕃(『책부원구』 권975 褒異2). (고구려연구재단 편 2004b, 536~537쪽).

725년(개원 13년) 정월 : 渤海遣大首領烏借芝蒙 黑水靺鞨遣其將五郎子 … 幷來賀正旦 獻方物(『책부원구』 권971 朝貢4). (고구려연구재단 편 2004b, 529쪽).

725년(개원 13년) 3월 : 丙午 鐵利靺鞨... 越喜... 黑水靺鞨大首領烏素可蒙來朝 拂涅靺鞨薛利蒙來朝 並授折衝 放還蕃(『책부원구』 권975 褒異2). (고구려연구재단 편 2004b, 537쪽).

725년(개원 13년) 4월 : 甲子 渤海首領謁德 黑水靺鞨諾箇蒙來朝 並授果毅 放還蕃(『책부원구』 권975 褒異2). (고구려연구재단 편 2004b, 537쪽).

730년(개원 18년) 5월 : 渤海靺鞨... 黑水靺鞨遣使阿布科思來朝 獻方物(『책부원구』 권971 朝貢4). (고구려연구재단 편 2004b, 529쪽).

730년(개원 18년) 5월 : 壬午 黑水靺鞨遣使阿布思利來朝 獻方物 賜帛 放還蕃(『책부원구』 권975 褒異2). (고구려연구재단 편 2004b, 538쪽).

730년(개원 18년) 6월 : 戊午 黑水靺鞨大首領倪屬利稽等十人來朝 並授中郎將 放還蕃(『책부원구』 권975 褒異2). (고구려연구재단 편 2004b, 538쪽).

741년(개원 29년) 2월 : 己巳 渤海靺鞨... 越喜靺鞨... 黑水靺鞨遣其臣阿布利稽來賀正 皆授郎將 放還蕃(『책부원구』 권975 褒異2). (고구려연구재단 편 2004b, 539쪽).

741년(개원 29년) 2월 : 渤海靺鞨... 越喜靺鞨... 黑水靺鞨遣其臣阿布利稽(『책부원구』 권971

朝貢4). (고구려연구재단 편 2004b, 530쪽).

747년(천보 6년) 정월 : 六載 正月 新羅渤海... 黃頭室韋黑水靺鞨幷遣使來賀正 各獻方物 (『책부원구』 권971 朝貢4). (고구려연구재단 편 2004b, 530쪽; 王欽若 等編 1960, 제12책).

748년(천보 7년) 정월 : 七載 正月 黃頭室韋和解室韋貉丹室韋如者室韋黑水靺鞨等幷遣使朝貢 (『책부원구』 권971 朝貢4). (고구려연구재단 편 2004b, 530쪽; 王欽若 等編 1960, 제12책).

748년(천보 7년) 3월 : 七載... 三月 黑水靺鞨黃頭室韋和解室韋如者室韋貉丹室韋幷遣使獻金銀及六十綜布 魚牙綢 朝霞紬 牛黃 頭髮 人參(『책부원구』 권971 朝貢4). (고구려연구재단 편 2004b, 530쪽; 王欽若 等編 1960, 제12책).

750년(천보 9년) 정월 · 九載 正月 黑水靺鞨黃頭室韋幷遣使賀正(『책부원구』 권971 朝貢4). (고구려연구재단 편 2004b, 531쪽; 王欽若 等編 1960, 제12책).

752년(천보 11년) 11월 : 黑水(靺)羯遣使來朝(『책부원구』 권971 朝貢4). (고구려연구재단 편 2004b, 531쪽; 王欽若 等編 1960, 제12책).

752년(천보 11년) 12월 : 黑水... 遣使來朝(『책부원구』 권971 朝貢4). (고구려연구재단 편 2004b, 531쪽).

『신당서』「흑수말갈전」(권219 열전 제144 북적 흑수말갈) : 제(현종)의 말년까지 15번 조헌하였다. 대력 연간(766~779)에 7번, 정원 연간(785~804)에 1번, 원화 연간(806~820)에 2번 [내조]하였다(訖帝世, 朝獻者十五. 大曆世凡七 貞元一來 元和中再). (국사편찬위원회 1990b, 440쪽, 446~447쪽).

815년(원화 10년) 12월 : 黑水酋長十一人 幷來朝貢(『책부원구』 권972 朝貢5). (고구려연구재단 편 2004b, 533쪽).

924년(동광 2년) 9월 : 黑水國遣使朝貢(『책부원구』 권972 朝貢5). (고구려연구재단 편 2004b, 534쪽).

925년(동광 3년) 5월 : 黑水胡獨鹿 女眞等使朝貢(『책부원구』 권972 朝貢5). (고구려연구재단 편 2004b, 534쪽).

925년(동광 3년) 8월 : 黑水遣使骨至來朝 兼貢方物(『책부원구』 권972 朝貢5). (고구려연구재단 편 2004b, 534쪽).

위의 『신당서』 「흑수말갈전」에는 흑수말갈이 대력 연간(766~779년)에 7번, 정원 연간(785~804년)에 1번, 원화 연간(806~820년)에 2번 당나라에 내조하였다고 기록되어 있다. 원화 연간에 2번 내조한 것으로 되어 있는데, 그중 한번은 815년을 말할 것이다. 다른 한 번은 815년보다 이를 수도 있고 늦을 수도 있겠지만, 『책부원구』에 기록된 마지막 내조 기사가 815년인 것을 보면 815년이 맞을 것이다.

그런데 대력 연간(766~779년)부터 원화 연간의 815년 이전까지의 흑수말갈 내조 사실은 『책부원구』에 따로 입전되지 않았기 때문에 흑수말갈이 독단적으로 당에 사절을 파견하였다고는 볼 수 없을 것 같다. 하지만 사절을 보낸 것도 부정할 수 없는 사실이기에 이 기간에는 흑수말갈이 어느 정도 반독립 상태였던 것으로 추정할 수 있지 않을까 생각된다. 다만 발해의 대(對)흑수말갈 군사 원정 이후 흑수의 근거지가 원래 있었던 곳에서 서쪽으로 이동되었을 가능성도 있다.

주목되는 것은 815년부터 924년까지는 무려 109년 만에 다시 사절을 보냈다는 사실이다. 동광(同光) 2년(924)은 이미 당(唐, 618~907년)이 멸망하고 난 다음의 후당(後唐, 923~936년) 시기에 해당한다. 흑수말갈이 109년 만에야 중국에 다시 내조하였다는 사실은 무엇을 의미할까? 이것은 흑수말갈이 당시 발해에 완전히 복속되어 있었음을 말할 것이다.

흑수말갈이 발해에 완전히 복속되었다는 사실은 다음의 기록을 통해서도 확인된다.

『태평환우기(太平寰宇記)』 (권175 사이4 동이4 물길국) : 발해가 침강하자 흑수 역시 그에 역속되었다 (及渤海浸强 黑水亦爲其役至). (臺灣商務印書館 1983, 618쪽).

『당회요』(권96 말갈) : 발해가 침강하자 흑수 역시 그에 속하게 되었다(及渤海浸强 黑水亦爲其所屬). (고구려연구재단 편, 2004b, 562쪽).

『금사』「본기」(권1 본기 제1 세기) : 흑수말갈... 그 후에 발해가 강성해지자 흑수는 [그에] 속하게 되었고 조공이 마침내 끊어졌다(黑水靺鞨... 其後渤海盛强 黑水役屬之 朝貢遂絶). (고구려연구재단 편, 2004b, 478쪽; 이성규 외 2016, 31쪽, 번역 일부 수정).

『신당서』「흑수말갈전」(권219 열전 제144 북적 흑수말갈) : 백산(白山)은 본래 고려에 신속되어 있었는데 왕사(王師)가 평양을 취하자 그 무리가 많이 당나라에 들어왔다. 백돌(伯咄)·안거골(安居骨) 등도 모두 분산되어 점차 미약해졌고 들리는 바가 없게 되었으며 유민들은 발해로 들어갔다. 오직 흑수(黑水)만이 완강(完彊)하여 16부락으로 나뉘었고 남북으로 칭하였는데 그 거주하는 곳이 가장 북방이었다... 처음 흑수의 서북쪽에는 또 사모부(思慕部)가 있었고, 더 북쪽으로 10일을 가면 군리부(郡利部)가 있었고, 동북쪽으로 10일을 가면 굴설부(窟說部)가 있었는데 또한 굴설(屈設)이라고도 불렸다. 조금 동남쪽으로 10일을 가면 막예개부(莫曳皆部)가 있었고, 또 불열(拂涅)·우루(虞婁)·월희(越喜)·철리(鐵利) 등 부가 있었다. 그 땅은 남쪽으로 발해에 이르고, 북쪽과 동쪽은 바다에 닿았으며, 서쪽은 실위(室韋)에 이른다. 남북 길이는 2천 리, 동서는 천 리이다. 불열·철리·우루·월희는 때때로 중국과 통하였으나, 군리·굴설·막예개는 스스로 통할 수 없었다. 지금 경사에 조회(朝)한 것이 남아있는 자는 왼쪽에 부기한다. 불열은 또한 대불열이라고 부르며, 개원 연간(713~741)과 천보 연간(742~755)에 8번 왔고, 경정(鯨睛)·초서피(貂鼠皮)·백토피(白兔皮)를 바쳤다. 철리는 개원 연간(713~741)에 6번 왔고, 월희는 7번 왔고, 정원 연간(785~804)에 1번 왔고, 우루는 정관 연간(627~649)에 2번 오고 정원 연간(785~804)에 1번 왔다. 나중에 발해가 강성하자 말갈은 모두 그에게 복속되어 다시는 왕과 만나지 못하였다(白山本臣高麗 王師取平壤 其衆多入唐. 伯咄安居骨等皆奔散 寖微無聞焉 遺人进入渤海. 唯黑水完彊 分十六落 以南北稱 蓋其居最北方者也... 初 黑水西北又有思慕部 益北行十日得郡利部 東北行十日得窟說部 亦號屈設 稍東南行十日得莫曳皆部 又有拂涅 虞婁 越喜 鐵利等部. 其地南距渤海 北東際於海 西抵室韋. 南北袤二千里 東西千里. 拂涅鐵利虞婁越喜時時通中國 而郡利屈設莫曳皆不能自通 今存其朝京師者附左方 拂涅亦稱大拂涅 開元天寶間八來 獻鯨睛 貂鼠皮 白兔皮 鐵利 開元中六來 越喜七來 貞元中一來 虞婁 貞觀間再來 貞元一來. 後渤海盛 靺鞨皆役屬之 不復與王會矣). (국사편찬위원회 1990b, 445~447쪽, 439~440쪽, 번역 일부 수정).

보는 바와 같이, 『태평환우기』와 『당회요』에서는 발해가 침강하자 흑수말갈도 발해에 속하게 되었다고 하였고, 『금사』에서는 발해가 강성해지자 흑수말갈이 발해에 역속되었다고 하였다. 여기에서 "또한(亦)"이라고 쓴 것은 다른 말갈 제부는 이미 발해에 복속되었었고, 남아있던 흑수말갈조차도 발해에 복속되었음을 강조한 것이다.

그런데 『신당서』「흑수말갈전」에서는 앞부분에서 당나라가 고구려를 멸한 다음에 백산말갈의 무리가 다수 당나라로 들어갔고, 백돌말갈과 안거골말갈 등 유민들은 발해로 들어갔음을 말하면서 오직 흑수말갈만이 온전하게 보전되었다고 하였다. 바로 이 내용이 흑수말갈을 발해 영역에서 제외하는 주요 근거가 아닌가 생각된다.

하지만 그 뒷부분을 보면 "처음 흑수의 서북쪽에는"이라고 시작하고 바로 사모부, 군리부, 굴설부, 막예개부, 불열부, 우루부, 월희부, 철리부를 열거하였고, 다음에는 흑수부를 포함하는 이 모든 부들의 경계가 남쪽은 발해, 동쪽은 바다, 서쪽은 실위이고, 또 이 전체의 분포 범위가 남북 2천 리, 동서 1천 리라고 하였다. 그다음에는 불열부, 철리부, 우루부, 월희부가 언제 중국과 통교하였는지를 소개하였으며, 마지막으로 "나중에 발해가 강성하자 말갈은 모두 그에게 복속되어 다시는 왕과 만나지 못하였다"라고 하였다.

이 문장 중의 "말갈은 모두(靺鞨皆)"라는 문구가 문자 그대로 모든 말갈을 지칭하는 것이지, 불열, 철리, 우루, 월희만을 지칭하는 것은 아니라고 생각된다. 왜냐하면 이 문장의 시작이 "처음 흑수(初 黑水)"이기 때문이다.

따라서 『신당서』「흑수말갈전」의 해당 기록은 당이 고구려를 멸하고 난 다음에 발해가 건국되자 말갈제부 대부분이 발해에 복속되었으나, 흑수만큼은 온전하게 남아있다가, 나중에 발해가 강성해지자 흑수제부도 모두 발해에 복속되었음을 말하는 것으로 이해하는 것이 합당하다고 생각된다. 이것은 흑수말갈이 당에 내조한 기록을 통해서도 확인된다. 다시 말해서 『신당서』「흑수말갈전」도 흑수말갈이 발해에 복속되었음을 증명한다.

그런데 흑수말갈이 정말로 발해에 복속되었는지 두 가지 근거로서 부정하는 의견이 있다(姜守鵬 1983, 185쪽). 하나는 『신당서』「발해전에」따르면 발해가 철리의 옛 땅에 철리부, 불열의 옛 땅에 동평부 등을 설치하였지만, "흑수의 옛땅" 이름으로 부(府) 단위 행정구역을 설치하지 않았다는 사실이다. 다른 하나는 『삼국사기』「신라본기」의 다음 기록이다.

『삼국사기』「신라본기」(제11 헌강왕 12년) : 12년(886) 봄에 북진(北鎭)에서 상주하기를 적국(狄國) 사람이 진(鎭)에 들어와 나무쪽(片木)을 나무에 걸어놓고 돌아갔다고 하면서 그것을 가져다 바쳤다. 그 나무에는 15자가 쓰여 있었는데 보로국(寶露國)과 흑수국(黑水國) 사람이 함께 신라국(新羅國)과 화통(和通)하고자 한다고 하였다(十二年春 北鎭奏 狄國人入鎭 以片木掛樹而歸 遂取以獻 其木書十五字 云 寶露國與黑水國人 共向新羅國和通). (김부식 지음 외, 2000a, 290~291쪽, 번역 일부 수정).

첫 번째의 지적에서는 발해가 흑수말갈을 복속시켰다면 흑수의 옛땅에 부(府) 단위 행정구역을 설치하였을 것인데 그렇지 않은 것은 흑수말갈을 복속시키지 못하였기 때문이라는 것이다. 이와 관련하여 속말부, 백돌부, 안거골부, 불열부, 흑수부, 호실부, 백산부 등 소위 말갈 7부 중에서 오직 불열의 옛땅에만 동평부라는 부(府) 단위 행정구역을 설치하였고, 나머지 부(部)의 옛땅 이름으로는 부(府)를 설치하지 않았음을 지적하고 싶다. 속말부, 백돌부, 안거골부, 호실부, 백산부의 옛땅이 모두 발해에 포함되었음은 잘 알려진 사실이다. 따라서 흑수의 옛땅 이름으로 부(府) 단위 행정구역을 설치하지 않은 것은 전혀 이상하지 않다.

두 번째의 지적에서는 886년에 흑수국이 아직 존재하였으니 발해가 흑수말갈을 복속시켰다고 말할 수 없다는 것이다. 그런데 '흑수국'이 정상적인 정치 세력이었다면 신라 조정에 사절을 보내 서한을 전달하였을 것이지 국경의 진에 몰래 들어가 희망 사항을 적어 놓은 나무쪽을 나무에 걸어놓고 돌아가지는 않았을 것이다. 이 사건 이후 흑수말갈과 신라가 통교하였다는 기록이 없다는 사실도 이를 뒷받침한다. 886년은 이미 발해의 후기에 해당한다. 필자가 생각할 때 이 사건은 흑수말갈 부흥 세력의 행동이었을 것이다. 따라서 헌강왕 12년 조의 기록도 발해가 흑수말갈을 복속시키지 못하였다는 증거는 될 수가 없다고 생각된다. 오히려 이 기록은 반대로 흑수말갈이 그동안 발해에 복속되어 있었음을 보여주는 증거로 볼 수 있을 것이다(정석배 2022).

2) 흑수말갈 흑수부의 거주지와 발해와의 경계

그렇다면 815년 무렵 흑수말갈이 발해에 완전히 복속되기 전에 흑수말갈과 발해의 경계가 어떠하였는지 살펴보도록 하겠다. 상기한 『신당서』 「흑수말갈전」에 흑수에 대해 "그 거주하는 곳이 가장 북방이었다"라고 말하여 흑수가 말갈 제부 중에서는 가장 북쪽에 거주하였음을 알 수 있다. 말갈 7부의 상대적인 위치에 대한 다음의 기록들도 이를 증명한다.

『북사』「물길전」(권94 열전 제82 물길) : 물길국은 고구려의 북쪽에 있고 말갈이라고도 한다... 나라에 큰물이 있는데 폭이 3여 리이며 속말수라 부른다. 그 부류는 무릇 7종이 있다. 첫째는 속말부로서 고려와 접한다... 둘째는 백돌부로서 속말의 북쪽에 있다... 셋째는 안거골부로서 백돌의 동북쪽에 있다. 넷째는 불열부로서 백돌의 동쪽에 있다. 다섯째는 호실부로서 불열의 동쪽에 있다. 여섯째는 흑수부로서 안거골의 서북쪽에 있다. 일곱째는 백산부로서 속말의 동남쪽에 있다(勿吉國 在高句麗北 一日靺鞨... 國有大水 闊三餘里 名速末水. 其部類凡有七種 其一號粟末部 與高麗接... 其二伯咄部 在粟末北... 其三安車骨部 在伯咄東北 其四拂涅部 在伯咄東 其五號室部 在拂涅東 其六黑水部 在安車骨西北 其七白山部 在粟末東南). (국사편찬위원회 1990b, 50~51쪽, 107쪽, 번역 일부 수정).

『수서』「말갈전」(권81 열전 제46 동이 말갈) : 말갈은 고려의 북쪽에 있다... 무릇 7종이 있다. 첫째는 속말부로서 고려와 서로 접한다... 둘째는 백돌부로서 속말의 북쪽에 있다... 셋째는 안거골부로서 백돌의 동북쪽에 있다. 넷째는 불열부로서 백돌의 동쪽에 있다. 다섯째는 호실부로서 불열의 동쪽에 있다. 여섯째는 흑수부로서 안거골의 서북쪽에 있다. 일곱째는 백산부로서 속말의 동남쪽에 있다(靺鞨 在高麗之北... 凡有七種 其一曰粟末部 與高麗相接... 其二曰伯咄部 在粟末之北... 其三曰安車骨部 在伯咄東北 其四曰拂涅部 在伯咄東 其五曰號室部 在拂涅東 其六曰黑水部 在安車骨西北 其七曰白山部 在粟末東南). (국사편찬위원회 1990b, 130~131쪽, 197쪽, 번역 일부 수정).

『통전』권186 변방2 동이 하 물길 : 물길은 후위 때 통하였다. 고구려의 북쪽에 있고 또한 옛 숙신국 땅이다. 읍락에는 각자 우두머리(長)가 있으며, 하나로 통일되지 않았다. 무릇 7개 종이 있는데 그 첫 번째는 속말부라 부르며 고구려와 서로 접하고 있다. 두 번째는 백돌(도물반)부로서 속말 북쪽에 있다. 세 번째는 안거골부로서 백돌 동북쪽에 있다. 네 번째는 불열부로서 백돌 동쪽에 있다. 다섯 번째는 호실부로서 불열 동쪽에 있다. 여섯 번째는 흑수부로서 안거골 서북쪽에 있다. 일곱 번째는 백산부로서 속말 동남쪽에 있다(勿吉 後魏通焉 在高句麗北 亦古肅愼國地 邑落各自有長 不相總一 凡有七種 其一號粟末部 與高麗相接 二曰汩咄都勿反部 在粟末之北 三曰安車骨部 在汩咄東北 四曰拂涅部 在汩咄東 五曰號室部 在拂涅東 六曰黑水部 在安車骨西北 七曰白山部 在粟末東南). (고구려연구재단 편 2004b, 556~557쪽).

『구당서』「말갈전」(권199 하 열전 제149 하 북적 말갈) : 말갈은 곧 숙신의 땅으로 후위 때에는 물길이라 하였다. 경사에서 동북쪽 6천여 리에 있다. 동쪽은 바다에 이르고, 서쪽은 돌궐에 접하였고, 남쪽은 고려와 경계하며, 북쪽은 실위와 이웃한다. 그 나라는 무릇 수십 부가 있는데 각자 추수(酋帥)가 있다. 혹은 고려에 부용하고, 혹은 돌궐에 신속한다. 그런데 흑수말갈이 가장 북방에 있으면서 제일 강성하여 매번 그 용맹을 과시하므로 항상 이웃의 걱정거리가 되었다… 옥우(屋宇, 지상 가옥 – 필자)가 없고, 산과 물에 의지하여 땅을 파서 움을 만들어 그 위에 나무를 걸치고 흙으로 덮는데 모양이 중국의 무덤과 같다. 한곳에 모여서 거주한다. 여름에는 수초를 따라 나오고 겨울에는 움속으로 들어간다(靺鞨 蓋肅愼之地 後魏謂之勿吉 在京師東北六千餘里. 東至於海 西接突厥 南界高麗 北隣室韋. 其國凡爲數十部 各有酋帥 或附於高麗 或臣於突厥 而黑水靺鞨最處北方 尤稱勁健 每恃其勇 恆爲隣境之患… 無屋宇 並依山水掘地爲穴 架木於上 以土覆之 狀如中國之塚墓 相聚而居. 夏則出隨水草 冬則入處穴中). (국사편찬위원회 1990b, 381쪽, 386쪽, 번역 일부 수정).

『신당서』「흑수말갈전」(권219 열전 제144 북적 흑수말갈) : 흑수말갈은 숙신 땅에 거주한다. 또한 읍루라고도 부르며, 원위 때에는 물길이라 불렀다. 경사에서 동북쪽으로 6천 리 떨어져 있고, 동쪽은 바다에 이르고 서쪽은 돌궐에 닿았고, 남쪽은 고려 북쪽은 실위와 접한다. 수십 부로 나누어져 있고, 추장이 각각 자치한다. 그중 두드러진 부는 속말부로서 가장 남쪽에 거주하며 태백산에 이른다. 도태산이라고도 한다. 고려와 접하며 속말수에 의지하여 거주한다. 그 물은 산의 서쪽에서 흘러나와 북쪽 타루하로 들어간다. 조금 동북쪽에 백돌부가 있고, 또 다음에는 안거골부가 있다. 더 동쪽은 불열부이다. 거골의 서북쪽에 흑수부가 있다. 속말의 동쪽에는 백산부가 있다. 부 사이는 먼 것은 3~4백 리이고, 가까운 것은 2백 리이다.

백산은 본래 고려에 신속되어 있었는데 왕사가 평양을 취하자 그 무리가 많이 당나라에 들어왔
다. 백돌, 안거골 등도 모두 분산되어 점차 미약해졌고 들리는 바가 없게 되었으며 유민들은 발
해로 들어갔다. 오직 흑수만이 완강하여 16부락으로 나뉘었고 남북으로 칭하였는데 그 거주하
는 곳이 가장 북방이었다. 사람들이 거세고 보전을 잘하였으며 항상 다른 부족의 걱정거리가 되
었다... 실려(室廬, 지상 가옥-필자)가 없이 거주하며, 산과 물에 의지하여 땅에 움을 파서 그 위
에 나무를 걸치고 흙을 덮는데 마치 무덤과 같다. 여름에는 수초를 따라 나오고 겨울에는 움으로
들어간다... 죽은 자를 묻을 때 관곽이 없고 타던 말을 죽여 제사 지낸다...
처음 흑수의 서북쪽에는 또 사모부(思慕部)가 있었고, 더 북쪽으로 10일을 가면 군리부(郡利部)
가 있었고, 동북쪽으로 10일을 가면 굴설부(窟說部)가 있었는데 또한 굴설(屈設)이라고도 불렀
다. 조금 동남쪽으로 10일을 가면 막예개부(莫曳皆部)가 있었고, 또 불열(拂涅), 우루(虞婁), 월
희(越喜), 철리(鐵利) 등의 부가 있었다. 그 땅은 남쪽으로 발해에 이르고, 북쪽과 동쪽은 바다에
닿았으며, 서쪽은 실위에 이른다. 남북 길이는 2천 리, 동서는 천 리이다... 나중에 발해가 강성
하자 말갈은 모두 그에게 복속되어 다시는 왕과 만나지 못하였다

(黑水靺鞨居肅愼地 亦曰挹婁 元魏時曰勿吉 直京師東北六千里 東瀕海 西屬突厥 南高麗 北室
韋. 離爲數十部 酋各自治. 其著者曰粟末部 居最南 抵太白山 亦曰徒太山 與高麗接 依粟末水以
居 水源於山西 北注它漏河 稍東北曰汨咄部 又次曰安居骨部 益東曰拂涅部 居骨之西北曰黑水
部 粟末之東曰白山部 部間遠者三四百里 近二百里. 白山本臣高麗 王師取平壤 其衆多入唐. 伯
咄安居骨等皆奔散 寖微無聞焉 遺人迸入渤海. 唯黑水完彊 分十六落 以南北稱 蓋其居最北方
者也. 人勁健 善步戰 常能患它部... 居無室廬 負 山水坎地 梁木其上 覆以土 如丘冢然. 夏出隨
水草 多入處... 死者埋之 無棺槨 殺所乘馬以祭... 初 黑水西北又有思慕部 益北行十日得郡利
部 東北行十日得窟說部 亦號屈設 稍東南行十日得莫曳皆部 又有拂涅 虞婁 越喜 鐵利等部. 其
地南距渤海 北東際於海 西抵室韋. 南北袤二千里 東西千里... 後渤海盛 靺鞨皆役屬之 不復與
王會矣). (국사편찬위원회 1990b, 445~447쪽, 439~440쪽, 번역 일부 수정).

위의 사서 중에서 『북사』, 『수서』, 『통전』은 말갈 7부의 상대적 위치 속에
서 흑수말갈의 위치를 말해준다. 이 3개 사서에는 모두 속말부는 고려와 접하
였고, 백돌부는 속말의 북쪽에, 안거골부는 백돌의 동북쪽에, 불열부는 백돌
의 동쪽에, 호실부는 불열의 동쪽에, 흑수부는 안거골의 서북쪽에, 백산부는
속말의 동남쪽에 각각 있다고 하였다(도면 83).

그런데 『신당서』에는 호실부가 빠져 있고, 다른 6개 부의 상대적 위치도 조

금 변동을 보인다. 속말의 동쪽에 백산부, 속말의 동북쪽에 백돌부, 백돌의 동쪽에 불열부, 백돌의 동북쪽에 안거골부, 안거골의 서북쪽에 흑수부가 있었던 것으로 기록되었다(도면 84).

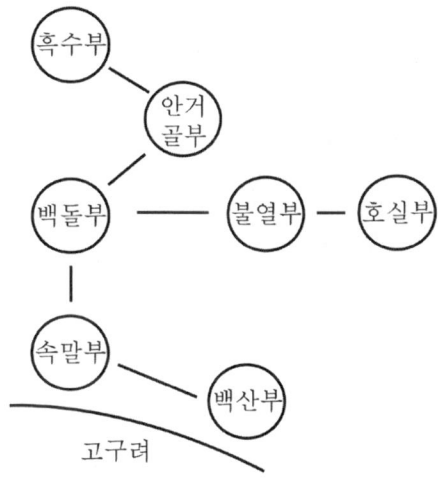

도면 83. 말갈 7부의 상대적 위치 개념도(필자 작성)

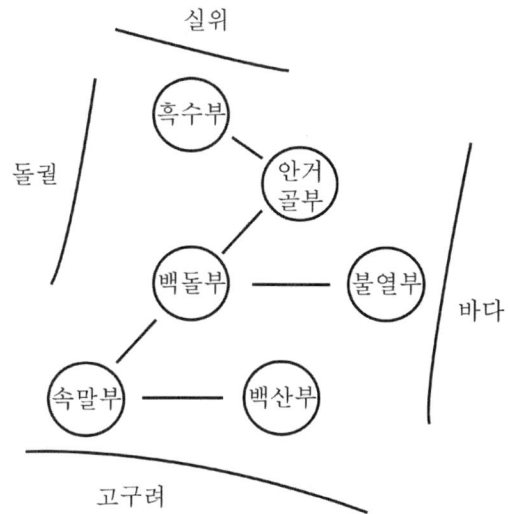

도면 84 말갈 7부(6부)의 상대적 위치 개념도(필자 작성)

여기에서 잠깐 말갈 7부 위치에 대한 의견은 어떠한지 살펴보도록 하겠다. 말갈 7부 위치에 대해서는 다수 연구자가 다양한 의견을 제시하였는데, 최근 김락기는 이와 관련된 22건의 관련 연구 결과를 소개한 바 있다(김락기 2013, 146~168쪽). 아마도 각 연구자 의견을 하나하나 분석하여 소개하는 것은 이 책의 주제와는 거리가 멀 것이다. 따라서 그중 몇몇 연구 결과만을 소개하기로 하겠다.

말갈 7부 위치에 대한 주목되는 의견 중 하나는 조정걸이 제시한 것이다. 청나라 말기 조정걸은 『동삼성여지도설(東三省輿地圖說)』「와계설(窩稽說)」에서 속말부는 송화강을 옛날에 속말수(粟末水)라 하였기에 길림 오랍(烏拉) 일대에 있었고, 백산부는 장백산에 있었다고 하였다. 백돌부는 백도눌(白都訥)에 있었는데, 백도눌은 백돌 및 『금사』의 부저락(部渚濼)이 전(轉)한 것이라고 하였다. 불열부는 영고탑 서남쪽 80리의 불눌화성(佛訥和城)이라고도 불리는 속칭 동경성에 있었다고 하였다. 안거골부는 즉 안초납고로(安楚拉庫路)인데, 『통지(通志)』에 따르면 아륵초납(阿勒楚拉)에 있었다고 하였다. 호실부는 수분하 이동 일대에, 흑수부는 안거골의 북쪽 흑룡강 땅에 있었다고 하였다(曹廷杰 1885년 이후, 「窩稽說」).

조정걸은 또 『동삼성여지도설』「흑수부고(黑水部攷)」에서는 다음과 같이 흑수부의 공간적 범위 및 실위와의 경계를 이야기하였다.

지금의 애혼성(愛琿城) 서쪽은 옛 실위 땅이다. 즉 지금의 흑룡강 동쪽 러시아 영역인 해란포(海蘭泡)에서 동쪽으로 묘이지방(廟爾地方)까지 무릇 혼동강 남북 양안은 모두 옛 흑수부락으로서 동서 땅이 직선거리 약 3천 리로 생각되며 1천 리가 아니다(今愛琿城以西爲古室韋地 則自今黑龍江以東俄界海蘭泡 東至廟爾地方 凡混同江之南北兩岸 皆古黑水部落 惟東西地約徑三千里 不止一千里也). (曹廷杰 1885년 이후, 「黑水部攷」).

아이훈으로 잘 알려진 애혼성은 제야강이 흑룡강과 만나는 곳에 있는 블라고베셴스크(Благовещенск)와 흑하시(黑河市)에서 남쪽으로 약 28㎞ 떨어진 곳에 있다. 해란포(海蘭泡)는 블라고베셴스크이고, 묘이(廟爾)는 아무르강 하구 가까이 니꼴라옙스크(Николаевск-на-Амуре)를 말한다. 따라서 조정걸은 서쪽 제야강부터 동쪽 아무르강 하구 지역까지를 흑수말갈 거주지로 인식하였음을 알 수 있다.

1891년에 발간된 『길림통지』 내용도 주목된다. 속말부는 송화강의 옛 이름이 속말수(粟末水)이기에 길림 오랍(烏拉) 일대에 있었다고, 속말 북쪽에 있는 백돌부는 당시의 백도눌(白都訥)과 『금사』의 부저락(部渚濼)이 모두 백돌이 전사(轉寫)된 것이기에 백도눌에 있었다고 보았다. 백돌 동북에 있었던 안거골부는 안거골이 안출호(按出虎)이기에 아륵초객(阿勒楚喀) 빈주(賓州)·오상(五常) 양청(兩廳)의 경(境)에 있었다고 하였다. 불열부는 영고답성 서남 80리에 있는 옛 성을 속칭 동경성(東京城)이라 부르고 또 불눌화성(佛訥和城)이라 부르며, 또 불눌(佛訥)과 불열(拂湼)은 음이 서로 가깝고, 또 백돌 동쪽에 있기에 영고탑(寧古塔) - 삼성으로 판단하였다. 불열 동쪽에 있던 호실부는 영고탑 이동 - 삼성·부극금(富克錦) 이남 지역으로 비정하였다. 백산부는 속말 동남쪽에 있기에 돈화현(敦化縣)·혼춘성(琿春城)이 모두 속한다고 하였다. 흑수부는 안거골부 서북에 있다고 하였으나 그 서쪽 경계를 말하는 것으로 이해하여 삼성 이동 - 혼동강 남북의 땅이 모두 속한다고 판단하였다(長順 修 李桂林 纂 李樹田 等 点校 1986, 175~176쪽).

오랍은 『대청일통지』의 〈길림도(吉林圖)〉를 보면 길림성(吉林城) 동북쪽 가까이 표시되어 있다(도면 85). 제2 송화강과 오룡하가 합류하는 곳 가까이 송화강 동안에 오랍가만족진(烏拉街滿族鎭)이 있는데 이곳을 말하는 것으로 생각된다. 백도눌은 제2 송화강 하류 지역 지금의 송원시(松原市) 동쪽으로 송화강 건너편에 있다(도면 85). 아륵초객은 하얼빈 북쪽에서 제1 송화강과 합류하는 아십하(阿什河)를 말하는데, 〈길림도(吉林圖)〉에는 아륵초객성이 동쪽으로 많이 치우쳐 표시되어 있다(도면 85). 빈주는 아십하의 동북쪽에, 오상은 아십하의 남쪽에 위치한다. 영고탑은 목단강 중류 지역의 영안시(寧安市)를 말

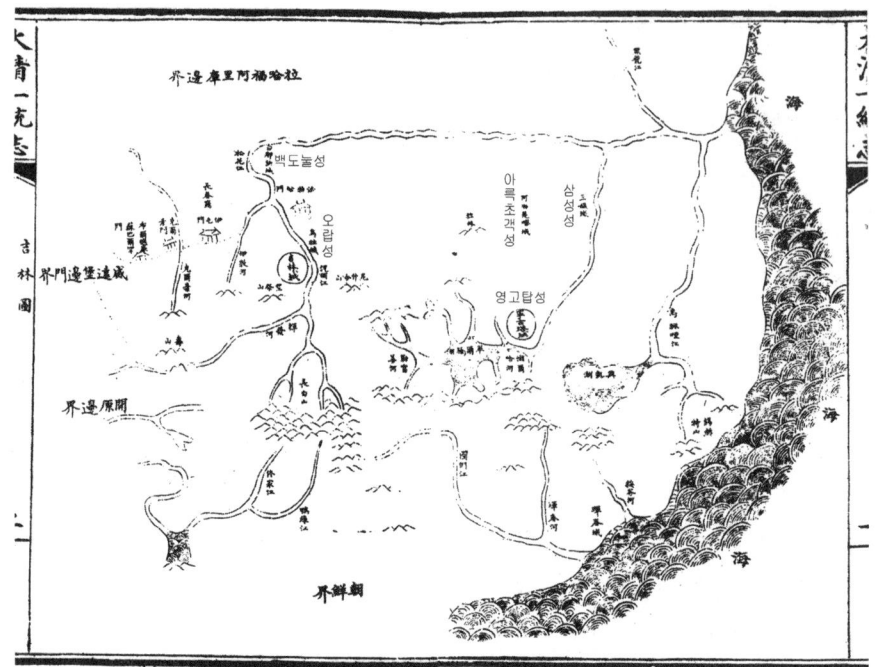

도면 85. 『대청일통지(大淸一統志)』〈길림도(吉林圖)〉(穆彰阿·潘錫恩 等纂修(1842) 2008, 필자 재편집)

하며, 동경성은 지금의 상경용천부 유적을 말한다. 삼성(三姓)은 목단강과 제1 송화강이 합류하는 곳으로 지금의 의란(依蘭)을 말한다. 〈길림도(吉林圖)〉에 삼성성(三姓城)으로 표시되어 있다(도면 85). 부극금은 제1 송화강 하류 지역에 있는 지금의 부금(富錦)을 말한다. 혼동강은 송화강을 말한다.

따라서 조정걸의 말갈 7부에 대한 의견은 『길림통지』에 많은 영향을 끼쳤지만, 『길림통지』는 말갈 7부 위치를 보다 구체적으로 비정하였음을 알 수 있다. 또한 조정걸은 흑수부가 해란포(海蘭泡)에서 동쪽으로 묘이지방(廟爾地方)까지, 다시 말해서 서쪽 제야강부터 동쪽 아무르강 하구 지역까지 흑수말갈 거주지로 보았는데 이것은 흑수제부를 모두 포괄하는 관점이라고 생각된다. 『길림통지』에서 "삼성 이동 - 혼동강 남북의 땅"이라고 한 것은 흑수제부 중 흑수부만을 염두에 둔 것이다.

『길림통지』에서 백돌부는 백도눌(白都訥), 즉 눈강과 송화강 합류 지점 가까이, 안거골부는 아륵초납, 즉 아륵초객(阿勒楚喀), 즉 하얼빈 가까이 아십하(阿什河) 유역으로, 불열부는 영고탑(寧古塔) - 삼성으로, 호실부는 영고탑 이동 - 삼성·부극금(富克錦) 이남 지역으로 보았는데, 이것은 눈강·송화강 합류 지점에서 동쪽으로 동류 (제1) 송화강을 따라 부금(富錦)까지의 동류 송화강을 경계로 그 북쪽을 흑수말갈 영역으로 인정하였음을 의미하는 것이다. 아마도 이 의견이 이후 마쓰이 히토시(松井等)나 도리야마 기이치(鳥山喜一) 등에게 영향을 끼쳐 그들이 작성한 발해 강역도에 발해 북쪽의 서쪽 부분 경계가 이 선을 따라 그린 것이 아닌가 생각된다. 또한 김육불이 흑수말갈과 발해의 경계가 되는 덕리진을 삼성(의라)으로 본 것도 여기에서 일정한 영향을 받았을 것이다.

다음에는 1982년 출간 『중국역사지도집』과 그 원천이 되는 『중국역사지도집 동북지구 자료회편』의 관련 내용을 살펴보도록 하겠다.

《중국역사지도집》편집조동북소조는 속말부의 위치와 관련하여 태백산은 곧 장백산이고, 속말수는 곧 북류 송화강이기에, 속말부는 장백산 북쪽부터 북류 송화강 상단 양안 지역에 분포하였을 것이라 하였다. 『중국역사지도집』의 수나라 시기 〈요서제군 실위말갈등부(遼西諸郡 室韋靺鞨等部)〉 지도를 보면 속말부는 백두산 북쪽에서 길림시 북쪽에 이르기까지의 지역에 표시되어 있다(도면 86). 다시 말해서 북류 (제2) 송화강 상류와 중류 지역 모두를 속말부 분포지로 본 것이다. 속말 북쪽에 있었다는 백돌부는 북류 송화강 하단 양안에 분포하였다고 하였고, 지도에는 북류 송화강 하류 지역에 표시하였다. 백돌 동북쪽에 있었다는 안거골부는 아십하 유역으로 파악하였고, 지도에는 하얼빈 남쪽과 오상·상지 북쪽의 아십하 유역에 표시하였다. 백돌 동쪽에 있었다는 불열부는 장광재령 이동 목단강 유역에 분포하였다고 하였고, 지도에는 목단강시 북쪽의 목단강 중하류 지역에 표시하였다. 불열 동쪽에 있었다는 호실부는 우쑤리강 유역에 분포하였다고 하였고, 지도에는 우쑤리강 중류 지

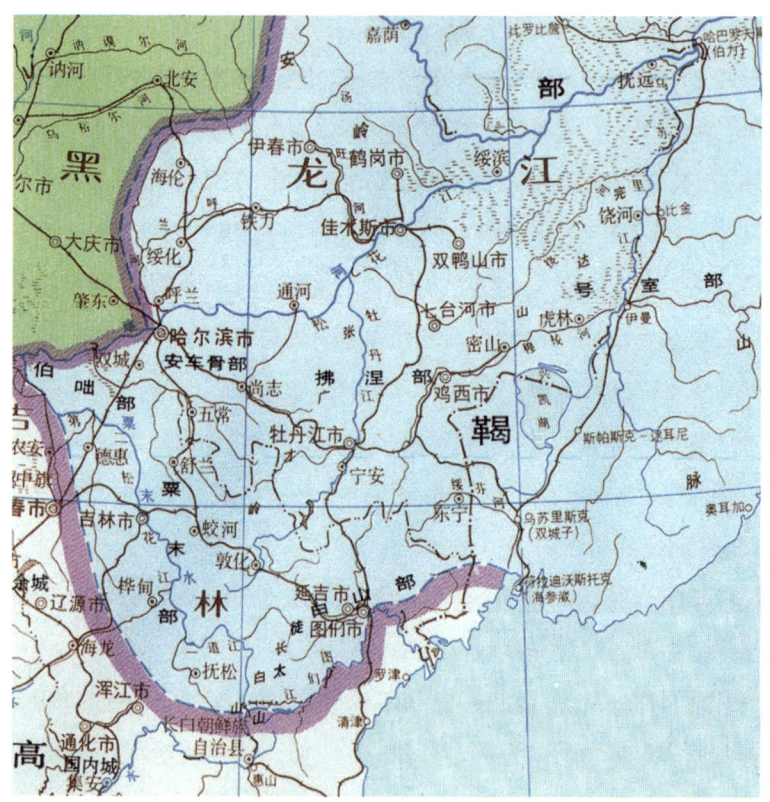

도면 86. 말갈 제부 분포도 세부(譚其驤 主編 1996)

역의 이만(달네레첸스크) 일대에 표시하였다. 속말 동남쪽에 있었다는 백산부는 백산이라는 명칭이 태백산, 즉 장백산에서 생겼을 것이고, 속말부가 태백산의 북쪽에 거주하였으니, 따라서 백산부는 태백산의 동북쪽, 즉 지금의 연변지구에 분포하였을 것이라 하였다. 지도에는 연길·도문 일대에 표시하였다.

흑수부는 『북사』, 『수서』, 『신당서』에 모두 안거골 서북쪽에 있다고 하였지만, 만약 그렇다면 흑수부가 당에 사절을 보낼 때 발해 영역을 경유할 필요가 없었을 것이고, 또 안거골 서북쪽에 해당하는 호란하 유역에는 두막루(豆莫婁)-달말루(達末累)가 분포하였기에 안거골 동북쪽에 있었을 것이라고 하였다. 또한 『구당서』 「흑수말갈전」에 "동북쪽으로 흑수말갈에 이른다(東北至黑

水靺鞨)"라고 하였음도 지적하였다. 따라서 "흑수부는 안거골 서북쪽에 있다(黑水部 在安車骨西北)"는 "흑수부는 안거골 동북쪽에 있다(黑水部 在安車骨東北)"의 오기라고 하였다. 흑수부 분포지역은 흑룡강 하류 지역으로 판단하였고, 지도에는 송화강과 흑룡강 합류 지점부터 흑룡강 하구까지 전 지역 및 사할린에 걸쳐 표시하였다(《中國歷史地圖集》編輯組東北小組 1979, 59~61쪽; 譚其驤 主編 1982, 19~20쪽)(도면 87).

도면 87. 말갈 제부 분포도(譚其驤 主編 1996)

따라서 《중국역사지도집》 편집조동북소조는 백돌부는 북류 송화강 하류 양안, 안거골부는 아십하 유역, 불열부는 목단강 유역, 호실부는 우쑤리강 유역에, 흑수부는 흑룡강 중류 및 하류 지역에 각각 분포한 것으로 이해하였음을 알 수 있다.

흑수부의 위치에 대한 그동안의 견해는 김락기가 표에 잘 정리하였는데, 그 중 몇몇을 보면 『길림통지』에서는 의란 동북 및 부금시 좌우, 히노 가이자부로(日野開三郎)는 의란 이동 흑룡강과 합류점에 이르는 송화강 유역 일대, 이케우치 히로시(池內宏)는 의란 이동 부금시 이서 송화강 연안, 이용범은 흑룡강 유역, 노태돈은 동류 송화강 하류 일대, 왕승례(王承禮)는 흑룡강과 송화강 합류 지점과 흑룡강 하류, 이전복(李殿福)·손옥량(孫玉良)은 흑룡강 하류, 손진기(孫進己)·풍염겸(馮永謙)은 흑룡강과 송화강 합류지 일대, 장태상(張泰湘) 등은 흑룡강 중하류, 우쑤리강·송화강 하류 일대, 샤브꾸노프는 목릉하 유역, 우쑤리강 상류, 왕우랑(王禹浪)은 조주(肇州)·조원(肇源)·조동(肇東) 지구 송화강 중류 좌안, 장국종은 하바롭스크 부근, 요중수(姚中岫)는 흑룡강 중하류 및 사할린, 진현창(陳顯昌)은 흑룡강 중하류 남북의 광대지구, 장박천(張博泉)·위존성(魏存成)은 흑룡강·송화강 합류 지점 이하로 각각 비정하였다(김락기 2013, 162쪽 표 17).

이렇게 의견이 분분한 것은 문헌 자료의 도움을 통해 흑수부의 위치를 탐색하였기 때문으로서 연구자의 관점에 따라 차이가 날 수밖에 없을 것이다. 그렇다면 흑수말갈 흑수부(黑水部)는 어디에 있었을까?

필자는 최근 학계에서 흑수말갈의 고고학 문화로 인정되고 있는 나이펠드-동인 문화 1단계의 유적과 흑수주 치소 문제를 연구한 적이 있다(정석배 2023)[14]. 나이펠드-동인 문화는 1단계(5~7세기), 2단계(8~9세기), 3단계(10~12세기)로 구분되고 있다(Нестеров С.П. 2001, 162쪽). 이 문화의 1

---

14. 이하 나이펠드-동인문화 1단계의 유적과 흑수주 치소 등에 관한 내용은 필자의 이전 글(2023)에서 대부분 가져온 것임을 밝힌다.

단계에 속하는 유적에서는 공통으로 반구 혹은 광구 화병형 토기가 발견되었다(도면 88). 중국에서는 이 토기를 반구관(盤口罐)이라고도 부른다. 이 형식 토기는 말갈계통 토기 중에서는 가장 이른 형식 중의 하나이다.' 지금까지 반구 화병형 토기가 출토된 유적은 흑룡강(아무르강) 북쪽 지역에서는 블라고슬라벤노예-2 유적, 아무르제트 유적, 뻬뜨롭스꼬예 오제로 유적, 나이펠드 고분군, 꼬치꼬바뜨까 고분군이 있고, 흑룡강 남쪽 지역에서는 동인(同仁)유적, 사십련(四十連)유적, 단결(團結) 고분군, 강안고성(江岸古城)이 있다. 아직 발굴조사가 되지는 않았지만, 북쪽으로 우릴강 동쪽의 소하띠느이성과 체스노치하성도 이 단계 나이펠드-동인문화에 속할 가능성이 있다(도면 89).

이 유적들은 모두 동류 송화강 하류 부안까 소흥안령 동쪽의 흑룡강 중류 일대에 분포한다. 강으로 이야기하면 서쪽은 동류 송화강의 북쪽 지류인 오

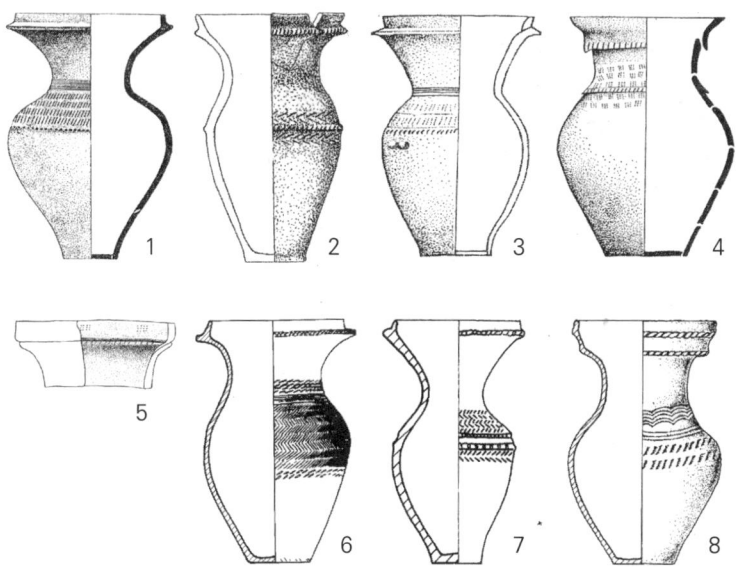

도면 88. 흑수말갈 나이펠드-동인 문화 1단계 반구 및 광구 화병형 토기: 1 - 블라고슬라벤노예-2 유적(Дьякова О.В. 1984), 2 - 아무르제트 유적(Медведев В.Е. 2009), 3 - 뻬뜨롭스꼬예 오제로 유적(Дьякова О.В. 1984), 4 - 나이펠드 고분군(Деревянко А.П. 외 1999), 5 - 꼬치꼬바뜨까 고분군(Дьякова О.В. 1984), 6 - 동인(同仁)유적(黑龍江省文物考古硏究所 외 2006), 7 - 단결(團結) 고분군(黑龍江省文物考古硏究所 1989), 8 - 사십련(四十連)유적(黑龍江省文物考古硏究所 2010).

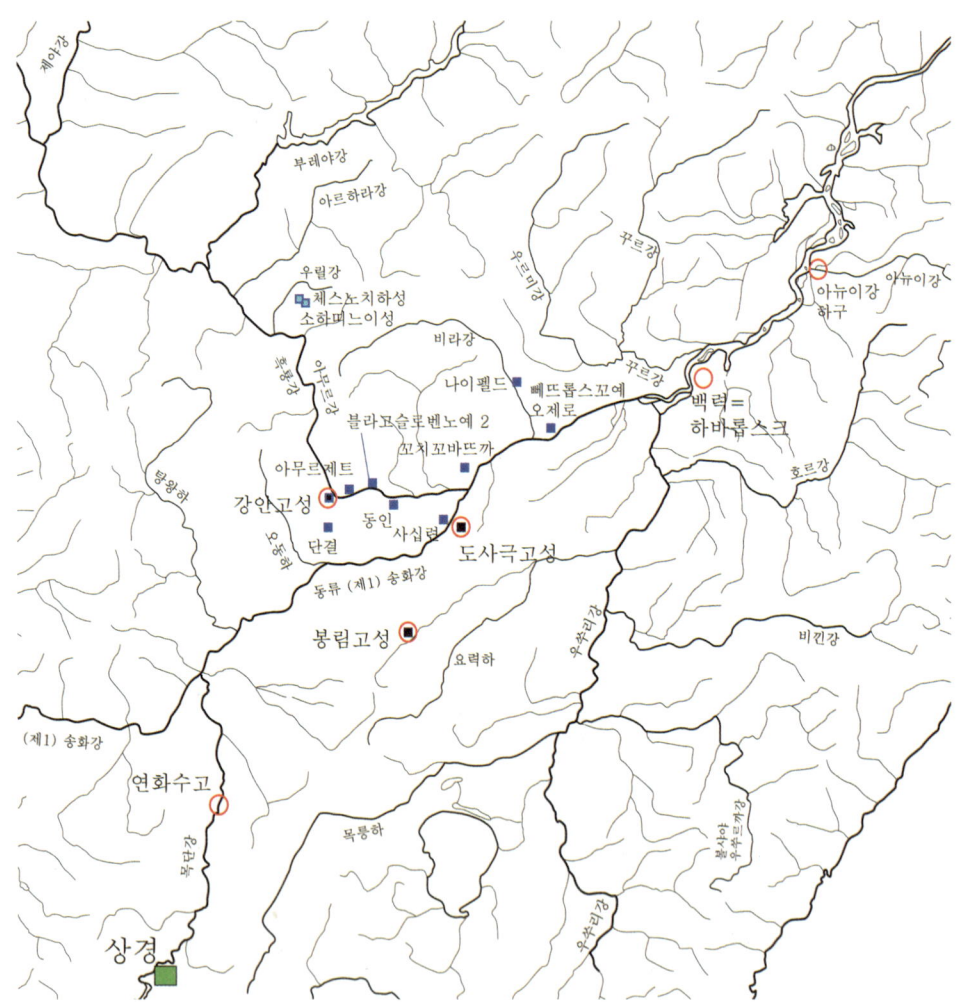

도면 89. 흑수말갈 나이펠드-동인 문화 1단계 유적 분포현황과 추정 흑수주도독부 위치(정석배 2023, 필자 수정 재편집)

동하(梧桐河)에서 북쪽의 흑룡강 북쪽 지류인 아르하라강을 잇는 선까지 동쪽은 흑룡강의 북쪽 지류인 비라강 하류와 우르미강 사이 지역이 해당된다.

다만 필자가 여기에서 말하는 나이펠드-동인문화 1단계의 흑수말갈은 흑수 제부 중에서 흑수부(黑水部)만을 염두에 둔 것이다. 흑수말갈 분포 범위를 파악한 이상 흑수말갈의 중심지를 밝히는 것은 그렇게 어려운 문제가 아닐 것이다. 이와 관련하여 흑수말갈의 중심지 위치와 관련된 그동안의 연구내용을 살펴보기로 하겠다. 흑수말갈의 중심지는 예속리계를 발리주자사에 제수한 것으로 보아 발리주에 있었을 것이고, 또 그곳에 당이 설치한 흑수주 혹은 흑수부의 소재지도 있었을 것이다.

흑수주의 치소 혹은 흑수주도독부의 치소에 대해서는 여러 의견이 제시된 바 있다. 지금까지 흑수주 치소에 대해서는 백력(伯力, 하바롭스크)설, 아뉴이강 하구설, 동강(同江)설, 봉림고성(鳳林古城)설, 강안고성(江岸古城)설, 목단강 (연화수고) 시하진(柴河鎭)설 등이 제시된 바 있다(王禹浪·王俊錚 2020, 55~56쪽)(도면 89).

백력설은 백력(伯力, boli)이 발음이 예속리계가 자사로 임명된 발리주(勃利州)의 발리(勃利, boli)와 비슷하여 제시된 의견이다(孫進己·馮永謙 1989, 302쪽). 백력(伯力)은 지금의 하바롭스크를 말한다(도면 90). 하바롭스크 일대에서는 지금까지 이 의견을 뒷받침할 수 있는 고고학적인 증거가 전혀 발견되지 않았다. 하바롭스크 동쪽 시카치-알랸 유적은 나이펠드 문화로 간주되

도면 90. 하바롭스크 아무르스끼 우뚀스 절벽 전망대에서 본 상류 방향 아무르강-흑룡강(필자 촬영)

기는 하나 3단계 10~13세기로 편년되고 있어(Нестеров С.П., 2001, 169쪽), 흑수주도독부와는 아무런 관련이 없다.

아뉴이강 하구설은 흑수주도독부의 치소가 청대 돈돈(敦敦) 지방 부근인 지금의 아무르강 하류 아뉴이강 하구 지역에 위치하였다는 의견이다(《中國歷史地圖集》編輯組東北小組 1979, 87~88쪽). 지금의 아뉴이강은 강희 『황여전람도(皇輿全覽圖)』에 "돈돈하(墪墪河)"로, 가경 『대청일통지(大淸一統志)』 권67 「길림(吉林) 1」에 "돈돈하(敦敦河)"로 기록되어 있다(張博泉 1985, 209쪽, 재인용)(도면 91). 아뉴이강 하구설에 대해 왕우랑 등은 이곳에 아직 당대의 취락지 등 유적이 전혀 발견되지 않았기 때문에 수긍할 수 없다고 하였다. 사실 아뉴이강 하구 지역에는 뽀끄로브까 문화에 속하는 취락지와 고분군 등이 분포한다. 오늘날 흑수말갈과 관련이 있다고 생각되는 나이펠드-동인문화 유적은 발견된 것이 없다. 따라서 이 설도 받아들이기 힘들다.

동강설은 동강시 낙업진(樂業鎭) 부근의 도사극고성(圖斯克古城)을 흑수주도독부 치소로 보는 의견이다. 이것은 이곳을 혁철족(赫哲族) 사람들이 만주어로 "흑성(黑城)"을 뜻하는 "살이곽통(薩爾霍通 saerhuotong)"이라 부르고,

도면 91. 아뉴이강 다리에서 본 상류 방향 아뉴이강(필자 촬영)

명대 "해서동수륙성참(海西東水陸城站)" 역참에 "고랑올참(考郞兀站)"이 있었는데 "고랑올"은 몽골어 "哈拉木倫 halamulun"의 쾌독음(快讀音)으로서 흑수(黑水)를 뜻하며, 명대 현성위(玄城衛)가 지금의 부금(富錦) 근처에 있었는데 도사극고성과 멀지 않는 곳이며 또 현(玄)은 흑(黑)과 같은 뜻이라는데 근거한다(王禹浪·王俊錚 2020, 52쪽, 재인용). 동강설은 백력설과 마찬가지로 언어학적인 자료에 근거하고 있는데 이 설에서 흑수주도독부 치소로 비정되는 도사극고성은 나이펠드-동인문화와는 관련이 없는 요나라 단계의 뽀끄로브까 문화 유적에 속한다. 필자는 2019년에 도사극고성을 방문한 적이 있는데 성 내외에서 중국에서 요대 오국부문화라고 말하는 단계의 뽀끄로브까 문화 토기편들을 확인할 수 있었다(도면 92).

봉림고성설은 이 설을 제기한 왕우랑(王禹浪)이 나중에 이 유적에서 말갈의 유물이 전혀 발견되지 않았다는 사실에 근거하여 스스로 폐기하였다(王禹浪·王俊錚 2020, 56쪽). 필자도 이 유적을 답사한 적이 있는데 말갈계 유물을 찾을 수 없었다(도면 93).

봉림고성설은 『신당서』「흑수말갈전」의 "흑수말갈은 숙신 땅에 거주하는데 또한 읍루라고도 하며 원위 때에는 물길이라고 불렀다(黑水靺鞨居肅慎地亦曰挹婁 元魏時稱勿吉)"라는 기록과 관련하여 봉림고성이 읍루의 통치 중심이었고, 이후 물길 말갈이 점유하면서 흑수부(黑水部)의 통치 중심이 되었다

도면 92. 도사극고성 모습, 동쪽 모서리 부분에서(필자 촬영)

도면 93. 봉림고성 모습, 남벽 동쪽 가까이에서(필자 촬영)

가, 나중에 당대 흑수부(黑水府)가 이곳에 설치되었을 것이라는 의견이다. 이 관점에서 나중에 발해가 흑수부(黑水部)를 정복한 다음에는 이곳에 발해의 정리부가 설치되었다고 판단하였다. 이 설에서는 덕리(德理, deli)와 정리(定理, dingli)가 같은 음을 다르게 적은 동음이사(同音異寫)이기에 덕리부와 정리부를 읍루의 옛땅인 봉림고성에서 찾아야 한다고 하였다(王禹浪 1997, 62쪽).

목단강 시하진설은 발해 발주(渤州) 치소로 여겨지는 목단강 유역의 남성자고성(南城子古城)을 이웃하는 말갈계 토기가 출토된 석장구(石場溝) 고분군을 통해 예속리계가 자사로 임명된 발리주(勃利州)의 치소였을 것으로 보면서, 흑수군(黑水軍)의 주둔지는 발리주 치소와 멀지 않은 곳에 있었을 것인데 그곳이 바로 하구와 진흥유적 등이 조사된 연화수고(蓮花水庫) 시하진(柴河鎭) 일대라는 의견이다. 이 의견에서는 목단강 유역에서 발굴된 하구(河口)와 진흥(振興) 유적의 제4기는 흑수말갈 계통의 문화유존이고, 제5기는 발해문화에 속하기 때문에 이곳은 대무예의 "척대토우(斥大土宇)"가 도달한 지역으로 볼 수 있다고 하였다. 바로 그 흑수군의 주둔지에 흑수주도독부 치소가 있었다고 생각하는 것이다(魏國忠 2016, 11~13쪽). 목단강 시하진설, 정확하게 말한다면 목단강 시하진 연화수고 일대설은 흑수주도독부 치소에 대해 구체적인 유적을 지목하지 못하고 대략적인 위치만을 설정하였다는 한계가 있다.

강안고성설은 학강시(鶴崗市) 지역에 약 100곳의 당나라 시기 흑수말갈 유적이 있다고 하면서 이곳은 남흑수말갈 분포의 중심 지역이었음이 틀림없고, 학강시 소속의 나북 강안고성은 흑수말갈이 분포한 흑룡강 중류 양안 지구에서 가장 큰 고성이기 때문에 당대 흑수주도독부의 치소였을 것이라는 의견이다(鄧樹平 2011, 52쪽).

필자가 볼 때 흑수주도독부 치소에 대한 여러 의견 중 강안고성설이 가장 설득력이 있다. 비교적 최근인 2011년에 등수평이 제기한 이 의견은 과거 봉림고성에 당나라 흑수부(黑水府), 발해 정리부(定理府) 및 덕리부(德理府)가 있었다고 생각한 적이 있는 왕우랑에 의해서도 지지받고 있다.

강안고성(江岸古城)은 흑룡강성 나북현 연군(延軍)농장 3대 동남쪽 약 2.5㎞ 거리에 위치한다. 이곳은 흑룡강과 압단하(鴨蛋河) 및 소니하(小泥河)가 만나는 곳으로서 소흥안령의 동쪽 가장자리 부근에 해당한다. 바로 흑룡강(아무르강)이 남쪽으로 흐르다가 동쪽으로 굽이지는 곳이며, 동남쪽의 명산(名山)과는 약 8㎞, 동쪽의 송화강·흑룡강 합수 지점과는 약 116㎞ 떨어져 있다.

강안고성은 대성(大城)과 위성(衛城)으로 구성되어 있다(도면 94). 북쪽, 동쪽, 남쪽이 흑룡강과 소니하에 의해 둘러싸인 대성은 둘레 길이가 700m이며, 성벽이 서쪽은 삼중, 남쪽은 이중이다. 토축 성벽이며, 북쪽의 흑룡강과 약 140m 떨어져 있다. 위성은 대성의 서쪽 237m 거리에 위치한다. 위성은 평면이 타원형이며, 둘레 길이는 220m이고, 대성보다 지세가 조금 높다. 성벽은 1줄이고, 성벽 두께는 약 1.4m, 높이는 약 0.8m이다. 바깥에 너비 약 2m, 깊이 약 0.6m의 해자가 둘려져 있다. 대성과 위성 내부뿐만 아니라 그 사이에서 장방형과 방형의 건축지 그리고 약 300기의 수혈주거지가 확인되었다. 수혈주거지는 크기가 대형은 8×8m, 소형은 5×5m이다. 주거지 함몰부에서 불에 탄 흔적이 있는 판석도 확인되었다. 유물은 토기편들이 수습되었

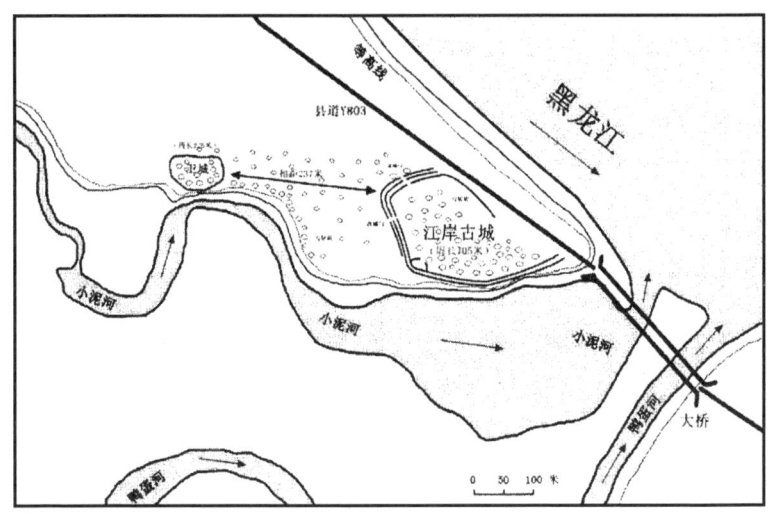

도면 94. 강안고성 현황도(王禹浪·王俊錚 2020)

는데 대부분 반구관(盤口罐), 반구교연관(盤口翹沿罐), 통형관이며, 문양은 망격문, 수선각문(竪線劃紋), 퇴문(堆紋), 구연의 거치문 등이 확인되었다(鄧樹平 2011, 51~52쪽; 王禹浪·王俊錚 2020, 66쪽).

강안고성에서 발견된 반구관(盤口罐), 다시 말해서 반구 화병형 토기는 동인 1기 1단계, 즉 나이펠드-동인문화 1단계에 속하는 유물임이 분명하다. 유적이 둘레 길이 700m의 대성과 서쪽으로 237m 떨어진 곳에 있는 둘레 길이 220m의 위성으로 구성되어 있고, 또 대성과 위성 내부는 물론이고 그 바깥에서도 주거지가 분포한다는 사실은 이 유적이 거주와 방어를 위한 대형 방어-취락 복합유적이었음을 말해준다. 필자가 알기로 강안고성 복합유적은 전체 규모가 지금까지 알려진 말갈 유적 중에서는 규모가 가장 큰 것 중의 하나이다.

다만 이 유적이 726년 흑수주 혹은 흑수부가 설치될 때까지도 계속해서 존속하였는가의 문제가 있다. 필자는 이 유적에서 발견된 유물을 아직 실견하지 못하였기에 확신할 수는 없지만, 나이펠드-동인문화 1단계에 속하는 블라고슬로벤노예 2 유적, 나이펠드 고분군, 단결고분군, 사십련 유적 등에서 출토된 토기 중에는 반구 화병형 토기 이외에 상대적으로 늦은 시기에도 사용되었던 이중 구순 협타 토기도 있다. 아마 강안고성도 마찬가지일 것이다. 그리고 발해가 이곳을 공략하기 전까지는 그곳 사람들의 삶이 계속해서 이어졌다고 보는 것이 순리일 것이다. 강안고성이 발해 왕성 상경성에서 북쪽으로 약 420㎞ 떨어진 곳에, 다시 말해서 약 1천 리의 거리에 위치하는 것은 『신당서』 「지리지」의 "발해왕성... 그 북쪽으로 덕리진을 지나 남흑수말갈에 이르기까지 천 리이다(渤海王城... 其北經德里鎭 至南黑水靺鞨千里)"라는 기록과도 상응한다.

따라서 흑수말갈의 중심지인 발리주(勃利州)이자 나중에 흑수부(黑水府) 혹은 흑수주(黑水州)가 설치된 곳은 강안고성이 분명하다고 하겠다.

그런데 강안고성은 흑룡강(아무르강)의 남쪽에 위치한다. 그렇다면 강안고성은 남흑수말갈의 중심지일 것이다. 흑수말갈이 남흑수말갈과 북흑수말갈로 나뉜다는 사실은 상기한 『신당서』 「지리지」 외에 실위와 관련된 다음의 기록을 통해서도 잘 알려져 있다.

『구당서』 「실위전」 : 그 북쪽 대산의 북쪽에는 대실위부락(大室韋部落)이 있는데 그 부락은 망건하(望建河) 곁에 거주한다. 그 강은 원천이 돌궐 동북쪽 경계 구륜박(俱輪泊)에서 나오며, 굽이져 동쪽으로 흘러 서실위(西室韋) 경계를 지나고, 또 동쪽으로 대실위 경계를 지나며, 또 동쪽으로 몽올실위(蒙兀室韋) 북쪽을 지나 낙조실위(落俎室韋) 남쪽을 지나고, 또 동쪽으로 흘러 나하(那河) 및 홀한하(忽汗河)와 합쳐지고, 또 동쪽으로 흘러 남흑수말갈(南黑水靺鞨) 북쪽과 북흑수말갈(北黑水靺鞨) 남쪽을 지나 동쪽으로 바다에 흘러 들어간다(其北大山之北有大室韋部落 其部落傍望建河居 其河源出突厥東北界俱輪泊 屈曲東流 經西室韋界 又東經大室韋界 又東經蒙兀室韋之北 落俎室韋之南 又東流與那河忽汗河合 又東經南黑水靺鞨之北 北黑水靺鞨之南 東流注于海. 烏丸東南三百里 又有東室韋部落 在猫越河之北. 其河東南流 與那河合). (동북아역사재단 2011b, 690~693쪽, 번역 일부 수정).

그렇다면 북흑수말갈의 중심지는 어디였을까? 필자는 나이펠드-동인문화 1단계 유적분포와 주변의 유적 현황을 분석한 결과 우릴강(река Урил)과 그랴즈나야강(река Грязная) 사이에 위치하는 소하띠느이성(городище на ключе Сохатином)이 규모와 입지로 보아 북흑수말갈의 중심지가 아닌가 의심하게 되었다.

소하띠느이성은 강안고성에서 북북서쪽으로 약 160㎞ 떨어져 있고, 그곳 부근 흑룡강에서는 북쪽으로 약 22㎞ 떨어져 있다. 성은 나지막한 구릉의 넓은 등성이를 따라 서남-동북 방향으로 축조하였는데 성벽의 크기가 길이 500m, 폭 200m로 보고되었다. 전체 둘레 길이 대략 1,400m의 이 성은 지금까지 알려진 말갈성 중에서는 규모가 가장 크다. 성벽 바깥에는 해자가 있고, 성 내에서는 100기 이상의 수혈식 주거지가 확인되었다(정석배 외 2023d, 416~417쪽; Зайцев Н.Н., Шумкова А.Л., 2008)(도면 95).

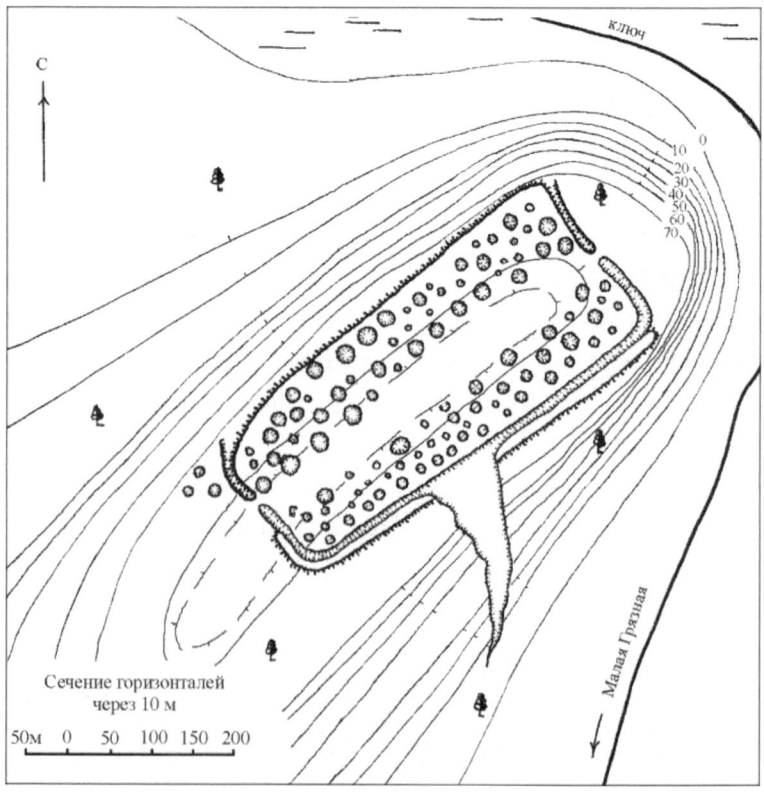

도면 95. 소하띠느이성 현황도(Зайцев Н.Н., Шумкова А.Л., 2008, 필자 재편집)

따라서 흑수제부 중 흑수부(黑水部)와 관련된 유적분포 범위가 확인되었고, 또 남흑수말갈의 중심지가 강안고성인 것으로 판단되고 있다. 그렇다면 남흑수말갈과 발해의 경계는 어디였을까? 이와 관련해서는 발해와 남흑수말갈의 경계에 대해 말해 주는 사서의 다음 기록을 참고할 필요가 있다.

『신당서』「지리지」: 발해왕성... 그 북쪽으로 덕리진을 지나 남흑수말갈에 이르기까지 천 리이다 (渤海王城... 其北經德里鎭 至南黑水靺鞨千里). (고구려연구재단 편 2004b, 412쪽).

『당회요』권96「말갈전」: 옛날에 말하기를, 흑수(黑水)의 서북쪽에는 사모말갈(思慕靺鞨)이 있었고, 정북에서 조금 동쪽으로 10일을 가면 군리말갈(郡利靺鞨)이 있었고, 동북쪽으로 10일을 가면 굴설말갈(窟說靺鞨)이 있었는데 또한 굴설(屈說)이라 부르기도 하였다. 동남쪽으로 10일을 가면 믹에개밀갈(臭曳皆靺鞨)이 있다. 지금의 흑수말갈 경계는 남쪽으로 발해국 현덕부(顯德府)와 경계하며, 북쪽은 소해(小海)에 이르고, 동쪽은 대해(大海)에 이르며, 서쪽은 실위(室韋)에 이른다. 남북 약 2천 리이고, 동서 약 1천 리이다(舊說 黑水西北有思慕靺鞨 正北微東十日程 有郡利靺鞨 東北十日程 有窟說靺鞨 亦謂之屈說 東南十日程 有莫曳皆靺鞨 今黑水靺鞨界南 與渤海國顯德府 北至小海 東至大海 西至室韋 南北約二千里 東西約一千里). (고구려연구재단 편 2004b, 561쪽).

『태평환우기』(권175)「물길전」: 옛날에 말하기를, 흑수(黑水)의 서북쪽에는 사모말갈(思慕靺鞨)이 있었고, 정북에서 조금 동쪽으로 10일을 가면 군리말갈(郡利靺鞨)이 있었고, 동북쪽으로 10일을 가면 굴설말갈(窟說靺鞨)이 있었는데 또한 굴설(屈說)이라 부르기도 하였다. 동남쪽으로 10일을 가면 막예개말갈(莫曳皆靺鞨)이 있다. 지금의 흑수말갈 경계는 발해의 덕부(德府)에 이르며, 북쪽은 소해(小海)에 이르고, 남쪽은 대해(大海)에 이르며, 서쪽은 실위(室韋)에 이른다. 남북 약 2천 리이고, 동서 약 1천 리이다(舊說 黑水西北有思慕靺鞨 正北微東十日程 有郡利靺鞨 東北十日程 有窟說靺鞨 亦謂之屈說 東南十日程 有莫曳皆靺鞨 今黑水靺鞨界至渤海德府 北至小海 南至大海 西至室韋 南北約二千里 東西約一千里). (臺灣商務印書館 1983, 617쪽).

위의 『신당서』「지리지」와 『태평환우기』에는 흑수말갈과의 경계가 덕리진 혹은 덕부라고 하였는데, 『당회요』「말갈전」에서는 현덕부라고 하였다. 발해 현덕부는 상경용천부보다 더 남쪽에 위치하기에 흑수말갈과의 경계가 될 수가 없다. 따라서 현덕부는 덕부(德府)의 오기임이 분명하다.

여기에서 잠깐 『태평환우기』의 덕부(德府)에 대해 언급할 필요가 있는데, 일반적으로 덕부(德府)가 아니라 덕리부(德理府)로 기록된 것으로 인식되고 있기 때문이다. 김육불 역시 『태평환우기』에 덕리부(德理府)로 기록된 것으로 보았다(김육불 편저 / 발해사연구회 옮김 2008b, 344~345쪽). 필자가 참고한 대만상무인서관(臺灣商務印書館)에서 펴낸 『경인 문연각사고전서 제470책(景印 文淵閣四庫全書 第470冊)』에 수록된 『태평환우기』에는 분명히 덕부(德府)라고 되어 있지만, 필자가 참고하지 못한 『태평환우기』의 다른 본에는 덕리부(德理府)로 적혀 있을 수도 있다.

그런데 사고본계통(四庫本系統)의 『당회요』에는 "흑수말갈의 경계는 남쪽으로 발해국 덕리부(德里府)에 가까이 있다(在黑水靺鞨界 南近渤海國德里府)"라고 적혀 있다고 한다(王孝華·劉曉東 2022, 125~126쪽).

덕부(德府) 혹은 덕리부(德里府)는 발해 15부에는 포함되지 않았지만, 실제로 있었던 부(府)의 명칭인 것만큼은 분명할 것이다. 그렇다면 발해 덕부 혹은 덕리진은 어디에 있었을까? 사실 발해 왕성에서 남흑수말갈까지 천 리라고 하였는데, 덕리진을 지나 천 리라고 하였으니, 남흑수말갈의 중심지까지 천 리라는 말일 것이다. 다시 말해서 발해와 흑수말갈의 경계는 발해 왕성에서 천 리보다 더 적은 거리에 있었다고 보아야만 한다.

일찍이 『만주원류고』에서는 덕리진의 위치와 관련하여 "지금 영고탑성 서쪽 90리의 악마화호(鄂摩和湖) 동쪽에 있는 요사란참(繞沙蘭站) 남쪽으로부터 호이합하(呼爾哈河)에 이르기까지 큰 돌이 있는데 너비가 20여 리요, 면적이 1백여 리에 달한다. 이 돌은 거울과 같이 편평하고, 크고 작은 구멍이 수도 없이 나 있는데, 어떤 것은 둥글고 어떤 것은 네모나고, 6각과 8각형으로 된 것도 있고, 어떤 것은 우물 같기도 하고, 대야 같기도 하고, 혹은 아가리가 주발 같은 것도 있다고 한다... 이름하여 덕림옥혁(德林沃赫)이라고 하고 세간에서는 흑석전자(黑石甸子)라고 한다... 호이합하는 바로 발해의 옛 도읍지가 있었던 곳이므로 진(鎭)의 이름은 여기서 취했을 것으로 생각된다"라고 하였다(장진근 역주 2008, 293~294쪽).

악마화호(鄂摩和湖)는 영고탑 서쪽 90리에 있다고 하였으니 지금의 경박호가 분명할 것이다. 호이합하는 목단강이다. 경박호 북쪽에는 현무암 대지가 아주 넓게 분포하고 있는데 멀리서 보면 위가 편평하다. 현무암의 색이 검어 세간에서 흑석(黑石)이라고 했을 것이다. 필자는 2014년에 이곳 현무암 대지지역을 방문한 적이 있어 『만주원류고』 기술 내용을 바로 이해할 수 있었다. 기술된 내용으로 보아 경박호 북쪽의 현무암 대지를 덕림석(德林石)이라 하였고, 이곳이 발해 덕리진이었을 것으로 추정한 것이다. 다만 이곳은 상경용천부 서쪽 부근으로서 발해와 남흑수말갈의 사이가 아니다.

김육불은 오승지(吳承志)가 "덕리진은 삼성에 가까울 것이다. 삼성은 닉뇌객라(諾雷喀喇), 극의극늑객라(克宜克勒喀喇), 호십합리객라(祜什哈哩喀喇)로써 얻은 이름이다"라고 한 의견에 동의하였다. 그는 『명일통지』에서 호십합리(祜什哈哩)를 올리합리(兀里哈里)라고 했는데, 올(兀, wu)과 특(特, te)은 소리가 비슷하니 아마 덕리일 것이라고 하였다(김육불 편저 / 발해사연구회 옮김 2008b, 346~347쪽).

그런데 이후 많은 연구자가 덕리진 혹은 덕[리]부가 삼성, 즉 지금의 의란 일대에 있었다는 의견에 동조하였다. 예를 들어, 와다 키요시(和田淸)는 발해의 15부 중에 덕리부(德理府, delifu)라는 명칭이 없기에 덕리부는 동음의 철리부(鐵利府, tielifu)가 틀림없을 것이고, 그곳은 목단강과 송화강이 합류하는 지점의 좌안, 즉 삼성 대안의 진명(鎭名)일 것이라고 하였다(和田淸 1955, 99~100쪽). 한편 진현창은 덕리부가 바로 정리부(定理府)일 것으로 생각하여, 그 소재지가 의란 일대 송화강의 동쪽·동남쪽 지역일 것으로 판단하였다(陳顯昌 1985, 131쪽).

왕우랑(王禹浪)도 덕리부가 정리부라는 의견을 제시하였다. 그 근거는 덕리(德理)와 정리(定理)가 같은 음을 다르게 적은 동음이사(同音異寫)라는 것이다. 왕우랑은 『태평환우기』의 "지금의 흑수말갈 경계는 남쪽으로 발해국의 덕리부에 이르며(今黑水靺鞨界 南至渤海國德理府)"에서 "지금"은 원화(元和) 11년(816)이라고 보고 816년 이후에 발해가 흑수말갈을 공략하여 덕리부, 즉 정리부를 설치한 것으로 판단하였다. 정리부는 읍루의 옛땅에 설치하였기에 읍루의 옛땅에서 통치의 중심이 되는 칠성하(七星河) 유역의 봉림고성(鳳林古城)이 바로 덕리부의 소재지라고 보았다. 그것은 봉림고성이 외성 둘레 길이가 6,000m 정도인 대형의 성이기 때문이었다. 그는 또한 읍루(挹婁, yilou)를 발해 때에는 우루(虞婁, yulou)로 불렀다고 하였다. 전체적으로 덕리부는 흑룡강성 화천현(樺川縣), 집현현(集賢縣), 보청현(寶淸縣), 우의현(友誼縣)에서 구해야 할 것이라고 하였다. 그런데 왕우랑은 덕리부와 덕리진은 다른 장소로 보았다. 덕리진은 발해 왕성의 북쪽 해림현(海林縣) 경내에서 찾아야 할 것인데 해림현 동북쪽에서 칠성하 유역의 봉림고성까지 마침 약 1,000리가 된다고 하였다(王禹浪 1997, 58~63쪽).

　이후 유가명(劉加明)도 덕리부는 정리부이고 정리부를 설치한 읍루는 발해 때에 우루로 불리었다고 생각하였다. 하지만 왕우랑과는 달리 덕리부와 덕리진은 같은 장소일 것으로 판단하였다. 그는 무왕 대무예 때 발해 군대의 진군 노선과 방향을 추정하여 덕리진의 위치를 추정하였다(도면 96). 발해 군대가 지금의 돈화 지방에서 출발하여 목단강 연안을 따라 북쪽으로 진군하면서 나중에 조성한 상경성 지역을 지나고, 또 남성자고성을 지나 먼저 지금의 의란 일대에 도착하였을 것으로 보았다. 이곳에서 동북쪽으로 가면 바로 우루의 세력 범위인데 바로 지금의 화천, 집현, 우의, 보청 일대에서 발해국의 덕리진에 도달하였을 것이라고 하였다. 그곳이 바로 발해국과 흑수말갈의 경계구역일 것인데 덕리진을 지나 북상하여 남흑수말갈의 땅에 도달하였을 것으로 추정하였다. 다만 유가명은 왕우랑과는 달리 정리부의 구체적인 위치는 알 수가 없다고 하였다(劉加明 2020, 57~59쪽).

　덕리진을 목단강 유역의 남성자고성(도면 97)으로 보는 의견도 있다. 유효동(劉曉東)·나보삼(羅葆森)·도강(陶剛)은 발해 상경용천부에 설치된 발주(渤州)가

도면 96. 유가명의 발해 군대 진군노선과 덕리진(劉加明 2020)

도면 97. 남성자고성 모습, 서벽 안쪽에서(필자 촬영)

둘레 길이 2,060m의 남성자고성이었다고 주장하면서, 흑수말갈의 발주(勃州) 혹은 발리주(勃利州)도 그곳에 있었을 것이라고 하였다. 남성자고성을 발리주와 관련시킨 근거 중 하나는 남성자고성 북쪽의 들판을 과거에 박늑과전자(博勒棵甸子, 博勒, bole)라고 부르고, 또 성 남쪽 40리의 산을 박력합달(博力哈達, 博力, boli)이라 부르는 등 주변의 지명 등 명칭이 발리(勃利, boli)와 같다는 것이다. 발해 덕리진을 이곳으로 보는 근거는 발리(勃利, boli)와 덕리(德里, deli)는 음이 서로 가깝고, 서로 다르게 표현된 한자 역음(譯音)이라는 것이다. 또한 그들은 『신당서』「지리지」의 "발해왕성… 그 북쪽으로 덕리진을 지나 남흑수말갈에 이르기까지 천 리이다(渤海王城… 其北經德里鎮 至南黑水靺鞨千里)" 등의 기록으로 보아 덕리진은 발해왕성에서 멀지 않은 곳에 있었을 것이라 하였다. 발리 혹은 발리주와 관련된 사서의 기록은 다음을 제시하였다.

『신당서』「흑수말갈전」(권219 열전 제144 북적 흑수말갈) : 개원 10년(722)에 그 추장 예속리계(倪屬利稽)가 내조하니 현종이 그를 발리주자사(勃利州刺史)에 제수하였다(開元十年 其酋長 倪屬利稽來朝 玄宗卽拜勃利州刺史). (국사편찬위원회 1990b, 440쪽, 446쪽).

『책부원구』(권975 外臣部 褒異2) : 흑수 추장 예속리계가 내조하자 발주(勃州) 자사에 제수하였다(黑水酋長倪屬利稽來朝 授勃州刺史). (고구려연구재단 편 2004b, 536쪽).

유효동 등은 발해가 부와 주를 고구려나 말갈의 옛땅에 설치한 것이 다수인데, 발주(渤州)도 흑수의 발주(勃州)에 설치하였을 것으로 생각하였고, 또 여러 사서와 묘지 등에 발(渤)과 발(勃)이 혼용되어 사용되었음을 지적하였다. 그들은 예속리계가 발리주 자사에 임명된 후인 개원 14년(726)에 대무예가 흑수를 공격하였고, 이후 개원 20년(732)에는 다시 수륙양로로 당나라를 공격하였고, 또 대무예가 사망한 다음에는 흑수가 당에 조공한 기록이 없는 점을 지적하면서, 대무예의 흑수 공격 때 흑수가 크게 타격을 받았을 것이라고 하였다. 흑수의 여러 부 중에서 발리부(勃州部)가 일찍 당에 조공한 것으로 보아 발리부는 흑수 중에서 가장 남쪽에 있었을 것이고, 바로 발해가 이곳을 취하여 발주(渤州)를 설치하였다는 주장이다(劉曉東·羅葆森·陶剛 1987, 42~44쪽).

최근에는 유효동 등이 다시 한번 발해 덕리진이 남성자고성에 있었다고 주장하였다. 왕효화(王孝華)·유효동(劉曉東)은 먼저『당회요』와 관련하여 북송의 왕부(王溥)가 당나라 소면(蘇冕)의『회요(會要)』와 최현(崔鉉)의『속회요(續會要)』를 포괄하여 편찬하였으나 송(宋) 각본『당회요』는 전하지 않고, 그 초고가 전해진 것이 청나라 건륭 연간에 "사고전서(四庫全書)"를 개관하면서 관신(館臣)의 교정과 보정이 이루어졌고, 무영전취진본(武英殿聚珍本)과 사고전서(四庫全書本) 두 개의 판본이 형성되었음을 지적하였다. 전자를 전본계통(殿本系統) 혹은 통행본계통(通行本系統)이라 부르고, 후자를 사고본계통(四庫本系統)이라 부르는데 지금까지 우리가 활용한 진본계통『당회요』에는 "지금의 흑수말갈 경계는 남쪽으로 발해국 현덕부(顯德府)와 경계한다(今黑水靺鞨界 南與渤海國顯德府)"라고 적혀 있지만, 사고본계통『당회요』에는 "흑수말갈의 경계는 남쪽으로 발해국 덕리부(德里府)에 가까이 있다(在黑水靺鞨界 南近渤海國德里府)"라고 적혀 있다는 것이다. 따라서 사고본의 "덕리부(德里府)" 명칭을 채택하는 것이 옳다고 하였다. 또한『신당서』「발해전」에 "상경... 그 남쪽을 중경으로 삼고 현덕부라 하였다(上京... 其南爲中京 曰顯德府)"라고 하였으니,『당회요』의 "현덕부"는 당연히 오기라고 하였다.

다음에는 덕리부(德理府, 德里府)는 행정구획을 말하고, 덕리진(德理鎭)은 군진(軍鎭)을 말한다고 지적하면서, 덕리진은 흑수말갈과의 경계에 설치한 군진이었다고 하였다. 나아가『신당서』「지리지」에 인용된 가탐『도리기』의 "발해왕성... 그 북쪽으로 덕리진을 지나 남흑수말갈에 이르기까지 천 리이다(渤海王城... 其北經德里鎭 至南黑水靺鞨千里)"라는 기록은 바로 발해 왕성에서 흑수로 가는 길(渤海入黑水道), 혹은 그 반대로 흑수에서 발해로 가는 길(黑水入渤海道)을 보여주며, 덕리진은 바로 그 교통로 상의 요충지에 있었을 것으로 보았다. 그러한 관점에서 둘레길이 2,060m의 남성자고성(南城子古城)은 상경성 북쪽으로 목단강 연안에서는 발해성 중에서 가장 규모가 크고, 동쪽의 노야령이 천연의 장벽을 이루고, 서쪽에 목단강 수로가 있고, 그 너머에는 목단강장성이 있어 발해 흑수도가 반드시 지나야 하는 길목임을 지적하였다.

두 연구자는 상기한 『신당서』「흑수말갈전」과 『책부원구』의 기록을 통해 흑수에 발리주(勃利州) 혹은 발주(勃州)가 있었음을 알 수 있다고 하였다. 흑수 발주 혹은 발리주를 남성자고성으로 보는 근거는 상기 논문과 거의 비슷하다. 이곳을 발해 덕리진으로 보는 근거는 남성자고성의 규모와 위치 외에도 덕리(德里), 덕리(德理), 발리(勃利)가 서로 다른(不同) 한자 역음(譯音)이라는 것도 있다. 두 연구자는 대무예가 흑수의 발리주를 취하여 덕리부(德里府)를 설치하였고, 발해 후기에 행정구역 개편이 이루어질 때 흑수말갈 처음의 주(州)의 지위를 복구하여 발주(渤州)로 개칭한 것으로 판단하였다(王孝華·劉曉東 2022, 125~129쪽).

따라서 지금까지 발해 덕리부 혹은 덕리진 위치에 대해 삼성, 즉 의란 일대, 화천현-보청현 사이의 봉림고성 혹은 그 일대 어느 곳, 그리고 남성자고성이라는 3가지 의견이 제시되었음을 알 수 있다. 그런데 세 의견 모두 음성학적 근거를 주요하게 내세우고 있다. 삼성 일대로 보는 의견은 삼성(三姓)의 하나인 호십합리(祜什哈哩)를 올리합리(兀里哈里)라고 했는데, 올(兀, wu)과 특(特, te)은 소리가 비슷하니 아마 덕리일 것이라는, 혹은 덕리부(德理府, delifu)는 철리부(鐵利府, tielifu)와 동음(同音)일 것이라는 주장에 근거한다. 화천현-보청현 사이로 보는 의견은 덕리(德理)와 정리(定理)가 같은 음을 다르게 적은 동음이사(同音異寫)이고, 정리부가 읍루의 옛땅에 설치하였기에, 덕리부와 정리부를 읍루의 옛땅에서 찾아야 한다는 것이다. 나중에는 이에 더해 발해가 흑수를 공격할 때의 발해 군대의 진군노선도 고려되었다. 남성자고성으로 보는 의견도 이 성이 발해 발주(渤州)이고, 발주(渤州)는 흑수 발주(勃州) 혹은 발리주(勃利州)에 설치하였고, 발리(勃利)와 덕리(德里)는 음이 서로 비슷하다는 것이다.

필자는 덕리진(德里鎭)을 군진(軍鎭)이었다고 지적한 왕효화(王孝華)·유효동(劉曉東)의 의견에 공감하면서, 덕리진을 군진이라는 관점에서 탐색해 보고자 한다. 다만 왕효화·유효동이 목단강 유역의 남성자고성을 덕리진으로 지목하면서, 발해가 흑수말갈의 발리주를 점령하고 그곳에 덕리진을 설치하였다고 한 것은 덕리진을 지나 남흑수말갈에 이른다는 문헌 자료의 내용과 부합하지 못한다.

다시 말해서 덕리진 혹은 덕리부는 흑수말갈의 발리 혹은 발리주가 아니라 그 남쪽에서 찾아야 할 것이다. 이와 관련하여 유가명(劉加明)의 의견이 주목된다. 유가명은 발해 제2대 무왕 대흠무의 군대가 흑수말갈을 공격할 당시의 진군노선을 돈화 일대에서 출발하여 목단강 연안을 따라 북상하면서 나중에 만들어진 옝안 발해진의 상경성 지역, 목단강 중류 우안의 남성자고성, 그 북쪽으로 발해유적이 다수 분포하는 하구(河口)와 목란집(木蘭集) 일대를 지나 먼저 목단강과 송화강이 합류하는 의란 일대에 도착하였을 것이라고 하였다. 다음에는 의란 일대에서 동북 방향으로 우루(虞婁)의 세력 범위인 화천, 집현, 우의, 보청 일대의 덕리진에 도착하였을 것으로 판단하였다. 바로 이곳이 발해와 흑수말갈의 경계 지역이고, 또 덕리진에서 북쪽으로 가면 남흑수말갈의 땅에 도달할 것이라고 하였다. 유가명은 덕리진의 위치를 특정하지는 못하고 다만 동류 (제1) 송화강 하류 동쪽의 화천, 집현, 우의, 보청 일대 어느 곳에 있을 것으로 추정하였고, 또 자신이 그린 〈渤海國軍至黑水靺鞨交通路線圖〉에 동류 송화강 하류 동쪽에 덕리진을, 동류 송화강 하구 부근에 흑수말갈을 표시하였고, 또 덕리진을 지나 동류 송화강 하구 쪽으로 발해 군대가 진군한 것으로 표시하였다(劉加明 2020, 57~59쪽, 圖 1)(도면 96).

필자는 발해의 군대가 목단강 우안을 따라 먼저 의란 일대까지 진군하였다가, 다시 동북쪽으로 동류 (제1) 송화강을 따라 진군하였다는 유가명의 의견에는 동의한다. 하지만 덕리진부터는 강안고성이 흑수말갈의 중심지로 밝혀졌기에 송화강을 건너 북쪽으로 진군하였다고 보는 것이 옳다고 생각된다. 그렇다면 덕리진은 강안고성과 가장 가까운 동류 송화강 하류 지역의 어느 곳에 있었다고 추정할 수 있을 것이다.

그런데 비교적 최근까지도 흑룡강성 지역에서 가장 북쪽의 발해유적은 의란보다 남쪽에 위치하는 것으로 인식되었다. 예를 들어, 2008년에 중국의 강옥가·조영군이 발해유적의 분포를 통해 흑룡강성 내 발해의 북쪽 경계 문제를 고찰한 적이 있다(姜玉珂·趙永軍 2008). 그들은 목단강-수분하 지역과 삼강평원 지역의 유적들을 검토하였는데, 삼강평원 지역에서는 아직 발해유적이 발견되지 않았음을, 그 서쪽 가장자리의 나북 단결유적 등은 흑수말갈의 유적임을 지적하였다. 그들이 제시한 발해유적 중 가장 북쪽으로 분포하는 유적은 목단강 하류 지역의 연통립자유적과 오도하자고성, 목릉하 하류 지역의 반립성자고성, 목릉하 하구에서 조금 남쪽 우쑤리강 가까이 안흥고성(남가기고성) 등이다. 따라서 그들은 이 유적들보다 조금 북쪽의 서쪽 의란과 동쪽 이만(비낀) 일대를 잇는 선을 흑룡강성에서 발해의 북쪽 경계일 것으로 판단하였다. 이 선은 의란에서 동쪽으로 왜긍하의 남쪽을 따라 밀산 부근부터는 목릉하의 북쪽을 따라 이만 일대까지 그어져 있다(도면 98).

그런데 필자는 『발해유적총람』 집필을 위해 흑룡강성 지역의 고구려계 발해유적을 탐색하던 중에 2015년에 발간된 『중국문물지도집 - 흑룡강분책』에 제시된 희이합성(希爾哈城) 발견 토기 대상파수 사진을 보게 되었고, 바로 고구려계통 발해 토기임을 확신하게 되었다. 또 2016년에 성벽 일부가 발굴된 와리확탄성(瓦里霍呑城)에 대한 자료도 얻게 되었다. 2019년에 이 두 유적을 현지 답사하였고, 유적 내에서 고구려계 발해 토기의 편들을 확인할 수 있었다. 따라서 이 두 유적은 필자가 확인한 흑룡강성 지역에서는 가장 북쪽의 고구려계 발해유적으로 판단할 수 있다.

덕리진과 관련하여 마침 와리확탄성(瓦里霍呑城)이 주목된다. 이 성은 흑룡강성 화천현(樺川縣) 열래진(悅來鎭) 만리하촌(萬里河村)의 송화강 곁 언덕 위에 위치한다. 성은 지세에 따라 쌓아 평면이 부정형이나 대체로 사다리꼴에 가깝다(도면 99). 성벽의 둘레 길이는 약 3,500m이다. 동문지와 남문지에

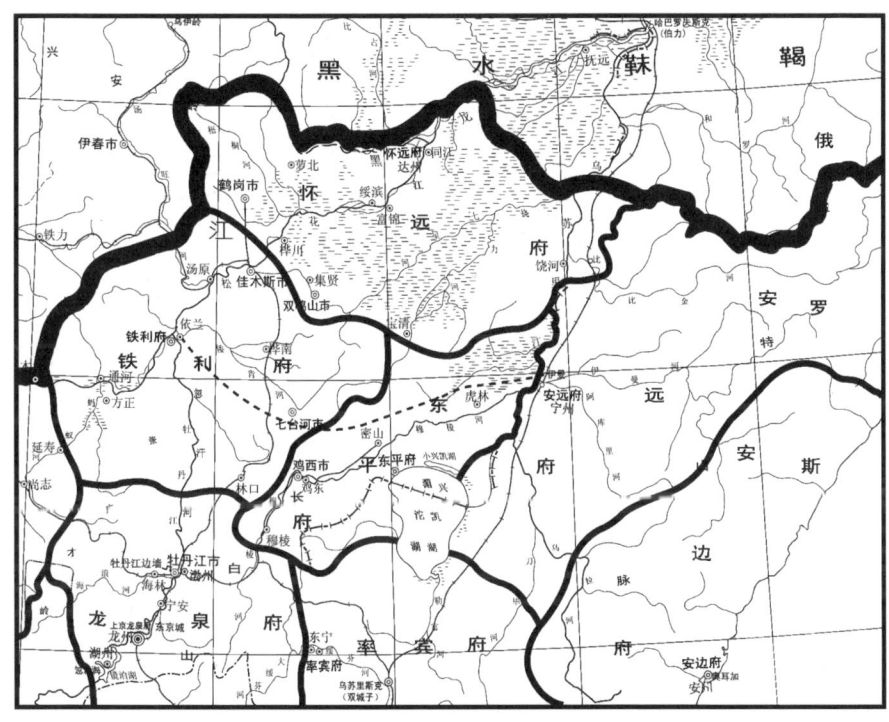

도면 98. 강옥가·조영군의 '발해유적' 분포로 본 흑룡강성 지역의 발해 북쪽 경계, 점선(姜玉珂·趙永軍 2008)

서 반원형의 옹성이 확인되었고, 성내에서 와편, 정요 백자편, 윤제 니질 회색 토기편, 송대 숭녕통보, 금대 대정통보 등의 유물이 발견되었다. 이와 관련하여 이 성은 요대 오국부 월리독부(越里篤部) 고성으로 알려져 있었고, 요대에 완리성(宛里城)이라고 불렀다고 한다. 원대에는 탈간련군민만호부(脫幹憐君民萬戶府)가 있었고, 명대에는 만리하위성(萬里河衛城)이었으며, 청대에는 혁철인(赫哲人) 주거의 완리화둔(宛里和屯)이었다(國家文物局 主編 2015; 정석배 외 2023b, 274~276쪽).

2016년에 이 성의 몇몇 지점에 대해 정리 및 시굴 조사를 하였다. 주목되는 것은 당시 동북벽 가운데 단절 부분으로 보이는 성벽 단면 노출부 정리조사 결과이다(도면 100). 이곳에서 4차에 걸쳐 대규모 축성과 수축이 이루어진 것이 확인되었다. 가장 아래의 1차 성벽은 지세에 따라 지면을 정지한 다

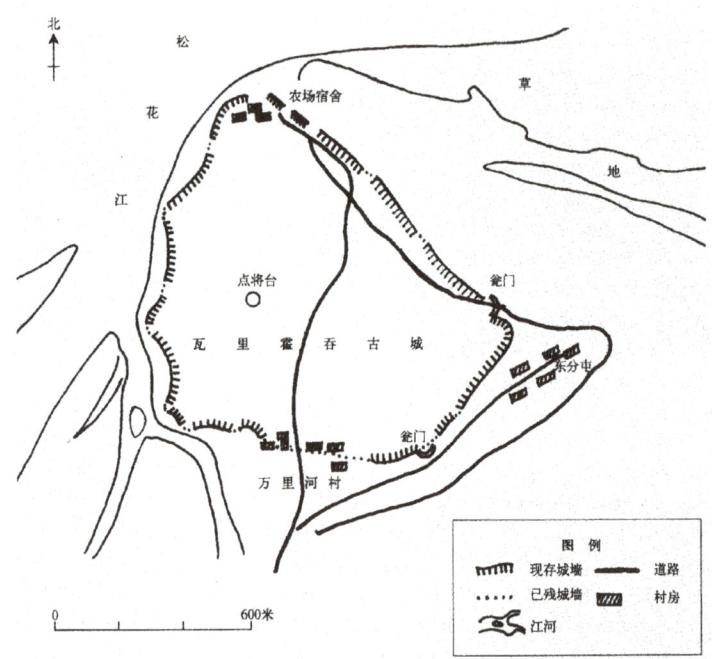

도면 99. 와리확탄성(瓦里霍吞城) 평면도(國家文物局 主編 2015)

도면 100. 와리확탄성 동북벽 단절부와 옹성 모습(필자 촬영)

음에 퇴토(堆土)하여 성벽을 쌓았다. 2차와 3차 성벽은 항타(夯打)하여, 다시 말해서 판축하여 성벽을 쌓았다. 남쪽 내측 성벽과 북쪽 성벽에서 1기 성벽을 파괴하면서 시설된 목주결구가 확인되었는데, 이곳의 5개 목주에서 채취한 5건의 시료에 대한 방사성탄소연대 수륜보정연대가 720~860년 사이로 나와 목주결구의 형성 연대가 '당대(唐代)', 다시 말해서 발해 시기인 것으로 보고되었다(劉曉東 2018).

필자가 이미 지적한 바와 같이, 이 사실은 와리확탄성의 초축 시기가 발해 이전 혹은 발해 초기에, 2차 성벽은 발해 초기 혹은 중기에 각각 축조되었을 가능성을 보여준다(정석배 2023, 274쪽; 정석배 외 2023b, 274~276쪽). 와리확탄성의 현재 성벽은 발해 이후에 증축하였을 것이 분명하고, 또 성 내에서 발견되는 발해 이후의 유물은 이 성이 발해 이후에도 계속 사용되었음을 말해 준다.

그런데 2019년에 필자가 이 성을 답사할 때 발해에 특징적인 광택무늬 회색 윤제 토기의 편들과 귀 모양 손잡이 등을 확인하였다(도면 101). 이 유물들도 이 성이 발해 때에도 사용되었음을 증명한다(정석배 외 2023b, 274~276쪽). 동류 송화강이 동북쪽으로 흐르다가 동쪽으로 굽이지는 곳의 강변 언덕

도면 101. 와리확탄성 발견 토기편(필자 촬영)

에 위치하는 와리확탄성은 북쪽의 강안고성과 약 59㎞ 떨어져 있다. 따라서 송화강을 한눈에 내려다볼 수 있는 와리확탄성은 관방유적이라는 점, 1기 혹은 2기 성벽의 초축 시기가 발해 초기일 가능성이 있는 점, 송화강 남쪽에서 흑수말갈 지역을 멀리 조망할 수 있는 점, 발해 왕성에서 북쪽으로 덕리진을 지나 남흑수말갈까지 1천 리라는 기록의 내용과 방향이 부합하고, 또 마찬가지로 이곳에서 북쪽으로 발리주였던 것이 분명한 강안고성이 있는 점 등을 통해 볼 때 발해 덕리진으로 충분히 비정할 수 있다고 생각된다.

그런데 와리확탄성에서 동쪽으로 약 24㎞ 거리의 들판에는 성벽의 둘레 길이가 3,200m인 희이합성(希爾哈城)이라는 평지성이 있다(도면 102; 103). 이 성도 요금대의 특징을 가지고 있으나, 성 내에서 발해 유물이 확인되었다. 2015년에 발간된 『중국문물지도집 - 흑룡강분책』에 이 성에서 발견된 외면이 광택무늬로 장식된 토기 대상파수가 사진으로 소개되어 있는데(國家文物局 主編, 2015), 발해의 것이 분명하다(도면 104-1). 2019년에 이 성을 방문하였을 때 성 내에서 그와 같은 대상파수(도면 104-2)를 비롯하여 다수의 발해 토기편을 볼 수 있었다(정석배 외 2023b, 274~276쪽). 희이합성의 겉으로 드러난 성벽은 요금대의 특징을 가지지만, 그 아래에 와리확탄성과 마찬가지로 발해 때의 초축 성벽이 있을 수도 있다. 혹시 이곳이 덕리부나 혹은

도면 102. 희이합성 모습(구글어스)

도면 103. 희이합성 서벽과 성 내부 모습(필자 촬영)

도면 104. 희이합성 발견 고구려계 발해 토기 대상파수: 1(國家文物局 主編 2015), 2(정석배 외 2023b, 재편집)

다른 부의 소재지는 아니었을까? 이 유적에 대한 발굴조사가 이루어진다면 우리는 발해의 북방 경략에 대해 더 많은 것을 알 수 있을 것이다.

그렇다면 남흑수말갈과 발해의 경계는 동류 송화강 하류를 지나는 선이었다고 볼 수 있다. 남흑수말갈의 중심지는 강안고성이었고, 그 남쪽 동류 송화강 하류 남안에는 발해의 북방 군사 거점인 덕리진이 설치된 와리확탄성이 있다. 그렇다면 남흑수말갈의 남쪽 경계는 동쪽으로는 동류 송화강 하류를 따라 흑룡강과 합수하는 동강까지의 지역이었을 것이고, 서쪽으로는 유적분포로 보면 오동하까지이나 그 활동 범위는 서쪽으로 탕왕하(湯旺河) 일대까지 이

5. 발해의 북쪽 경계 317

르렀을 수도 있을 것이다. 남흑수말갈의 서북쪽 경계는 부레야강 유역의 미하일로브까 문화 유적 분포와 비록 아직 분명하지는 않지만, 소흥안령 서쪽 지역으로 비정되고 있는 몽올실위의 위치를 고려할 때 흑룡강 북쪽의 아르하라강(река Архара) 일대였을 것이나, 그 활동 범위는 흑룡강의 남쪽 지류인 고이빈하(庫爾濱河) 일대까지 이르렀을 수도 있을 것이다.

흑룡강(아무르강) 북쪽의 북흑수말갈 영역은 나이펠드-동인 문화 1단계에 속하는 유적, 서쪽의 미하일로브까 문화 유적과 뜨로이쯔꼬예 문화 유적, 동쪽의 뽀끄로브까 문화 유적 등의 분포 범위를 고려할 때 대체로 서쪽 아르하라강에서 동쪽 비라강 하류와 우르미강(река Урми) 사이 지역까지로 볼 수 있을 것이다(도면 105).

나이펠드-동인 문화는 어깨 부분이 다치(多齒) 압인문, 침선문, 혹은 이들

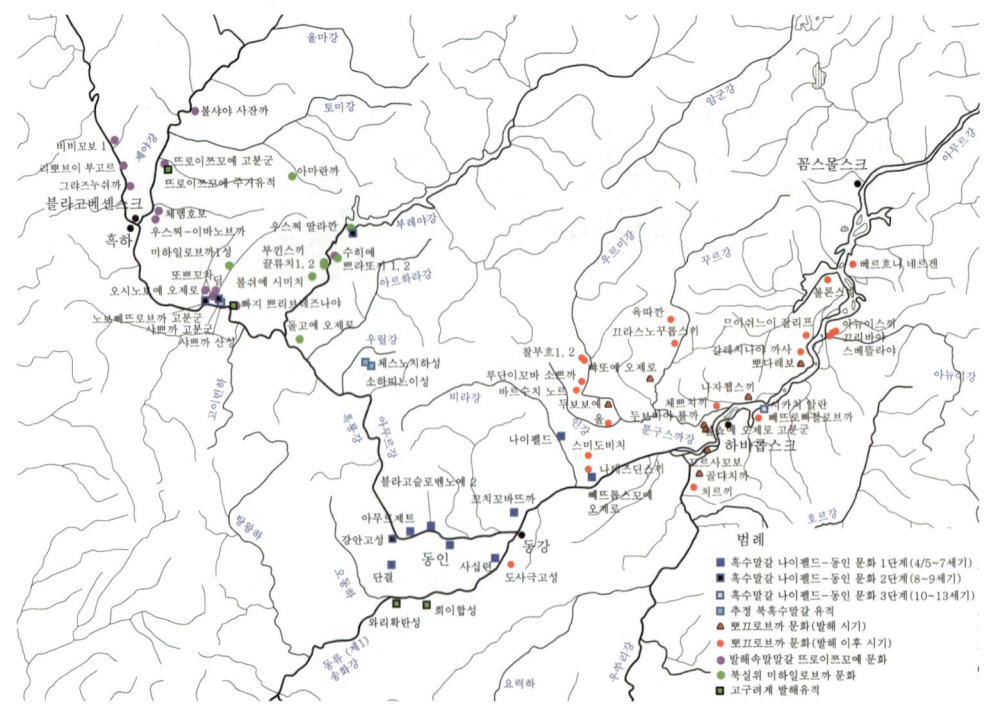

도면 105. 아무르강-흑룡강 유역 중세 초기 고고학 문화 현황도(필자 작성)

이 함께 있는 음각의 문양으로 장식된 협타 심발형 혹은 화병형 토기가 특징적이며(도면 106-2, 3), 이른 단계에는 상기한 바와 같이 반구 혹은 광구 화병형 토기가 사용되었다(도면 106-1). 뜨로이쯔꼬예 문화(도면 106-4)와 뽀끄로브까 문화(도면 106-5)는 어깨 부분이 양각의 돌대문으로 장식된 협타 심발형 토기가 공통으로 발견되나, 뜨로이쯔꼬예 문화에는 기면에 격자 타날문 흔적이 남아있는 협타 심발형 토기도 다수 확인되며, 뽀끄로브까 문화에는 과형 토기를 공반하는 경우가 흔하다. 미하일로브까 문화는 토기의 형태가 동체가 장란형(長卵形)에 가까운 호형 토기가 많으며, 기면이 격자 타날문으로 장식된 것이 특징적이다(도면 106-6).

그런데 어깨 부분이 음각의 문양으로 장식된 토기는 러시아 연해주 지역과

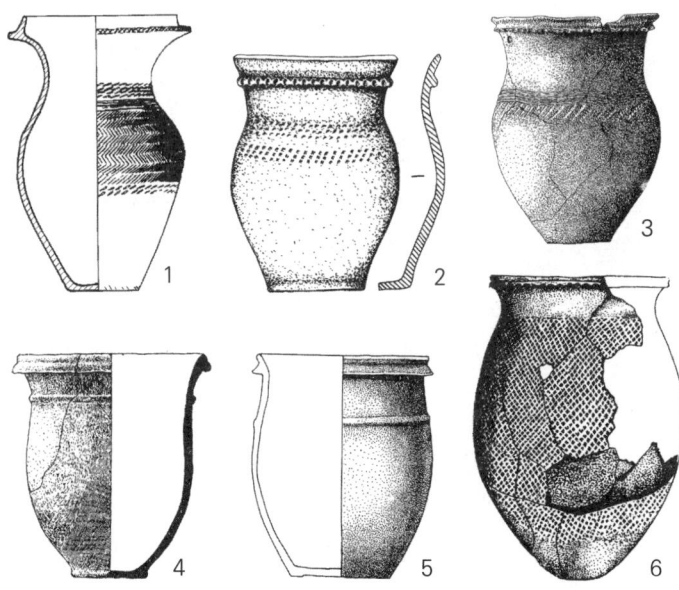

도면 106. 아무르강-흑룡강 유역 중세 나이펠드-동인 문화(1~3), 뜨로이쯔꼬예 문화(4), 뽀끄로브까 문화(5)의 말갈계 대표 토기와 미하일로브까 문화(6) 실위계 대표 토기: 1 - 동인(同仁)유적(黑龍江省文物考古硏究所 외 2006), 2 - 나이펠드 고분군(Деревянко А.П. 외 1999), 3 - 꼬치꼬바뜨까 고분군(Деревянко Е.И. 1975), 4 - 뜨로이쯔꼬예 고분군(Деревянко Е.И. 1977,), 5 - 꼬르사꼬보 고분군(Медведев В.Е. 1991), 6 - 미하일로브까성(Деревянко Е.И. 1975)

중국 흑룡강성의 동류 송화강 남쪽 지역에서도 발견된 것이 있다. 이와 관련하여 O.V.디야꼬바와 S.P.네스떼로프는 연해주의 다수 말갈계통 유적을 나이펠드 문화에 속하는 것으로 간주한 바 있는데, 그중에는 심지어 두만강 북쪽 하산 지구에 위치하는 쯔로이짜-5 유적도 포함되어 있다(ДьяковаО.В. 1998; Нестеров С.П. 2001, 145쪽). 그것은 이 유적에서 어깨 부분이 음각의 문양으로 장식된 협타 심발형 토기가 출토되었기 때문이다. 이 유적은 위도상 발해 동경 용원부가 있었던 팔련성보다도 더 남쪽에 위치한다. 나이펠드 문화를 흑수말갈이 남긴 것으로 보는 관점에서 이러한 주장은 『신당서』 「지리지」의 "발해왕성... 그 북쪽으로 덕리진을 지나 남흑수말갈에 이르기까지 천 리이다(渤海王城... 其北經德里鎭 至南黑水靺鞨千里)"라는 기록과 완전히 모순된다. 따라서 러시아 연해주나 동류 송화강 남쪽의 관련 유적들을 나이펠드 문화와 관련시킬 수 있는지는 의문이다. O.V.디야꼬바와 S.P.네스떼로프는 마찬가지로 러시아 연해주 지역과 동류 송화강 남쪽 지역에는 쯔로이쯔꼬예 문화에 속하는 유적들도 있는 것으로 간주하였다.

이 문제와 관련하여 Ya.E.삐스까료바의 의견이 주목되는데, 이 연구자는 연해주와 아무르지역은 서로 멀리 떨어져 있고 기후 및 지형 조건도 서로 달라 두 지역에 거주한 주민들의 경제는 서로 차이가 날 수밖에 없었을 것이라고 하면서 연해주의 말갈계통 유적에서 나이펠드 문화나 쯔로이쯔꼬예 문화라는 용어를 사용하는 것은 적합하지 않다고 지적하였다(Пискарева Я.Е. 2005).

3) 흑수 사모제부의 위치와 발해의 북쪽 경계

흑수(黑水)에는 16개 부락이 있었고, 『신당서』 「흑수말갈전」 등에는 사모부(思慕部), 군리부(郡利部), 굴설부(窟說部), 막예개부(莫曳皆部), 불열(拂涅), 우루(虞婁), 월희(越喜), 철리(鐵利) 등의 부가 언급되어 있다. 『신당서』 「흑수말갈전」의 관련 기록을 다시 보면 다음과 같다.

『신당서』 「흑수말갈전」: 오직 흑수만이 완강하여 16부락으로 나뉘었고 남북으로 칭하였는데 그 거주하는 곳이 가장 북방이었다... 처음 흑수의 서북쪽에는 또 사모부(思慕部)가 있었고, 더 북쪽으로 10일을 가면 군리부(郡利部)가 있었고, 동북쪽으로 10일을 가면 굴설부(窟說部)가 있었는데 또한 굴설(屈設)이라고도 불렀다. 조금 동남쪽으로 10일을 가면 막예개부(莫曳皆部)가 있었고, 또 불열(拂涅), 우루(虞婁), 월희(越喜), 철리(鐵利) 등의 부가 있었다. 그 땅은 남쪽으로 발해에 이르고, 북쪽과 동쪽은 바다에 닿았으며, 서쪽은 실위에 이른다. 남북 길이는 2천 리, 동서는 천 리이다. 불열·철리·우루·월희는 때때로 중국과 통하였으나, 군리·굴설·막예개는 스스로 통할 수 없었다. 지금 경사에 [내]조한 것이 남아있는 자는 왼쪽에 부기한다. 불열은 또한 대불열이라고 부르며, 개원 연간(713~741)과 천보 연간(742~755)에 8번 왔고, 경정(鯨睛)·초서피(貂鼠皮)·백토피(白兔皮)를 바쳤다. 철리는 개원 연간(713~741)에 6번 왔고, 월희는 7번 왔고, 정원 연간(785~804)에 1번 왔고, 우루는 정관 연간(627~649)에 2번 오고 정원 연간(785~804)에 1번 왔다. 나중에 발해가 강성하자 말갈은 모두 그에게 복속되어 다시는 왕과 만나지 못하였다(唯黑水完疆 分十六落 以南北稱 蓋其居最北方者也... 初 黑水西北又有思慕部 愈北行十日得郡利部 東北行十日得窟說部 亦號屈設 稍東南行十日得莫曳皆部 又有拂涅 虞婁 越喜 鐵利等部. 其地南距渤海 北東際於海 西抵室韋. 南北袤二千里 東西千里 拂涅鐵利虞婁越喜時時通中國 而郡利窟設莫曳皆不能自通. 今存其朝京師者附左方 拂涅亦稱大拂涅 開元天寶間八來 獻鯨睛貂鼠白兔皮 鐵利 開元中六來 越喜七來 貞元中一來 虞婁 貞觀間再來 貞元一來 後渤海盛 靺鞨皆役屬之 不復與王會矣). (국사편찬위원회 1990b, 445~447쪽, 439~440쪽, 번역 일부 수정).

그렇다면 사모부, 군리부, 굴설부, 막예개부, 불열, 우루, 월희, 철리는 모두 흑수말갈의 하나였을까? 위의 『신당서』 「흑수말갈전」 기록만 놓고 본다면 그렇다고 말하는 것이 옳을 것이다. 주목되는 것은 불열부가 말갈 7부의 하나였으면서, 『신당서』 「흑수말갈전」에는 마치 흑수말갈의 하나인 것처럼 기록되었다는 사실이다.

이와 관련하여 진현창(陳顯昌)은 불열이 처음에는 흑수말갈에 속하지 않았으나, 발해 건국 후에 흑수말갈이 강대하게 남아있어 나중에 흑수말갈에 한때 예속되었던 것으로 판단하였고, 이 부들을 모두 흑수 16부의 하나로 보았다(陳顯昌 1985, 129~130쪽).

손진기 등은 흑수제부(黑水諸部)를 모두 포함하는 흑수말갈은 '광의의 흑수말갈', 흑수부(黑水部)만을 지칭하는 흑수말갈은 '협의의 흑수부'로 구분한 적이 있다(孫進己·馮永謙 1989, 247쪽). 사모부, 군리부, 굴열부, 막예개부와 관련하여 장아홍(張亞紅)·노연소(魯延召)는 '흑수말갈지구 사모제부(黑水靺鞨地區 思慕諸部)'라 부르며 따로 구분하였다(張亞紅·魯延召, 2010).

흑수의 범위를 보면 "그 땅은 남쪽으로 발해에 이르고, 북쪽과 동쪽은 바다에 닿았으며, 서쪽은 실위에 이른다"라고 하였는데, 이 범위 안에는 사모제부까지도 포함됨이 분명하다. 다만 "남북 길이는 2천 리, 동서는 천 리이다"는 무언가 어색하다. 서쪽 실위에서 동쪽 바다까지는 1천 리가 훨씬 넘기 때문이다.

당나라에는 대척(大尺)과 소척(小尺)이 있었는데, 1대리는 1,800척 531.486m, 1소리는 1,500척 442.905m로 파악되고 있다(聞人軍 1989, 132쪽). 실위의 동변을 남쪽은 눈강, 북쪽은 소흥안령(小興安嶺)이나 부레야강으로 보는 의견도 있는데, 동해안까지 소흥안령 중간쯤을 기준으로 하면 약 760㎞이고, 눈강을 기준으로 하면 1,100㎞가 넘으니, 소리로 보면 동서 2,000~3,000㎞가 된다. 앞에서 말한 바와 같이, 일찍이 조정걸도 동서 1천 리가 아니라 3천 리라고 말한 적이 있다.

필자가 보기에 서쪽 실위에서 동쪽 바다까지의 사이에는 이 부들이 모두 포함됨이 분명하나, 동서 1천 리의 범위에는 흑수부만이 포함될 것이다.

사실 상기 부들은 모두 흑수제부(黑水諸部)에 속하였다고 하더라도, 남흑수말갈과 북흑수말갈, 사모부와 군리부와 굴설부와 막예개부, 불열과 우루와 월희와 철리가 통상적으로 따로 구분되어 연구되어 온 것은 부정할 수 없다. 고고학적으로 보더라도 남·북흑수말갈 흑수부(黑水部)가 남긴 것으로 이해되는 나이펠드-동인 문화 1단계 유적들은 서쪽 실위에서 동쪽 바다까지의 전 지역에서 발견되는 것이 아니라 특정 지역에만 분포하고 있다.

주지하듯이, 불열, 우루, 월희, 철리는 일찍부터 발해에 복속되었다. 발해가 불열의 옛땅에는 동평부, 월희의 옛땅에는 회원부와 안원부, 철리의 옛땅에는 철리부를 설치하였다고 한 사실은 잘 알려진 바와 같다. 우루는 위의 『신당서』 「흑수말갈전」에 기록된 바와 같이, 발해가 건국하기 전인 정관(貞觀) 연간

(627~649년)에 2번 당나라에 내조하였고, 발해 건국 후에는 802년에야 다시 1번 당나라에 내조하였을 뿐이다. 불열, 월희, 철리는 대체로 740~741년 무렵에 발해에 복속된 것으로 알려져 있다(김종복 2007, 88쪽).

그런데 김육불은 『발해국지장편』에서 정리부와 안변부를 설치한 읍루의 옛땅과 관련하여 읍루(挹婁, yilou)가 곧 우루(虞婁, yulou)이고, 우루는 읍루와 음이 아주 비슷하여 읍루라고 잘못 쓴 것으로 생각하였다(김육불 편저 / 발해사연구회 옮김 2008b, 306쪽). 이후 니즈마 토시히사(新妻利久)도 읍루(挹婁)는 우루(虞婁)와 동음이자(同音異字)라는 설에 동의하였고(新妻利久 1969, 99쪽), 박시형도 우루를 읍루로 혼동하여 잘못 쓴 것으로 보았으며(박시형 1979, 180쪽), 진현창도 읍루고지는 우루고지를 잘못 쓴 깃이라 하였다(陳顯昌 1985, 132쪽). 손진기 등도 김육불이 "읍루가 곧 우루이다"라고 한 의견에 동의하였다(孫進己·馮永謙 1989, 244쪽). 필자가 볼 때도 이 의견은 매우 설득력이 있다. 니즈마 토시히사(新妻利久)가 지적한 바와 같이, 불열·우루·월희·철리 4개 부가 차례로 언급되었는데, 오직 우루의 옛 땅에 부를 설치하였다는 내용이 없는 것은 읍루와 우루가 동일 지역이었기 때문일 것이다.

불열부, 우루부, 월희부, 철리부는 흑수와 대등한 입장에서 당에 내조한 것으로 보이는데, 위의 『신당서』 「흑수말갈전」의 기록만 보아도 그런 추정이 가능하다.

발해가 불열, 우루, 월희, 철리의 땅에 이미 행정구역을 설치하였지만, 흑수말갈은 아직 완전하게 복속시키지 못한 단계의 발해 북쪽 경계는 남·북흑수말갈 흑수부(黑水部) 및 사모제부(思慕諸部)와 접하였다고 볼 수 있다. 흑수부(黑水部)와 발해의 경계는 이미 앞에서 검토하였다. 따라서 여기에서는 소위 사모제부의 위치 및 발해와의 경계 문제를 살펴보고자 한다.

사모제부의 상대적 위치에 대한 기록은 상기한 『신당서』 「흑수말갈전」 외의 다음 사서에서도 찾을 수 있다.

『당회요』 (권96) 「말갈전」 : 옛날에 말하기를, 흑수의 서북쪽에는 사모말갈이 있었고, 정북에서 조금 동쪽으로 10일을 가면 군리말갈이 있었고, 동북쪽으로 10일을 가면 굴설말갈이 있었는데 또한 굴설이라 부르기도 하였다. 동남쪽으로 10일을 가면 막예개말갈이 있다. 지금의 흑수말갈 경계는 남쪽으로 발해국 현덕부와 경계하며, 북쪽은 소해에 이르고, 동쪽은 대해에 이르며, 서쪽은 실위에 이른다. 남북 약 2천 리이고, 동서 약 1천 리이다(舊說 黑水西北有思慕靺鞨 正北微東十日程 有郡利靺鞨 東北十日程 有窟說靺鞨 亦謂之屈說 東南十日程 有莫曳皆靺鞨 今黑水靺鞨界南 與渤海國顯德府 北至小海 東至大海 西至室韋 南北約二千里 東西約一千里). (고구려연구재단 편 2004b, 561쪽).

『태평환우기』(권175)「물길전」: 옛날에 말하기를, 흑수(黑水)의 서북쪽에는 사모말갈(思慕靺鞨)이 있었고, 정북에서 조금 동쪽으로 10일을 가면 군리말갈(郡利靺鞨)이 있었고, 동북쪽으로 10일을 가면 굴설말갈(窟說靺鞨)이 있었는데 또한 굴설(屈說)이라 부르기도 하였다. 동남쪽으로 10일을 가면 막예개말갈(莫曳皆靺鞨)이 있다. 지금의 흑수말갈 경계는 발해의 덕부(德府)에 이르며, 북쪽은 소해(小海)에 이르고, 남쪽은 대해(大海)에 이르며, 서쪽은 실위(室韋)에 이른다. 남북 약 2천 리이고, 동서 약 1천 리이다(舊說 黑水西北有思慕靺鞨 正北微東十日程 有郡利靺鞨 東北十日程 有窟說靺鞨 亦謂之屈說 東南十日程 有莫曳皆靺鞨 今黑水靺鞨界至渤海德府 北至小海 南至大海 西至室韋 南北約二千里 東西約一千里). (臺灣商務印書館 1983, 617쪽).

상기한 바와 같이, 『신당서』「흑수말갈전」에는 "처음 흑수의 서북쪽에는 또 사모부(思慕部)가 있었고, 더 북쪽으로 10일을 가면 군리부(郡利部)가 있었고, 동북쪽으로 10일을 가면 굴설부(窟說部)가 있었는데 또한 굴설(屈設)이라고도 불렀다. 조금 동남쪽으로 10일을 가면 막예개부(莫曳皆部)가 있었고, 또 불열(拂涅), 우루(虞婁), 월희(越喜), 철리(鐵利) 등의 부가 있었다. 그 땅은 남쪽으로 발해에 이르고, 북쪽과 동쪽은 바다에 닿았으며, 서쪽은 실위에 이른다. 남북 길이는 2천 리, 동서는 천 리이다"라고 하였다.

위『신당서』와『당회요』및『태평환우기』의 사모제부의 상대적 위치에 대한 기록은 거의 비슷하나 세부적으로 조금 차이가 있다. 손진기 등이 이미 지적한 바와 같이(孫進己·馮永謙 1989, 247~249쪽), 군리부의 위치와 관련하여『신당서』에는 "더 북쪽으로 10일을 가면"이라고 하였지만, 『당회요』와『태평환우기』에서는 "정북에서 조금 동쪽으로 10일을 가면"이라고 하였다. 또 막예개부의 위치와 관련해서도『신당서』에는 "조금 동남쪽으로 10일을 가면"이라고 하였지만, 『당회요』와 『태평환우기』에서는 "동남쪽으로 10일을 가면"이라고 하였다.

사모제부의 위치 비정과 관련하여 여러 강의 명칭이 언급되고 있는데 다음의 도면을 참고할 수 있다(도면 107).

사모부, 군리부, 굴설부, 막예개부의 위치와 관련하여 이미 다양한 의견이 제시된 바 있다. 장아홍·노연소는 이 사모제부(思慕諸部)의 위치에 관한 여러 의견을 표로 정리하고 또 자신들의 의견도 개진한 바 있다(張亞紅·魯延召 2010). 이 두 연구자 및 몇몇 다른 연구자의 의견을 추가하여 관련 의견들을 표로 소개하면 다음과 같다(표 2).

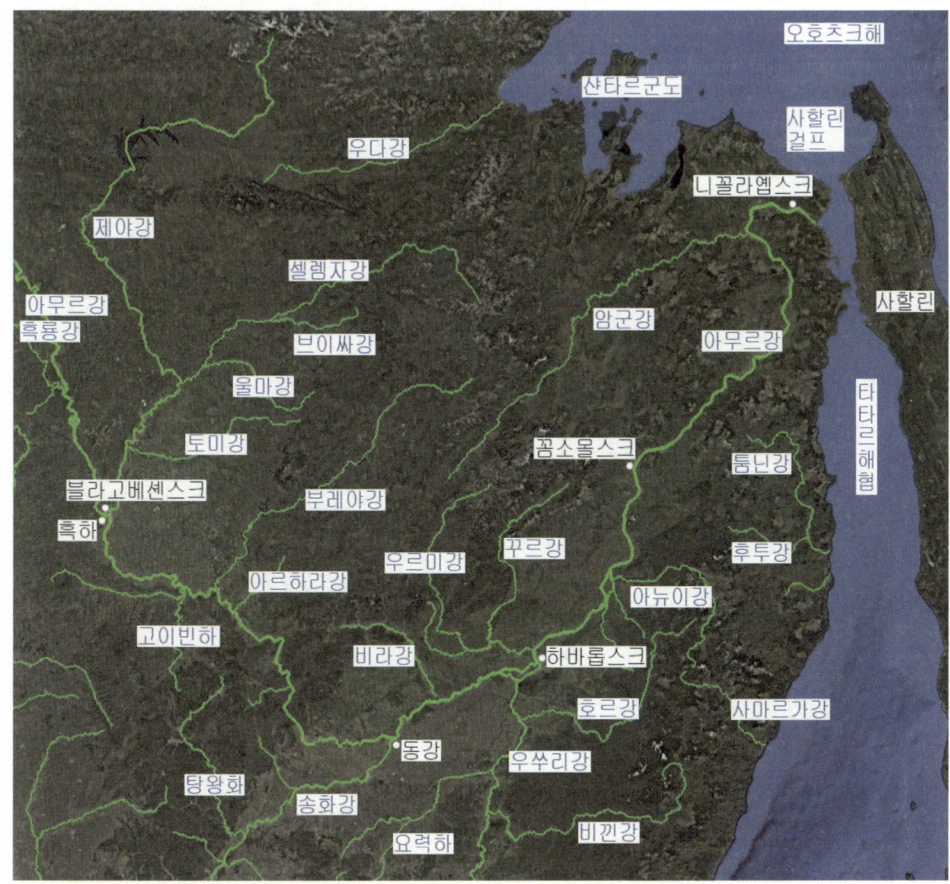

도면 107. 아무르강 수계와 주변 지리(구글어스, 필자 작성)

5. 발해의 북쪽 경계 325

표 2. 사모부, 군리부, 굴설부, 막예개부의 위치에 대한 의견들(張亞紅·魯延召 2010, 편집 수정 및 보완)

부락	위치	출처
사모부 思慕部	부레야강-제야강 일대	孫進己·馮永謙 1989, 247~249쪽; 孫進己 等 1987, 40~41쪽; 孫進己 等, 1985; 서병국 2006c, 63~72쪽, 75~89쪽.
	하바롭스크주 볼론호 - 꼼소몰스크 일대	譚其驤 主編 1988, 77쪽; 和田清 1954, 1~5쪽.
	송화강-흑룡강 합류 지점 북쪽 비라 일대	張博泉 1985, 199쪽.
	제야강-부레야강 상류 일대	干志耿·孫秀仁 1987, 233쪽.
	제야강 하류 일대	干志耿, 1985; 馮恩學, 2005; 馮恩學, 2006.
	꾸르강 유역	《中國歷史地圖集》編輯組東北小組 1979, 87~90쪽.
	유대 자치주 비로비잔	張亞紅·魯延召 2010, 114쪽.
군리부 郡利部	하바롭스크주 꼼소몰스크 일대	孫進己·馮永謙 1989, 247~249쪽; 孫進己 等, 1987, 40~41쪽.
	마린스크 일대	和田清 1954, 1~5쪽.
	흑룡강 하류-툼닌 일대	譚其驤 主編 1988, 77쪽.
	암군강 상류	張博泉 1985, 199쪽.
	제야강 상류	干志耿, 1985.
	부레야 산맥 지역	《中國歷史地圖集》編輯組東北小組 1979, 87~90쪽.
	하바롭스크주 아무르스크	張亞紅·魯延召 2010, 114쪽.
	흑룡강 하구-암군강 일대	서병국 2006c, 63~72쪽, 75~89쪽.

부락	위치	출처
굴설부 窟說部	흑룡강 우안 혹은 하류	孫進己·馮永謙 1989, 247~249쪽; 孫進己 等, 1987, 40~41쪽.
	흑룡강 하구-사할린 일대	和田淸 1954, 1~5쪽.
	사할린	譚其驤 主編 1988, 77쪽,
	우다강 이동 흑룡강 하구 지역	張博泉 1985, 199쪽.
	흑룡강 하구 동안-암군강 일대	《中國歷史地圖集》編輯組東北小組 1979, 87~90쪽.
	사할린 뽀기비	張亞紅·魯延召 2010, 115쪽.
	돈돈하(아뉴이강)와 암군강 사이 지역	서병국 2006c, 63~72쪽, 75~89쪽.
막예개부 莫曳皆部	흑룡강 하류 우안 툼닌강 일대	白鳥庫吉; 譚其驤 主編 1988, 77쪽,
	시호테 산맥	孫進己·馮永謙 1989, 247~249쪽; 孫進己 等, 1987, 40~41쪽.
	사할린	张博泉 1985, 199쪽.
	사할린 남부와 시호테 산맥	干志耿·孫秀仁 1987, 233쪽.
	斯海修乐库姆-사마르가 지방	張泰湘·崔廣彬, 1988
	일본 북해도	和田淸 1954, 1~5쪽.
	타타르 해협 부근	《中國歷史地圖集》編輯組東北小組 1979, 87~90쪽.
	소베트스까야 가반	張亞紅·魯延召 2010, 115쪽.
	올가 북동쪽의 연해주 동북해안	서병국 2006c, 63~72쪽, 75~89쪽.

이 4개 부의 위치 비정에는 장아홍·노연소가 지적하였듯이 기점(起點)이 중요하다. 다시 말해서 4부 모두를 흑수부를 기점으로 위치를 설정할 것인지, 아니면 4개 부에서 뒤에 소개된 부를 앞의 부를 기점으로 할 것인지에 따라 각 부의 상대적 위치가 차이가 날 수밖에 없다. 사모부를 흑수부의 서북쪽이 아니라 동북쪽으로 설정한 예도 있는데, 이것은 와다 키요시(和田淸)가 흑수부 서북쪽은 제야-부레야강이 되지만, 이곳은 하바롭스크에서 갈 때 분수령이 있어 교통이 불편한데 사모부는 반드시 교통이 좋은 흑룡강 지역에 있었을 것이라고 하면서 "흑수의 서북쪽에는 또 사모부가 있었고(黑水西北又有思慕部)"를 "흑수의 동북쪽에는 또 사모부가 있었고(黑水東北又有思慕部)"의 오기로 본데서 기인한다. 장아홍·노연소는 이 의견까지 포함하면 이 4개 부의 상대적 위치에 대한 경우의 수가 24가지나 된다고 하였다(張亞紅·魯延召 2010, 112쪽).

사모부 등 4개 부의 위치와 관련된 모든 연구를 일일이 검토할 필요는 없다고 생각된다. 그중 몇몇 연구 결과를 살펴보면 다음과 같다.

상기한 바와 같이, 조정걸은 『동삼성여지도설』에서 "지금의 애혼성(愛琿城) 서쪽은 옛 실위의 땅이다. 즉 지금의 흑룡강 동쪽 러시아 영역인 해란포(海蘭泡)에서 동쪽으로 묘이지방(廟爾地方)까지 무릇 혼동강 남북 양안은 모두 옛 흑수부락으로서 동서 땅이 직선거리 약 3천 리로 생각되며 1천 리가 아니다(今愛琿城以西爲古室韋地 則 自今黑龍江以東 俄界海蘭泡東至廟爾 地方 凡混東江之南北兩岸 皆古黑水部落 惟東西地約徑三千里不止一千里也)"라고 하였다(曹廷杰 1885년 이후, 「黑水部攷」).

해란포는 제야강(река Зея) 하구에 있는 지금의 블라고베셴스크(Благовещенск)이고, 묘이는 아무르강 하구 부근 니꼴라옙스크(Николаевск-на-Амуре)를 말한다. 따라서 조정걸은 흑수말갈이 서쪽 제야강에서 동쪽 바다까지의 영역을 차지한 것으로 이해하였음을 알 수 있고, 이 영역 내에 있었다는 흑수말갈은 '광의의 흑수말갈'을 의미하는 것이 분명할 것이다.

와다 키요시(和田淸)는 흑수부가 송화강-흑룡강 합류 지점부터 동쪽으로 우쑤리강까지였다고 하면서 하바롭스크를 시점으로 하고 또 사모부가 흑수부 서북이라고 한 것은 동북의 오기로 보면서 사모부는 하바롭스크에서 하류 일대에, 군리부는 마린스크(아마도 마린스꼬예 Маринское를 말할 것이다 - 필자) 일대, 굴설부는 흑룡강 하구-사할린 일대, 막예개부는 북해도에 있었다고 하였다. 유귀(流鬼)의 위치는 캄차카반도로 보았다. 그는 또 민족지 자료를 활용하여 사모부는 薩瑪其爾인, 군리부는 길랴크인, 굴설부는 사할린 아이누(樺太 阿伊奴)인과 관련된다고 하였다. 막예개부는 북해도의 아이누라고 하였다(菊池俊彦 著 / 王禹浪·孫文 譯 1996, 87쪽, 재인용).

《중국역사지도집》편집조동북소조는 '흑수'의 분포 범위를 송화강 하구에서 아뉴이강(река Анюй) 하구까지로 보면서, 흑수주도독부는 아뉴이강 하구에 있었다고 생각하였다. 아뉴이강 하구에서 서북쪽으로 10일 거리의 사모부는 소련의 고로하(庫嚕河), 즉 꾸르강(река Кур) 유역에 있을 것으로, 그 북쪽 10일 거리에 있다는 군리부는 포열아산(布列亞山), 즉 부레야 산맥(Буреинский хребет) 일대에 있을 것으로 보았다. 그 동북쪽 10일 거리에 있다는 굴설부는 흑룡강 하구 동안(東岸)에서 아모공하(阿姆貢河), 즉 암군강(река Амгунь) 일대까지에 위치한 것으로 판단하였다. 막예개부는 굴설부의 동남쪽이나 달단해협(韃靼海峽), 즉 타타르 해협 부근에 있었다고 하였다. 또한 『신당서』「유귀전」의 "남쪽으로 막예말갈과 이웃하였고, 동남쪽으로 배를 타고 바다를 건너 15일을 가면 도달한다(南與莫曳靺鞨隣 東南航海十五日行乃至)"라는 기록에서 유귀(流鬼)는 지금의 사할린이니 동남은 서남의 오기라 하였다(《中國歷史地圖集》編輯組東北小組 1979, 87~90쪽).

꾸르강은 아뉴이강 하구에서 서쪽과 서북쪽 약 120㎞ 거리에 위치하고, 부레야 산맥은 길이 약 400㎞로서 부레야강과 암군강의 분수령 산맥인데 꾸르강을 기준으로 하면 그 북쪽과 북서쪽에 위치한다. 아마도 암군강 상류와 부레야강 상류 사이의 부레야산맥 구간을 염두에 두었을 것이다. 암군강은 서쪽 부레야 산맥에서 발원하여 동쪽으로 흘러 아무르강 하류로 들어가는 강이다.

타타르 해협은 아무르강 하구와 사할린 사이의 해협을 말한다.

하지만 1988년에 발간된 『《중국역사지도집》석문회편·동북권』에서는 이전과는 달리 흑수도독부와 발리주를 지금의 하바롭스크에 있는 것으로 인식하였고, 사모부는 흑룡강 하류 공청성(共靑城), 즉 꼼스몰스크 일대로 보았다. 군리부는 흑룡강 하류 특림(特林) 일대로 보았다. 특림은 원대와 명대의 노아간성(奴儿干城)으로서 암군강 하구 맞은편 흑룡강(아무르강) 절벽 위에 있었다. 굴설부는 흑룡강 하구 바깥의 고혈도(庫頁島), 즉 사할린섬에 있었다고, 막예개부는 흑룡강 하류 우안 토모녕하(土姆寧河), 즉 툼닌강(река Тумнин) 일대에 있었다고 생각하였다(譚其驤 主編, 1988, 75~78쪽). 이 견해는 『중국역사지도집』에 그대로 반영되어 있다(도면 108).

도면 108. 『중국역사지도집』의 사모제부 위치(譚其驤 主編 1982-1996)

손진기 등은 사모부, 군리부, 굴설부, 막예개부의 방위와 거리에 따른 위치를 각각 흑수부에서 시작하는 것으로 판단하였다. 다시 말해서 흑수부의 중심지라고 생각한 동강-백력(하바롭스크)을 기준으로 상기 4개 부 모두의 방향과 거리를 산정하였다. 사모부는 포열아하(布列亞河), 즉 부레야강(река Бурея)과 결아하(結雅河), 즉 제야강(река Зея) 사이에 있었다고 보면서, 러시아에서 이 두 강 사이 지역에서 말갈문화와 실위문화에 속하는 고고학 유적들이 조사되었음을 지적하였다. 군리부에 대해서는 『신당서』 「흑수말갈전」에는 "흑수의 서북쪽에는 또 사모부가 있었고, 더 북쪽으로 10일을 가면 군리부가 있었고(黑水西北又有思慕部 益北行十日得郡利部)"라고 하였고, 『당회요』와 『태평환우기』에는 "흑수의 서북쪽에는 사모말갈이 있었고, 정북에서 조금 동쪽으로 10일을 가면 군리말갈이 있었다(黑水西北有思慕靺鞨 正北微東十日程 有郡利靺鞨)"라고 하였음을 지적하면서, 사모부에서 북쪽이 아니라 흑수부에서 조금 동쪽으로 치우친 북쪽 10일 거리에 있는 것으로 보아야 한다고 하였다. 그 구체적인 위치는 흑수부를 동강-백력(하바롭스크) 일대로 보면서 흑룡강 하류 북안의 러시아 공청성(共靑城), 즉 꼼소몰스크(Комсомольск-на-Амуре) 부근이라고 보았다.

굴설부는 동강-백력에서 동북쪽 10일 거리에 있으니, 군리부의 동남쪽 흑룡강 하류 우안 지역에 있을 것으로 보았다. 막예개부는 먼저 『신당서』에 "흑수... 조금 동남쪽으로 10일을 가면 막예개부(莫曳皆部)가 있었고(黑水... 稍東南行十日得莫曳皆部)"라 하였고, 『태평환우기』(권175)에는 "동남쪽으로 10일을 가면 막예개말갈이 있었다(東南十日程 有莫曳皆靺鞨)"라고 하였고, 『신당서』 「유귀전」에 "남쪽은 막예말갈(莫曳靺鞨)과 이웃하며, 동남쪽으로 항해하여 15일을 가면 도착한다(南與莫曳靺鞨隣 東南航海十五日行乃至)"라고 하였음을 지적하였다. 『신당서』 「유귀전」의 유귀는 지금의 고혈도(庫頁島), 즉 사할린이니 동남쪽은 바다이기에 방향이 틀리고 서남쪽이 맞다고 하였다. 배로 15일 거리에 막예말갈이 있었으니 막예부는 바다에 임해 있었을 것이고, 그곳은 소련 토모녕하(土姆寧河), 즉 툼닌강 일대일 것으로 추정하였다. 또한 막예개부는 굴설부의 동남쪽이 아니라 흑수부의 동남쪽에 있었고, 따라서 막예개부는 바다에 임한 시호테 산맥 일대에 있었을 것이라고 하였다(孫進己·馮永謙 1989, 247~249쪽).

이후 풍은학(馮恩學)은 흑수부 및 흑수말갈에 속하는 부들에 대한 위치 비정과 관련하여 손진기 등의 의견에 기본적으로 공감하면서, 사모부의 구체적인 위치 문제를 논하였다. 먼저 그는 러시아 학계에서 흑수말갈이 "반구고체관(盤口高體罐)"을 특징으로 하는 나이펠드 문화로 인식되고 있고, 또 흑룡강성 지역에 동인 1기 문화가 그에 상응함을 지적하면서, 이 문화 유적이 백력(하바롭스크) 주변에도 있다고, 따라서 흑수부의 중심지는 백력(하바롭스크)이라고 하였다(馮恩學 2006, 84쪽).

풍은학이 이야기하는 "반구고체관(盤口高體罐)"은 필자가 말하는 반구 혹은 광구 화병형 토기가 분명하다. 다시 말해서 풍은학은 나이펠드-동인문화 1기 토기의 특징을 정확하게 파악하고 있었음을 알 수 있다. 하지만 하바롭스크 주변에서 발견된 나이펠드 문화 유적은 발해 멸망 이후 단계에 속하며, 아직 반구 화병형 토기가 발견된 적이 없다. 따라서 이 문화의 늦은 단계 유적을 가지고 흑수부의 위치를 설정하는 데에는 수긍하기 힘들다.

풍은학은 그곳에서 서북쪽 10일 거리의 사모부는 제야-부레야강 사이 지역이라는 손진기 등의 의견에 공감하면서, 그곳의 뜨로이쯔꼬예 유형 유적들이 바로 사모부가 남긴 것으로 판단하였다. 그곳은 흑수부에서 서북쪽이라는 방향과 10일이라는 거리가 모두 부합한다는 것이다. 그는 뜨로이쯔꼬예 유형 유적을 대표하는 뜨로이쯔꼬예 고분군에서 나이펠드 문화에 특징적인 반구관(盤口罐)이 단 1점도 출토되지 않았음을 지적하였다. 또한 러시아의 S.P.네스떼로프가 뜨로이쯔꼬예 유형 유적을 송화강 유역의 속말말갈이 이주하여 남겼다고 한 주장과 관련하여, 송화강 유역의 말갈 유적과 뜨로이쯔꼬예 유형 유적에서 무덤의 형식이나 유물 등이 서로 많은 차이가 나기 때문에 속말말갈이 이주한 결과라는 주장에는 동의할 수 없다고, 그 유적들은 사모부가 남긴 것이라고 하였다(馮恩學 2006, 84~85쪽).

장아홍·노연소는 사모부가 유대 자치주 비로비잔(比罗比詹, Биробиджан)에 있었다고 보았는데, 그 근거는 흑수를 동강시(同江市)에 있다고 보는 관점에서 흑수의 서북쪽에 있어 사료의 기록에 상응하고, 분수령 산맥을 넘지 않아 흑수도독부 및 흑수부(黑水部)를 지나 중원과 통할 수 있고, 나이펠드 말갈고고학문화 분포지역이라는 점 등이다. 군리부는 동강 기준 정북에서 조금 동쪽으로 10일 거리이니 꼼스몰스크(共青城) 아래의 아무르스크(阿穆尔斯克, Амурск)일 것으로 보았다. 막예개부는 유귀를 암군강(阿姆贡河, река Амгунь)-우다감(乌第河, река Уда) 일대, 타타르 해협이 북쪽, 오호츠크해의 서쪽으로 보고 그곳에서 배로 15일 거리 및 군리부에서 동남쪽 10일 거리를 고려하여 하바롭스크주의 소베트스까야 가반(苏维埃港市, Советская Гавань)으로 판단하였다. 굴설부는 군리부에서 동북 10일 거리를 고려하여 사할린의 오하 지구(Охинский район)에 속하는 뽀기비(波吉比, Погиби) 지역으로 보았다(張亞紅·魯延召 2010, 114~115쪽)(도면 109).

그런데 장아홍·노연소가 사모부의 소재로 본 비로비잔은 동강에서 서북쪽이 아니라 동쪽으로 조금 치우친 북쪽에 있고, 동강과 약 130㎞ 떨어져 있다. 군리부 소재지로 본 아무르스크는 동강에서 동북쪽에 해당하며, 동강에서 굴곡 거리 약 540㎞, 직선거리 약 430㎞이다. 굴설부 소재지로 본 사할린의 뽀기비는 아무르강 하구에서 동남쪽 약 90㎞ 거리의 사할린 동쪽 해안에 위치하며 아무르스크에서 동북쪽으로 직선거리 약 400㎞이다. 막예개부로 본 소베트스까야 가반은 아무르강 하구에서 남쪽으로 약 445㎞ 떨어진 시호테 산맥 동쪽 동해안에 위치하며 아무르스크에서 동남쪽 직선거리 약 280㎞ 떨어져 있다. 결과적으로 장아홍 등은 10일 거리를 130㎞, 540㎞(혹은 430㎞), 400㎞, 280㎞ 등 상당히 유동적으로 적용하였다. 물론 그 10일이 직선거리는 아닐 것이고, 교통로 길의 거리로 보아야 할 것이다. 따라서 교통로가 파악되지

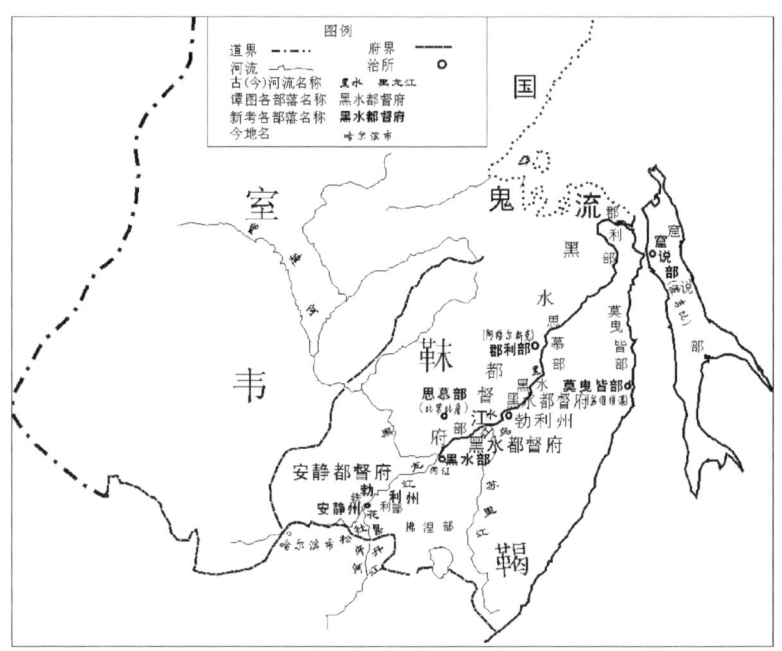

도면 109. 장아홍·노연소의 사모제부와 유귀 위치도(張亞紅·魯延召 2010)

않는다고 단순히 직선거리로 산출하는 것은 실제와 괴리가 있음이 분명하나, 그렇지만 어느 정도 참고는 할 수 있다.

그런데 위 연구자들은 사모제부의 위치 설정을 위한 기준점이 되는 흑수부의 위치를 각각 다르게 파악하였음을 알 수 있다. 와다 키요시(和田清)는 흑수부가 송화강-흑룡강 합류 지점부터 동쪽으로 우쑤리강까지였다고 하면서 하바롭스크를 기준점으로 삼았고, 《중국역사지도집》 편집조동북소조는 '흑수'의 분포 범위를 송화강 하구에서 아뉴이강 하구까지로 보았고, 또 흑수주도독부는 아뉴이강 하구에 있었다고 생각하면서 아뉴이강 하구를 기준점으로 삼았으며, 1988년에 발간된 담기양 주편의 『《중국역사지도집》 석문회편·동북권』에서는 흑수도독부와 발리주를 지금의 하바롭스크에 있는 것으로 생각하여 하바롭스크를 기준점으로 삼았고, 손진기 등은 흑수부의 중심지라고 생각한 동강-백력(하바롭스크)을 기준점으로 삼았으며, 장아홍·노연소는 동강시(同江市)를 기준점으로 삼았다.

기준점이 다르니 결론이 다른 것은 어떻게 보면 당연하다. 그렇다면 그 기준점은 어디가 되어야 할까? 필자가 이미 논증한 바와 같이 남·북흑수부의 분포 범위는 서쪽 오동하-아르하라강을 잇는 선부터 동쪽 비라강과 우르미강 사이 일대를 잇는 선일 것이다. 그리고 남흑수말갈의 중심지이자 발리주였으며, 흑수주도독부가 설치된 곳은 강안고성이 가장 유력하다. 따라서 사모제부의 위치 설정을 위한 기준점은 강안고성 혹은 동쪽의 경우 비라강과 우르미강 사이 일대가 되어야 할 것이다.

또 하나 주목되는 것은 대부분의 연구자들은 10일 거리가 절대거리로 얼마나 되는지 고민하지 않았다는 사실이다. 부(部) 간의 거리가 날짜 단위로 제시되었기에 10일 거리가 몇 리 혹은 몇 ㎞인지 먼저 확인이 필요하다.

이와 관련하여 서병국의 의견이 주목된다. 서병국은 10일 거리와 관련하여 명나라 마문승(馬文昇)이 지은 『무안동이기(撫安東夷記)』의 "송화강에서 동북쪽으로 1개월 걸리는 노정은 이른바 흑룡강 땅인데 즉 노아간도사(奴兒干都司)를 설치하였다"라는 기사에 주목하였다. 여기에서 송화강은 송화강 하구의 동강(東江)이라고 하면서 『금사』 「지리지」와 조정걸의 『시베리아동편기요(西伯利東偏紀要)』를 참고하여 동강에서 돈돈하 하구에 있는 합인분(哈儿分)까지 1,500리, 돈돈하에서 흑룡강 어귀까지 2,200리, 합계 3,700리가 된다고, 따라서 1개월에 3,700리를 가는 것이니 1일은 대략 100리에 해당하고, 10일은 대략 1,000리에 해당한다고 추정하였다(서병국 2006c. 74~75쪽).

마문승(馬文昇)이 "송화강에서"라고 하였기에, 송화강은 송화강 하구에 있는 동강이 맞을 것이다. 돈돈하는 지금의 아뉴이강을 말하며, 노아간은 아무르강 하구에서 서쪽으로 직선 약 90㎞(굴곡 약 134㎞) 떨어진 곳의 암군강이 아무르강과 합류하는 곳의 아무르강 동쪽 절벽에 위치한다. 동강에서 강을 따라 구불구불하게 아뉴이강 하구까지의 굴곡 거리는 약 415㎞이고, 아뉴이강 하구에서 암군강 하구 대안의 노아간까지는 굴곡 거리 약 620㎞이다. 다시 말해서 약 1,035㎞의 거리를 수로(水路)로 한 달 걸려 간 것으로 볼 수 있다. 그렇다면 10일은 수로로 약 345㎞ 거리라고 말할 수 있다. 하루 약 34.5 ㎞를 간 것이다.

그런데 사모제부 간의 10일 거리가 수로인지 혹은 육로인지 알 수 없다. 필자는 수로일 가능성이 있다고 생각하는데, 그것은 아무르강이 수심이 깊고 또 폭이 좁은 곳도 600m 이상이고, 넓은 곳은 2㎞ 이상인 곳도 있어 여름에는 배로 움직이는 것이 아주 편리하기 때문이다. 겨울에는 또 얼음이 두껍게 얼어 썰매로 이동하는 것도 편리하다. 이에 반하여 아무르강 양안은 수많은 지류와 우각호 등에 의해 늪지가 형성된 곳이 많아 육로로 이동하는 것은 상당히 불편하다. 물론 하루 약 34.5㎞는 육로로도 충분히 이동이 가능한 거리이다.

서병국은 흑수부의 소재지를 하바롭스크로 본 상태에서 서북으로 10일, 약 1,000리는 제야강과 부레야강 일대에 해당하는 것으로, 이곳에는 러시아에서 달후이족으로 부른 수오륜부(索倫部) 부족이 거주한다고 하였다. 따라서 발해 영역이 제야강까지 확대된 것으로 판단하였다. 굴열부(굴설부)는 "후루하 부족의 거주지에 있는" 흑수말갈의 동북 약 10일 거리, 즉 약 1,000리 거리에 있는 에룬춘 부족의 거주지에서 찾아야 한다고 하였다. 에룬춘은 남쪽 돈돈하(아뉴이강)를 계선으로 후루하 부족과 경계하였고, 북쪽으로는 암군강 일대를 계선으로 베이아카(費雅克) 부족과 경계한 것으로 판단하였다. 다시 말해서 아뉴이강과 암군강 사이 지역을 굴열부로 비정하였다. 군리부는 굴열부의 북쪽, 즉 에룬춘 부족의 북쪽에 있는 베이아카 부족의 거주지에서 찾아야 한다고, 이것이 사모부 동북쪽 10일 거리에 부합한다고 파악하였다. 베이아카는 유럽에서 길랴크족, 러시아에서 네기달인 등으로 불린다고 하였다. 네기달인은 오늘날 아무르강 하류의 지류인 암군강 일대를 중심으로 거주한다. 길랴크에 대해서는 1413년에 아무르강 하구 가까이 노아간에 세워진 영령사비에 "백성은 길리미(吉里迷)와 여러 종류의 야인인데 섞여 살고 있다"라고 언급되어 있음을 지적하였다. 막예개부는 해저(赫哲, 黑斤)부족과 관련하여 설명하였다. 해저부족은 에룬춘과 후루하부의 동쪽 바닷가 지역에 길리미의 남쪽에서 올가

근처까지 2,000리나 되는 긴 바닷가에 거주하였다고 하였다. 다만 해저부족은 에룬춘의 거주지에 섞여 살아 에룬춘을 해저로 부르는 경우도 있다고 하였다. 이곳에 막예개부가 있었을 것으로, 다만 해저는 처음에는 바닷가에 1,000리 이상의 지역에 거주하다가 나중에 남쪽으로 이동하면서 그 범위가 넓어진 것으로 판단하였다(서병국 2006c, 63~72쪽, 75~89쪽).

그런데 막예개부의 위치 비정에는 유귀(流鬼)의 위치도 중요하다. 그것은 몇몇 사서에 유귀와 흑수말갈 및 막예개부 사이의 상대적 위치가 기록되어 있기 때문이다. 사서의 관련 기록을 소개하면 다음과 같다.

『신당서』「동이전(東夷傳) 유귀(流鬼)」: 유귀는 경사에서 1만 5천 리 떨어져 있다. 흑수말갈의 동북쪽이고 소해(小海)의 북쪽이다. 삼면이 바다로 막혀있고 그 북쪽은 끝을 알 수 없다. 섬에 의지하여 흩어져 산다. 늪이 많고 물고기와 소금의 이(利)가 있다... 남쪽은 막예말갈(莫曳靺鞨)과 이웃하며, 동남쪽으로 항해하여 15일을 가면 도착한다(流鬼去京師萬五千里 直黑水靺鞨東北 小海之北 三面皆阻海 其北莫知所窮. 依嶼散居 多沮澤 有魚鹽之利... 南與莫曳靺鞨隣 東南航海十五日行 乃至). (동북아역사재단 편 2011d, 685~686쪽).

『통전(通典)』(권200) : 유귀는 북해의 북쪽에 있고, 북쪽으로 야차국에 이르며, 나머지 삼면이 모두 바다로 막혀있고, 남쪽으로 막예말갈과 15일 떨어져 있다. 바다 섬에 의지하여 흩어져 산다(流鬼 在北海之北 北至夜叉国 余三面皆抵大海 南去莫设靺鞨十五日 依海岛散居).

『당회요(唐會要)』(권99)「유귀국(流鬼國)」: 유귀는 경사에서 1만 5천 리 떨어져 있다. 흑수말갈의 동북쪽이고 소해(小海)의 북쪽이다. 삼면이 바다로 막혀있고 늪이 많고 물고기와 소금의 이가 있다... 남쪽은 막예말갈과 인접한다(流鬼去京師一萬五千里 直黑水靺鞨東北 少海之北 三面阻海 多沮澤 有魚鹽之利... 南與莫曳靺鞨鄰接).

『자치통감(資治通鑑)』(권195) 정관 14년(640) 3월조 : 유귀국이 사신을 보내 공물을 바쳤다. 경사에서 1만 5천 리 떨어져 있으며, 북해의 바닷가에 있고, 남쪽은 말갈과 이웃한다. 아직 일찍이 중국과 통하지 못하였으나 세 번의 통역을 거쳐 왔다(流鬼國 遣使入貢 去京師萬五千里 濱于北海 南鄰靺鞨 未嘗通中國 重三譯而來). (번역은 사마광 지음 / 권중달 옮김 2009 58쪽 참조, 번역 일부 수정).

유귀의 위치에 대해서는 일찍이 시라토리 구라키치(白鳥庫吉)가 사할린설을, 와다 키요시(和田淸)가 캄차카반도설을 제기하였다(菊池俊彦 著 / 王禹浪·孫文 譯 1996, 87쪽, 재인용). 이와 관련하여 장아홍·노연소는 캄차카반도는 경사(京師)에서 1만 5천 리라는 거리를 지나치게 많이 초과하는 곳에 있음을 지적하였다. 경사에서 왜국까지 1만 4천 리였음을 지적하면서 일본까지의 거리를 참고할 때 장안성에서 반경을 그릴 때 1만 5천 리는 마침 환(環)오호츠크해 서부지구에 해당한다고 하였다. 또 사할린은 4면이 모두 바다여서 3면이 바다라는 기록과 차이가 있고, 또 그 끝을 알 수 없다는 내용과도 모순이 있음을 지적하였다. 아울러 환 오호츠크해 서부지구는 북쪽 주그주르(Джугджур) 산맥을 넘으면 시베리아의 광활한 벌판으로서 그 끝을 알 수 없는 곳이라 하였다. 남쪽으로 막예개와 이웃하고 또 항해하여 15일이면 막예개에 도착한다고 한 것과 관련해서는 먼저 동쪽으로 항해하다가 다시 남쪽으로 항해한 것으로 보면 사서의 기록과 합치한다고 하였다. 따라서 유귀국은 환 오호츠크해 서부지구에 위치한 것으로 볼 수 있다고 하면서, 지도에는 우다강과 아무르강 하구 가까이 사이에 유귀를 표시하였다(도면 109). 이곳은 또한 북해가 오호츠크해이기에 "북해의 물가이다(濱于北海)"와 소해가 타타르 해협이기에 "소해의 북쪽이다(少海之北)"라는 기록과도 부합한다고 하였다(張亞紅·魯延召 2010, 114~115쪽).

최근에는 『통전』의 "유귀는 북해의 북쪽에 있다(流鬼 在北海之北)" 등의 기록에 근거하여 다시 캄차카반도설을 지지하는 의견이 제시되기도 하였다(沈一民 2014).

필자가 볼 때 캄차카반도는 "남쪽으로 막예말갈과 이웃한다(南與莫曳靺鞨隣)"는 내용과 모순되며, 사할린은 장아홍 등이 지적한 바와 같이 3면이 아닌 4면이 모두 바다이고, 그 끝이 분명하다(도면 110). 따라서 환 오호츠크해 서부지구에 유귀가 있었다는 주장이 타당하다고 생각된다. 유귀의 거주지역을 환 오호츠크해 서부지구에서 조금 더 구체화한다면, 필자가 생각할

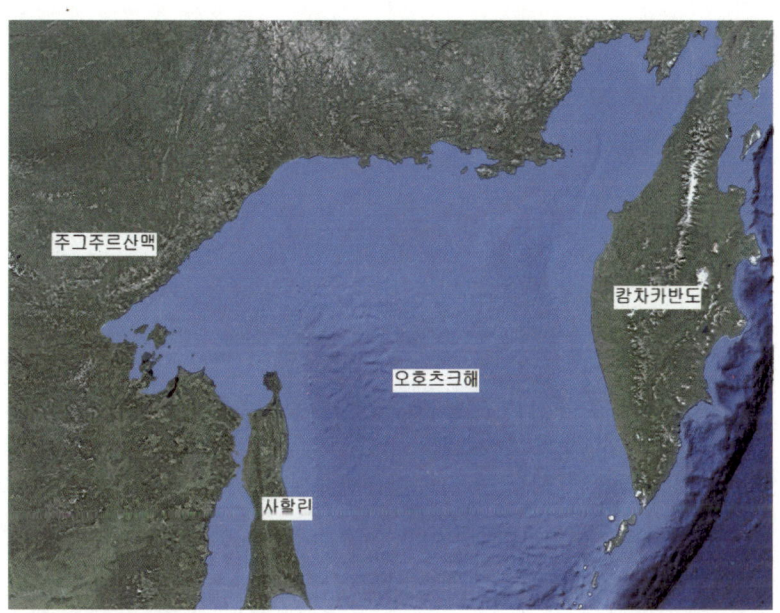

도면 110. 오호츠크해와 주변의 지리(구글어스, 필자 작성)

때 가장 적합한 곳은 오호츠크해 서쪽 우다강(река Уда)과 그 동쪽의 볼쇼이 샨타르섬(остров Большой Шантар)을 중심으로 하는 샨타르군도(Шантарские острова) 일대일 것이다(도면 111). 이곳은 유귀가 흑수말갈의 동북쪽에 있다는 내용, 삼면이 바다라는 내용, 경사에서 1만 5천 리의 거리, 소해의 북쪽, 동남쪽으로 항해하여 15일 거리에 막예개부가 있다는 내용 등 거의 모든 내용과 합치한다. 특히 "섬에 의지하여 흩어져 산다(依嶼散居)"는 내용과 잘 합치하는데 섬에 의지하여 흩어져 산다는 것은 하나의 섬에만 거주하는 것이 아니라 여러 섬에 흩어져 사는 것으로 이해해야만 할 것이다. 또 북쪽으로 끝을 알 수 없다고 한 것으로 보아 섬뿐만 아니라 연안의 육지도 거주 지역에 포함되었음을 알 수 있다.

유귀와 관련된 고고학 문화는 아직 분명하지 않다. 최근의 연구성과에 따르면 오호츠크해 남쪽 연안을 따라 사할린을 포함하여 쿠릴열도까지 서기 7~9세기에는 오호츠크 문화 에노우라 유형 유적이 분포한다. 또 아무르강 하구

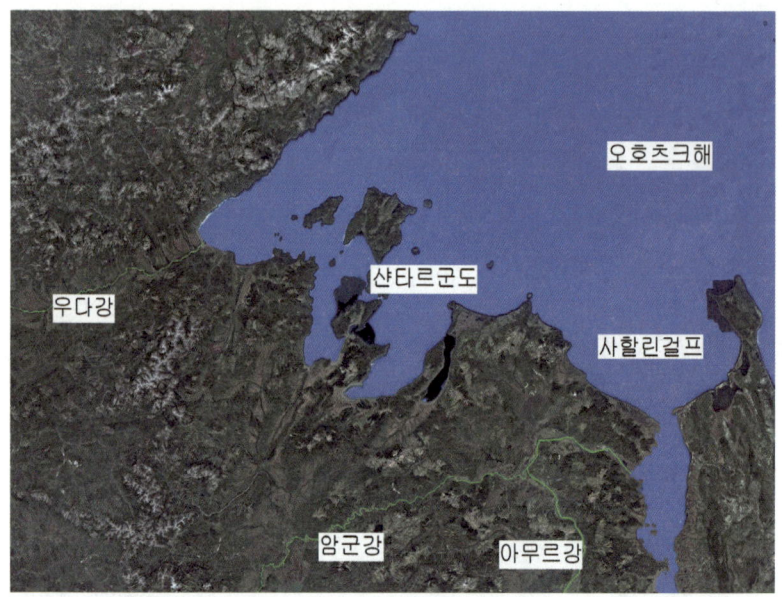

도면 111. 샨타르군도와 주변의 지리(구글어스, 필자 작성)

지역에는 이 시기에 떼바흐 문화가 구분되고 있는데, 이 문화를 오호츠크 문화의 한 지역 문화로 보기도 한다. 주목되는 것은 오호츠크 문화 에노우라 유형과 떼바흐 문화 모두에 말갈계 토기들도 발견된다는 사실이다(도면 112). 오호츠크 문화를 아이누가 남긴 문화로 보는 의견도 있었고, 또 유귀의 문화로 보는 의견도 있었지만, 말갈과 관련된 문화로 보는 의견도 있다. 이와 관련하여 V.A.데류긴은 오호츠크 문화가 다민족적 특징을 보여준다고 하였다(Дерюгин В.А., 2008).

이제 흑수부의 소재지가 강안고성이고, 또 10일 거리는 대략 345km라는 가정하에서, 그리고 지금까지 확인된 말갈계 유적의 분포상황과 유귀의 거주지가 우다강과 샨타르 군도 일대였음을 고려하여 사모부 등 4개 부의 위치를 살펴보기로 하겠다(도면 113).

먼저 사모부가 흑수부의 동북쪽에 있었다는 의견과 관련하여 지적하고 싶은 것은 나이펠드-동인문화 1단계의 유적분포권을 기준으로 하여 서북쪽 제

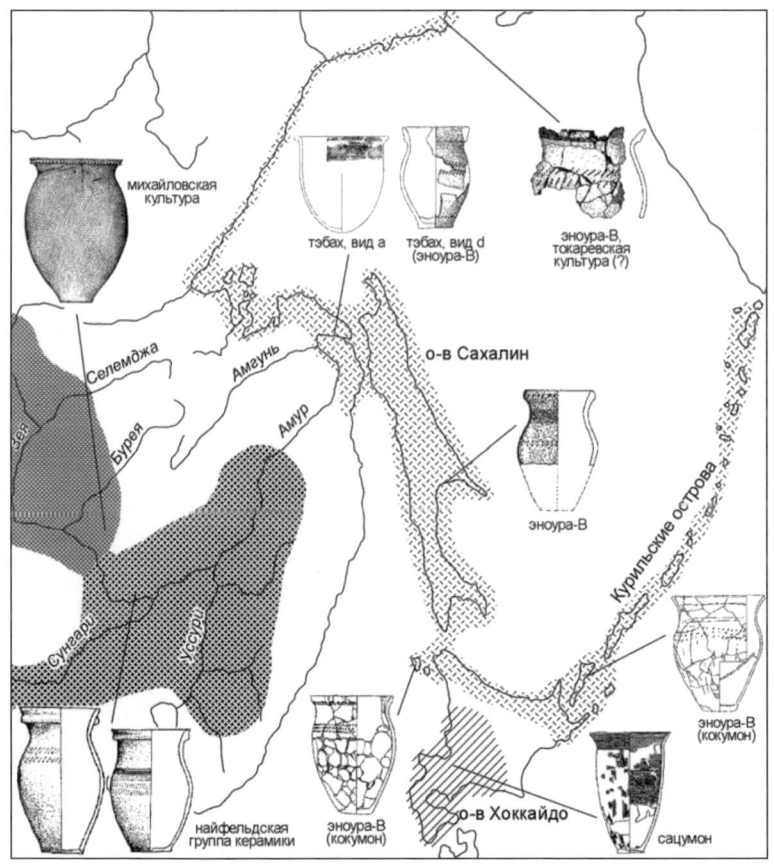

도면 112. 아무르강과 환 오호츠크해의 중세 고고학 문화 분포와 대표 토기(Дерюгин В.А. 2008).

야강 일대까지 말갈계 유적이 분포한다는 사실이다. 이것은 흑수부에서 서북쪽으로도 말갈계 부락이 분포하였음을 말하는 것이다. 따라서 사모부는 흑수부의 동북쪽이 아니라 서북쪽에서 찾은 것이 타당하다.

그렇다면 사모부는 강안고성을 중심으로 하는 나이펠드-동인 문화 1단계 유적 분포지역에서 서북쪽 약 345km 거리에 있었다고 추정할 수 있다. 강안고성에서 서북쪽 굴곡 거리 약 345km는 부레야강 하구에서 조금 더 서쪽에 해당하고, 강안고성에서 서북쪽 직선거리 약 345km는 블라고베쉔스크 남쪽 가까이 있는 애혼성(愛琿城, 아이훈) 부근에 해당한다. 당시 이곳은 흑룡강을 따라 수로가 이용되었을 것으로 추정할 수 있으며, 그렇다면 굴곡 거리를 적용하는 것이 옳을 것이다. 이 경우 사모부는 부레야강 일대를 중심으로 그 동쪽과 서쪽 지역에 있었다고, 서쪽으로는 아마도 제야강까지 이르렀다고 볼 수 있을 것이다.

그런데 상기한 바와 같이, 제야-부레야강 일대에는 말갈계 고고학 문화인 나이펠드-동인 문화와 뜨로이쯔꼬예 문화뿐만 아니라 실위계 고고학 문화로 여겨지는 미하일로브까 문화 유적도 분포한다(도면 105; 113). S.P.네스떼로프는 서기 3~7세기로 편년되는 미하일로브까 문화를 북실위가 남긴 것으로 여기며, 또 나이펠드-동인 문화와 뜨로이쯔꼬예 문화 유적을 발해의 북진정

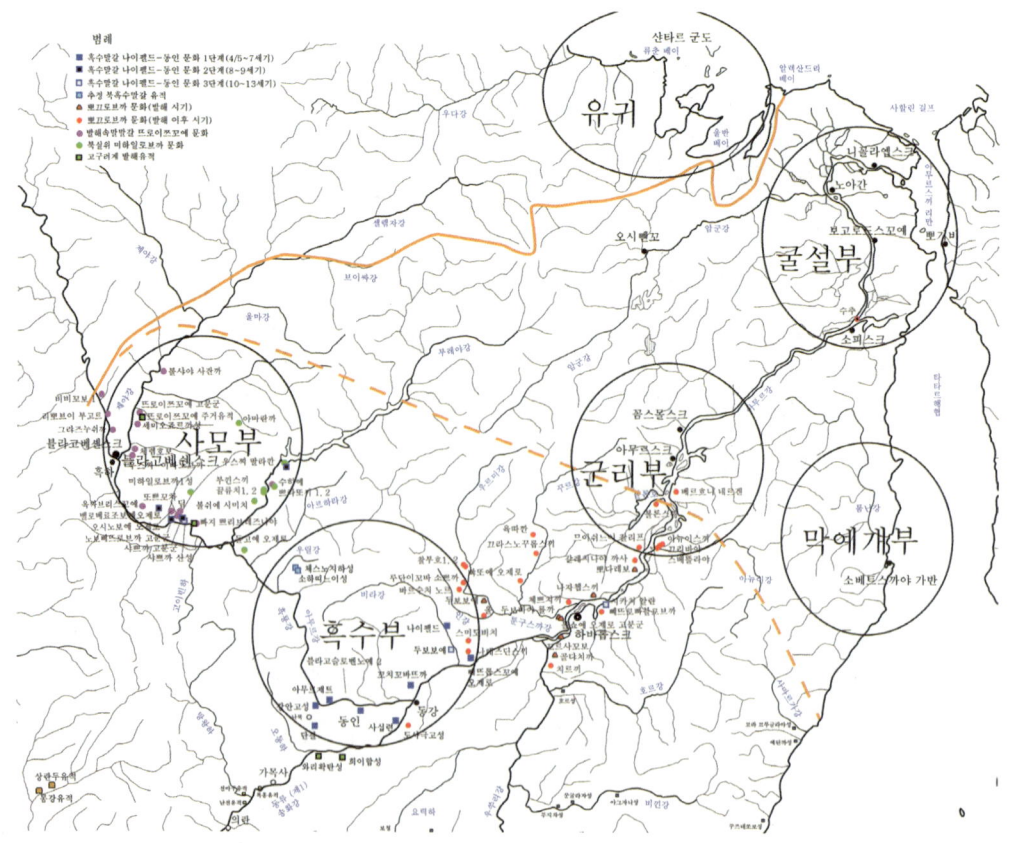

도면 113. 사모제부와 유귀 위치도(필자 작성)

책 결과 흑수말갈과 '발해속말말갈' 주민들이 이곳으로 이주하여 남긴 것으로 생각한다(네스떼로프 S.P. 1998, 44쪽, 95쪽). 그의 이러한 생각은 소흥안령 동쪽의 동아무르와 소흥안령 서쪽의 서아무르 지역 간의 토기를 비교한 표에 잘 드러나 있다(도면 114). 표에서 오른쪽 동아무르 지역을 보면 기원전 4~ 서기 4세기에 뽈쩨 문화가 표시되어 있고, 그다음에는 흑수말갈이 남긴 블라고슬로벤노예-나이펠드 그룹 토기들이, 그다음에는 말갈(발해)이 남긴 뜨로이쯔꼬예 그룹 토기들이, 그다음에는 '여진'으로 표시된 토기들이 각각 제시되어 있다. 다만 표의 오른쪽에 표기된 '뜨로이쯔꼬예 그룹'과 '여진'은 뽀로브까 문화의 이른 단계와 늦은 단계를 각각 말하는 것이다. 표에서 왼쪽 서아무르 지역을 보면 기원전 2~서기 3세기에 딸라깐 문화가 표시되어 있고, 그다음에는 북실위 미하일로브까 문화 토기들이 제시되어 있다. 중요한 것은 그다음에 먼저 동아무르 지역에 특징적이었던 흑수말갈 나이펠드 그룹 토기들과 말갈(발해) 뜨로이쯔꼬예 그룹 토기들이 미하일로브까 문화 토기들을 거의

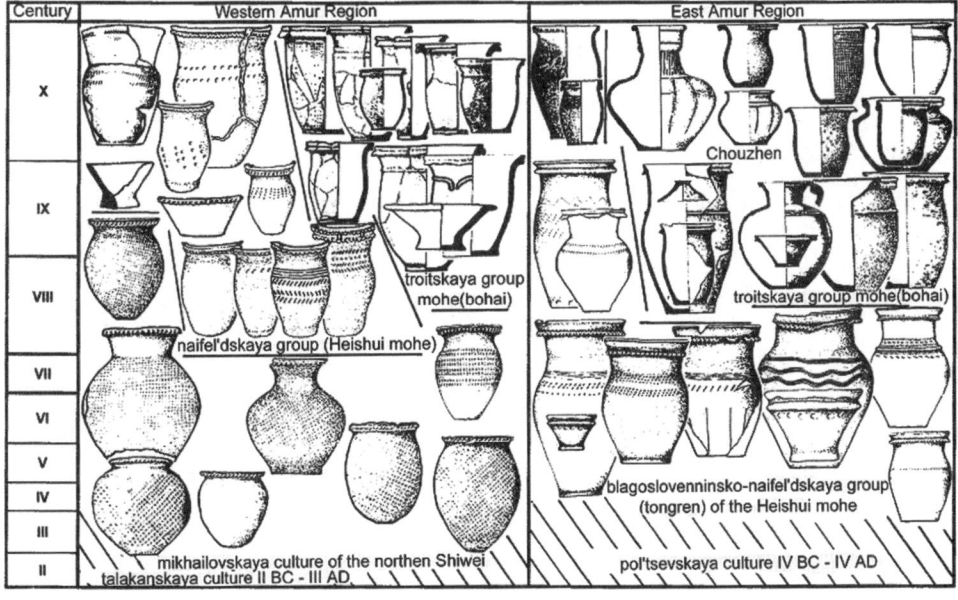

도면 114. 동아무르와 서아무르 지역의 토기 변화표(므일니꼬바 L.N. 외, 네스떼로프 S.P. / 정석배 옮김, 2008)

대체하고 있다는 사실이다.

다만 뜨로이쯔꼬예 문화는 7~12세기로 편년되고 있어, 제야-부레야강 지역에서는 발해 건국 이전부터 이미 미하일로브까 문화와 일정 기간 공존하였을 가능성을 보여주고 있다.

그런데 뜨로이쯔꼬예 문화 유적을 사모부가 남겼다는 의견도 제시된 바 있다. 상기한 바와 같이 풍은학은 먼저 뜨로이쯔꼬예 유형(문화)이 흑수부의 서북쪽에 위치함을 지적하였고, 다음에는 S.P.네스떼로프가 뜨로이쯔꼬예 고분군 출토 평저 협타 토기(平底筒形陶罐)와 청동패식(銅牌)이 (북류) 송화강 유역의 사리파(査里巴) 고분군 출토품과 같다는 점에 주목하여 (북류) 송화강 유역의 속말말갈이 제야강 유역으로 이주하여 남긴 것이라고 주장하였음도 지적하였다. 다음에는 뜨로이쯔꼬예 고분군의 무덤은 토광묘 일색이지만, 사리파 고분군에서는 토광묘 외에 석광묘도 있고 무덤 바닥에 강돌을 깐 경우도 있어 장속이 서로 차이가 난다고 하였다. 뜨로이쯔꼬예 고분군에서는 금제, 은제, 청동제의 귀걸이가 많이 출토되었지만, 사리파 고분군에서는 귀걸이가 단 1점도 출토되지 않아 두 고분군은 일상 장식에도 큰 차이가 있다고 하였다. 또한 사리파 고분군에서는 토기 우(盂), 배(杯), 병(瓶)이 출토되었지만, 뜨로이쯔꼬예 고분군에서는 이 종류 토기가 출토되지 않았음을 지적하였다. 따라서 뜨로이쯔꼬예 고분군 주민은 송화강 유역에서 이주한 속말말갈이 아니라 흑수말갈의 사모부이며, 두 고분군에 공통으로 보이는 협타 토기와 청동패식은 이 두 지역의 밀접한 문화 교류를 보여줄 뿐이라고 하였다(馮恩學 2006, 84~85쪽).

중요한 것은 나이펠드-동인문화의 흑수말갈과 '발해속말말갈'이 도래하기 전에 제야-부레야 지역에는 실위와 말갈계 사모부가 서로 공존하였을 가능성이 있고 그렇기에 실위와 '광의의 흑수말갈' 사이에 경계가 분명하지 않았을 수도 있다. 서기 3~7세기의 미하일로브까 문화가 실위의 문화가 맞다면, 처음 실위와 흑수부의 경계는 미하일로브까 문화 유적 분포와 나이펠드-동인문화 1단계의 유적 분포로 보아 아마도 부레야강과 우릴강 사이 중간쯤의 아르하라강으로 보는 것이 합리적일 것이다. 하지만 아르하라강 서쪽에서 제야강에 이르기까지 서기 7세기부터의 뜨로이쯔꼬예 문화 유적들이 다수 분포하는 것을 보면 실위의 영역에 흑수말갈 계통의 사모부 주민들이 이미 7세기 무렵부터 그곳에 거주하기 시작한 것으로 추정할 수 있다. 다시 말해서 실위와 "광의의 흑수말갈"의 경계는 처음에는 아라하라강 일대였다가 나중에는 제야강 일대로 바뀌었다고 볼 수 있는 것이다.

한가지 주목되는 것은 필자가 이미 지적한 바와 같이 제야-부레야강 사이 지역에서 고구려계의 문화 요소도 확인되고 있다는 사실이다(정석배 2020, 207~209쪽). 예를 들어, 오시노보예 오제로 유적 2호 주거지에서는 뜨로이쯔꼬예 문화에 속하는 어깨 부분이 돌대로 장식된 협타 심발형 토기의 함께 흑색 윤제 호형 토기가 출토되었다(도면 115; 116). 이 주거지는 방사성탄소연대에 의해 서기 8~9세기로 편년되었다(대한민국 국립문화재연구소 외 2010). 2호 주거지에서 출토된 이 토기는 외면은 흑색이나 그 안은 적갈색으로서, 연해주 발해유적에서 출토되는 고구려계 토기와 동일 특징을 가진다.

도면 115. 오시노보예 오제로 주거유적 모습(필자 촬영)

도면 116. 오시노보예 오제로 주거유적 출토 토기(대한민국 국립문화재연구소 외 2010)

　뜨로이쯔꼬예 주거유적에서는 지표에서 발해 토기에 특징적인 광택무늬가 시문된 회흑색의 윤제 토기편들이 다수 확인되었다(도면 117; 118)(정석배 외 2023d, 217~218쪽). 이 유적은 아직 발굴되지 않았지만, 말갈계 주거유적에 일반적인 수혈주거지의 흔적인 함몰부들이 발견되지 않아 고구려계의 지상식 집이 사용되었을 가능성이 있다.

　빠지 쁘리브레즈나야 고분군에서는 돌로 만든 석곽묘 2기와 토광묘 1기가 조사되었는데(도면 119), 토광묘에서는 뜨로이쯔꼬예 문화 토기가 출토되었다. 돌로 만든 석곽묘는 고구려계의 무덤이다. 유적을 조사한 D.P.볼로띤 등은 이 석축 무덤들이 만주 지역으로부터의 발해인들 혹은 발해 속말말갈인들의 이주를 증명하는 것으로 판단하였다(Болотин Д.П. 외 1999; 정석배 외 2023d, 358~359쪽).

　뜨로이쯔꼬예 문화가 발해속말말갈의 일부가 이주하여 남긴 것인지 혹은 원래부터 사모부의 것인지에 대해서는 앞으로 연구가 더 필요하다고 생각된다. 다만 제야-부레야강 일대에 사모부가 위치하였던 것만큼은 분명하다고 생각된다. 사모부의 남쪽 경계는 아마도 흑룡강이었을 것이다,

도면 117. 뜨로이쯔꼬예 주거유적 모습(필자 촬영)

도면 118. 뜨로이쯔꼬예 주거유적 발견 고구려계 발해 토기편 모습(필자 촬영)

5. 발해의 북쪽 경계

도면 119. 빠지 쁘리브레즈나야 고분군 2호 석곽묘 복원 모습(아무르국립대 박물관, 필자 촬영)

　제야-부레야강 말갈 유적 분포지역에서 북쪽으로 약 345㎞ 거리에서는 아직 말갈계 유적이 보고된 것이 없다. 따라서 군리부는 사모부의 북쪽이 아니라 흑수부의 북쪽 혹은 북쪽에서 동쪽으로 조금 치우친 곳에서 찾아야 할 것이다. 강안고성을 중심으로 하는 나이펠드-동인 문화 1단계 유적 분포지역에서 북쪽 약 345㎞ 거리에도 아직 말갈계 유적이 보고된 것이 없다.

　강안고성에서 하류 방향으로 약 345㎞ 거리는 하바롭스크 일대가 해당된다. 하지만 하바롭스크 일대는 비라강 하구에서 본다면 약 140㎞ 떨어져 있어 흑수부의 유적분포 지역과 그렇게 멀지 않다. 따라서 하바롭스크 일대를 군리부의 영역으로 보는 것은 문제가 있다고 생각된다.

　그런데 이와 관련하여 하바롭스크 서쪽 꼬르사꼬보 고분군이 주목된다(도면 120). 이 고분군에서 발굴된 386기의 무덤 중에서는 서기 6세기 말~7/8세기에 속하는 무덤도 24기나 확인되었다(메드베데프 V.E., 메드베데바 O.S. 2018, 99~126쪽; 정석배 외 2023d, 72~76쪽). 그중 목탄 시료를 통해 방사성탄소연대가 1400±25 B.P.(570±25 A.D)(SB RAS-1630)로 검출된

도면 120. 꼬르사꼬보 고분군 모습(필자 촬영)

89호 토광묘가 주목되는데 다른 유물과 함께 전형적인 말갈 협타 토기가 출토되었다(도면 121). 이 토기는 나이펠드-동인문화 1단계의 반구 화병형 토기와 완전히 다른 특징을 가졌다. 어깨 부분에 돌대 문양이 있는 것은 뜨로이쯔꼬예 문화 토기와 비슷하나 동체가 훨씬 더 세장한 형태이다. 이 고분군의 8~9세기에 속하는 고분에서는 발해에 특징적인 유물들이 출토되었다. 대표적인 예로 112호 무덤 출토 금동 불상을 들 수 있다(도면 122). 하지만 그 이후의 시기에 해당하는 고분들에서는 뽀끄로브까 문화에 전형적인 토기 등의 유물이 출토되었다(도면 123). 이 고분군을 발굴한 V.E.메드베데프는 이 고분군의 모든 단계를 '아무르 여진문화'에 속한다고 보았다. Yu.M.바실리예프는 이 고고학 문화를 뽀끄로브까 문화로 달리 부르고 있다. 중국학계에서는 전형적인 뽀끄로브까 문화에 특징적인 문양의 토기가 발견되는 유적을 '요대(遼代) 오국부(五國部)'에 속하는 것으로 본다. 사실 이 문화는 '여진'과는 아무런 관련이 없다. 때문에 '아무르 여진문화'라는 명칭은 적절하지 못하다고 생각된다.

필자가 볼 때 V.E.메드베데프가 구분한 꼬르사꼬보 고분군의 1단계(6세기말), 2단계(7세기), 3단계(8~9세기 초), 4단계(9세기 후반~10세기 초), 5단계

도면 121. 꼬르사꼬보 고분군 1단계 89호 토광묘 출토 협타 심발형 토기(메드베데프 V.E. 외 2018,)

도면 122. 꼬르사꼬보 고분군 112호 무덤 출토 금동 불상(메드베데프 V.E. 외 2018,)

(10세기), 6단계(11세기)에 속하는 유물들은 1단계와 2단계는 말갈계 고고학 문화, 3단계는 발해계 고고학 문화, 5~6단계는 요대 오국부계 문화로 구분할 수 있다. 이 경우 각 단계의 편년은 일부 조정이 필요할 것이나, 이 책의 주제 범위를 벗어나기에 추후 검토하기로 하겠다.

  이 유적의 1단계와 2단계가 '협의의 흑수말갈'의 것이 아니라면, 불열, 월희, 우루, 철리 중의 하나에 속하였을 것이다. 다시 말해서, 이 지역은 발해가 이 4개 부를 복속시키고 행정단위를 설치한 지역에 해당한다고 볼 수 있다. 아마도 그렇기에 3단계의 유물들이 고구려계 발해문화의 양상을 가지게 되었을 것이다. 그렇다면 소위 '아무르 여진문화' 혹은 뽀끄로브까 문화의 발해 이전 시기 말갈계 유적들은 모두 불열, 월희, 우루, 철리 중 하나에 속하였던 것으로 볼 수 있고, 또 나중에 발해의 직접 통치 영역에 포함된 것으로 볼 수 있을 것이다. 뽀끄로브까 문화의 다른 유적에서 꼬르사꼬보 1단계와 2단계에 상응하는 문화층 혹은 유물을 구분해 내는 일은 앞으로의 과제로 남아있지만, 지형과 군리부의 위치를 고려한다면 이 4개 부 중 하나는 꼬르사꼬보 고분군에

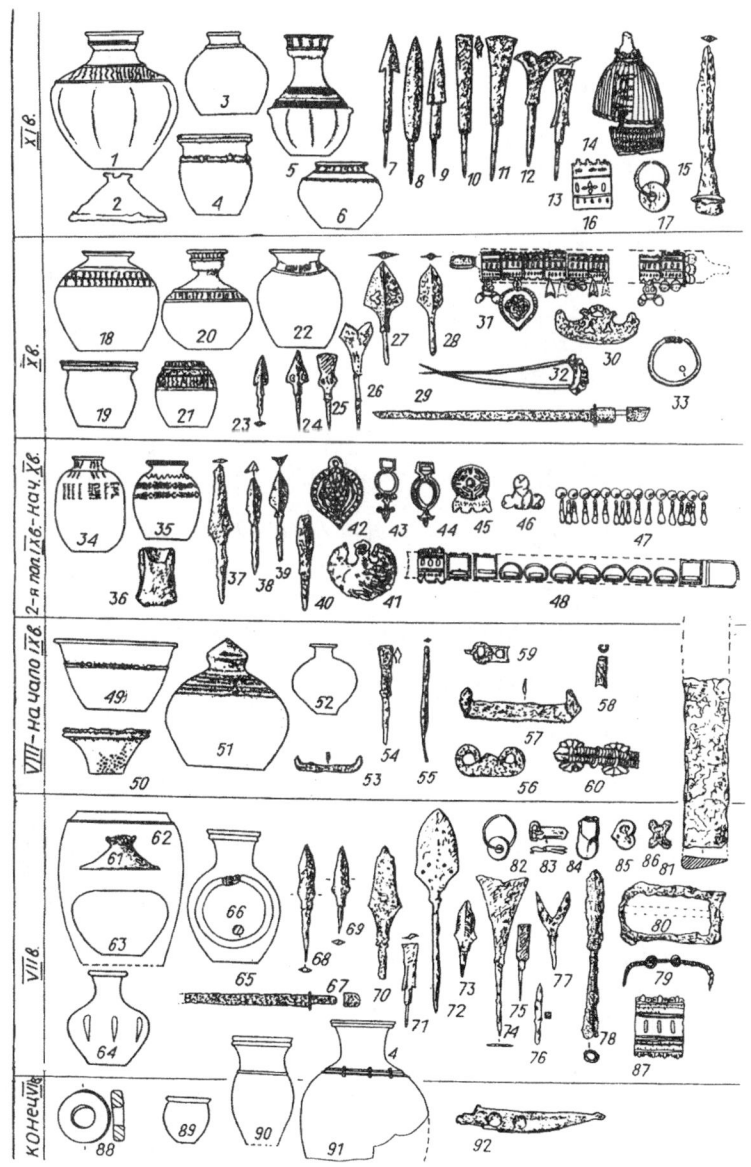

도면 123. 꼬르사꼬보 고분군 시기구분 표(Медведев В.Е. 1991)

서 동북쪽으로 흑룡강을 따라 아뉴이강 하구까지, 또 동쪽으로는 아뉴이강까지의 지역에 위치하였다고 추정할 수 있다고 생각된다.

사모제부가 서로 연접한 것이 아니라 일정 거리를 두고 멀리 떨어져 있었다고 볼 수 있기에 비라강 하구를 기준으로 한 거리를 보면 동북쪽으로 약 345㎞ 굴곡 거리는 대체로 아무르스크 남쪽의 볼론 호수(озеро Болонь)일대에 해당한다. 따라서 거리와 대략적 방향을 고려하면 군리부는 볼론 호수 일대에서 상류 쪽으로는 아뉴이강 일대까지 하류 쪽으로는 꼼스몰스크 일대까지의 지역에 분포하였다고 보는 것이 합리적일 것이다. 아뉴이강에서 꼼소몰스크까지의 흑룡강 하류 중단 지역에는 뽀끄로브까 문화 유적들이 분포한다. 하지만 이곳에는 그 유적 중 발해 이전 시기의 것은 구분된 것이 없다. 따라서 군리부는 뽀끄로브까 문화와는 관계가 없을 것이다. 지형을 고려한다면 군리부의 남쪽 경계는 아뉴이강 일대, 동쪽 경계는 시호테-알린 산맥의 분수령 일대였을 것이다.

꼼스몰스크에서 동북쪽으로 약 345㎞ 굴곡 거리에는 보고로드스꼬예(Богородское)가 위치한다. 이곳은 북쪽의 암군강 하구와 굴곡 거리로 약 90㎞ 떨어져 있다. 따라서 거리와 방향을 염두에 둔다면 굴설부는 보고로드스꼬예 일대의 아무르강 하류 하단 및 암군강 하류 일대를 포괄하는 지역에 있었다고 판단할 수 있다. 어쩌면 아무르강 하구 일대에서 확인된 떼바흐 문화가 바로 이 굴설부와 관련될 수도 있다. 또한 보고로드스꼬예에서 남쪽으로 약 72㎞ 거리의 수추섬(остров Сучу)에서 말갈계 토기가 출토된 것이 있는데(도면 124; 125), 굴설부 주민들이 남겼을 수도 있다. 굴설부의 남쪽 경계는 지형을 고려할 때 툼닌강 상류 북쪽 분수령일 가능성이 있다.

보고로드스꼬예에서 남쪽 약 345㎞ 거리에는 툼닌강 하구가 위치한다. 따라서 막예개부는 툼닌강 하류 일대에 거주하였을 것이다. 막예개부가 이 일대에 있었다는 생각은 유귀가 환오호츠크해 서부지구의 우다강-샨타르군도 일대에 위치하였다는 의견과 모순되지 않는다. 바로 남북으로 배치된 양상을 보이고,

도면 124. 아무르강 하류 수추섬 모습(필자 촬영)

또 오호츠크해 서부지구에서 배를 타고 처음에는 동남쪽으로 오호츠크해 연안을 따라 항해하다가 그다음에는 타타르 해협을 따라 남쪽으로 이동하면 막예개부의 거주 지역에 도착하기 때문이다. 지형을 놓고 본다면 막예개부의 서쪽 경계는 아마도 시호테 알린 산맥 분수령 일대일 것이고, 남쪽 경계는 어쩌면 사마르가강 동쪽의 산악지역까지 미쳤을 수도 있다.

사할린에서 발견되는 말갈계통의 유물들은 아마도 동쪽으로 타타르 해협을 사이에 두고 이웃하는 굴설이나 막예개가 이 지역과 교류한 혹은 직접 가서 활동한 결과일 수도 있을 것이나, 아

도면 125. 수추섬 출토 말갈계 토기(러시아과학원 시베리아 분소 고고학민족학연구소, 필자 촬영)

직은 고고학 조사를 더 지켜보아야 할 것으로 생각된다. 흑룡강 하류와 오호츠크해 연안 그리고 사할린 등에서의 고고학 조사가 활발하게 이루어진다면 유귀, 굴설, 막예개 등에 대해 더 자세하게 파악할 수 있을 것이다.

따라서 사모부의 남쪽 경계는 제야강과 부레야강 일대의 흑룡강, 군리부의 남쪽 경계는 아뉴이강 일대, 굴설부의 남쪽 경계는 툼닌강 상류 북쪽 분수령 일대, 막예개부의 남쪽 경계는 사마르가강 동쪽 산악지역 일대인 것으로 파악된다. 여기에서 군리부와 막예개부의 남쪽 경계는 발해가 흑수제부를 모두 복속하기 전의 발해와의 경계였을 것이다. 굴설부의 남쪽 경계는 군리부 및 막예개부의 북동쪽과 북쪽에 있기에 발해 경계와는 무관하다. 사모부의 영역은 낙단 실위의 영역과 서로 겹치고 있고, 또 이곳에서 흑룡강 남쪽에 몽올실위가 거주하였을 가능성도 있어 사모부의 남쪽 경계가 발해와의 경계였다고 말하기에는 아직 해결해야 할 과제가 많다.

이러한 사항들을 고려할 때 발해가 흑수말갈을 복속시키기 전의 북쪽 경계는 오유이하 - 탕왕하 중상류의 이춘 - 오동하 - 동류 송화강 하류 - 동강부터 아뉴이강 하구까지의 흑룡강(아무르강) - 아뉴이강 - 사마르가강 동쪽 산악지역 일대를 잇는 선으로 볼 수 있다(도면 126 및 127 파란색 선).

그렇다면 발해가 흑수제부를 모두 복속시킨 다음의 최대 강역의 범위는 어떻게 될까? 이 경우는 사모부의 북쪽 경계 - 흑수부의 북쪽 경계 - 군리부의 북쪽 경계 - 굴설부의 북쪽 경계를 잇는 선이 될 것이다. 사실 이 각 부의 북쪽 경계는 분명하지 못하다. 위에서 살펴본 『신당서』에는 "그 땅은 남쪽으로 발해에 이르고, 북쪽과 동쪽은 바다에 닿았으며, 서쪽은 실위에 이른다. 남북 길이는 2천 리, 동서는 천 리이다(其地南距渤海 北東際於海 西抵室韋. 南北袤二千里 東西千里)"라고 하였고, 『당회요』에는 "지금의 흑수말갈 경계는 남쪽으로 발해국 현덕부와 경계하며, 북쪽은 소해에 이르고, 동쪽은 대해에 이르며, 서쪽은 실위에 이른다. 남북 약 2천 리이고, 동서 약 1천 리이다"라고 하였고, 『태평환우기』에는 "지금의 흑수말갈 경계는 발해의 덕부(德府)에 이르며, 북쪽은 소해(小海)에 이르고, 남쪽은 대해(大海)에 이르며, 서쪽은 실위(室韋)에 이른다. 남북 약 2천 리이고, 동서 약 1천 리이다(今黑水靺鞨界至渤海德府 北至小海 南至大海 西至室韋 南北約二千里 東西約一千里)"라고 하였다.

『신당서』의 "북쪽과 동쪽은 바다에 닿았다"에서 북쪽으로 닿은 바다는 오호츠크해의 서쪽 타타르 해협의 북쪽에 있는 사할린 걸프(Sakhalin Gulf, Сахалинский залив)의 서쪽 대륙 쪽 해안과 오호츠크해의 서쪽 샨타르 군도의 동남쪽 해안을 말할 것이다. 『당회요』에서 "북쪽은 소해에 이르고, 동쪽은 대해에 이른다"라고 한 소해(小海)와 대해(大海)를 비교해보면, 흑수제부의 분포권에서 대해(大海)는 타타르 해협의 가장 북쪽 구간에 해당하는 아무르 리만(Amur Liman, Амурский лиман)을 제외한 그 남쪽의 타타르 해협과 더 남쪽의 동해를 말함이 분명하다. 그렇다면 소해는 타타르 해협의 가장 북쪽 구간에 해당하는 아무르 리만이거나 혹은 그 북쪽의 사할린 걸프라고 추정할 수 있다. 오호츠크해는 사실 흑수제부 분포권 동쪽의 타타르 해협과 그 남쪽의 동해를 합친 것보다 훨씬 더 크기 때문에 결코 소해(小海)가 될 수 없다. 『태평환우기』에서는 "북쪽은 소해에 이르고, 남쪽은 대해에 이른다"라고 하였는데 남쪽은 당연히 동쪽의 오기임이 분명하다.

따라서 문헌 기록을 통해 본다면 흑수제부의 북동쪽 끝은 유귀의 남쪽과 남동쪽에 해당하는 샨타르 군도와 사할린 걸프 일대의 해안임이 분명해 보인다. 『중국역사지도집』에서는 울반 베이보다 더 북쪽에 있는 류춘 베이(Lyutsun bay, залив Люцун)에서 시작하여 셀렘자강과 부레야강 분수령을 따라 부레야강 하류 방향으로 선을 그었다(도면 87; 108). 하지만 유귀의 위치를 염두에 둔다면 동북쪽은 울반 베이와 아무르강 수계 분수령으로 보는 곳이 합리적일 것이다. 그 서남쪽은 사실 사모제부의 거주 범위가 어느 정도였는지 알 수 없기에 경계를 확정하기가 쉽지 않다. 다만 지금도 시베리아 소수민족들이 인구밀도는 낮아도 상당히 넓은 지역에 걸쳐 분포하고 있기에 사모제부의 경계도 자연 지형을 고려하여 넓게 보는 것이 옳다고 생각된다. 그렇다면 울반 베이와 아무르강 수계 분수령 서쪽 및 서남쪽으로는 처음에는 암군강 수계와 셀렘자강 수계 분수령, 그다음은 부레야강 수계와 셀렘자강 수계 분수령, 그다음은 셀렘자강 지류인 브이싸강(река Бысса), 그다음은 셀렘자강 하류, 그다음은 제야강 하류 일대를 잇는 선이 사모제부를 포함하는 흑수제부의 북쪽 경계일 수도 있다고 생각된다(도면 113). 다만 유적분포만 놓고 본다면 필자가 이미 지적한 바와 같이 제야강 하류 지역 – 꾸르강 중하류 – 아무르강 하상류 – 사마르가강을 잇는 선이 될 것이다(정석배 2020)(도면 126과 127 녹색 선). 하지만 이 경우 문헌자료를 통해 확인되는 군리부, 굴설부, 막예개부가 제외되는 문제점이 발생한다. 굴설부 추정 범위 내에는 매우 드물기는 하여도 수추섬 유적도 있고, 또 떼바흐 문화 유적도 확인된 것이 있지만, 군리부와 막예개부와 관련하여 추정할 수 있는 유적은 아직 확인되지 않는다. 아무르강 하류 지역과 타타르해협 동쪽 해안은 고고학 조사가 극히 미흡한데, 이 지역에 대한 고고학 조사 및 연구는 앞으로의 과제라고 하겠다.

Ⅳ. 맺음말

발해 강역의 경계를 남쪽, 서남쪽, 서쪽, 서북쪽, 북쪽 순서로 고찰해 보았다.

지금까지 발해의 남쪽 경계였던 니하에 대해 강릉 북쪽의 이천수(지금의 연곡천), 덕원 북쪽의 용흥강(지금의 금야강), 안변 서쪽의 남대천, 영흥과 정평 사이의 금진강, 대동강, 대동강 하류+남강(능성강) 하류 등으로 보는 여러 의견이 있었다. 그중 용흥강(금야강)설이 가장 큰 지지를 얻었지만, 용흥강보다는 그 남쪽의 덕지강이 오히려 니하에 더 적합하다는 사실을 밝혀냈다. 니하를 용흥강으로 본 것은 1913년에 마쓰이 히토시(松井等)가 덕원 북쪽에서 가장 큰 강을 지목한 것에 불과하다. 하지만 신라의 북쪽 변경에 있있던 황주(지금의 황주), 토산(지금의 상원군), 당악현과 송현현(지금의 중화군 관내), 곡주(지금의 곡산), 수안(지금의 수안군) 등과 대동강 및 남강(능성강)과의 거리, 그리고 정천군(지금의 덕원)과 용흥강 및 덕지강의 거리를 놓고 볼 때 덕지강이 더 적합하다는 결론에 이를 수 있었다. 덕지강은 발해와 신라의 경계에서 동쪽 부분에 해당하며, 서쪽은 대동강 하류와 남강(능성강)이었음도 확인하였다.

발해와 신라가 서쪽에서 패강, 즉 대동강과 경계하였다는 사실은 일찍부터 여러 연구자에 의해 주장된 바 있으나, 이를 부정하는 의견도 적지 않았다. 하지만 필자는 735년에 당 현종이 신라 성덕왕에게 보낸 '칙신라왕김흥광서(勅新羅王金興光書) 2수(首)'의 "경이 패강(浿江)에 군사 보루를 설치(寘戍)하고자 하는 것을 알았다. 그곳은 이미 발해의 요충지에 해당되고, 또 녹산(祿山)과도 서로 마주 보고 있는 곳이다... 도적들을 경계하고 변방을 안정시키는 것이니, 무엇이 안되겠는가(知卿欲於浿江寘戍 旣當渤海衝要 又與祿山相望... 警寇安邊 有何不可)"라는 기록과 『삼국사기』의 "고구려... 대당(大唐)이 2번 출사하고 신라가 원조하여 그를 쳐서 평정하였다. 그 땅은 대부분 발해말갈(渤海靺鞨)에 들어가고 신라 또한 그 남쪽 지경을 차지해 한주(漢州) 삭주(朔州) 명주(溟州) 3주와 그 군현을 설치하여 이로써 9주를 갖추었다(高句麗... 大唐再

出師 新羅援助 討平之. 其地多入渤海靺鞨 新羅亦得其南境 以置漢朔溟三州及其郡縣 以備九州焉)"라는 기록이 대동강 이북을 발해가 차지하였음을 보여주는 결정적인 증거라고 생각한다.

남강(능성강)을 발해와 신라의 경계로 본 것은 신라의 북쪽 변경 지대에 위치하였던 황주, 토산, 당악현과 송현현, 곡주, 수안이 모두 대동강 하류와 남강(능성강) 남쪽에 일정 거리를 두고 분포하고, 북한의 김명성이 지적한 바와 같이 두 강의 북쪽에는 『동국여지승람』에 '후기신라' 시기의 소속 관계를 밝힌 지명이 없기 때문이다.

발해의 서남쪽 경계와 관련해서는 지금까지 발해가 요동을 차지하였는가 혹은 차지하지 못하였는가 하는 문제가 논의의 중심에 있었다. 요동을 차지하지 못하였다고 생각하는 의견은 기본적으로 『신당서』「지리지」에 전하는 가탐(賈耽, 730~805년)이 쓴 『도리기』의 "(안동) 도호부에서 동북쪽으로 옛 개모성과 신성을 지나고 또 발해 장령부를 지나 1,500리를 가면 발해 왕성에 이른다... 압록강 하구에서 배를 타고 100여 리를 가서 다시 작은 배를 타고 물을 거슬러 동북쪽으로 30리를 가면 박작구에 이르러 발해의 경내로 들어가게 된다(自都護府 東北經古蓋牟新城 又經渤海長嶺府 千五百里至渤海王城... 自鴨淥江口舟行百餘里 乃小舫泝流東北三十里至泊汋口 得渤海之境)"라는 기록에 근거한다. 동북으로 옛 개모 신성 다음에 발해 장령부가 있다고 하였으니 장령부부터를 발해의 영역으로 본 것이고, 박작구에 이르러 발해의 경계에 들어선다고 하였으니 박작구부터를 발해의 영역으로 본 것이다. 다시 말해서 박작구와 장령부 서쪽 경계를 잇는 선이 발해의 서남쪽 경계이고, 그 서쪽의 요동은 발해가 차지하지 못하였다고 보는 것이다. 그런데 여기에 더하여 발해 부여부가 있었다고 여겨진 개원 북쪽 일대까지를 잇는 선을 발해의 서남쪽 경계로 보는 견해가 널리 받아들여지고 있다.

발해가 요동을 차지하지 못하였다는 의견은 사실 조선시대 후기 정약용에 의해 시작되었다. 다만 정약용은 "지금의 태자하 이남[지금의 요양] 애하 이서[지금의 봉황성 땅]에는 발해의 발자취가 미친 적이 없다"라고 하여 태자하 이북 지역은 발해가 차지한 것으로 인식하였다. 그런데 이후 한진서는 발해의 서남쪽 경계를 개원 일대 - 장령부 서쪽 경계 - 박작구를 잇는 선으로 파악하여 발해의 서남쪽 경계를 정약용보다 더 후퇴시켜 놓았다. 세부적인 차이는 있지만 이후 마쓰이 히토시(松井等)를 비롯하는 대부분 일본 연구자가 이와 비슷한 의견을 제시하였고, 『중국역사지도집』에서도 비슷한 의견이 채택되었으며, 한국에서도 아직 이 의견을 따르는 연구자가 있다.

그런데 필자가 생각할 때 개원 (북쪽) 일대 - 장령부 서쪽 경계(대체로 청원·무순 사이) - 박작구를 잇는 선은 발해 초기 때의 경계였을 것이다. 주지하듯이, 가탐은 발해를 방문한 적이 없으며, 가탐의 관련 기록 내용은 당 중종(中宗)(재위 683~684년, 705~710년) 때 발해에 파견된 장행급(張行岌) 혹은 713년에 발해를 방문한 최흔(崔忻)의 보고 내용을 참고한 것이라는 의견, 762~764년에 당에서 출발하여 발해와 신라를 거쳐 다시 당으로 귀국한 한조채(韓朝彩)가 수집한 정보를 기초로 하였다는 의견, 676년부터 705년 안동도호부가 요서지역으로 이주하기 이전의 상황을 반영한다는 의견 등이 제시된 바 있다. 안동도호부는 677년에 요양에서 무순으로 옮겼다가 698년에 폐지되었고, 나중에 705년에 다시 설치되었을 때는 이미 그 소재지가 유주(지금의 북경)였다. 발해는 중경에서 상경으로 755년에 천도하였기에 안동도호부가 있는 요양에서 옛 개모 신성과 발해 장령부를 지나 발해 왕성으로 갔다는 것은 여러 시점(時點)이 현재에 적용된 것으로서 "발해 장령부를 지나"가 구체적으로 어느 시기인지를 보여주지 못한다. 이것은 "박작구에 이르러 발해의 경계에 들어선다"라는 기록도 마찬가지이다.

『책부원구』에 당이 727년에 무왕 대무예의 동생 대창발가를 양평현 개국남에 봉하였다는 기록이 보여주듯이 이 무렵 발해는 이미 양평, 즉 요양을 포함하는 요동을 차지하였다고 볼 수 있다. 또한 발해가 732년에 등주를, 다음 해인 733년에 마도산을 공격한 것은 한조채 이전에 이미 요동을 실효 지배하고 있었음을 보여준다. 어쩌면 박작구가 북한의 연구자들이 주장하는 바와 같이 발해와 발해에 속한 '고려후국'의 경계였을 수도 있다.

박작구의 위치는 1913년에 마쓰이 히토시(松井等)가 포석하 하구로 본 이후 일본과 중국 연구자들 대부분이 지금의 포석하 하구로 보아왔는데, 오늘날 박작성은 호산[산]성임이, 또 박작성 곁의 박작구는 애하 하구임이 논증되었다. 일찍이 정약용과 한진서는 박작구가 애하 하구임을 염두에 두었었다. 따라서 개원 북쪽 일대 – 장령부 서쪽 경계(대체로 청원·무순 사이) – 박작구를 잇는 선은 포석하 하구가 아니라 애하 하구를 잇는 선으로 보아야만 할 것이다. 그렇다면 발해 초기의 서남쪽 경계도 애하 하구까지 더 넓었었다고 보아야만 한다.

발해가 요동을 차지하였다는 증거는 아주 많다. 『통전』권180과 『구당서』권36에서는 요동의 현토·낙랑이 지금은 모두 동이(東夷)의 땅이라고 하였고, 『구당서』권38에서는 낙랑·현토가 고려·발해의 땅이라고 직접적으로 언급하면서, 지금의 요동은 당의 땅이 아니라고 하였고 또 요해 동쪽을 당이 주(州)로 삼았었으나 반란으로 인해 당의 봉토에 포함하지 못하였다고 하였다. 『삼국사기』권 제37에서는 당이 고구려를 평정한 다음에 그 땅이 대부분 발해말갈에 들어가고 신라 또한 그 남쪽 지경을 차지하였다고 하였다. 『구오대사』권137과 『자치통감』권273에서는 모두 요동을 "발해의 요동"이라고 하였고, 『요동행부지』에서는 "요동의 땅이 발해 대씨의 소유가 되었다"라고 하였으며, 『요사』권38에서는 동경요양부가 당이 고구려를 평정한 다음에 안동도호부를 설치하였으나 나중에 발해 대씨의 소유가 되었다고 하였다. 『거란국지』권10과 『요사(遼史)』권28에서는 요나라의 동경, 즉 지금의 요양과 관련하여 "동경은 발해의 옛 땅이다"라고 하였고, 『요사』권36에서는 요양이 발해의 옛 나라가 되었다고 하였으며, 『금사』권24에서는 발해 요양고성이라고 하였다. 〈상국매사훈묘지〉에는 "요동의 옛 발해국(遼東舊爲渤海之國)"이라 하였다. 『속일본기』권13, 권21, 권22에는 약홀주도독(若忽州都督) 서요덕(胥要德), 목저주자사(木底州刺史) 양승경(楊承慶), 현토주자사(玄菟州刺史) 고남신(高南申)이라는 언급이 있는데 약홀주와 목저주 그리고 현토주는 모두 요동 지역에 있었다. 『속일본후기』권11의 "해 뜨는 곳은 동쪽으로 멀고 요양은 서쪽이 막혀 있어(日域東遙 遼陽西阻)"와 『속일본후기』권19의 "요양이 가까운 것으로 여겼다(想遼陽而如近)"라는 기록도 발해의 영역이 요양에까지 이르렀음을 말해준다.

따라서 이 기록들은 모두 요동이 발해의 땅이었음을 직접적으로 말해준다. 그 외에 안동도호부의 철폐, 안동도호부 내의 수착, 발해의 등주 공격과 마도산 전투 등의 기록들도 모두 발해가 요동을 차지하였음을 말한다.

요양에서 발견된 삼도호(三道壕) 유적과 원가보(袁家堡) 유적, 무순에서 발견된 석대자산성(石台子山城) 주변 고분군, 시가(施家) 고분고, 전둔(前屯) 고분군, 와혼목(洼渾木) 고분군 등의 발해 유적과 고이산성에서 발견된 발해 유물 등도 발해가 요동을 차지하였음을 증명한다.

하지만 발해가 요동을 차지하였다고 인정하는 연구자들도 요동반도는 발해 영역에서 제외하는 경우가 많다. 발해의 요동 점유를 주장하는 중국 연구자들도 대체로 요양 남쪽 안산(鞍山) 일대 - 포석하 일대를 잇는 선 이북 지역을 발해의 영역으로 인정한다. 한국의 송기호는 대체로 요동반도 북쪽의 개주(蓋州) 일대 - 영나하(英那河)를 잇는 선 이북 지역까지를 발해 영역으로 인정한다.

김진광을 비롯한 여러 연구자가 주장하였듯이, 필자도 발해의 등주 공격과 마도산 공격은 요동반도까지를 발해가 지배하였기 때문에 가능하였다고 생각한다.

발해가 요동반도까지 차지하였다는 자료 중에서 가장 주목되는 것은 『삼국사기』의 "고구려... 대당(大唐)이 2번 출사하고 신라가 원조하여 그를 쳐서 평정하였다. 그 땅은 대부분 발해말갈(渤海靺鞨)에 들어가고 신라 또한 그 남쪽 지경을 차지하여(高句麗... 大唐再出師 新羅援助 討平之. 其地多入渤海靺鞨 新羅亦得其南境)"라는 기록, 『구당서』「지리지」의 "고종 때에 고[구]려와 백제를 평정하여 요해 동쪽은 모두 주(州)로 삼았으나, 얼마 지나지 않아 다시 반란을 일으켜 (당의) 봉토에 포함하지 못하였다(高宗時 平高麗百濟 遼海已東皆爲州 俄而復叛 不入提封)"와 "한의 땅은 낙랑과 현토에 이르렀으나 지금은 고려·발해의 땅이다. 지금의 요동은 당의 땅이 아니다(漢地東至樂浪玄菟 今高麗渤海是也. 今在遼東 非唐土也)"라는 기록, 그리고『통전』의 "그 후 남은 사람들이 스스로 보존하지 못하고 뿔뿔이 흩어져서 신라와 말갈에 투항하니 옛 국토는 모조리 다 말갈 땅으로 들어가 버렸다(其後 餘衆不能自保 散投新羅靺鞨 舊國土盡入於靺鞨)"라는 기록이다. 이 기록들은 모두 고구려 고지가 남쪽 일부 신라에 귀속된 것을 제외하고는 모두 발해 땅이 되었음을 분명하게 말해준다.

발해는 서쪽으로 거란과 경계하였는데 그 경계선은 요하로 인식되고 있다. 요하가 거란과 발해의 경계였다는 사실은 요나라 야율아보기의 발해 상경성으로의 진군노선 및 발해 거란도의 노선 연구를 통해서도 확인된다. 야율아보기의 진군노선과 발해 거란도의 노선은 요하가 아니라 요하 북쪽으로 서요하와 동요하 사이를 지나갔지만, 그 남쪽 요하가 거란과 경계하였다는 사실은 미루어 짐작할 수 있다. 쌍료 동쪽의 상수북타자 발해 유적과 서요하의 지류 신개하 하류에 있는 추정 살갈산의 위치도 발해와 거란의 경계가 동요하와 서요하 사이를 지나갔음을 말해준다. 요하 북쪽으로 발해와 거란의 경계는 도아하(洮兒河) 하구에까지 이르렀다고 생각되는데, 그것은 거란과 실위의 경계가 노월하(猱越河), 즉 지금의 도아하(洮兒河)였기 때문이다. 다만 지형을 놓고 보면 동요하와 서요하 사이를 지나 북쪽으로 곧장 도아하 하구와 이어졌다기보다는 눈강·송화강 합류 지점 일대를 지나 눈강을 따라 북쪽으로 도아하 하구까지 연결된 것으로 이해하는 것이 합리적일 것으로 생각된다.

도아하 하구 북쪽으로는 발해가 실위와 경계한 것으로 생각된다. 눈강 하류 동쪽과 오유이하(烏裕爾河) 남쪽 및 호란하 유역을 포함하는 송눈평원은 일반적으로 달말루(達末累)의 거주지로 인식되고 있다. 달말루는 두막루로도 불리었는데 북부여의 후예였다.『신당서』「유귀전」에 "달말루는 스스로 말하기를 북부여의 후예인데 고[구]려가 그 나라를 멸한 다음에 사람을 보내 나하(那河)를 건너 살게 하였다고 한다(達末婁 自言北扶餘之裔 高麗滅其國 遣人渡那河 因居之)"라고 하였고, 『북사』「두막루전」에는 "물길의 북쪽 천 리에 옛 북부여가 있었다(在勿吉北千里 舊北扶餘也)"라고 하였으며, 『위서』「두막루전」에는 "동이의 영역 가운데 가장 평평하다(于東夷之域最爲平敞)"라고 하였다.

송눈평원에는 아직 실위의 유적이 발견된 것이 없다. 그런데 최근에 치치하얼 서남쪽 눈강 서쪽 가에 위치하는 홍하(洪河) 유적에서 다수의 말갈계 협타심발형 토기가 출토되었다. 유적 발굴 보고자는 이 유적을 5세기 후반~6세기로 편년하였고, 부여 약수 오유이하설에 동의하면서 홍하 유적이 부여 북계의 강역 범위 내에 있다고 하였다. 바로 '물길'이 부여를 쫓아내고 이곳을 차지한 다음에 남긴 유적이라는 것이다.

필자는 부여가 494년 멸망한 다음에 부여의 옛땅 중 고구려에 편입되지 않은 나머지 지역은 말갈로 통칭되었을 수도 있다고 생각한다. 이 사실은 『구당서』「오라혼전」과 『신당서』「회골전하」에 실위의 한 부락인 오라호(烏羅護) 혹은 오라혼(烏羅渾)의 동쪽에 말갈이 있었다는 기록을 통해서 추정해 볼 수 있다. 오라호 동쪽이라면 바로 눈강 건너의 동쪽 송눈평원을 말한다. 《중국역사지도집》편집조동북소조와 『중국역사지도집』은 달말루를 '실위도독부'에 포함하여 소개하였지만, 사실 달말루가 실위의 하나라는 기록은 그 어디에서도 찾을 수 없다. 적어도 홍하 유적은 이곳이 말갈 문화권에 포함되었음을 말해주고 있다.

따라서 발해의 서쪽 경계는 도아하 하구 북쪽으로 눈강 하류와 오유이하를 잇는 선까지 계속 이어졌다고 말할 수 있다.

발해의 서북쪽 경계는 실위와 흑수제부(黑水諸部)의 위치와 관련하여 설명될 수 있다. 『구당서』「실위전」에 "그 북쪽 대산 북쪽에는 대실위부락(大室韋部落)이 있는데, 그 부락은 망건하(望建河) 곁에 거주한다. 그 강은 원천이 돌궐 동북쪽 경계 구륜박(俱輪泊)에서 나오며, 굽이져 동쪽으로 흘러 서실위(西

室韋) 경계를 지나고, 또 동쪽으로 대실위 경계를 지나며, 또 동쪽으로 몽올실위(蒙兀室韋) 북쪽을 지나 낙조실위(落俎室韋) 남쪽을 지나고, 또 동쪽으로 흘러 나하(那河) 및 홀한하(忽汗河)와 합쳐지고, 또 동쪽으로 흘러 남흑수말갈(南黑水靺鞨) 북쪽과 북흑수말갈(北黑水靺鞨) 남쪽을 지나 동쪽으로 바다에 흘러 들어간다"라고 하였다. 이 기록에서 망건하(望建河)는 지금의 아무르강(흑룡강)임이 분명하다. 이 강의 서쪽에는 몽올실위와 낙조(낙단)실위가 강을 사이에 두고 남북으로 위치하였고, 그 동쪽에는 남흑수말갈과 북흑수말갈이 또한 남북으로 위치하였음을 알 수 있다.

이 기록의 내용은 고고학 자료와도 어느 정도 합치한다. 오늘날 흑수말갈 흑수부가 남긴 고고학 문화로 나이펠드-동인문화가 지목되고 있다. 이 고고학 문화는 1단계(5~7세기), 2단계(8~9세기), 3단계(10~12세기)로 구분되고 있는데, 1단계는 바로 발해가 흑수말갈에 대한 군사원정을 하기 전에 해당한다. 나이펠드-동인 문화 1단계 유적의 분포 범위는 남쪽은 동류 (제1) 송화강 하류, 서쪽은 오동하와 아르하라강, 동쪽은 비라강과 우르미강 사이 지역이다. 다만 그 활동 영역은 서쪽으로 탕왕하와 고이빈하를 잇는 선까지 미쳤을 수 있다고 생각된다.

이 단계 흑수말갈의 중심지이자 나중에 흑수주도독부가 설치된 발리주의 소재지는 아무르강이 남쪽으로 흐르다가 동쪽으로 꺾이는 곳에 있는 강안고성(江岸古城)이었다. 지금까지 흑주주도독부의 소재지로 백력(伯力), 즉 하바롭스크설이 크게 지지받았지만, 사실 하바롭스크 지역에는 발해 이전 흑수말갈과 관련된 유적이 없다. 강안고성은 위성과 취락지가 결합한 대규모 복합유적이며, 또한 나이펠드-동인 문화 1단계에 특징적인 반구 화병형 토기가 출토되었다. 또한 『신당서』「지리지」의 "발해왕성... 그 북쪽으로 덕리진을 지나 남흑수말갈에 이르기까지 천 리이다(渤海王城... 其北經德里鎭 至南黑水靺鞨千里)"라는 기록과도 잘 상응하는데, 덕리진은 동류 송화강 하류의 남쪽 강변에 위치하는 와리확탄성(瓦里霍呑城)으로 판단되며, 강안고성은 발해 왕성 상경성에서 북쪽으로 와리확탄성을 지나 약 420㎞의 거리에, 다시 말해서 약 천 리의 거리에 위치한다.

주목되는 것은 아르하라강 서쪽으로 부레야강을 지나 제야강 일대에 이르기까지 북실위의 고고학 문화로 알려진 미하일로브까 문화(서기 3~7/8세기) 유적들이 분포한다는 사실이다. 그런데 제야-부레야강 사이 지역에는 서기 7~12세기에 말갈계 고고학 문화인 뜨로이쯔꼬예 문화가 존속하였다. 다시 말해서 서기 7세기 무렵부터 제야-부레야강 사이 지역에는 북실위를 대신하여 말갈계 고고학 문화가 발전한 것이다. 또한 8세기 무렵에는 제야-부레야강 사이 지역에 흑수말갈이 남긴 나이펠드-동인 문화 유적도 출현하게 된다. 이와 관련하여 S.P.네스떼로프는 뜨로이쯔꼬예 문화 유적은 북류 송화강 유역의 발해속말말갈이 이주하여 남긴 것이고, 제야-부레야강 유역의 나이펠드-동인 문화 유적은 동아무르지역의 흑수말갈이 서아무르지역으로 이주하여 남긴 것으로 생각하였다. 한편 뜨로이쯔꼬예 문화를 흑수제부에 속하는 사모제부(思慕諸部)의 하나인 사모부(思慕部)가 남겼다는 주장도 제기된 바 있다.

필자는 뜨로이쯔꼬예 문화가 발해속말말갈이 남긴 것인지 혹은 사모부가 남긴 것인지 아직 논의하지 않았지만, 한가지 확신할 수 있는 것은 말갈 문화권의 범위가 제야강 일대까지 미쳤다는 사실이다. 다시 말해서 발해가 흑수제부를 포함하여 모든 말갈을 복속하였다는 문헌자료의 내용을 신뢰한다면 발해의 서북쪽 경계는 제야강 일대였다고 말할 수 있다.

흑수말갈은 815년 이후에는 무려 109년 만에 당이 이미 멸망한 다음인 924년에야 후당(後唐)에 사절을 보냈는데, 이것은 발해가 이 기간에 흑수말갈을 완전히 복속시켰기 때문일 것이다. 또한 『태평환우기』와 『당회요』에 "발해가 침강하자 흑수 역시 그에 역속되었다(及渤海浸强 黑水亦爲其役至 혹은 黑水亦爲其所屬)"라고 하였고, 『금사』에도 "그 후에 발해가 강성해지자 흑수는 [그에] 속하게 되었고 조공이 마침내 끊어졌다(其後渤海盛强 黑水役屬之 朝貢遂絶)"라고 하였다. 『신당서』 「흑수말갈전」에도 "처음 흑수의 서북쪽에는 또 사모부(思慕部)가 있었고, 더 북쪽으로 10일을 가면 군리부(郡利部)가 있었고, 동북쪽으로 10일을 가면 굴설부(窟說部)가 있었는데 또한 굴설(屈設)이라고도 불렀다. 조금 동남쪽으로 10일을 가면 막예개부(莫曳皆部)가 있었고, 또 불열(拂涅), 우루(虞婁), 월희(越喜), 철리(鐵利) 등의 부가 있었다. 그 땅은 남쪽으로 발해에 이르고, 북쪽과 동쪽은 바다에 닿았으며, 서쪽은 실위에 이른다… 나중에 발해가 강성하자 말갈은 모두 그에게 복속되어 다시는 왕과 만나지 못하였다(初 黑水西北又有思慕部 益北行十日得郡利部 東北行十日得窟說部 亦號屈設 稍東南行十日得莫曳皆部 又有拂涅 虞婁 越喜 鐵利等部 其地南距渤海 北東際於海 西抵室韋… 後渤海盛 靺鞨皆役屬之 不復與王會矣)"라고 하여 흑수말갈도 결국에는 발해에 복속되었음을 밝히고 있다.

제야-부레야강 지역이 발해의 영향권에 들어갔다는 사실은 이곳 빠지 쁘리브레즈나야 고분군에서 발견된 고구려계의 석곽묘, 오시노보예 오제로 주거유적과 뜨로이쯔꼬예 주거유적에서 발견된 고구려계의 (회)흑색 운제 토기 등을 통해서도 확인할 수 있다.

『신당서』「흑수말갈전」에는 사모제부(사모부, 군리부, 굴설부, 막예개부)와 흑수의 상대적인 위치 및 10일씩이라는 거리가 소개되어 있다. 흑수부(黑水部)의 위치와 사모부의 위치는 상기한 바와 같고, 군리부는 지금의 아뉴이강에서 꼼소몰스크 일대까지의 지역에, 굴설부는 수추섬 일대에서 오호츠크해 서쪽의 아무르강 하구 일대까지의 지역에, 막예개부는 꼼소몰스크 동남쪽 툼닌강 하류 일대 시호테 산맥과 해안지역으로 각각 비정된다. 필자의 이 의견은 흑수제부가 북쪽 및 동쪽으로 바다와 접하였다는 기록과도 상응한다. 흑수말갈 동북의 유귀는 오호츠크해 서쪽의 샨타르군도 일대에 거주한 것으로 판단하였다.

흑수제부의 동북쪽은 오호츠크해 서쪽 사할린 걸프 해안 및 유귀의 위치를 고려하여 울반 베이와 아무르강 수계 분수령으로 보는 곳이 합리적일 것이다. 그 서남쪽은 사실 사모제부의 거주 범위가 어느 정도였는지 알 수 없기에 경계를 확정하기가 쉽지 않다. 다만 자연 지형을 고려하여 넓게 보는 것이 옳다고 생각된다. 그렇다면 울반 베이와 아무르강 수계 분수령 서쪽 및 서남쪽으로는 암군강 수계와 셸렘자강 수계 분수령, 부레야강 수계와 셸렘자강 수계 분수령, 셸렘자강 지류인 브이싸강, 셸렘자강 하류, 제야강 하류를 차례로 잇는 선이 사모제부를 포함하는 흑수제부의 북쪽 경계일 수 있다고 생각된다(도면 126과 127의 북쪽 주황색 점선). 유적분포를 염두에 둔다면 그 경계는 서쪽에서 동쪽으로 제야강 하류 지역 - 꾸르강 중하류 - 아무르강 하상류 - 사마르가강을 잇는 선이 될 것이나(도면 126과 127의 녹색 선), 이 경우는 군리부, 굴설부, 막예개부가 제외되어, 앞으로 아무르강 하류 지역과 타타르해협 서쪽 해안지역에 대한 고고학 조사 및 연구가 필요하다.

발해가 815년 이후 흑수말갈을 완전히 복속시키기 전의 북쪽 경계는 시모부의 남쪽 경계인 제야강과 부레야강 일대의 아무르강(흑룡강), 군리부의 남쪽 경계인 아뉴이강 일대, 막예개부의 남쪽 경계인 사마르강 동쪽 산악지역 일대를 고려한다면, 오유이하 - 탕왕하 중상류의 이춘 - 오동하 - 동류 송화강 하류 - 동강부터 아뉴이강 하구까지의 아무르강(흑룡강) - 아뉴이강 - 사마르가강 동쪽 산악지역 일대를 잇는 선으로 볼 수 있다(도면 126과 127의 파란색 선). 이 선의 남쪽에는 아마도 부여의 옛땅에 설치한 막힐부, 불열의 옛땅에 설치한 동평부, 월희의 옛땅에 설치한 회원부와 안원부, 우루(읍루)의 옛땅에 설치한 정리부와 안변부, 철리의 옛땅에 설치한 철리부가 분포하였을 것이다.

필자는 이 말갈계통 주민들의 옛땅에 설치한 부(府)들의 위치 문제는 따로 논하지 않았지만, 이들 중에서 하나가 흑룡강을 경계로 한다는 사실은 고고학 유적을 통해 확인할 수 있었다. 바로 하바롭스크 서쪽의 꼬르사꼬보 고분군이다. 이 고분군은 1단계(6세기 말), 2단계(7세기), 3단계(8~9세기 초), 4단계(9세기 후반~10세기 초), 5단계(10세기), 6단계(11세기)로 구분되었는데, 필자가 볼 때 1단계와 2단계는 말갈계 고고학 문화, 3단계는 발해계 고고학 문화, 5~6단계는 요대 오국부계 문화로 구분할 수 있다. 주목되는 것은 1단계에 속하는 말갈계 협타 토기가 서쪽으로 이웃하는 흑수말갈 나이펠드-동인 문화 1

단계의 반구 화병형 토기와 완전히 다른 특징을 가졌다는 사실이다. 다시 말해서 꼬르사꼬보 고분군 1단계와 2단계 무덤들은 흑수말갈 흑수부(黑水部)와는 구분되는 다른 말갈의 한 부족이 남긴 것으로 볼 수 있다. 사모제부 중 군리부는 흑수부에서 북쪽(『신당서』) 혹은 동북쪽(『당회요』와 『태평환우기』) 10일 거리에 있었으니, 흑수부와 바로 이웃하는 곳의 하바롭스크 일대는 군리부의 거주 지역으로 볼 수 없다. 그렇다면 이 유적은 불열, 월희, 우루(읍루), 철리 중 하나가 남긴 것이 분명할 것이다.

따라서 발해의 최대 영역은 남쪽은 덕지강 – 남강(능성강) - 대동강 하류를 잇는 선, 서남쪽은 요동반도 외곽과 요하 하류, 서쪽은 요하 중류와 상류 – 동요하와 서요하 사이 – 눈강과 송화강 합류 지점 일대 – 도아하 하구를 포함하는 눈강 하류 – 오유이하를 잇는 선, 서북쪽은 흑룡강 너머의 제야강 하류 일대, 북쪽은 셀렘자강 하류 – 브이싸강 – 셀렘자강 수계와 부레야강 수계 및 암군강 수계 분수령 – 울반 베이와 아무르강 수계 분수령을 잇는 선이 될 것이다(도면 126; 127). 이 범위는 마침 영주(조양)와 동모산(돈화 성산자산성) 사이 거리 약 660㎞를 기준으로 한 사방 5천 리, 즉 사방 약 1,650㎞의 크기에 어느 정도 상응한다. 지금까지 제시된 발해 강역의 크기는 대부분 이에 한참 미치지 못한다. 사방 5,000리는 흑수부와 사모제부의 땅을 포함한 크기이다.

도면 126. 발해강역도(필자 작성): 1 - 파란색 선은 흑수부와 사모제부 복속 전의 발해 북쪽 경계, 2 - 녹색 선은 유적 분포로 본 발해 북쪽 경계, 3 - 북쪽 주황색 점선은 흑수부와 사모제부 복속 후의 발해 북쪽 경계, 4 - 주황색 실선과 점선은 발해 최대 경계

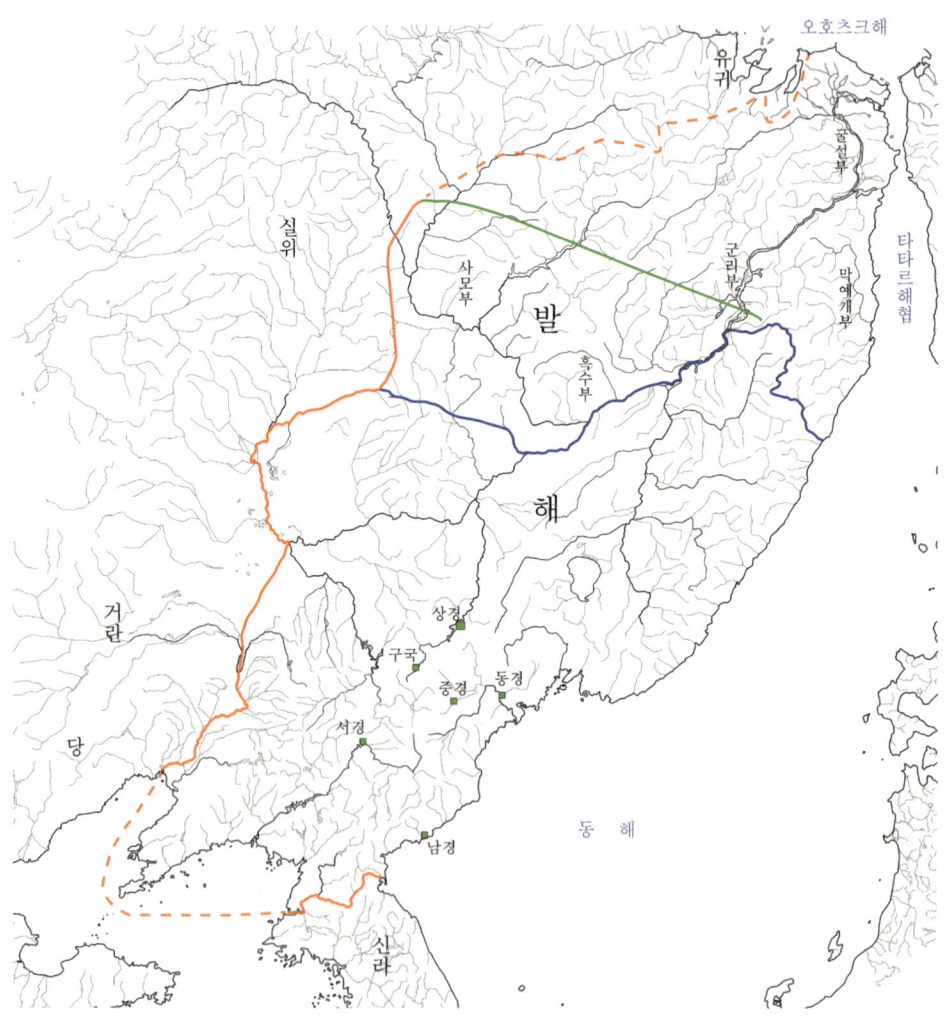

도면 127. 발해강역도(필자 작성): 1 - 파란색 선은 흑수부와 사모제부 복속 전의 발해 북쪽 경계, 2 - 녹색 선은 유적 분포로 본 발해 북쪽 경계, 3 - 북쪽 주황색 점선은 흑수부와 사모제부 복속 후의 발해 북쪽 경계, 4 - 주황색 실선과 점선은 발해 최대 경계

참고 문헌

『三國史記』

『三國遺事』

『新增東國輿地勝覽』

『契丹國志』

『舊唐書』

『舊五代史』

『金史』

『唐會要』

『遼東行部志』

『遼史』

『北史』

『隋書』

『新唐書』

『魏書』

『資治通鑑』

『全唐文』

『冊府元龜』

『太平寰宇記』

『通典』

『後漢書』

『續日本紀』

『續日本後紀』

한국어(조선시대 및 이후 한자 자료 포함)

E.I.겔만 / 정석배 옮김, 2010, 「러시아 연해주 발해유적 발굴의 결과와 의의」, 『고구려발해연구』 38.

강현숙, 2009, 「高句麗故地의 渤海古墳 - 中國遼寧地方石室墳을 中心으

로」, 『한국고고학보』 72.

고구려연구재단 편, 2004a, 『발해사 자료집 상』, 고구려연구재단.
고구려연구재단 편, 2004b, 『발해사 자료집 하』, 고구려연구재단.
고구려연구회, 1998, 『발해 건국 1300주년 기념 특별전: 발해의 역사와 유적』(도록).
과학백과사전출판사, 1979, 『조선전사 5 중세편 발해 및 후기 신라사』.
과학백과사전출판사, 1991, 『조선전사』 5 중세편.
구난희, 2018, 「발해 영주도의 행로와 운용」, 『고구려발해연구』 60.
국사편찬위원회, 1989, 『중국정사 조선전 역주 3』, 신서원.
국사편찬위원회, 1990a, 『중국정사 조선전 역주 1』, 신서원.
국사편찬위원회, 1990b, 『중국정사 조선전 역주 2』, 신서원.
권은주, 2009, 「말갈 7부의 실체와 발해와의 관계」, 『고구려발해연구』 35.
권은주, 2012, 「발해 무왕대 영역확장과 북방정세 변동」, 『고구려발해연구』 43.
권은주, 2016, 「발해와 거란 경계의 시론적 검토」, 『고구려발해연구』 54.
김명성, 1992, 「발해의 남변에 대하여」, 『발해사 연구론문집』 1, 과학백과사전종합출판사.
김부식 지음 / 고전연구실 옮김 / 신서원 편집부 꾸밈, 2000a, 『新編 三國史記 上』, 신서원.
김부식 지음 / 고전연구실 옮김 / 신서원 편집부 꾸밈, 2000b, 『新編 三國史記 下』, 신서원.
김영진, 1990, 「선천군 연봉리 기와가마에 대하여」, 『조선고고연구』 3.
김위현 외, 2012a, 『國譯 遼史 上』, 檀國大學校出版部.
김위현 외, 2012b, 『國譯 遼史 中』, 檀國大學校出版部.
金毓黻 지음 / 동북아역사재단 옮김, 2007, 『김육불의 東北通史(下)』, 동북아역사재단.
김육불 편저 / 발해사연구회 옮김, 2008a, 『신편 발해국지장편(상)』, 신서원.
김육불 편저 / 발해사연구회 옮김, 2008b, 『신편 발해국지장편(중)』, 신서원.
김육불 편저 / 발해사연구회 옮김, 2008c, 『신편 발해국지장편(하)』, 신서원.
金正浩, 1866(1864), 『大東地志』.

金正浩, 철종·고종 연간, 『東輿圖』.

김종복, 2007, 「발해사의 전개와 영역 변천」, 『발해 5경과 영역 변천』, 동북아역사재단.

김종복, 2008, 「발해시대 遼東지역의 귀속문제」, 『史林』 31.

김종복, 2010, 「발해의 서남쪽 경계에 대한 재고찰」, 『한국고대사연구』 58.

김종복, 2011, 「남북국의 경계와 상호 교섭에 대한 재검토」, 『역사와 현실』 82.

김종복, 2017, 「완충지대로서의 요동을 통해 본 신라·발해·당의 관계」, 『한국고대사연구』 88.

김진광, 2002a, 『8世紀 渤海의 遼東進出』, 韓國精神文化研究院 碩士論文.

김진광, 2002b, 「8世紀 渤海의 遼東進出」, 『삼국시대연구 2』, 학연문화사.

김진광, 2004, 「발해 건국 초기의 강역-영주도를 중심으로」, 『선사와 고대』 21.

김진광, 2007, 「발해의 상경 건설과 천도」, 『한국고대사연구』 45.

김진광, 2012, 『발해문왕대의 지배체제 연구』, 박문사.

김혁철, 『발해사-역사지리 2』 6, 사회과학출판사.

끄루빤꼬 A.A., 꾸드랴쇼프 D.G., 아꿀렌꼬 V.S., 2011, 「발해시대의 고고학 유적 - 끄라스나야 소쁘까 II. 조사 결과와 전망」, 『2011 속초 발해의 꿈 프로젝트 한·중·러·일 발해 국제학술회의』, 속초시·고구려발해학회.

대한민국 국립문화재연구소·러시아과학원 시베리아지부 고고학민족학연구소, 2010, 『오시노보예 오제로 유적』.

동북아역사재단 편, 2010a, 『魏書 外國傳 譯註』, 동북아역사재단.

동북아역사재단 편, 2010b, 『北史 外國傳 譯註 上』, 동북아역사재단.

동북아역사재단 편, 2010c, 『周書·隋書 外國傳 譯註』, 동북아역사재단.

동북아역사재단 편, 2011a, 『舊唐書 外國傳 譯註 上』, 동북아역사재단.

동북아역사재단 편, 2011b, 『舊唐書 外國傳 譯註 下』, 동북아역사재단.

동북아역사재단 편, 2011c, 『新唐書 外國傳 譯註 上』, 동북아역사재단.

동북아역사재단 편, 2011d, 『新唐書 外國傳 譯註 中』, 동북아역사재단.

동북아역사재단 편, 2011e, 『新唐書 外國傳 譯註 下』, 동북아역사재단.

동북아역사재단 한국고중세사연구소 편, 2021a, 『발해사 자료 총서 -

한국 사료 편 권1』.

동북아역사재단 한국고중세사연구소 편, 2021b,『발해사 자료 총서 - 한국 사료 편 권2』.

디야꼬바 O.V. / 정석배 옮김, 2018,「러시아 연해주 동부 및 동북부의 중세 고고학」,『고구려발해연구』61.

盧泰敦, 1981,「高句麗 遺民史 硏究 - 遼東·唐內地 및 突厥方面의 集團을 중심으로 -」,『韓㳓劤博士停年紀念史學論叢』.

李基白, 1976,『韓國史新論 改正版』, 一潮閣.

李基白, 1998,『韓國史新論 新修版』, 一潮閣.

李基白·李基東, 1982,『韓國史講座 Ⅰ 古代篇』, 一潮閣.

리대희, 1997,「"고려후국"의 령역」,『발해사 연구론문집』2, 과학백과사전종합출판사.

李龍範, 1976,『古代의 滿洲關係』, 한국일보사.

李荇 (外), 1531,『新增東國輿地勝覽』.

림호성, 2011,『조선단대사(발해사2)』, 과학백과사전출판사.

림호성·김혁철, 2010,『조선단대사(발해사1)』, 과학백과사전출판사.

메드베데프 V.E., 메드베데바 O.S. / 정석배·박규진 옮김, 2018,「꼬르사꼬보 고분군」,『발해의 동서 네트워크와 아무르유역의 중세고고학』, '발해 네트워크의 역사적 위상: 육로, 수로 그리고 해로' 국제학술회의 자료집, 한국전통문화대학교 북방문화유산연구소·고구려발해학회.

므일니꼬바 L.N., 네스떼로프 S.P. / 정석배 옮김, 2008,「西아무르 유역의 말갈 뜨로이쯔끼 그룹 토기와 민족문화사」,『고구려발해연구』32집, 고구려발해학회.

박시형, 1979,『발해사』, 김일성종합대학출판사.

박영해, 1987,「발해의 대외관계에 대하여」,『력사과학론문집』12.

방학봉, 1994,「발해국의 령역에 대하여」,『발해사연구』5.

방학봉, 2012,『발해의 강역과 지리』, 정토출판.

사마광 지음 / 권중달 옮김, 2009,『자치통감 21』, 도서출판 삼화.

샤브꾸노프 V.E. / 박규진·정석배 옮김, 2018,「연해주 스몰노예 문화」,『고구려발해연구』61.

徐炳國, 1981,「渤海와 新羅의 國境線 問題硏究」,『關東大論文集』9.
서병국, 2006a,『발해사. 발해의 역사지리 Ⅰ』, 한국학술정보(주).
서병국, 2006b,『발해사. 발해의 역사지리 Ⅱ』, 한국학술정보(주).
서병국, 2006c,『발해사. 발해의 역사지리 Ⅲ』, 한국학술정보(주).
徐相雨, 1925,『渤海疆域考』(趙鐵寒 主編『渤海國志』내).
손수호, 1991,「흘골산성에 대하여」,『조선고고연구』1.
손영종, 1980a,「발해의 서변에 대하여(1)」,『력사과학』1.
손영종, 1980b,「발해의 서변에 대하여(2)」,『력사과학』2.
손영종, 1992,「발해의 서변에 대하여」,『발해사 연구론문집』1, 과학백과사전종합출판사.
송기호, 1995,『발해 정치사 연구』, 일조각.
송기호, 1996,「발해의 성쇠와 강역」,『백산학보』47.
송기호, 2004,『규장각 소장 발해사 자료』.
스가노노 마미치 외 엮음. / 이근우 옮김 2016,『속일본기 4』, 지식을만드는지식.
승성호, 1995,「발해국 초기의 령역」,『력사과학』1.
승성호, 1998,「발해초기의 성과 무덤에 대하여」,『조선고고연구』1
쓰다 소키치(津田左右吉) 지음 / 한세진·박지영·복기대 옮김, 2022,『조선역사지리 제1권』, 주류성.
아카바메 마사요시 저 / 김선숙 역, 2008,「8세기 중엽에 있어서 신라와 발해의 통교관계 -『三國史記』인용, 賈耽『古今郡國縣道四夷述』逸文의 분석-」,『고구려발해연구』32.
安鼎福, 1778,『東史綱目』.
에.뷔.샤브꾸노프 엮음 / 송기호·정석배 옮김, 1996,『러시아 연해주와 발해 역사』, 민음사.
왕승례 저 / 송기호 역, 1987,『발해의 역사』, 한림대학 아시아문화연구소.
유득공 지음 / 송기호 옮김, 2000,『발해고』, 홍익출판사.
이성규·박원길·윤승준·류병재, 2016,『국역 금사 1』, 단국대학교출판부.
임상선, 2019,「8세기 신라의 발해·당 전쟁 참전과 패강 보루 설치」,『신라사학보』45.

임상선, 2020, 「732년 발해와 당의 전쟁 과정 재검토」, 『동국사학』 69.

장국종, 1992, 「발해의 "고려후국"의 존립과 그 수도에 대하여」, 『력사과학』 2.

장국종, 1997, 『발해사 연구 1』, 사회과학출판사.

장국종, 2004, 『발해교통운송사』.

張志淵, 1903, 『大韓疆域考』.

장진근 역주, 2008, 『滿洲源流考』, 파워북.

전덕재, 2016, 「신라의 북진과 서북 경계의 변화」, 『한국사연구』 173.

정석배, 2009, 「아무르·연해주 지역의 말갈 -연구현황과 과제-」, 『고구려발해연구』 35.

정석배, 2011, 「연해주 발해시기의 유적 분포와 발해의 동북지역 영역 문제」, 『고구려발해연구』 40.

정석배, 2016, 「발해의 북방 경계에 대한 일고찰」, 『고구려발해연구』 54.

정석배, 2017, 「발해의 성벽 축조방법에 대해」, 『선사와 고대』 54.

정석배, 2020, 「발해의 서북쪽과 북쪽 경계에 대해 - 고고학자료를 중심으로-」, 『고구려발해연구』 67.

정석배, 2022, 「발해 구국과 동모산의 위치에 대해」, 『고구려발해연구』 73.

정석배, 2022, 「발해의 북방영역에 대해」, 『(사)한국건축역사학회 2022년 추계학술발표대회』 발표논문집, (사)한국건축역사학회.

정석배, 2023, 「흑수말갈 나이펠드-동인문화 1단계의 유적과 흑수주 치소 문제」, 『고구려발해연구』 76.

정석배, 2023, 『발해 끄라스끼노성 대장식구 편년 연구』, 예지안.

정석배·구난희·이병건·윤재운·김은옥·김영길·최슬기·최재경, 2023b, 『발해유적총람Ⅱ-중국지역2』, 예지안.

정석배·구난희·이병건·윤재운·김은옥·김영길·최슬기·최재경·신기라, 2023a, 『발해유적총람Ⅰ-중국지역1』, 예지안.

정석배·박규진, 2023d, 『발해유적총람Ⅳ-러시아지역』, 예지안.

정석배·윤재운·이병건·김영길, 2023c, 『발해유적총람Ⅲ-북한지역』, 예지안.

정약용 지음 / 이민수 옮김, 1995, 『아방강역고』, 범우사.

丁若鏞, 1811, 『我邦疆域考』.

정영진, 2002, 「渤海의 강역과 五京의 위치」, 『한국사론』 34.
정진헌, 1993, 「유득공의 〈발해고〉 분석 - 〈지리고〉의 남경과 서경을 중심으로」, 『경희사학』 1.
趙二玉, 2001, 『統一新羅의 北方進出 硏究 - 8世紀를 中心으로』, 서경문화사.
진비, 2016, 「발해와 흑수말갈의 관계에 대한 기초적 검토」, 『고구려발해연구』 55.
秦菲, 2017, 『발해 역사지리 연구』, 한국학중앙연구원 한국학대학원 박사학위논문.
채태형, 1991, 「발해 남경남해부의 위치에 대해」, 『력사과학』 3.
채태형, 1992, 「료동반도는 발해국의 영토」, 『력사과학』 1.
채태형, 1998, 『발해사-역사지리』, 7. 사회과학출판사
하라타 토시토 저 / 김진광 역 2014, 『동경성발굴보고』, 박문사.
한규철, 2003, 「渤海國의 서쪽 邊境에 관한 연구」, 『역사와 경계』 47.
한규철, 2005, 『발해의 대외관계사』, 신서원.
韓鎭書, 1823년 경, 『海東繹史續』.
韓致奫, 1814년 경, 『海東繹史』.
홍형우, 2011, 「서(西) 아무르지역 말갈 토기의 특성과 그 전개 - 최근 발굴 유적을 중심으로-」, 『한국상고사학보』 74.

중국어

干志耿, 1985, 「靺鞨族及黑龍江流域的靺鞨遺存」, 『北方文物』 1.
干志耿·孫秀仁, 1987, 『黑龍江古代民族史網』, 哈爾濱, 黑龍江人民出版社.
姜守鵬, 1983, 「唐代黑水靺鞨」, 『社會科學戰線』 4.
姜玉珂·趙永軍, 2008, 「渤海國北界的考古學觀察」, 『北方文物』 2.
高鈕婧, 2024, 「齊齊哈爾市洪河遺址出土靺鞨陶器研究」, 『北方文物』 3.
國家文物局 主編, 2015, 『中國文物地圖集 - 黑龍江分冊』, 文物出版社.
菊池俊彦 著 / 王禹浪·孫文 譯, 1996, 「靺鞨與流鬼(7世紀東北亞的民族文化)」, 『黑龍江民族叢刊』 1.
吉林省文物考古硏究所 外, 2007, 『西古城-2000~2005年度渤海國中京顯德府故址田野考古報告』, 文物出版社.

吉林省文物考古研究所 外, 2014, 『八連城-2004~2009年度渤海國東京故址田野考古報告』, 文物出版社.

吉林省文物考古研究所, 2013, 「2013年吉林省文物考古研究所考古發掘收穫」, 『東北史地』 3.

吉林省文物志編委會, 1986a, 『農安縣文物志』.

吉林省文物志編委會, 1986b, 『樺甸縣文物志』.

吉林省文物志編委會, 1987, 『東豐縣文物志』.

吉林省地方志編委會, 1991, 『吉林省志·卷四十三 : 文物志』, 吉林人民出版社

金毓黻, 1934, 『渤海國志長編』.

金毓黻, 1936, 「渤海扶餘府考」, 『服部先生古稀祝賀祈念論文集』, 富山房

金毓黻, 1941, 『東北通史』.

譚其驤 主編, 1982(1996), 『中國歷史地圖集 - 第5冊 隋·唐·五代十國時期』, 中國地圖出版社.

譚其驤 主編, 1988, 『中國歷史地圖集 釋文匯編·東北卷』, 北京, 中央民族學院出版社.

譚其驤 主編, 1996a, 『簡明中國歷史地圖集』, 中國地圖出版社.

譚其驤 主編, 1996b, 『中國歷史地圖集 V. 隋·唐·五代十國時期』, 中國地圖出版社.

唐晏 纂, 劉承幹 交, 1919, 『渤海國志』, 求恕齊.

臺灣商務印書館, 1983, 『景印 文淵閣四庫全書 第470冊』 (影印本, 1988).

都興智, 2004, 「唐末遼東南部地區行政歸屬問題試探」, 『遼寧師範大學學報』 1.

鄧樹平, 2011, 「黑水靺鞨地域範圍與黑水府治所初探」, 『滿族研究』 1.

遼寧省文物考古研究所·撫順市博物館, 2007, 「遼寧撫順市施家墓地發掘簡報」, 『考古』 10.

遼寧省文物考古研究所·沈陽市文物考古研究所, 2008, 「沈陽石台子山城高句麗墓葬 2002~2003年發掘簡報」, 『考古』 10.

劉加明, 2020, 『渤海國 "北進" 研究』, 東北師範大學 博士學位論文.

劉加明·苗威, 2019, 「渤海國與唐朝馬都山之戰考 — 兼論對唐朝北部邊疆的影響」, 『雲南師範大學學報』 51-4.

劉曉東, 2018, 「樺川縣瓦里霍呑隋唐時期城址考古調查」, 『中國考古學年鑑』, 文物出版社.

劉曉東, 2023, 「渤海早期王城的文獻學辨正與考古學觀察」, 『北方文物』 6.

劉曉東·羅葆森·陶剛, 1987, 「渤海國渤州考」, 『北方文物』 1.

李健才, 1983, 「樺田蘇密城考」, 『黑龍江文物叢刊』 2.

林立新, 2021, 「契丹早期文化的探索」, 『文物鑑定與鑑賞』 196.

牡丹江市土地管理局·牡丹江市文物管理站, 1992, 『牡丹江市文物保護單位保護區規劃』, 黑龍江省文物管理委員會.

穆彰阿·潘錫恩 等纂修(1842), 2008, 『大清一統志 2』, 上海古蹟出版社.

方學鳳, 1996, 『渤海的疆域和行政制度研究』, 延邊大學出版社.

徐家國·孫力, 1987, 「遼寧撫順高爾山城發掘簡報」, 『遼海文物學刊』 1.

孫永鐘, 1980, 「關於渤海的西部」, 『歷史科學』 2.

孫進己 等, 1985, 「勿吉和靺鞨的物質文化」, 『博物館研究』 1.

孫進己 等, 1987, 『女眞史』, 長春, 吉林文史出版社.

孫進己, 1982, 「渤海疆域考」, 『北方論叢』 4.

孫進己, 1994, 「渤海國的疆域與都城」, 『東北民族研究』 1.

孫進己·馮永謙 等主編, 1989, 『東北歷史地理』 第2卷, 黑龍江人民出版社.

辛時代, 2010, 「唐代安東都護府行政級別與廢置時間問題探析」, 『東北史地』 1.

吳承志, 1968, 賈耽記邊州入四夷道里記考實, 文海出版社(초판 1921년)

王德厚, 1989, 「室韋地理考補」, 『北方文物』 1.

王綿厚·李建才, 1990, 「唐代渤海的水陸交通道」, 『東北古代交通』, 瀋陽出版社.

王培新, 2018, 「磨磐村山城爲渤海早期王城假說」, 『新果集(二) - 慶祝林澐先生八十華誕論文集』, 科學出版社.

王承禮, 1983, 「渤海的疆域和地理」 『黑龍江文物總刊』 4.

王承禮, 1984, 『渤海簡史』.

王永祥·王宏北, 1988, 「黑龍江金代古城述略」, 『遼海文物學刊』 2.

王禹浪, 1997, 「靺鞨黑水部地理分布初探」, 『北方文物』 1.

王禹浪·王俊錚, 2020, 「唐代黑水都督府的歷史地理學考察」, 『歷史地理研究』 4.

王禹浪·吳博, 2022, 「近二十年來渤海早期王城東牟山山城再研究」, 『哈爾濱學院 學報』 1.

王禹浪·王宏北, 1994, 『高句麗渤海古城址研究滙編』, 哈爾濱出版社.
王仁富, 1995, 「現藏日本皇宮的唐鴻臚井刻石探討」, 『文物』 11.
王增新, 1964, 「遼寧撫順市前屯, 窪渾木高句麗墓發掘簡報」, 『考古』 10.
王志剛·張哲·王吉峰, 2017, 「樺甸市蘇蜜城址」, 『中國考古學年鑒』.
王孝華·劉曉東, 2022, 「渤海德里府, 德理鎭與邊州軍鎭設防問題考」, 『中州學刊』 7.
王欽若 等編, 1960, 『冊府元龜』(影印本), 中華書局.
雲瑤·日平, 1991, 「黑龍江省大慶沙家窯發現的遼代墓葬」, 『北方文物』 2.
袁輝, 1993, 「泊汋口位置考」, 『北方文物』 2.
魏國忠, 1984, 「渤海疆域變遷考略」『求是學刊』 6.
魏國忠, 1985, 「渤海王國据有遼東考」, 『龍江史苑』 1.
魏國忠, 1994, 「渤海王國据有遼東考」, 『東北民族史研究』, 中州古籍出版社.
魏國忠, 2016, 「黑水靺鞨人的再度勃興與勃利州, 黑水府的相繼建立」, 『黑河學院學報』 6.
魏存成, 2007, 「渤海政權的對外交通及其遺蹟發現」, 『中國邊疆史地研究』 17-3.
魏存成, 2008, 『渤海考古』, 文物出版社.
張博泉, 1985, 『東北地方史稿』, 吉林大學出版社.
張柏忠, 1984, 「契丹早期文化探索」, 『考古』 2.
長順 修 李桂林 纂 李樹田 等 点校, 1986, 『吉林通志』(1891), 吉林文史出版社.
張亞紅·魯延召, 2010, 「唐代黑水靺鞨地區思慕諸部地望新考」, 『中國歷史地理論叢』 1.
張偉田禾, 2012, 「嫩江流域唐代文化遺存辨識 - 以大慶沙家窯遼墓爲出發点」, 『北方文物』 1.
張泰湘·崔廣彬, 1988, 「鐵利叢考」, 『民族研究』 2.
丁謙, 1915, 『新唐書北狄列傳地理考證』.
鄭英德, 1981, 「唐代渤海鄚頡府考」, 『社會科學戰線』 2.
鄭永振·李東輝·尹鉉哲, 2011, 『渤海史論』, 吉林出版集團·吉林文史出版社.
曹廷杰, 1885 이후, 『東三省與地圖說』.
《中國歷史地圖集》編輯組東北小組, 1979, 『中國歷史地圖集 東北地區 資料匯篇』,《中國歷史地圖集》中央民族學院編輯組.

陳相偉·李殿福 主編, 1982, 『扶余縣文物志』.

陳顯昌, 1985, 「論渤海國的疆域」, 『學習與探索』 2.

哲里木盟博物館(張柏忠), 1984, 「蒙古哲裏木盟發現的幾座契丹墓」, 『考古』 2.

沈陽市文物考古研究所, 2006, 「2004年度沈陽石台子山城高句麗墓葬發掘簡報」, 『北方文物』 2,

沈一民, 2014, 「唐代"流鬼"位于堪察加半島考」, 『蘇州大學學報 哲學社會科學版』 4.

佟薇·韓賓娜, 2019, 「渤海國据有遼東史事考」, 『中國歷史地理論叢』 34-1.

馮恩學, 2005, 「黑龍江中游地區靺鞨文化的區域性及族属探討」, 『吉林大學社會科學學報』 3.

馮恩學, 2006, 「黑水靺鞨思慕部探索」, 『中國邊疆史地研究』 2.

馮恩學, 2015, 「夫余北疆的"弱水"考」, 『中国边疆史地研究』 4.

馮恩學·安文榮, 2023, 「磨盤村山城早期遺存研究」, 『考古』 9.

黃維翰, 1929, 『渤海國記』 (趙鐵寒 主編의 『渤海國志』 내).

黑龍江省文物考古研究所, 1989, 「黑龍江蘿北縣團結墓葬發掘」, 『考古』 8.

黑龍江省文物考古研究所, 2010, 「黑龍江省綏濱縣四十連遺址發掘報告」, 『北方文物』 2.

黑龍江省文物考古研究所·中國社會科學院考古研究所, 2006, 「黑龍江綏濱同仁遺址發掘報告」, 『考古學報』 1.

黑龍江省文物志編修辦公室, 1988, 『依蘭縣文物志』.

일본어

古畑徹, 1986, 「唐渤紛争の展開と國際情勢」, 『集刊東洋學』 55.

李美子, 2003, 「渤海の遼東地域の領有問題をめぐって: 拂涅, 越喜, 鐵利 等靺鞨の故地と關連して」, 『史淵』 140.

北陸電力株式會社, 1997, 『對岸諸國のおける渤海研究論文集』.

松井等, 1913, 「渤海國の疆域」, 『滿洲歷史地理』 제1권.

新妻利久, 1969, 『渤海國史及び日本との國交史の研究』, 東京電機大學出版局.

原田淑人, 1939, 『東京城 - 渤海國上京龍泉府址の發掘調査』, 東亞考古學會.

日野開三郎, 1947, 「鞨鞮七部考」, 『史淵』 36-37.

日野開三郎, 1957, 「小高句麗の建國」, 『史淵』 72.

日野開三郎, 1963, 「安史の亂による唐の東北政策の後退と渤海の小高句麗國占領」, 『史淵』 91.

日野開三郎, 1984, 「小高句麗國の研究」, 『日野開三郎東洋史學論集』 8, 三一書房.

赤羽目匡由, 2004, 「8世紀中葉における新羅と渤海との通交關係 -『三國史記』所引, 賈耽『古今郡國縣道四夷述』逸文の分析」, 『古代文化』 56.

箭內瓦 編, 1924, 『東洋讀史地圖』, 富山房.

鳥山喜一, 1915, 『渤海史考』, 奉公會.

鳥山喜一, 1934, 「渤海中京考」, 『考古學雜志』 34-1.

鳥山喜一, 1938, 「渤海東京考」, 『史學論叢』 7.

鳥山喜一, 1968, 『渤海史上の諸問題』, 風間書房.

池內宏, 1929, 「眞興王の戊子巡境碑と新羅の東北境」, 『朝鮮總督府古跡調査特別報告』 6.

池內宏, 1933, 「鐵利考」, 『滿鮮史硏究-中世第一冊』.

池內宏, 1934, 「勿吉考」, 『滿鮮地理歷史硏究報告』 15.

池內宏, 1960, 「眞興王の戊子巡境碑と新羅の東北境」, 『滿鮮史硏究-上世』 2, 東京.

池內宏, 1960, 『滿鮮史硏究』 上世 2, 吉川弘文館.

津田左右吉, 1913, 『朝鮮歷史地理』.

津田左右吉, 1915a, 「勿吉考」, 『滿鮮地理歷史硏究報告』, 東京帝國大學文科大學.

津田左右吉, 1915b, 「渤海考」, 『滿鮮地理歷史硏究報告』, 東京帝國大學文科大學.

咸興憲兵隊·咸鏡南道警務部, 1913, 『咸南誌資料』.

和田淸, 1954, 「唐代の東北アジア諸國」, 『東方學』 8.

和田淸, 1954, 「渤海國地理考」, 『東洋學報』 36-4.

和田淸, 1955, 『東亞史硏究(滿洲篇)』, 東洋文庫.

러시아어

Болдин В.И., Ивлиев А.Л., 1997, Столичные города Бохая // Россия и АТР, № 3. (볼딘 V.I., 이블리예프 A.L., 1997, 「발해의 도성들」, 『러시아와 아시아태평양지역』, № 3).

Болдин В.И., Никитин Ю.Г., Отчет об археологических разведках в Октябрьском, Уссурийском, Кавалеровском и Чугуевском районах Приморского края 1996 году // Архив ИИАЭ НДВ, Ф.1, оп. 2, № 398. (볼딘 V.I., 니끼띤 Yu.G., 『1996년도 연해주 옥땨브리스끼 지구, 우쑤리스크 지구, 까발레로보 지구, 추구예프 지구에서의 고고학 지표조사 보고서』, 러시아과학원 극동지소 역사학고고학민족학연구소 문서보관소 폰드 1, 오삐시 2, № 398).

Болотин Д.П., Сапунов Б.С., Сапунов И.Б., Кородий Е.Б., 1999, Новый средневековый могильник на Среднем Амуре // Проблемы археологии, этнографии, антропологии Сибири и сопредельных территорий, Новосибирск. (볼로띤 D.P., 사뿌노프 B.S., 사뿌노프 I.V., 꼬로디이 E.B., 1999, 「아무르 강 중류 지역의 새로운 중세 고분군」, 『시베리아와 인접지역의 고고학, 민족학, 형질인류학의 문제들』, 노보시비르스크).

Васильев Ю.М., 2006, Погребальный обряд покровской культуры (IX-XIII вв. н.э.), Владивосток. (바실리예프 Yu.M., 2006, 『뽀끄로브까 문화(9~13세기)의 매장의례』, 블라디보스톡.).

Гельман Е.И., 2005, Взаимодействие центра и периферии в Бохае (на примере некоторых аспектов материальной культуры) // Российский Дальний Восток в древности и средневековье. Открытия, проблемы, гипотезы. Владивосток. (겔만 E.I., 2005, 「발해에서 중앙과 주변의 상호 작용(물질문화의 몇몇 측면의 예를 통해)」『고대와 중세의 러시아 극동. 발견들, 문제들, 가설들』, 블라디보스톡.)

Гребенщков А.В., 1916, К изучению истории Амурского края по данным археологии // Музей Общ-ва Изучения Амурского края за первые 25 лет своего существования, Юбилейный сб., Владивосток. (그레벤쉬꼬프 A.V., 1916, 「고고학 자료를 통한 아무르주 역사 연구에 대해」, 『아무르주 연구회 박물

관 25주년 기념 논총』, 블라디보스톡).

Деревянко А.П., Богданов Е.С., Нестеров С. П., 1999, Могильник Найфельд. - Новосибирск. (데레뱐꼬 A.P., 보그다노프 E.S., 네스떼로프 S.P., 1999, 『나이펠드 고분군』, 노보시비르스크).

Деревянко Е. И. 1975, Мохэские памятники среднего Амура. Новосибирск: Наука. (데레뱐꼬 E.I., 1975, 『아무르 강 중류지역의 말갈 유적들』, 노보시비르스크: 나우까, 87~91쪽).

Деревянко Е.И., 1977, Троицкий могильник. - Новосибирск. (데레뱐꼬 E.I., 1977, 『뜨로이쯔꼬예 고분군』, 노보시비르스크).

Дерюгин В.А., 2008, К вопросу определения понятия "охотская культура" // Археология, этнография и антропология Евразии, 1(33), (데류긴 V.A., 2008, 「"오호츠크 문화" 개념 정의 문제에 대해」, 『유라시아의 고고학, 민족학, 인류학』 1(33).

Дьякова О.В., 1984, Раннесредневековая керамика Дальнего Востока СССР как исторический источник IV-X вв., Москва. (디야꼬바 O.V., 1094, 『4~5세기 역사 자료로서의 소련 극동의 중세 초기 토기』, 모스크바).

Дьякова О.В., 1998, Мохэские памятники Примрья, Владивосток. (디야꼬바 O.V., 1998, 『연해주의 말갈 유적들』, 블라디보스톡).

Дьякова О.В., 2009, Военное зодчество Центрального Сихотэ-Алиня, Москва. (디야꼬바 O.V., 2009, 『중앙 시호테-알린의 군사 건축』, 모스크바).

Зайцев Н.Н., Шумкова А.Л., 2008, Средневековые городища Амурской области // История Амурской области с древнейших времен до начала XX в. – Глава 9. – Благовещенск. (자이쩨프 N.N., 슘꼬바 A.L., 2008, 「아무르주의 중세 성들」, 『고대부터 20세기 초까지의 아무르주 역사 – 제9장』, 블라고베셴스크)

Ивлиев А.Л. 2005, Очерк истории Бохая // Российский Дальний Восток в древности и средневековье: открытия, проблемы, гипотезы. Владивосток. (이블리예프 A.L., 2005, 「발해 역사 개관」, 『고대와 중세의 러시아 극동. 발견들, 문제들, 가설들』, 블라디보스톡.).

Ивлиев А.Л., 1996, Письменные источники об истории Приморья

середины I — начала II тысячелетий н.э. Приморье в древности и средневековье: Материалы регион. археол. конф. Уссурийск. (이블리예프 A.L., 1996, 「서기 1000년기 중엽-초의 연해주 역사에 대한 문헌자료들」, 『고대와 중세의 연해주』(지역 고고학 학술대회 자료), 우쑤리스크.).

Матвеев З.Н., 1929, Бохай(渤海) (Из истории Восточной Азии VIII-X вв.) // Тр. Дальневосточного государственного университета, Сер. 6, Владивосток, № 8. (마뜨베예프 Z.N., 1929, 『발해(渤海) (8~10세기 동아시아의 역사에서)』, 극동국립대학교 저작들 시리즈 6, 블라디보스톡, № 8).

Медведев В.Е., 1991, Корсаковский могильник - хронология и материалы, Новосибирск. (메드베데프 V.E., 1991, 『꼬르사꼬보 고분군 – 편년과 자료들』, 노보시비르스크).

Медведев В.Е., 2009, Двухслойный памятник Амурзет и некоторые вопросы археологии Приамурья // Культурная хронология и другие проблемы в исследованиях древностей Востока Азии, Хабаровск. (메드베데프 V.E., 2009, 「아무르제트 양층 유적과 아무르 유역 고고학의 몇몇 문제들」, 『아시아 동부 고대 연구에서의 문화 편년과 다른 문제들』, 하바롭스크).

Нестеров С.П., 1998, Народы Приамурья в эпоху раннего средневековья, Новосибирск. (네스떼로프 S.P., 1998, 『중세 초기 아무르 유역의 민족들』, 노보시비르스크).

Нестеров С.П., 2001, Этнокультурная история народов Приамурья в эпоху раннего средневековья, Диссертация на соискание ученой степени доктора исторических наук, Институт археологии и этнографии СО РАН, Новосибирск. (네스떼로프 S.P., 2001, 『중세 초기 아무르 유역 민족들의 민족문화사』, 역사학 박사학위논문, 러시아과학원 시베리아지소 고고학민족학연구소, 노보시비르스크).

Нестеров С.П., Юн Кванджин и др., 2009, Исследование поселения Осиновое озеро в Амурской области в 2009 году // Проблемы археологии, этнографии, антропологии Сибири и сопредельных территорий.- Новосибирск. - Т. XV. (네스떼로프 S.P., 윤광진 외, 2009, 「2009년도 아무르주 오시노보

예 오제로 주거유적 조사」, 『시베리아와 인접 지역의 고고학, 민족학, 형질 인류학의 문제들』 제15권, 노보시비르스크).

Никитин Ю.Г. 2005, Тан, Бохай и «восточные варвары» (восточная периферия Бохая) // Российский Дальний Восток в древности и средневековье: открытия, проблемы, гипотезы. Владивосток. (니끼띤 Yu.G., 2005, 「당, 발해, "동이" (발해의 동쪽 주변)」, 『고대와 중세의 러시아 극동. 발견들, 문제들, 가설들』, 블라디보스톡.)

Пискарева Я.Е., 2005, Локальные группы мохэских памятников в Приморье // Российский Дальний Восток в древности и средневековье. Открытия, проблемы, гипотезы. Владивосток. (삐스까료바 Ya.E., 2005, 「연해주 말갈 유적들의 국지적 그룹들」, 『고대와 중세의 러시아 극동. 발견들, 문제들, 가설들』, 블라디보스톡)

Шавкунов Э.В., 1968, Государство Бохай и памятники его культуры в Приморье, Ленинград. (샤브꾸노프 E.V., 『발해국과 연해주의 발해 문화 유적들』, 레닌그라드).

Шавкунов Э.В. (ред.), 1994, Государство Бохай(698-926 гг.) и племена Дальнего Востока России, М. (샤브꾸노프 E.V., 1994, 『발해국(698~926년)과 러시아 극동의 종족들』, 모스크바).

발해 강역 연구

2024년 12월 27일 초판 1쇄 인쇄

2024년 12월 30일 초판 1쇄 발행

저　　자 | 정석배 (https://www.youtube.com/@Haedongsk)

펴낸곳 | 예지안

주　　소 | 서울특별시 강남구 강남대로92길 31, 6층 6433호 (역삼동)

전　　화 | 02) 2285-5835　팩스 | 0508-902-6585

이 메 일 | yejian24@naver.com

블 로 그 | https://blog.naver.com/yejian24

티스토리 | https://yejian24.tistory.com

유 튜 브 | https://www.youtube.com/@yejian24

ISBN 979-11-953393-8-9　93910

ⓒ 예지안, 2024

이 책의 내용 혹은 사진을 재사용하려면 저자의 동의를 받아야 합니다